The Other Nuremberg

The Untold Story of
the Tokyo War Crimes Trials

另一个纽伦堡

东京审判未曾述说的故事

[美] 阿诺德·C. 布拉克曼 著　　　　梅小侃 余燕明 译

上海交通大学出版社
SHANGHAI JIAO TONG UNIVERSITY PRESS

内容提要

本书的英文原著出版于1987年,是一部记述远东国际军事法庭(东京审判)的著作。作为美国合众国际社驻东京记者,审判期间作者长期在法庭现场采访,报道了审判全过程,而且是极少数几位获准进入巢鸭监狱探访东条英机等囚犯的记者之一。作者原本就掌握很多第一手资料,为本书又做了大量工作,如采访当年的检察官、法官和辩护律师,查找散见于世界各地的卷宗等,用他自己的话说,"历时四分之一世纪,行程超过十万英里"才写出这本书。介绍东京审判的书不多,而以目击者的身份叙述东京审判,特别是庭审现场情景的作品,就更是寥若晨星了。本书基本以审判的时间为序,同时各章又有不同侧重,内容丰富、写法生动,可读性、可信度都非常高,无论对研究者和普通读者来说都是一部很有价值的著作。

图书在版编目(CIP)数据

另一个纽伦堡:东京审判未曾述说的故事／(美)
阿诺德·C.布拉克曼(Arnold C. Brackman)著;梅小
侃,余燕明译. —上海:上海交通大学出版社, 2016(2017重印)
(东京审判研究丛书)
ISBN 978 - 7 - 313 - 16046 - 1

Ⅰ. ①另… Ⅱ. ①阿… ②梅… ③余… Ⅲ. ①远东国
际军事法庭-审判-史料 Ⅳ. ①D995

中国版本图书馆 CIP 数据核字(2016)第 264829 号

另一个纽伦堡
东京审判未曾述说的故事

著　　者:[美] 阿诺德·C. 布拉克曼		译　　者:梅小侃　余燕明	
出版发行	上海交通大学出版社	地　　址:上海市番禺路 951 号	
邮政编码:200030		电　　话:021 - 64071208	
出版人:谈　毅			
印　　制:上海天地海设计印刷有限公司		经　　销:全国新华书店	
开　　本:880 mm×1230 mm　1/32		印　　张:14.875　插页:8	
字　　数:342 千字			
版　　次:2017 年 5 月第 1 版		印　　次:2017 年 9 月第 3 次印刷	
书　　号:ISBN 978 - 7 - 313 - 16046 - 1/D			
定　　价:68.00 元			

法官团。自左至右：帕尔（印度）、勒林（荷兰）、麦克杜诺尔（加拿大）、帕特里克（英国）、克拉默（美国）、韦伯（庭长，澳大利亚）、梅汝璈（中国）、柴扬诺夫（苏联）、贝尔纳（法国）、诺思克罗夫特（新西兰）、哈拉尼利亚（菲律宾）

检察官——季南（首席检察官，美国）及其陪席检察官们。前排自左至右：戈伦斯基（苏联）、柯明斯-卡尔（英国）、季南、伯格霍夫-穆德（新西兰）、曼斯菲尔德（澳大利亚）；后排自左至右：诺兰（加拿大）、裘劭恒（中国）、奥内托（法国）、洛佩兹（菲律宾）、奎廉（新西兰）；缺席：梅农（印度）

被告们。后排自左至右：桥本、小矶、永野、大岛、松井、平沼、东乡、重光、佐藤、岛田、白鸟、铃木、板垣；前排自左至右：土肥原、畑、广田、南、东条、冈、梅津、荒木、武藤、星野；缺席：贺屋、木户、木村，以及因健康原因被排除出审判的大川和松冈

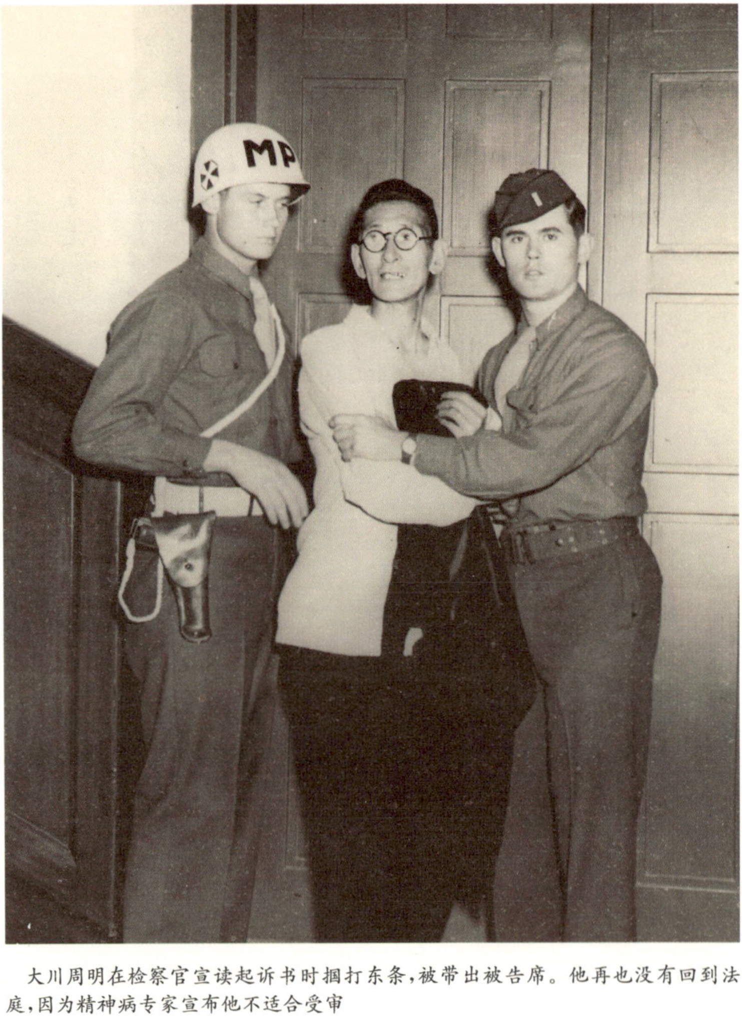

大川周明在检察官宣读起诉书时掴打东条，被带出被告席。他再也没有回到法庭，因为精神病专家宣布他不适合受审

四名被告通过耳机聆听庭审，现况思状。自左至右：铃木贞一、木户幸一、木村兵太郎、板垣征四郎

被告们在听到那些充满谴责的证词时常常闭上眼睛。前排自左至右：星野直树和贺屋兴宣，二人都是战时内阁的文官；后排是岛田繁太郎

法庭大厅上被告席的一角

　　法庭有过多次休庭。图为某次休庭中被告佐藤贤了（左）和白鸟敏夫下围棋，广田弘毅看得津津有味

三名被告在用午餐，食物放在美军食堂的标准托盘上。自左至右：冈敬纯、贺屋兴宣和大岛浩

东条英机在证人席上。作为1941年至1944年的首相,他要为战争中日军犯下的普通战争罪和反人道罪承担责任

本书作者当年是位年轻的记者，他站在证人席上接受韦伯庭长的询问，起因是一篇关于辩方开场陈述的超前报道。韦伯称文章构成"对本法庭的严重蔑视"

这是法庭向旁听者分发的一张卡片，正面是注意事项（内容如下），背面是法庭座位图。

NOTE：

1. No smoking in court at any time.

2. Use of cameras in courtroom is prohibited except by accredited photographers.

3. Spectators leaving at any recess forfeit right to return to courtroom for that session.

4. A. M. spectators must be seated not later than 0915. P. M. spectators must be seated not later than 1315.

5. Pass will be surrendered to Military Police on request.

6. Use only the headphone provided at your seat. Operate the selector switch located there until you hear the desired language. Russian is heard on position # 3, English and Japanese on position # 1 and # 2.

7. When Judges enter courtroom stand and remain silent.

8. After the departure of the Judges all persons are required to be seated until defendants leave the courtroom.

"注意：

1. 法庭内任何时间禁止吸烟。

2. 除法庭认可的摄影师外，法庭内不准拍照。

3. 旁听者如在休息时离开法庭，则自动放弃该半日内返回法庭的权利。

4. 上午的旁听者必须在 9：15 前入座。下午的旁听者必须在 13：15 前入座。

5. 被要求时，应将通行证交给宪兵。

6. 只能使用你座位上的耳机。使用选择旋钮直至听到你需要的语言。俄语在 3 频道，英语和日语分别在 1、2 频道。

7. 法官进入法庭时，全体起立并保持安静。

8. 法官退庭后，全体旁听者留在座位上，等被告离开法庭后方可离席。"

远东国际军事法庭

东京

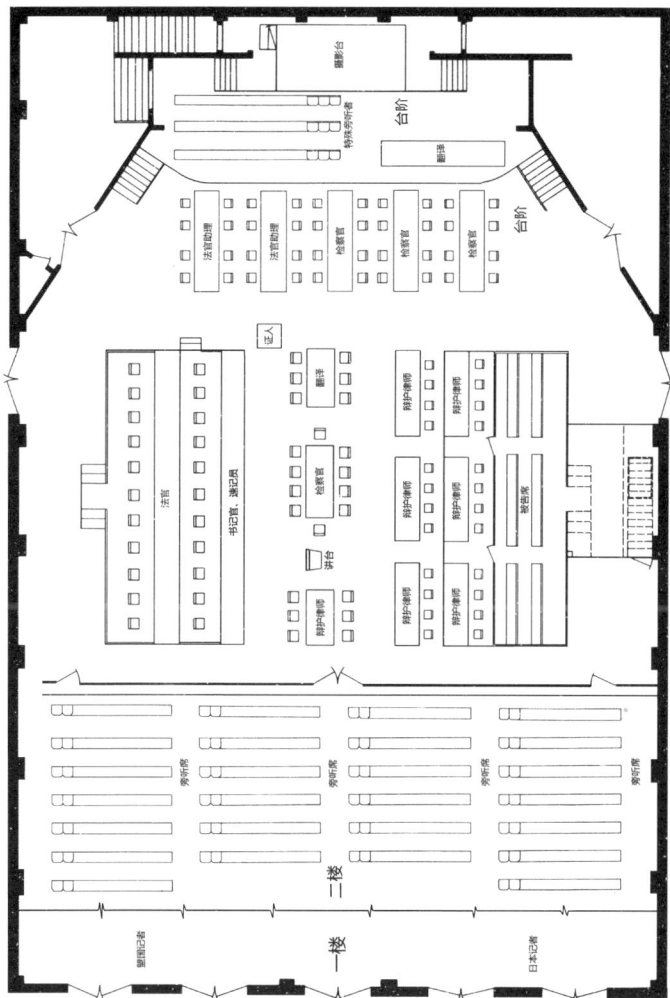

摄影台

台阶

特殊旁听者

翻译

法官助理　法官助理　检察官　检察官　检察官

台阶

证人

翻译　　辩护律师　辩护律师

法官　　　　　　　　检察官　　　辩护律师　辩护律师

书记官　速记员　讲台　　辩护律师　辩护律师

辩护律师　　辩护律师　辩护律师

被告席

旁听席　　　旁听席　　　旁听席　　　旁听席

二楼

外国记者　　　　　　一楼　　　　　日本记者

中译本序

去年初冬参加上海电视台外语频道制作的纪录片《东京审判》的审片会,当荧屏出现科林·F.布赖恩(Colin F. Brien)在东京法庭解开上衣,袒露脖颈,讲述自己幸而未死的被斩首经历时,不由想起多年前在本书日文版(日文版名稍稍简化,为『東京裁判——もう一つのニュルンベルク』)中也曾看到过的这一幕。作者阿诺德·C.布拉克曼(Arnold C. Brackman)在叙述了一组这类事件时说的一句话,至今在我脑际中仍留有深刻的印象:"当这类证词呈堂时,一些被告会摘下耳机。有的低下头,有的闭上眼,他们不愿或不能听到这些最恶劣的事情。展现在东京法庭上的场景就像希罗尼穆斯·博希(Hieronymus Bosch)在《堕入地狱》(*The Descent into Hell*)中描绘的恐怖画面。"布拉克曼之所以坚持要写出此书,根本的动机就是痛感不能遗忘的"罪孽"正在被遗忘。

在相当长的一段时间,许多西方著述在谈到为什么要写作或讨论东京审判时,异口同声都说东京审判受到了有意无意的遗忘。但与20世纪80年代中期以前东京审判在中国几乎被人完全淡忘不同,布拉克曼等认为的"遗忘",既是指与纽伦堡审判的大量著述形成的鲜明反差,更是指东京审判的正面意义受到了质疑。因为从早期印度法官拉达宾诺德·帕尔(Radhabinod Pal)的"异议书"，到稍后理查德·H.迈尼尔(Richard H. Minear)的《胜者的正义》(*Victor's Justice: The Tokyo War Crimes Trial*)，都是有影响的著作。有"影响"而仍不免被认为"遗忘"，是因为它们虽然在讨论东京审判，但结论、甚至目的却是否定东京审判。所以就"罪孽"而言，它们是比一般遗忘走得更远的遗忘。

　　本书从构想到成书经过了三十五年的漫长岁月。在东京审判的相关书籍中，大概没有哪一本书的撰写像本书作者下过那么大的功夫。布拉克曼23岁被合众国际社派往东京报道东京审判，从那时起，他即有"写一本书"的"朦胧的念头"。所以他不仅尽可能多的出席了庭审，还开始收集包括隔日印发的前一日的庭审记录在内的各种文献。以后布拉克曼转任东南亚等地，各种新任务纷至沓来，但为东京审判写书的想法始终没有放弃。

　　1950年代回到美国后，布拉克曼遍访档案馆、图书馆、高校等公私收藏机构，查阅了用"巨大"来形容也毫不夸张的大量文献。在当今世界，东京审判这一领域，大概没有哪位的阅读量超得过布拉克曼。为撰写本书，三十余年中，他还采访了参与东京审判的法官、检察官、辩护律师，与不少法律界人士及法学教授有过交流和讨论。作为一个记者，跟踪一个主题如此之久，即使不是绝无仅有，至少也是十分罕有。采访东京审判是布拉克曼平生最早的工作，本书是他的绝笔，完成不久，他就去世了。东京审判是名副其实的贯穿他一生的工作，不能不让人感到他似乎就是为了东京审判而生的。

　　与西方、中国不同，日本数十年来有关东京审判的著述从未间断，本书的日译本也在原著面世不久即在日本出版。日译本的译者是以后著有十分扎实的大部头著作《东京审判的国际关系》的日暮吉延。当时年仅 29 岁的日暮为本书日译本写了长篇解读。日暮认为：一、本书的"根本目的"是将东京审判从"遗忘的深渊"中打捞出来。日暮进而认为这点对于日本也有意义。因为今天日本的历史认识之所以与国际社会产生分歧，原因之一是对战时日本的行为缺乏正确认识，所以认识对于昭和前期做出总结的东京审判是有意义的。二、"实证"为本书的显著特色。除了庭审记录与证据文献，本书还博采澳大利亚与美国的相关文献，就从对于庭审内外活动描画的细致而言，不仅在美国，在日本也是前所未有。其中特别值得注目的是本书中述及的外界从来不明的法官团内部的情况。由于亲身参与审判采访的特殊经历，审判的逸闻也是本书别具的一个特色。三、对当事人做了相当多的访谈。那些重要当事人，如荷兰法官伯纳德·维克托·A. 勒林（B. V. A. Röling），在本书杀青时都已离世，作者抢救下的这些可补文献记载不足的访谈，有着弥足珍贵的价值。四、对审判持基本肯定的立场。此外，日暮认为本书也有两点不足，一是基本照搬检方与法庭判决的主张，一是未理会相关的争议与研究。所谓"不足"，与日本学界对东京审判的主流看法有关，在此不能详论。

日暮概括的本书四个正面特点，十分恰当，我完全赞成。在此只想补充一点。以上所说长处，着眼点都是"学术"，这是本书特别重要的价值。同时，本书不是学院型著作。布拉克曼撰写此书，自始就是为了更广泛的读者。它与东京审判林林总总的学术著作不同，与日本特别多见的政治性强烈的"文宣"作品也不同，它是一本非常好读的"读物"。当然，它与一般的通俗作品也不同，法国艾迪安·若代尔（Etienne Jaudel）《东京审判：被忘却的纽伦堡》（*Le procès de Tokyo: un Nuremberg oublié*）也是一本易读的好书，但论厚重深入，满足读者更多期待，若代尔所著毕竟无法望本书之项背。

再说一句。没有精准的传递，域外佳作成不了本国佳作。本书译者梅小侃女士曾在北大与美国求学，获得法学博士学位。无论在专业上，还是语言上，对本书的翻译应付裕如自然不在话下。但我相信这本西文世界的东京审判名著在中文世界定将同获好评还有其他理由，这个理由是：译者作为东京审判中国法官梅汝璈的后人，与原著者布拉克曼会有普通译手难有的神会，使原著的情感与精神得以流传。

程兆奇

（东京审判研究中心主任）

2017 年 3 月 22 日

原著序

为本书所做的调研，历时四分之一世纪，行程超过十万英里。在正文和注释中注明了我所依据的大部分资料的出处。有关日本战争罪行审判的文字资料很单薄，特别是与纽伦堡审判可用的文献相比更显稀少。约翰·R. 刘易斯(John R. Lewis)的《不确定的判决：战争罪行审判书目》(*Uncertain Judgment: A Bibliography of War Crimes Trials*，加州圣巴巴拉和牛津：Clio Books，1979)有1 290个条目涉及纽伦堡法庭，而与远东国际军事法庭有关的只有区区231条。这本书目里还包括越南战争的143条，主要是关于美莱事件[1]。在远东国际军事法庭，有成千的美莱事件暴露在世人面前。

即便如此，刘易斯的清单在东京审判材料之少这一点上还是有所误导——撰写本书时，几乎没有什么涉及这个题目的书籍问世。因此，在调研中，我不得不主要依据卷帙浩繁的庭审记录(约49 000页)和我自己档案中涉及1946—1948年的其他材料：笔记本、官方和非官方文件、打字资料、我的合众国际社报道原稿，以及

---

[1] 越战期间在越南南方美莱村发生的大屠杀——译者注。

日本、美国和外国媒体上发表的文章。除了我作过的面对面或者通过书信的访谈，我还利用了美国国家档案与记录管理局所保存的记录稿、法庭文件、法庭证据以及被驳回的证据等等，来填补资料的空白。

在当下这个伪造引述的年代——电视上虚假的"记实戏剧"、媒体的珍妮特·库克（Janet Cooke）事件[1]，以及出版界的"门派"——我必须开宗明义，强调本书的每一个引述都是真实的。唯一擅自酌量的地方是拼写、时态和语法，特别是在重现英文庭审记录的时候，因为它经常不够规范（举例来说，把"fliers"和"flyers"交替使用）。

数以百计的人在交换意见、查找信息方面为我提供的协助，对本书的贡献是无法估量的。

陆军元帅畑俊六（Shunroku Hata）的辩护律师阿里斯蒂德斯·拉扎勒斯（Aristides Lazarus）给我很大的帮助，不仅仅是几个小时的访谈，而且通过书写长篇信件，以及做每一件事时的热情体现出来。康涅狄格州的 A. 弗雷德里克·米尼奥内（A. Frederick Mignone）法官从百忙中抽出时间，在法官室接受采访。战前和战后合众社东京部的职员莱斯利·S. 中岛（Leslie S. Nakashima）做我的翻译。他的家是我在 1946 年到东京后踏入的第一栋日本房屋，在那里我有幸愉快地见到了他的夫人八千代（Yachiyo）和他们新生的女儿和枝（Kazue）。1981 年莱斯利陪我走访了巢鸭监狱（Sugamo Prison）和市谷的法庭旧址。提供帮助的其他人中还有国家档案与记录管理局军事档案部的蒂莫西·P. 马利根（Timothy

---

1 假新闻获普利策奖的丑闻——译者注。

P. Mulligan)、东京国会图书馆的中野昭三（Shozo Nakano）和 K. 冈村（K. Okamura）、伦敦帝国战争博物馆的 J. 佩维（J. Pavey）、国家档案馆综合档案部的弗雷德里克·W. 珀内尔（Frederick W. Pernell）。

B. V. A. 勒林（B. V. A. Rölling）法官如今是荷兰格罗宁根大学的教授，他慷慨地抽时间回答我向他提出的很多问题。他还仁慈地送给我一篇 1978 年他在哈勒姆所作演讲的英文译本，这篇论文发表在同年第 38 期《哈勒姆论文集》（de Haarlemse Voordrachten），英文题目是"Some Aspects of the Tokyo Trial"（"东京审判的某些方面"）。他在文中指出，纽伦堡比东京更受关注，因为纽伦堡的被告在美国和欧洲为人熟知。《佛教与文化》（Buddhism and Culture，京都，1960 年）一书所收录的他的文章"回顾东京审判"（"The Tokyo Trial in Retrospect"）也可供参考。勒林还为阿姆斯特丹大学 1977 年出版的两卷完整版《远东国际军事法庭判决书》（Judgements of the International Military Tribunal for the Far East）写了序言（令人惊讶的是，这是法官们所有六种意见首次一起被公开）。时至今日，还没有一个同盟国政府印制过完整的庭审记录。

我感谢西康涅狄格州立大学负责媒体工作的约翰·巴顿（John Barton）、纽约公共图书馆参考书部的馆员玛丽·T. 布罗迪（Mary T. Brody）、我的打字员玛里琳·布洛克（Marilyn Bullock）、国家档案馆视听部的巴巴拉·伯格（Barbara Burger）、马里兰州休特兰华盛顿国家文件馆参考文献部主任乔治·沙卢（George Chalou），以及军事档案处的埃德温·R. 科菲（Edwin R. Coffee）。台湾台北的迈克尔·T. C. 陈（Michael T. C. Chen）作

为助手、联络人和翻译，其作用极为宝贵，他设法找到了梅汝璈
(Ju-ao Mei)法官的弟弟、台湾政治大学的梅汝璇(Ju-an Mei)教授；
S.T.谢(S. T. Hsieh)在这件事上也提供了帮助。我也受惠于贝
弗利·科尔曼(Beverly Coleman)、瓦伦丁·迪尔(Valentine Deale)
和罗伯特·道尼西(Robert Donihi)，他们十分友好地接受了采访。
还要感谢：堪培拉澳大利亚战争纪念馆的N.J.弗拉纳根(N.J.
Flanagan)和W. L.福格蒂(W. L. Fogarty)，罗伯特·弗朗杰
(Robert Furlonger)，弗内斯、佐藤和石泽(Furness, Sato and
Ishizawa)律师事务所的乔治·A.弗内斯(George A. Furness)，G.
奥斯蒙·海德(G. Osmond Hyde)，以及美国陆军的查尔斯·C.
科勒(Charles C. Kohler)。感谢西康涅狄格州立大学参考书部前
主任馆员玛丽·科恩(Mary Kohn)，她总是设法满足我的请求，尽
管有时困难似乎是不可克服的。还要向我的编辑布鲁斯·李
(Bruce Lee)表示感谢。

　　提供帮助的还有：索尔·桑德斯(Sol Sanders)；密歇根大学亚
洲图书馆馆长佐藤正英(Masaei Sato)；马里兰大学麦凯尔丁图书
馆东亚藏书部主任弗兰克·约瑟夫·舒尔曼(Frank Joseph
Shulman)，我在那里利用了戈登·W.普兰格(Gordon W. Prange)
和研究生小乔治·W.韦尔(George W. Ware, Jr.)的论文；东京国
会图书馆的住谷武(Takeshi Sumitani)；台北综合政府信息办公室
副主任雷蒙德·R. M.戴(Raymond R. M. Tai)；军事档案处的约
翰·E.泰勒(John E. Taylor)，他无一例外地答复了我的很多信件
和电话；日本横须贺防卫大学校的户部良一(Ryochi Tobe)；户古
田熊夫(Kumao Toyada)，他给我提供了有关铃木贞一(Teiichi
Suzuki)将军的信息；以及军事档案处的乔治·瓦格纳(George

Wagner)。我还使用了堪培拉澳大利亚战争纪念馆的档案，特别是威廉·韦伯(William Webb)爵士的文件。

星野直树(Naoki Hoshino)的辩护律师卡林顿·威廉斯(Carrington Williams)就我的询问发来 5 页非常有用和有启发的答复，其内容本身就值得发表。我也感谢多年来与希尔、贝茨和纳什(Hill, Betts and Nash)律师事务所合作的乔治·山冈(George Yamaoka, 已故)对我的帮助。还有东京大学法律系的大沼保昭(Onuma Yasuaki)，他示意我阅读他 1980 年 12 月 18 日和 19 日在《朝日新闻》(Asahi Shimbun)上发表的一篇关于东京审判的文章。中国战罪法庭审判长石美瑜(Shih Mei-yu)少将也欣然同意我采访。即使我尽了全力，但对审判的见解和观察仍有缺失。我没能得到答复的人当中包括 J. 英格利希(J. English)教授，他回答说："作为一项政策，对这个审判我不作评论，也从来没有评论过。"我曾在 1963 年给道格拉斯·麦克阿瑟(Douglas MacArthur)将军写信，请他谈谈东京审判，同样没有收到答复。

对那些有兴趣深入阅读的人，贾里图斯·沃尔芬格(Jarritus Wolfinger)所编纂的《远东国际军事法庭记录的初步清单》(Preliminary Inventory of the Record of the International Military Tribunal for the Far East, 华盛顿特区：美国国家档案与记录管理局, PI 180/RG 238, 综合服务部)小册子，是一份美国政府所掌握文献的极好清单。另外一个出色的资料来源是罗伯特·E. 沃德(Robert E. Ward)和弗兰克·约瑟夫·舒尔曼所著的《盟军对日本的占领，1945—1952》(The Allied Occupation of Japan, 1945 - 1952, 芝加哥：美国图书馆协会, 1972)。

有关战前德国与日本之间联系的绝佳资料是资深驻外记者内

塞尔·蒂尔特曼（Nessel Tiltman）的《噩梦必须终止》（*Nightmares Must End*，伦敦：Mayflower Press，1940），书中描述了德国和日本如何按同样的节奏行进。伦纳德·莫斯利（Leonard Mosley）在《日本天皇裕仁》（*Hirohito，Emperor of Japan*，新泽西州恩格尔伍德崖：Prentice-Hall，1966）一书中详细介绍了俄日关系。莫斯利笔下的裕仁（Hirohito）是一位个性坚强、诚实正直的人。奥托·D. 托利舒斯（Otto D. Tolischus）的《东京记录》（*Tokyo Record*，纽约：Reynal and Hitchcock，1943）写的是 1941 年 2 月至 1943 年 8 月这段时间，那时候托利舒斯是《纽约时报》（*The New York Times*）驻东京的记者。珍珠港遭到攻击后不久，他被关进监狱。（我不认同托利舒斯的一个观点：他在书中说艺妓在西方被浪漫化了，而在日本被视为娼妓。我反对把艺妓归类为娼妓，除非某人被特别指明如此。）

日文资料中，特别有用的是：板垣征四郎（Seishiro Itagaki）所写的《板垣征四郎秘录》（东京：芙蓉书房，1972）、重光葵（Mamoru Shigemitsu）写的《巢鸭日记》（东京：文艺春秋新社，1953）、花山信胜（Shinsho Hanayama）写的《和平的发现》（东京：朝日新闻社，1949），以及木户幸一（Koichi Kido）的《木户幸一日记》（东京：东京大学出版会，1966）。

*　　*　　*

日语中，一个人的姓氏在所起的名字之前，如 Tojo Hideki（东条英机），在这本书中我依照标准的盎格鲁-美国习惯把所起的名字放在姓氏之前——Hideki Tojo。同样，本书的中文姓名依据

另一个纽伦堡

6

1978 年前的韦氏拼音法，这个拼音法在共产党中国之前的标准历史书上所使用。我当年在大学学习中文时用的就是这种拼音法。

阿诺德·C.布拉克曼

原著出版者前言

作为历史上最复杂的审判之一,东京审判已经过去四十周年了。《另一个纽伦堡:东京审判未曾述说的故事》(*The Other Nuremberg: The Untold Story of the Tokyo War Crimes Trials*)是第一本讲述东京战争罪行审判法庭上真实情景的书。

日本领导人犯下的罪行首次被公之于世,他们的帝国野心导致了 1930 年代对中国的侵略和 1941 年对珍珠港的袭击。今天的世界只模糊记得一些当时发生的暴行,诸如巴丹死亡行军。然而,谁还记得北婆罗洲的山打根,在那里 2 000 名英联邦囚犯被驱赶去集中营,只有 6 人活着完成旅程? 谁该为超过一百万被奴役劳工的死亡,或者对数百万亚洲人在日本占领区遭受的不受约束的恐怖统治负责?《另一个纽伦堡》揭示出亚太地区的恐怖圈,从北边的朝鲜到南边的澳大利亚,从西边的印度到东边的阿留申群岛和新几内亚。

因此,第二次世界大战结束后,远东国际军事法庭在东京开庭,代表世界四分之三人口的 11 位法官肩负着判定被告席上的日本人有罪或无罪的使命,这个使命令人肃然起敬。东京审判历时两年半(而纽伦堡的纳粹战犯审判只用了 10 个月)。在东京,有

419 位证人到庭，其中包括中国的末代皇帝。庭审记录达 49 000 页，另有呈堂的证据文件 30 000 页。法官用了 7 个月的时间写出长达 1 218 页的判决书（而纽伦堡的判决书只有区区 270 页）。

对被告的指控令人不寒而栗。诸多罪名中包括"谋杀、灭绝、奴役、驱逐和其他非人道行为"。法庭上关于被告暴行的陈述经常令检方、甚至同样令辩方震惊。旁听席上大部分是日本人，有男有女；他们面色阴郁、沉默肃静。当幸存者的述说再现了南京的悲剧、缅甸–暹罗死亡铁路的修筑、菲律宾利巴的大屠杀、越南谅山的处决，面积像足球场一样大的法庭变得鸦雀无声。

今天，那些在东京被定罪和处决的战犯被供奉起来，当前的日本历史书对这场战争的处理就如同它几乎不存在一样。《另一个纽伦堡》说明了为什么这个审判不应当被忘却——它是对后世的警示，即侵略终究难逃法网。

阿诺德·C.布拉克曼（Arnold C. Brackman）作为合众国际社记者，报道了东京战争罪行审判。他是极少数获准到巢鸭监狱牢房探访过东条英机等囚犯的记者。他因最佳亚洲报道荣获海外记者俱乐部奖，并著有颇受赞誉的《特洛伊之梦》（*The Dream of Troy*）、《尼尼微的命运》（*The Luck of Nineveh*）、《一个精妙的安排》（*A Delicate Arrangement*）、《北京的囚徒》（*The Prisoner of Peking*）等著作。

布拉克曼在完成他的《另一个纽伦堡》手稿后不久就去世了。

威廉·莫罗出版公司

（William Morrow and Company, Inc.）（1987 年）

目录

导　言

1931 年,我 8 岁,下决心要当一名驻亚洲的外国记者。我的父亲从事中国艺术领域的工作,那年日本对中国的侵略激起了我的少年遐想。我现在依然保存着自己关于那场战争的第一份剪报,那时候一些日本军阀的名字对我来说变得熟悉起来,比如板垣和土肥原(Doihara)。到 1937 年,我又知道了一些新名字,如南京暴行(the Rape of Nanking)发生时的日本指挥官松井(Matsui)——在 6 个星期的时间里,至少有 25 万男人、女人和儿童被屠杀。(截至 1945 年在中国大陆的战争结束,有 600 万平民死于日本人之手,这是一场被遗忘的种族大屠杀。)当然,1941 年12 月 7 日以后,在我的记忆里又增添了更多的人名,最引人注目的是东条英机(Hideki Tojo),他从 1941 年到 1944 年担任首相[1] 和陆军大臣。

1946 年,我 23 岁,真的作为合众国际社特派记者来到了东京,报道对主要日本战争罪犯的审判,即远东国际军事法庭。被告席上是我儿时就熟悉的名字和面孔,其中有板垣、土肥原、松井、

1　即内阁总理大臣——译者注。

东条，以及其他 24 人。这些人是"甲级"战犯，被控犯有 55 项罪行，包括破坏和平、肆意杀人，以及其他战争罪行。这个审判是纽伦堡审判的日本版，在纽伦堡，对 24 名纳粹头目的审判在 1945 年 11 月已经开始了。

东京的法庭设在市谷，战争时期这里是日本军方的山顶总部。道格拉斯·麦克阿瑟将军统领的占领军当局把这幢大楼巨大老旧的礼堂改装成极为现代的法庭，加上了木制镶板、弧光灯，还有一个给译员用的玻璃隔间。这的确是为这场被法庭庭长称为"世纪的审判"而搭建的大舞台。

在这个壮观场面里，我的座位在媒体部的前排。在我左侧 50 英尺开外，来自 11 个同盟国[1]的大法官端坐在高出地面的法官席上。被告则安置在我右侧的被告席。正厅中部，在法官与被告之间，是那些法律斗士们：检方和辩方的律师、他们的助手及法律团队。旁听者在楼座。由于庭审用英语和日语进行，法庭里几乎每一个人都戴着耳机。算上法官完成判决所用的七个月时间，审判持续了两年半之久。有 20 多万人旁听过审判，其中 15 万是日本人。多达 419 位证人——从列兵到中国的末代皇帝——出庭作证。此外，有 779 份宣誓书面证词和陈述作为证据呈交法庭。开庭的任何一天都有大约 1 000 人在大堂里——法官、被告、律师、法律工作人员、宪兵、速记员、译员、摄影师、旁听者，还有日本和外国的记者。七家新闻机构在法庭有常驻记者——路透社、法新社、中国新闻社、塔斯社，以及三家美国新闻社：美联社、国际新闻社和我所在的合众国际社。

---

1 澳大利亚、加拿大、中国、法国、英国、印度、荷兰、新西兰、菲律宾、苏联和美国。

每天早上，记者们在新闻室都可以收到前一天证词的副本；我相信我是唯一把这些文稿存留下来的人，因为当时我就有个朦胧的念头，想要在审判结束后写一本书。每一天，我将三或四个故事归档，一般在上午10点、午餐时、下午3点，或者是一天结束后休庭的时段。每周我都这样工作五天，周复一周，月复一月。在合众社把我调派到东南亚执行其他任务之前，绝大部分的检方举证和一半的辩方举证我都在现场。甚至在我离开之后，新闻部依然保证我继续收到每天的庭审记录。没有一个记者全程报道过审判。事实上，据我判断，根本就没有一个人完整出席过每一次庭审。每位法官都曾因各种原因不时缺席过（第一位美国法官在审判早期就辞职了，而法庭庭长、澳大利亚人韦伯在辩方陈述那段时间离开了两个多月）。被告们也时常缺席。有两个在审判期间自然死亡，一个被送进精神病收容所，其他人要么短期住院，要么时不时地留在监狱里咨询律师。检察官和辩护律师来来去去，如大海中的波浪。

自从坐进这个法庭，多年来我常常想到它，令我困惑的是今天几乎没人记得这个审判，遑论赋予它什么重要意义了。战犯的名字大部分被遗忘，他们的所作所为也不再存留在世人记忆中。一些人模糊记得少数几件日本在二战期间的暴行：南京暴行、巴丹死亡行军（Bataan Death March）、战俘和其他被奴役劳工修筑的缅甸-暹罗死亡铁路，包括桂河大桥。但是，有谁记得在利巴镇对18 000个菲律宾男人、女人和儿童的大屠杀？有谁记得在越南谅山对450名法国和越南战俘的杀戮，日本人先用机枪扫射他们的大腿，再对那些痛苦扭动的目标来个刺杀训练？在法庭，我们听到太多骇人听闻的统计数字，以至过不了多久它们就变得没有意义了。我现在已经记不清所有的数字，但是，我决不会忘记那些遭受了非人道行为而幸免于难的人们所讲述的话语。

证词中不断提到对囚犯斩首的事——在运送战俘的地狱航船甲板，在偏远的南太平洋小岛，在从新几内亚直到缅印边界的丛林空地。不可思议的是，就像拉撒路（Lazarus）[1]，"被斩首"的人中有死里逃生的幸存者来到东京法庭作证。其中有位澳大利亚人叫科林·F.布赖恩（Colin F. Brien），我清楚地记得他。1942 年 2 月 26 日在新加坡的战斗中，日本人俘虏了布赖恩。3 月 1 日，他被双手捆绑着带到一处丛林空地，那里有一排士兵、十来个军官，还有一个新挖掘的浅坟坑在等待他。"我被勒令坐下，把膝盖、腿、脚伸到坟坑里，"年轻的布赖恩迟疑地说，"我的双手被绑在身后，一条小毛巾蒙住我的眼睛，然后——"

他停下来搜索话语，仿佛重新陷入那一刻。

"接着往下说。"澳大利亚陪席检察官艾伦·曼斯菲尔德（Alan Mansfield）鼓励他。

"我的上衣给解开了，扯到背后，露出脖子的下部，"布赖恩继续说，"我的头被按向前低着，几秒钟后我的后脖颈感觉到一个沉闷的重击。"

布赖恩又停了下来。曼斯菲尔德提示他："怎样？"

"我意识到自己还活着，但是假装已经死了，倒向自己的右侧，然后就失去了知觉。"

当他清醒过来的时候，发觉自己在一个浅坟坑底部，一些木桩和新鲜的泥块压在身上，双手仍被绑在后面，周身鲜血淋漓。

---

1 《圣经》中起死回生的人物——译者注。

布赖恩继续说,他在那里躺了大约一个小时,用脚挪开身上的杂物,从坟坑里出来,爬到附近一片长着又高又密白茅的草地藏身。他再次被抓住,惊奇的日本人把他送进医院,之后是战俘营,在那里他幸存到战后,成了一个奇人。

审判中的每一件斩首案都对应着不计其数的轮奸案。轮奸比斩首更恶劣吗?根据我在东京法庭听到的证据,答案看来会是肯定的。二十五、六岁黑眼睛的马尼拉女人埃丝特·加西亚·莫拉斯(Esther Garcia Moras)所讲述的遭遇是最骇人听闻的故事之一。1945年2月9日,大约1 500人被日本人圈在一起。她同另外二十几名年轻女子一起被隔离开来,关在湾景旅馆的一个房间里,里面除了几个床垫,什么家具都没有。

当三个日本兵进来时,噩梦开始了,他们晃着手电,挑中两个最年轻的女人,把她们拽出去。大约一个小时后就轮到埃丝特·莫拉斯了。日本人把她带到一间空屋子,强迫她躺在地板上,一边大声笑着一边掀开她的衣服,扯掉她的短裤。她试图反抗,他们便左右开弓不停地抽她耳光。她说:"那个水兵用一只手把我按在地板上,另一只手解开自己的裤子,然后把性器官强行放进我体内。"

"他站起身,另外一个又压到我身上……他做完了,刚一起身,第三个就以同样方式伤害我。"

她爬回那间关押着其他女孩子的房间。"接下来的整晚时间我都神志模糊,"她说道。"日本兵不停地进出那个房间,单独一个,或者两三个一组来把女孩子拖走……那一晚我被强奸了12到15次,我无法记住准确的次数。我如此疲惫、惊恐,简直是活生生的噩梦……最终,大约在早上4点,我被一名水兵强奸,他的性器官是如此之大,以至于仿佛把我从里面撕裂,我的私处流血了。到这个时候他们才放过我，我筋疲力尽、剧烈疼痛并严重出血。"

2月12日下午，旅馆被炮火击中，她逃脱了。

盟国提交给东京审判的证据所揭发的另外一件大丑事是活体解剖。当然，没有幸存者能够当庭或书面作证了。日本人在日记里和书面证词上用他们自己的话语和见闻，再一次揭露了他们自己。

在一份当作证据的日文报告中，供述人指证活生生的、健康的盟军囚犯曾被用于医学示范。"那个人被绑在光机关[1]办公室外面的一棵树上，"书面证词讲到一个场景，"一名日本医生和4个医科学生站在他的周围。他们先取下他的指甲，然后切开他的胸腔、摘除他的心脏，医生在心脏上做实际演示。"

时常，当这类证词呈堂时，一些被告会摘下耳机。有的低下头，有的闭上眼，他们不愿或不能听到这些最恶劣的事情。展现在东京法庭上的场景就像希罗尼穆斯·博希（Hieronymus Bosch）在《堕入地狱》（*The Descent into Hell*）中描绘的恐怖画面，这幅画我第一次是在大都会艺术博物馆看到的，当时还是个孩子，却一辈子都不会忘记。

盟国检方最终证实了东京的被告与日本人对战俘、对平民、对亚洲劳工所实施的大规模非人道行为之间的因果关系链条。这些恐怖事件不是孤立的事情——尽管所有的战争都有孤立事件，并且战争本身就是暴行——而是日本军国主义恐怖统治总体战略的一部分。被告席上最有教养、最敏感的人物之一——外务大臣重光葵后来写道："想到诸多非人道的错误行径在二战后被曝光，使我们名

---

1 日本南亚联络处——译者注。

誉扫地,给世人留下日本人是残忍怪物的印象,这真是糟糕透顶。"

面对这些披露,如何解释远东国际军事法庭几乎从历史中消失了呢?为什么众多书写第二次世界大战的记者和学者实际上忽略了东京审判呢?千真万确,远东国际军事法庭简直已经被 20 世纪历史的最大黑洞吞噬了。在数以千计有关这场战争的书籍中,只有两本谈到东京审判。一本是盟国首席检察官和一位助手在 1950 年所写的一本法律小册子,专题论述审判的合法性。另一本是一位学者在大约 20 年后撰写的,它关注的是审判的不合法性质。即便是写施泰因布伦纳(Steinbrenner)和他的纽约洋基棒球队的书也比这要多。根本没有一本讲述审判本身、它的发展经过、证词,以及众多聚集在东京舞台上人物的著作出版。这与描述纽伦堡审判的作品形成鲜明对比,关于纽伦堡已经有十几本书和几千篇报刊杂志文章了。

当我写信告诉一位朋友我有意写一本有关东京审判的书时,他回我一个短笺,说他曾经对纽伦堡的美国首席检察官特尔福德·泰勒(Telford Taylor)准将提到这个课题。"泰勒前几天对我说,他觉得对你而言是个了不起的主意。"但是为什么这个"了不起的主意"会被忽视这么久,如果真的了不起的话?为什么各盟国政府自己回避这件事?就是这位泰勒,在几乎 30 年前出版的一部专著中曾评论说:"不幸的是,公众对东京审判的冷漠是与参与国政府自身明显缺乏兴趣相匹配的。"

诚然,审判的范围令人生畏。举例来说,动手写这本书之前,我重读了千万字的庭审记录,给 50 000 多页的记录内容编写了一个索引。我重返亚太地区,从堪培拉到东京,追踪文献、采访审判亲历者,并且重访法庭旧址。

审判的长度和所涉内容的广度并不是有效书写它的唯一障碍。除此之外,人物阵容当时(现在依然)很庞大,而且对大多数人来说几乎一无所知。我怀疑今天具有中等文化水平的读者是否熟悉一两个以上涉事者的名字,通常也就是天皇裕仁(他并没有受审)和首相东条。纽伦堡在这方面就不可同日而语了。至少在西方,德国被告人的名字是容易记住的,这些名字能够在每一本美国的都市电话簿上找到——弗里克(Frick)、弗兰克(Frank)、戈林(Göring)、罗森堡(Rosenberg)、博尔曼(Bormann),等等。并且,暴行的发生地离家较近。很少有人会忘记那些集中营受难者、堆积如山的尸体和瘦弱憔悴的幸存者的照片。

东京审判还存在语言问题。审判用英语和日语同步进行(同时在某些情况下也使用汉语、俄语和法语)。然而,日语是最难翻译的语言之一,为一个单词或短语的意思经常发生无谓的大声争吵。双方律师不久就明白要尽可能简化他们的问题,但即便如此,证人、律师和法官之间的交流还是会有一些含混不清。

普遍认同的一点是,审判进行得糟糕,组织得差劲。检察官们没有即刻用明白无误的证据抓住日本及同盟国大众的注意力(这些证据显示被告们与1931到1945年作为国家政策而推行的野蛮统治之间的关联),反而一头扎进了1920年代和1930年代肮脏的日本国内政治。他们的本意是揭露军国主义分子在1928年之后如何操纵政府并掌控整个日本。他们出具的证据涉及刺杀日本首相、实施新闻管制、动用可怕的宪兵队(Kempeitai,日本版的盖世太保)清除反对派,以及大量违反国际条约与惯例,包括关于战争规则的海牙公约和日内瓦公约。这些证据太过频繁地纠缠在诸如解释日本宪法这样神秘晦涩的事情上。情势中原有的紧张刺激往往在法律把戏的迷茫中消散了。

最后，我觉得倘若不是亲眼见证了这个审判，撰写它的编年史几乎是不可能的。旁听审判，就像动手做一个拼图游戏之前必须研究图板盒子上的画面一样，因为实在有太多不同的碎片了。检方和辩方有时由于不可控制的原因，不按规定时间传召证人、不按次序出示证据，或者突然转到与手头证词无关的话题。这种搅乱证据和程序的事情又伴随着几位辩护律师和盟国首席检察官约瑟夫·季南（Joseph Keenan）的夸夸其谈。

辩方律师，包括日本和美国的律师，常常故意引起阻滞。一些辩护律师多年后对我承认，他们用这样或者那样的动议来拖延审判，以期盟国自身解体，而中国、美国和日本会联合起来共同对付苏联，如此便会提升他们当事人的免罪成数。这样一来，庭审中很多时间——也许超过三分之一——都被动议、案情简介，和我们大多数人看起来是法律细枝末节的没完没了的争论占据了。

所有这些问题造成的后果是，司法洪流经常被缩减为涓涓溪水。对审判的报道轰轰烈烈开头，但是相关消息不久就从头版滑到尾页，最终销声匿迹。当时（并且从那时起），对正义是否真的在东京法庭得到伸张的质疑就已经出现，不过多数情况下都被淹没在忽视和冷漠的海洋之中了。

评论者的角色容易扮演，而组成远东国际军事法庭的条件之艰难却是显而易见的。通常的审判，有成文的法规、法官、检察官、辩护律师、大陪审团和既定的程序。在东京，远东国际军事法庭组建时，不但缺失这些基本的要素，而且在被轰炸夷平的原日本帝国首都，甚至连举行审判的法院建筑物都没有。我刚到东京时，拿到一张这个城市的美国军用地图，上面附有这样的说明："战争的损毁已对东京造成极大的改观——实际情况比我们所看到的还要严重……某些街道已经'从地图上完全消失了'。"但是，还有更让人恼火的问题。在东京（以及在纽伦堡），诉讼的法理当时受到了攻击，并且今天依然如此。

不是所有的法学家都认同战争刑事责任的概念。我在1980年采访过美国最高法院前法官阿瑟·戈德堡（Arthur Goldberg），他认为被告由于危害人类罪（crimes against humanity）[1]和违反日内瓦公约被审判是正当的，是历史向法制世界进步总趋势的一部分。但是，他说："我找不到因侵略或发动战争而审判被告的依据。发动战争并不是一种罪行，在国际法上也没有依据。"他指出，东京和纽伦堡代表着人们向这个方向迈出的一步。

自有记录的年代以来，就有让交战方为其在战时的行为承担法律责任的零星尝试。例如，早在公元前将近500年，中国哲学家墨翟（Mo Ti）就写了三篇文章非议侵略战争，或者如他所定义的"攻战"（攻击型战争）。西方古典作家如荷马（Homer）、希罗多德（Herodotus）、修昔底德（Thucydides）和波里比乌斯（Polybius）都曾探讨过战争的性质，他们的概念经过许多个世纪，缓慢而痛苦地引出了"战争惯例"。公元5世纪，圣奥古斯丁（Saint Augustine）发表了他的"正义战争"理论。西班牙的弗朗西斯科·德·维多利亚（Francisco de Vitoria）——他生活在哥伦布时期，是被誉为国际法之父的荷兰人雨果·格劳秀斯（Hugo Grotius）的先驱——在他的《战争法》（*Law of War*）一书中发展了"侵略"战争是"非法"的观念。

尽管有这些学者和哲学家的个人努力，但直到1899年才首次

---

1 又译"违反人道罪"、"反人道罪"——译者注。

尝试将战争法规制定为成文的国际法典。八年后,大多数参与国签署了海牙公约。他们所宣称的目的是"在军事需要所许可的范围内,减轻战争的祸害"。英国国际法权威 W. E. 霍尔(W. E. Hall)预见,"如果有人不择手段地发动下一场战争,随之而来的反应将会是使法律更加严格。"霍尔的估计在 1919 年得到确认,获胜的协约国(包括日本)组成一个委员会,编制了德国人犯下的 32 项战争罪行的清单。然而,到头来德国还是被允许由它自己来审判战犯。有一些人被轻判,大部分都被无罪释放了。

1928 年,发展战争法规的活动达到一个新的高度。在很大程度上作为美国鼓动的副产品,主要列强(苏联除外)批准了巴黎公约(Pact of Paris),通常称为凯洛格-白里安公约(Kellogg-Briand Pact),宣告"侵略战争"为非法。日本是签字国。这个公约后来成为纽伦堡和东京审判的法律基础之一。

以任何客观标准,日本和它的纳粹同伙在二战期间的诸多作为,远比一战期间发生过的事情更加违反人道,更加违背自然法和人定的法则。在轴心国占领的地区,在同盟国中间,弥漫着要在战争结束时审判并惩罚德国和日本"战争罪犯"的情绪。同盟国(此时称为联合国家了)的一致意见,可用联合国家战争罪行委员会(United Nations War Crimes Commission)首任主席、澳大利亚人赖特(Wright)勋爵的话来表达。(联合国家战争罪行委员会于1943 年由 17 个国家在伦敦成立,包括中国、澳大利亚、美国、新西兰和印度这些亚太国家。)赖特说:"第二次世界大战是由一些非常邪恶的人蓄意发动的,包括希特勒及其朋党,以及他们在远东的对等人物。……这场战争纯系贪婪和侵略,他们的动机是赤裸裸的、明目张胆的,也是厚颜无耻的。"

1945 年初,联合国家战争罪行委员会出具了一份文件,清晰阐明了战争罪行的性质。在他们对太平洋战争的分析中,盟国认定,日本的骇人行动决非个别和孤立的事件,而是"经过周密计划,并且系统化地在整个远东和太平洋地区实施"。不仅仅是战地指挥官,东京政府也要为日本皇军犯下的暴行负责。

这份文件没有外交辞令,"(日本人)肆虐国家的居民,被残酷折磨、谋害和惨无人道地屠杀;强奸、酷刑、抢劫和其他兽行都发生了。……尽管有战争的法规和惯例,以及(日本人)自己的保证,联合国家的战俘和其他民众仍然遭受了有组织的残忍处置和骇人听闻的暴虐,被蓄意灭绝。"

联合国家着手证明日本曾经制定、实施,及/或指导一些罪恶计划,这些计划导致了侵略战争的实行和对各国领土的高压占领。"将要被指控的人应该按照这样一个原则来确定,即所有参与制定或实施一个涉及多项罪行罪恶计划的人对犯下的每一项罪行都有责任,并且为其中每个参与人的行为互相承担责任。"

总体来说,东京和纽伦堡审判可能是处理日本和纳粹对被占领国人民和战俘所作所为的唯一办法。1981 年在东京,我采访了当年的辩护律师之一乔治·弗内斯,他声称坚决反对战罪审判和死刑。然而,当我问到倘若面对阿道夫·希特勒(Adolf Hitler)的案子该如何处置时,他也尴尬起来了,只回答说:"我不知道。那是个难题。"

*　　　*　　　*

本书是一个尝试,希望能澄清东京审判中真实发生的事情。

因为,假如很少有人了解审判实情,对证据又一无所知,那怎么可能对这个审判的是非成败展开通情达理的辩论呢？我认识到,机遇把我放在这个位置上,使我能够写出第一部按时间顺序的审判进程记述,让"另一个纽伦堡"恢复它的实在性质,即二战史、中日战争史乃至现代亚洲事务历史上的分水岭。

在冗长的探寻历程中,我曾犹豫再三。这种编年式的战罪审判重现会不会无端冒犯今天亲西方的日本人呢？为何要挖掘那些陈年往事呢？最终,我得出结论,有关纽伦堡连篇累牍的文献没有激怒德国人,我这个记述也应该不会令日本人气愤。毕竟,东京的盟国检察官反复强调过,受审的并非日本人民,而是他们的领导人,特别是那些接管政府的军国主义分子。

再者,对德国纳粹政权的持续揭露如今已被认定是纳粹主义在德国复活的主要障碍,因为德国人了解以前的当权者那些不可告人的行径。日本的情况却不是这样,譬如,年轻一代对最近的过去都知之甚少。东京帝国大学一位法学教授解释说:"(我们)日本人倾向于迅速忘掉坏的事情。"

1977 年,日本文部省发布了对新教科书的指引。在一本几百页的基础日本历史书中,对第二次世界大战的叙述被减到 6 页,而且几乎被一张广岛废墟的照片、日本战死者的统计表和数张美军燃烧弹轰炸东京的照片占满。伦敦《经济学人》(*The Economist*)不动声色地评论道,"在这部教科书中,只字不提对方的伤亡、战争罪行,以及被强制输送到日本劳工营的中国人和朝鲜人。"

就在第二年,为甲级战犯恢复名誉的事情得到了意想不到的支持。包括东条在内的 14 名军国主义者,作为"殉道者"被秘密供奉在靖国神社（Yasukuni Shrine）。靖国神社是专为祭拜日本的战争阵亡者而设立的，是日本最受崇敬的神道庙堂。这个消息被日本媒体曝光时，神社的宫司声称他们的决策是正当的，因为这些战犯"把他们的生命奉献给了天皇和日本"。极端爱国主义组织认定这种供奉是"适当"的，因为日本除了打太平洋战争别无选择，这场战争是一个"神圣的使命"。

不顾这些骚动，首相大平正芳（Masayoshi Ohira）在首次出访美国会见卡特（Carter）总统的前夕，前往靖国神社参拜，向那些战争阵亡者，包括日本战犯致敬。日本国会和媒体震惊了。一些议员指责战犯要为日本和其他民族所遭受的巨大苦难负责，把他们供奉在靖国神社那么神圣的地方是"不允许的"。日本三大全国性日报之一《读卖新闻》（Yomiuri Shimbun）在一篇社论中严正警告："把时钟拨回战前的企图使我们充满忧虑。"

1982年，教科书的争议达到高潮。这一次日本文部省用"进入"一词表述日本对中国的侵略，并且把南京暴行归咎于中国军队的抵抗。"当他们（中国军队）给日军造成重大损失时，"新教科书断言，"日军被激怒了，因此，他们杀了很多中国士兵和平民。"在朝鲜强征苦役也改用劳动力"动员"这样的词语。

如今，愤怒之声遍及亚洲。中国大陆和台湾地区、韩国和北朝鲜，连同新加坡和马来西亚、印度尼西亚、菲律宾、香港，以及其他国家和地区都提出了抗议。北京谴责日本人"歪曲日本军国主义侵略中国的历史"。《中国日报》（China Daily）将日本重修历史的行为斥为"荒谬！"在朝鲜出现了反日游行，《韩国先驱报》（Korea Herald）指责东京试图蒙蔽新一代，声称日本的行为"是令人严重关切的事情"。印度尼西亚控诉日本"妄图使它的国际罪行合法化"，并指出由于亚洲人心中对那些罪行记忆犹新，"这种涂抹痕迹的企图是徒劳的"。菲律宾外交部长说，修改教科书"干扰了"菲律宾对日本与其东亚及太平洋邻国未来关系可能趋势的思考。只有一向对日本表示出敏感的美国人，回避了这场辩论。里根（Reagan）总统在访问德国比特堡军人墓地之前，在一次并不引人注目的新闻发布会上说，他觉得没有必要把陈年旧事再翻出来。

很多日本官员对他们亚洲同胞抗议的反应，是远东国际军事法庭上日本辩护律师立场的重现。"当日本推进到一个外国时，并没有用'侵略'这个词，"一个日本政府机构的总干事解释说。"把'进入'改成'侵略'将会是对事实的歪曲。儿童们会说由于做过坏事，他们的父辈不该被尊敬。"

评论家们粉碎了这个论点。中国军方报纸说："按照总干事的逻辑，因为没有任何一个侵略者，包括二战中日本的盟友——德国的希特勒和意大利的墨索里尼（Mussolini），当他们推进到别的国家时使用过'侵略'这个词，所以侵略就根本不存在了。"

并不是所有的日本人都对这个问题表现得无动于衷。东京广为流通的日报之一《朝日新闻》尖刻地评论说："日本派出大量军队到中国，杀害了上千万中国人，造成了重大损失。如果这还不是侵略，那什么才是呢？"虽然《朝日新闻》没有直接提到远东国际军事法庭，但它暗示了审判记录。它说："这些二战期间被日本侵略的国家里发生的事情，已经作为历史事实记录在案，不会因为玩弄辞藻而被删除。"

日本高层官员意识到，东京已在不经意间打开了潘多拉的盒子，因而在这阵抗议浪潮的余波中，他们宣称日本会修正这些混淆视听的教科书。不幸的是,正是在这忐忑不安期间,一部日本新影片——《大日本帝国》(*The Great Japanese Empire*)在东京上映,观众多得要卖站票。这部影片颂扬日本的侵略,而且暗示东条英机受到远东国际军事法庭的不公正审判。《日本时报》(*The Japan Times*)指责这部电影把东条从一个"冷酷的军国主义分子摇身一变为一位慈祥、感情丰富的超级爱国者"。电影的制片人就像是左派科斯塔-加夫拉斯(Costa-Gavras)[1]的日本右翼版,他说他觉得东条"不应该被描绘为好战者"。

显然,对太平洋地区第二次世界大战的原因和结果,日本人的认识是不同的。我希望这本书中将东京审判按时间顺序的重现可以帮助澄清一些误传和疏漏。不要误解了我的本意。日本人民在东京法庭没有受到审判,他们在这些书页里同样没有受审或再受审。战前美国驻日本大使、已故的约瑟夫·格鲁(Joseph Grew)把本书将要讲述的悲伤故事放在正确的视角。他在日记里写道,"据我看,世界上没有比最好的日本人更好的人了。"可是在 1931 到 1945 年之间,最好的日本人没有统治日本。

可以理解,一个伟大的民族不愿意不断地回忆自己历史上的黑暗面,不论是日本和纳粹战犯在二战时期的行径,还是欧洲列强在亚洲野蛮的殖民主义,或者是穆斯林世界和南北美洲存在的奴隶制。但是,正如纽伦堡盟国检察团的一位成员惠特尼·R.哈里斯(Whitney R. Harris)所表述的,"尽管如此,我们在回避昨日邪恶的时候却不应忘记它所造成的罪孽,更不应由于忘记而相信那些罪孽根本不曾发生过。"

---

1 法国电影导演——译者注。

这是一本早就应当完成的书。

阿诺德·C.布拉克曼

（Arnold C. Brackman）

日本东京

美国康涅狄格州布鲁克菲尔德中心

"我要及早强调，本人远非自诩有能力详尽报告审判中所发生的一切，甚至按事件的实际顺序来讲述也恐难做到。我想，如果提及每一件事情并附带充分解释，势必卷帙浩繁。因此我相信，只写那些打动了我的东西可能不会受到责难。……但我认识到我应该做得更好而避免歉疚。我一定不遗余力，读者也会发觉我已经尽我所能了。"

——费奥多尔·米哈伊洛维奇·陀思妥耶夫斯基
（Fyodor Mikhailovich Dostoyevski）
《卡拉马佐夫兄弟》
（*The Brothers Karamazov*）

1 走投无路的战犯们

1945 年 7 月 26 日，日本面对这样一种选择：投降或者自杀。因为在这一天，对日作战的三大盟国——中国、英国和美国——发布了《波茨坦公告》(Potsdam Proclamation)，警告日本必须投降，否则将面临"完全毁灭"。公告还指出："对日本应予以一机会，以结束此次战事。"此时日本人并不知道，美国将根据东京的行动决定是否投掷原子弹。

不管有没有原子弹，日本帝国已经处在摇摇欲坠的境地了。陆军在菲律宾和冲绳、海军在莱特湾之役均已战败。美军的轰炸已经使日本的工业、交通和农业陷入瘫痪，举国上下逐渐因饥饿而濒于死亡。军方所能给出的唯一希望只有"神风"特攻队(kamikaze)：自杀求胜。

盟国开出的投降条件归结为四项基本要求：日本军队解除武装，盟国占领日本，永久剔除"欺骗及错误领导日本人民"之势力，以及由盟国法庭审判日本战争罪犯。公告第十段说："对于战罪人犯，包括虐待吾人俘虏在内，将处以法律之严厉裁判。"

有关战争罪行那一项在要求中显得最不重要，列在清单的最后。然而东京的日本领导人秘密辩论时，战争罪行这个议题却是至关重要的。对他们来说,《波茨坦公告》不但意味着要审判那些犯有"普通"战争罪的人,诸如对战俘和平民的大屠杀,而且把矛头指向政府最高层的决策者。这对日本领导人,甚至可能对天皇都是一个直接威胁。盟国心目中的意图,东京已经看到一个活生生的范例。几周前德国垮台后,那些仍然活着、没有失踪的纳粹上层统治成员立即被当作战犯逮捕了。

《波茨坦公告》要日本战犯面对"法律之严厉裁判",在大多数日本领导人中掀起一股愤怒、不满和恐惧的浪潮。也有某种程度的分歧,日本帝国统治协商会议——最高战争指导会议(Supreme Council for the Direction of the War)的辩论就是证明。外务大臣东乡茂德(Shigenori Togo)下结论说,波茨坦呼吁"日本武装部队无条件投降",这已经比两年前在开罗签署的宣言缓和了,后者明确要求"日本无条件投降"。波茨坦也提到"吾人之条件",而无条件投降则意味着没有条件。他的这个观点得到两位同僚的支持,其一是 77 岁优柔寡断的首相铃木贯太郎(Kantaro Suzuki),他在 1944 年东条英机被解除职务后出任首相;另一位是海军大臣、前首相米内光政(Mitsumasa Yonai)海军大将,他原本就反对日本与希特勒结盟,并反对与美国开战。这三个人想谨慎行事,希望日本吁请苏联人"斡旋"以实现和平的努力能够导致体面地结束战争。

最高战争指导会议的另外三个成员则反对任何妥协,声言战争尚未失败。这个令人敬畏的三人组合由阿南惟几(Korechika Anami)大将、梅津美治郎(Yoshijiro Umezu)大将和丰田副武(Soemu Toyoda)海军大将所构成:阿南是陆军大臣,固执己见,嗜好舞剑和射箭;陆军总参谋长梅津是一个毫无幽默感的军阀,有时被称为"象牙面具";海军总参谋长丰田与梅津同属一个家族,他面部肌肉松弛,举止优雅,非常排外。

从军国主义者的视角来看,日本仍然有 250 万人的部队随时可以投入战斗,还有超过 100 万吨的舰船和 9 000 架军用飞机。再加上根本不缺少"神风"使命的志愿者,他们在过去一年里击沉或重创了多艘美国军舰。而且,日本的帝国军团依然统治着朝鲜[1]和满洲[2]、很大一部分的中国,以及几乎整个东南亚。为捍卫本土岛屿,军方已计划组成超过 2 000 万人的自杀式地面部队,以人海战术对抗任何盟军的入侵。

军阀态度僵硬,他们刁钻地抛出自己的终战条件:第一条是盟国承认天皇不可侵犯;第二条,盟军只能象征性占领日本,东京为禁区;第三条,日本将自行解散部队、自行审判战犯。出现严重分歧的最高会议并没有将这些或其他讨价还价的意见传达给盟国。日本对《波茨坦公告》的回应,用铃木首相的话来说,就是"默杀"(*mokusatsu*)——用沉默将其扼杀。

即便是赞成接受盟国投降条件的人也坚持裕仁必须被宣告为不可侵犯。他们最害怕的就是他们的神皇会像普通罪犯一样被押上被告席。就连六人最高会议中最有理性、最老成持重的东乡外相也维护天皇的地位。如果盟国坚持把裕仁当作战犯审判,东乡誓言日本势必"甘心情愿"做最后一搏的自杀性抵抗。

由于没有得到日本对《波茨坦公告》的任何反馈,以及预判进攻日本肯定会成为死伤数百万人的历史上最血腥的战斗,哈里·杜鲁门(Harry Truman)总统授权投掷原子弹。

---

1 指整个朝鲜半岛,下同——译者注。
2 即中国东北,下同——译者注。

此时此刻将原子武器投入战争，从那时起一直是广泛争议的题目。很多批评者，包括宣传家、公正的历史学家，以及介乎两者之间的各色人等，指责说无论有没有原子弹，在太平洋地区的战争都会结束于 1945 年。但是，审视当年的事件，毫不奇怪的是，众多战争亲历者认为原子弹轰炸似乎是结束战祸的唯一途径。日本资深记者、战后日本新闻机构共同社（Kyodo）的编辑加藤正夫（Masuo Kato），在《失败的战争》(The Lost War)一书中对冲突的这个方面有深刻见解。他写道，"日本是一个自相矛盾的民族。这就是他们为何在战败的事实面前仍然死抱着胜利的念想。即便有些人已经逐渐接受战败的可能，相应的结论仍然是：那只会在日本光荣地战斗到最后一人之后才发生。"一位在日本战俘营度过若干年的英国军官劳伦斯·范·德·波斯特（Laurens van der Post）这样写道，当原子弹落到广岛，"看来一定是日本人的太阳女神天照大神（Amaterasu）自己把太阳的碎片扔到日本了，以便粉碎它的自杀过程。"

1945 年 8 月 6 日早上 5 点刚过，广岛市被原子弹爆炸摧毁。两天以后，苏联拒绝了日本的调停请求，对日宣战，进攻满洲。军国主义者的信心动摇了，东京的主和派得势了。天皇本人给首相传信说，战争必须终止。可内阁还是不情愿采取行动——他们依然没有紧迫感。于是第二枚原子弹在 8 月 9 日投到了长崎。至此，虽然有军事新闻管制，但所有的日本领导人都了解到原子弹的破坏力。然而最高战争指导会议再次陷入冗长的辩论，依然没有达成共识。

这一次铃木首相不愿让事态继续放任自流了。8 月 9 日晚上他同东乡外相一起匆匆赶到皇宫，请求即刻觐见天皇。裕仁很快意识到局势的严重性,下令最高会议在一小时之内赶到皇家地堡继续开会。与会者包括最高会议的六名成员、重臣（*jushin*）即政界元老们,以及枢密院议长。争论再次旧调重弹,周而复始;裕仁一言不发,不愧为沉默政治的大师。战争罪行审判的议题再次凸显眼前。谁是战犯? 谁来审判? 何处受审? 尽管日本面临"完全毁灭"[1]（如《波茨坦公告》所威胁的）,但陆军大臣、陆军总参谋长和海军总参谋长这三巨头依旧顽固。除非满足他们的四个条件,否则一定要作自杀式的最后一战。

突然之间,抛开固有的传统和宪制,45 岁的天皇讲话了。政府领导人毕恭毕敬地坐在那里,在惊讶中沉默无语。裕仁要求接受《波茨坦公告》,从而一下子就同意了盟国"严厉制裁"日本战犯的要求。"毋庸讳言,见到勇敢而忠诚的日本人缴械,对我来说是难以忍耐之事。同样不能忍耐的是其他对我全心全意效忠的人,如今会被当作战争煽动者遭到惩处。尽管如此,必须忍所难忍、耐所难耐之时刻已经到来了……"在每一个与会者站起身时,裕仁慢慢离开了房间。没有人敢质疑这位神皇的话。

会议立刻就结束了,盟国被告知日本准备投降,"基于下述理解：此决定对有损天皇陛下作为主权统治者之特权的任何要求都没有妥协。"主战派和主和派都不退让的一点是,裕仁本人不能作为战犯被传讯到审判台。这个准备投降的举动并未通报给日本大众,只是在媒体上用一个隐晦的声明暗示"改变"即将发生。另一方面,陆军大臣阿南发表了一个鲁莽的声明："我们只有一个选择;

---

1 御前会议并不知道轰炸之后的绝对战争机密：美国已经用光了它的全部两枚原子弹储备。

我们必须继续战斗……"一群青年军官着手策划政变以剥夺一直在"误导"天皇的"失败主义者"的职权。盟军的回复巧妙地回避了东京精心措辞的条件,这反过来把日方阵营的僵局推回到起点。回复中最为重要的一句话是:"日本最终的政府形式将……按照日本人民自由表达出来的意愿构建。"这个批判是否包括天皇?对这一点东京的领导人莫衷一是。

军国主义分子极力主张他们的观点:全国总动员作一次最后抵抗会迫使盟国软化他们的条件。在 8 月 13 日的内阁会议上,领导人还是无法解决这个问题。铃木首相不得不再一次请求觐见天皇。当他这样做时,陆军省里孤注一掷的叛乱分子匆忙出台他们的政变计划。然而,阿南和其他军方首脑拒绝参与这一阴谋,并且竭力想要维持他们对军队的控制。

第二次御前会议在 8 月 14 日上午召开。虽然绝大多数人现在同意接受盟军的条件,但军国主义分子依然作反对和平的论辩。裕仁再次开言了。24 个人聆听天皇概括情势,不少人眼泪汪汪。日本被打败了,如果战争继续下去定然会被毁灭。他不允许这种事情发生,无论他个人的命运如何。"由于日本人民不了解当前形势,我知道当他们听到我们的决定时一定会深感震惊。如果认为由我亲自向他们解释合适,我愿意来到麦克风前。……我盼望内阁尽早准备好帝国敕令诏告终战。"

天皇的话不仅开启了投降机制,同时也使反叛的引擎发动起来了。主战的鹰派对他们认为背弃荣誉的行为感到愤怒,发誓继续战斗。尽管有很多人担心自身的性命,日本的官僚机器还是迅速运作以削弱主战派的努力。日本广播公司(NHK)主管奉命立刻为天皇史无前例的广播做准备。裕仁本人确信只有他的声音——被日本人民奉为神圣的"鹤音"——才能在投降面前维持国家的冷静和统一。

保守派被天皇直接向人民讲话的主意吓坏了,于是决定在8月14日晚间把他的声音录下来,第二天正午时分向全国广播。当那一刻到来时,裕仁毫不犹豫地走到麦克风前,坦率地向他的"忠良臣民"发表演说。天皇用他独特、尖细的声音谈到日本军队在战争中遭到越来越沉重的打击,并且最后谈到敌人"最近使用残酷之炸弹……。如仍继续作战,则不仅导致我民族之灭亡,并将破坏人类之文明。"

凭他的科学背景(他是一位受尊敬的业余海洋生物学家),有头脑较为清醒的顾问提供信息,裕仁比大多数政府领导人更了解核武器的严重性。当前除了放弃别无选择,不管这样做对他个人来说将意味着什么。他在结束时鼓励他的人民:"宜举国一致……倾全力于未来之建设。"

天皇的讲话录制、检查完毕,被安全地收藏起来准备第二天使用。天皇回到了住所。一切都安静了一小会儿。

年轻的煽动者(他们令人联想起1930年代操控政府的狂热民族主义者和关东军小集团)迅速将政变计划付诸实施。尽管没有听到天皇的讲话,他们确信他已被阴险自私的朝臣和懦弱卑劣的政府官员所误导。对他们最紧要的是要找到录音,将它销毁。他们高喊:处死叛国者!万岁(Banzai)!

8月15日凌晨,叛乱分子企图占领皇宫,皇家卫队司令森纠(Takeshi Mori)中将是被他们射杀的守卫者之一。警报四起,响彻东京,陆军高级军官出面遏制叛乱。入侵者的终极目的是找到天皇,把他从失败主义的顾问手中解救出来。但他们首先要找录音,他们知道昨晚早些时候已经录好了。御前侍卫不顾自己随时都有性命之忧，挺身而出与他们斗智斗勇。皇宫里不同的人给叛乱者不同的讯息，很快就使叛乱者陷入困惑。同时他们之中也没有人知道究竟谁在领头，这就使情势变得愈发混乱不堪。没有革命领袖，他们实际上就是一群乌合之众。倘若有领袖的话，或许历史就会对那一夜写出完全不同的故事了。而当时的情况是，刚刚破晓，东区陆军最高司令官田中静壹（Shizuichi Tanaka）大将来到皇宫，命令政变军官和部队终止其不忠行动，服从合法当局的指令。叛乱者震惊于他的现身，并且听说陆军省和战地司令官们并不支持他们，于是便放弃了。

天皇的终战演说如期广播。人民深受感动并且不安，但是没有发生骚乱，也没有人质疑天皇至高无上的权威。第二天，8 月 16 日，盟国接受了日本的投降。然后双方似乎都停下来思忖，事态的进展慢下来了。美国人的先头部队直到 8 月 28 日才抵达东京，5 天后，9 月 2 日，投降书在东京湾美国海军密苏里号战舰上签字。

日本军国主义分子利用这段空隙，销毁了整库整库的战罪证据。在市谷山岗的陆军省办公室内，篝火熊熊日夜不息，数以吨计的记录被焚烧。类似的火堆在其他政府大楼、在遍及日本帝国全境的陆海军基地、在宪兵队总部以及其他秘密警察单位噼啪作响。被销毁的文件包括御前会议的全部记录、最高战争指导会议的全部记录、内阁和枢密院审议的全部内容、战俘的全部档案、有关进攻菲律宾和东南亚的全部命令和计划，以及有关满洲和中国战役的全部文件。

历史还算幸运，并非所有可入罪的材料都被销毁净尽。在鹿儿岛宪兵机关的一些文件侥幸逃过火焰，落到盟国手中，后来被战罪检察官用来举证。东京曾命令该机关将战罪证据付之一炬,以准备"解除武装"(这是投降的委婉提法)。命令说:"那些一旦落入敌手将会有害的文件——如,涉及外交事务、反间谍、思想控制、保安之类的文件,还有可通过其评估国力的材料,以及诸如 2 月 19 日事件(即 1932 年刺杀反对在中国作战的日本首相)的秘史材料——必须尽快销毁。另一方面,密码本、宪兵队的人事登记、涉及尚未处置的监视和一般性事务的文件等等,应在它们没用了的时候再销毁。"

注意到一些机构没有销毁可入罪的全部证据,东京在 8 月 21 日又下发一道新命令。"由于存在很多因疏忽而造成严重失误的例子,务必要仔细检查这类事情。……兹指示你们确认,须销毁的秘密文件,片纸不留。"

那些严重失误到底是什么呢? 命令罗列出来了:夹在抽屉后面的文件、垫在桌腿下固定桌子的文件、掉到档案柜和书架后面的文件。此外还建议高级政府官员和军事长官检查一下自己家里是否有可入罪的书信和日记。

一封发给战地司令官们的绝密电报说:"曾虐待战俘和(平民)囚徒的人员……允许通过即刻调离或者不留痕迹的逃逸来处理。"电报还说,"凡落入敌手会对我们不利的文件一律按秘密文件同样方式处理,销毁之。"

8 月 27 日的另外一份公告命令,尚未销毁的文件要分成三类:标明要销毁的、准备销毁但暂时搁置的、要保留的。准备保留下来的文件包括一些塞满军事任命报告、军械表、服役记录、军服收据和"普通账簿"的档案柜,这些东西显然是为了转移盟国检察官的注意力。

东京审判的盟国检察官们后来强烈抱怨对可入罪证据的销毁。其中一位叫H.A.豪克斯赫斯特(H. A. Hauxhurst)的律师在解释文件为何缺乏时说:"除京都以外的几乎每一座日本城市都被轰炸摧毁了80%,因而很多记录被毁掉了,此外,从投降成为不可避免到美军占领之前这段时间……很多剩余的重要记录也被焚烧了。"

投降与占领之间的空隙不仅给销毁文件留出了时间,而且为伪造记录提供了机会。一起经典的虚构案例发生在威克岛上,那里的日本海军守备部队在1943年屠杀了96名美国囚犯。威克岛的日本司令官召集属下军官,告诉他们声称囚犯死于盟军海上炮击的意图。为此目的,他们用两天时间把已经腐烂的囚犯尸体挖出来,转移到一片被美国军舰炮击过的海滩。当海军总部向守备部队询问有关囚犯处置的"官方"信息时,捏造的故事就被传送到东京了。

其他篡改报告的事例数不胜数。美国海军太平洋地区战罪调查主任、海军上校约翰·D.墨菲(John D. Murphy)抱怨道,"涉及太平洋地区日本所捕获战俘的全部记录都被日本当局销毁了。有关那些我们明知是被活捉的战俘,除了日本人蓄意隐瞒某些乃至全部的真相,调查人员还每时每刻都要面对日本指挥官提供的虚假情报。"

毗邻东京有个臭名昭著的福冈战俘营。那里的司令官预料到日本会投降,从8月11日开始屠杀囚徒。在裕仁投降广播的次日,即8月16日,16名美国囚徒被押到附近的森林空地,剥光衣服,在守卫女友们的开心围观下被砍死了。一回到营地,守卫们就伪造了监禁记录。

他们还竭力毁灭杀害囚徒的物证。例如1945年7月18日，在大阪，两名美军飞行员被宪兵队施以酷刑后处决（宪兵队有个传统，死囚被处决前先要受到残酷折磨）。在裕仁投降广播的一周之后，大阪的日本守卫惊慌失措了，于是把尸体挖出来焚烧。然而这些潮湿、腐烂的东西很难烧尽。恐怖的火化耗费12个小时，用了18公升汽油。

大规模伪造证据的事情也在发生。在婆罗洲坤甸，大约1 000名印度尼西亚男人、女人和儿童作为"共谋反日的奸细"被日本人折磨并杀害。投降后，盟军调查员马上讯问日本的地区司令官能否证明共谋的存在，他回答："我曾经见过此案审讯的官方记录。"当被要求出示坤甸事件的记录时，他说："在投降前已经烧掉了。"

类似的大规模证据毁灭在整个日本帝国到处发生。法属印度支那战罪嫌犯局主管费迪南·加布里亚格（Ferdinand Gabrillagues）总结这个问题说："战争罪行的数目是可观的，相关的文件也是大量的，但是不可能将它们全部曝光。"为什么？证据已被系统地毁灭，包括证人，他说道。

日本军国主义分子不仅毁灭暴行的记录和见证人，而且投入了一个自我毁灭的狂欢。切腹自尽（*harakiri*），或者说在战败或屈辱面前自杀，是日本人的老传统，用来"挽回颜面"，维护一个人或家族或国家的荣誉，弥补过错，作为一种忠于故主的表示，抑或出于沮丧，乃至宣告对现实的蔑视。

战争期间有大量的日本官兵在战场上自杀而拒不向盟军投降的实例。1941年东条英机首相颁布了臭名昭著的"前线荣誉守则"，声称宁死（即便是自杀）也不要被俘。在可怕的战争狂热中，当阵地被攻陷时，经常有日本士兵集体自杀，拒不投降。

在裕仁的投降广播之后，据《失败的战争》作者加藤正夫说，每天都有人自杀——"那些自觉对战败负责、或者对战罪负疚、或者仅仅是无法面对未来的人。"

有些人按传统的、仪式性的方式赴死，其中包括海军中将大西泷治郎（Takijiro Onishi）。大西是"神风"之父，曾派遣数以千计的年轻人执行自杀式使命。"过去几天来我经受到极度痛苦。……即便挖空自己的内脏，亦不足以致歉。"说完，他把短刀刺进腹部，扭曲搅动，然后往上拉，又用力推向右方。陆军大臣阿南曾反对投降，但拒绝参与下属军官的政变图谋，他也以类似方式结束了自己的性命。

本庄繁（Shigeru Honjo）大将是引发中日战争的1931年奉天事变（Mukden Incident）[1]的幕后主谋，也是被称为"关东军小集团"的阴谋集团头目。他同样用刀刺进腹部，随后没有延续痛苦，径直割开了自己的喉咙。

其他许多人则选择了前总参谋长、陆军元帅杉山元（Hajime Sugiyama）的方式。杉山把手枪对准太阳穴，轰出脑浆。杉山的妻子本想用传统的方式随他而去，但她采用了"双保险"，喝下一杯氰化物，倒在一把出鞘短刀的刀尖上。田中静壹大将是东区司令官，要不是日本投降，他就会是正面迎击盟军进攻的指挥官。他也吞枪自尽了。

在较低级军官中也有一连串的自杀。乐于将被击沉舰船的俘虏砍头的潜艇艇长有井泽（Ariizuma，音），于8月底自杀。一名艇员后来辩解说，艇长杀掉战俘是因为"有井泽接到海军参谋总部处

---

1 又译沈阳事变，即"九一八"事变；下同——译者注。

决所有被击沉敌舰幸存者的命令"。盟国调查员始终没有找到这条罪恶的海军命令。命令早已被销毁了。

截至8月底，有超过1 000名日本皇军官兵自杀。随后数周和数月，其他人纷纷效仿。

少数人转入地下。例如，大谷敬二郎（Keijiro Otani，音）大佐，东京宪兵队的一个队长，在家里留下两封信，表明他和情妇打算自杀。1946年年末，一具与大谷相像的尸体在山梨县被发现，于是盟国对他结案了。但两年之后，日本警方收到线报说大谷还活着，而且活得很好，在长崎经营绿茶买卖，生意兴隆。逮捕他的时候，在他身上还发现氰化钾晶体。

前首相东条英机没有即刻履行他所下的"宁可自杀也不投降"的战时命令，这使很多日本人感到震惊和失望。但是在1945年9月11日，当美国宪兵最终上门将他作为战犯逮捕的时候，东条对自己开枪了。他说："我不想在征服者的法庭上受审。"他未能如愿。这个凶恶的武士被紧急送往一间美军战地医院，输进了美国人的血液，他活了过来。他的自杀失败了，就像在很多日本人眼中，他把这场战争弄得失败了一样。

2 麦克阿瑟在东京

日本投降书在密苏里号战舰签署后的第 6 天,驻日盟军最高统帅道格拉斯·麦克阿瑟这位传奇人物到达东京。在麦克阿瑟设立他的总部、着手处理占领的日常事务时,日本领导人注视并静待着下一步的发展。谁会被逮捕,会把他们怎么样?

东条和其他日本领导人当然早就意识到盟国的意图是要逮捕并起诉那些被认为犯有战争罪行的人。联合国家战争罪行委员会已于 1943 年夏在伦敦组建。委员会为起诉轴心国战罪责任人作准备,协调整合了全球范围情报和证据的搜集工作。1945 年 8 月 25 日委员会发表了一份白皮书,建议日本战罪嫌犯"由联合国家逮捕,由一个国际军事法庭审判",被起诉的人应包括日本政界、军界、金融界和经济界的当权者。

法庭的职责将是确定在日本领导人中哪些人曾促成侵略战争的实行,并炮制了对各国领土的高压占领政策。"将要被指控的人应该按照这样一个原则来确定,即所有参与制定或实施一个涉及多项罪行的罪恶计划的人对犯下的每一项罪行都有责任,并且为其中每个参与人的行为互相承担责任。"

组建国际军事法庭的任务操在驻日盟军最高统帅(Supreme

Commander for the Allied Powers,简称 SCAP,亦指其管辖下的最高统帅部)的手上。麦克阿瑟将军刚刚在东京设立总部,盟国的媒体就开始大声疾呼逮捕和起诉战犯。然而,当占领军在日本尚未站稳脚跟,而且在日本军队尚未解除武装之前,盟国公布日本战罪嫌犯名单将会是危险的。

"任何人都无需对快速、完全和彻底落实投降条件产生任何疑问,"麦克阿瑟宣布。"然而,这个过程需要时间。"媒体并不知道,华盛顿仍在商讨美国对待日本战犯的政策。由国务-战争-海军协调委员会起草的最终政策文本,9月初传给了麦克阿瑟。

詹姆斯·J. 罗宾森(James J. Robinson)海军上校当时隶属于最高统帅部法律处,后来在东京审判做了检察官,他在一次采访时回忆麦克阿瑟对部下宣布此事的情景。"我今天接到华盛顿的电报,你们已经看到了。"将军语调庄重地说道,"电报指示我着手安排战犯审判。……所有审判必须完全公开进行。它们务必公正,不带有报复和政治色彩。它们必须是法律和正义世界的榜样。"罗宾森在麦克阿瑟讲话时做了笔记,他说最高统帅以这样一个命题作为结束:"我们会被批评,但我们将竭尽全力作出历史的裁决。"

国务-战争-海军协调委员会告诫麦克阿瑟在逮捕嫌犯之前将名单保密,并且把嫌犯划分为三个等级:甲级——被指称"违反国际条约"策划、发动或实行战争的人;乙级——违反"战争法规和惯例"的人;丙级——奉上级命令施虐和杀戮的人。按照中国人先前的建议,麦克阿瑟准备拘捕所有战罪嫌犯,从"1931年9月18日奉天事变之前的那一段时间"算起,事变触发了同中国的战争,并最终导致了太平洋战争。对这些涉嫌犯有战争罪行的人要严加看管,不准接触媒体申辩,直到国际法庭成立。(麦克阿瑟对这个命令很满意,因为命令解脱了他对审判程序的直接责任。)

国务-战争-海军协调委员会的指示绝大部分遵循预期的行动路线。然而,意外之处埋藏在第 17 段,它指示麦克阿瑟:"不要把天皇作为战犯而采取任何行动,对他的处理有待特别指示。"华盛顿反对以任何形式拘捕裕仁。盟国中对此事有异议。特别是澳大利亚,在联合国家战争罪行委员会审议时持强硬立场赞成起诉天皇。

9 月 11 日,麦克阿瑟对战犯首次采取行动,下令拘捕 39 名嫌犯。这些人中包括东条英机和他珍珠港时期内阁的大部分成员。如前所述,东条这位前首相自杀未遂。但是前文部大臣桥田邦彦(Kumihiko Hashida)和可能参与过用战俘和中国平民做活体实验的前厚生大臣、陆军总医官小泉亲彦(Chikahiko Koizumi),就在被捕前自杀身亡了。战争开始时和结束时的外务大臣东乡茂德遭受了一次不致命的心脏病发作。被拘押的还有几个恶名昭著的战俘营司令官、在菲律宾的宪兵队队长、其他顶级军事领导人,以及几个战时为日本宣传机构工作的盟国公民。

逮捕行动震惊日本,投降后的东久迩宫稔彦王(Higashikuni)内阁先发制人,抢在盟军最高统帅部之前下令由日本法庭逮捕战犯嫌疑人。有影响的英文《日本时报》(*Nippon Times*)[1],其社论一般反映日本政府的观点,公然告诫盟国"惩罚所谓战犯要极为谨慎小心"。它说,首先必须回答的问题是,哪些人是战犯?那些犯有虐待战俘罪的人应该受到严惩,并且"没有人会为他们乞求宽宥"。但是对政治人物战争罪行的惩罚提出了一个不同的问题。《日本

---

1 1956 年后恢复旧称 *The Japan Times*——译者注。

时报》拒绝接受盟国推出的"战争是由一小撮邪恶的个人蓄意制造的"这个观念。相反,这份报纸争辩,诸如世界大战这样庞大的现象,一定是数不清的、复杂的社会力量汇聚的结果,这些力量把无能为力的个人裹挟到它们不可抗拒的航迹之中。

社论暗示,任何一个被外国人按战犯惩处的日本人都会被当成爱国者和殉道者,并下结论说:"由日本人自己来清理门户……效果上很可能会比外界专断强加的任何举措都要持久得多。"

这时,麦克阿瑟的军事顾问和文职顾问之间对战犯问题产生了分歧。除了苏联拖延遣返日本战俘以外,日本军人的遣散进展顺利。占领本身未生事端,因而麦克阿瑟的军事助手们倾向于"别摇晃这条船"。但是逮捕更多战罪嫌犯的压力有其自身的势头。一些杰出的日本文官由于担心自己会被当作战犯突然被捕,对积极参加战后新政府犹豫不决。而盟国的媒体再一次抱怨麦克阿瑟裹足不前。

麦克阿瑟的首席政治顾问、美国职业外交官小乔治·艾奇逊(George Atcheson, Jr.)大使敦促将军完成对嫌犯的大逮捕。他说:"今天绝大多数的日本人预期美国当局会逮捕更多人,他们不会怨恨那些逮捕。"

麦克阿瑟的代理参谋长 R. J. 马歇尔(R. J. Marshall)少将争辩道,核心问题是"确定到底谁是战犯"。马歇尔说他不反对逮捕,但是因为没有附上确凿的证据,盟国的战犯名单只给出一个不充分的指引。马歇尔告诫不要把人羁押了,到头来发现"不能立案"。

11 月 12 日和 14 日,正当总部的争论升温时,麦克阿瑟收到联合国家战争罪行委员会的两份嫌犯总名单。所列出的人里有出自臭名昭著的关东军小集团的七个将军,有财阀集团(*zaibatsu*,日本实力雄厚的金融和工业联合体）的重要成员、前邮政大臣久原房之助（Fusanosuke Kuhara），以及另外 22 人，包括三名前首相。首相中最引人瞩目的是近卫文麿（Fumimaro Konoye）公爵，他三次出任首相，在日本人和外国人中被广泛认为是"有三只眼睛的人"——搞阴谋诡计、有影响力、优柔寡断。

把类似近卫那样同天皇关系密切的人列入名单，与最高统帅部的想法相左。公爵此前与麦克阿瑟的幕僚套近乎，以为自己战后政治上的东山再起做准备。他还接受盟国和日本媒体的采访，把自己描绘为一位和平公爵，而且他已经就任日本重新制宪委员会的主席。很多有权势的美国人和日本人喜欢近卫，因为他同苏联势不两立，坚称要与日本国内的共产党人为敌。因此，他的名字出现在战犯名单里使麦克阿瑟很为难，看样子麦克阿瑟正扶植近卫在战后日本扮演重要角色。

在这个紧要关头，一位麦克阿瑟统帅部中有影响的斯大林（Stalin）的特工大步登上了舞台中央。赫伯特·诺尔曼（Herbert Norman）是加拿大人，时任最高统帅部反间谍部队研究与分析处主任。他同时又是克格勃的雇员，诺尔曼后来在他与苏联关系受到调查的前夕自杀身亡。1979 年，一位有影响的英国艺术史学者、身为女王藏画鉴定人而与皇室关系密切的安东尼·布朗特爵士（Sir Anthony Blunt），在伦敦被公开揭露是长期的苏联特工；他在供词中点出赫伯特·诺尔曼是"自己人"。诺尔曼所整理的近卫档案的最后评语是："近卫为日本侵略战争所作的最有价值的贡献是……融合了寡头统治集团、朝廷、军队、财阀和官僚等所有主流派别。他在陆军的威望和他在朝廷不可动摇的地位使他成为调和各派领导之间个人分歧的不二人选。"

在另外一个政治分析里，诺尔曼提出了按甲级战犯逮捕天皇的主要代理和心腹木户幸一侯爵的强力理据。他把木户描述成一个有出色头脑、精力充沛、忙碌活跃的人，做事有条理而非才华横溢、反应敏捷和有洞察力，然而，"与他的朋友和前靠山近卫相反，他一旦做了决定，就迅速行动。"诺尔曼说，1941年木户向天皇推荐东条出任首相是造成这一致命选择的决定性举动，"这就使他对那段时间所发生的事件负有极为重大的政治责任。"显然，诺尔曼试图清除裕仁的主要顾问，此举或许可导致裕仁本人的被捕。无疑当时有一股来自左翼的强大压力，要把裕仁作为战犯审判。

犹豫片刻，麦克阿瑟和艾奇逊最终同意了诺尔曼的建议。但麦克阿瑟还是继续执行他的谨慎策略，零散地逮捕联合国家战争罪行委员会名单上的人，以这种方式来试水。

作为逮捕近卫公爵和木户侯爵的前奏，麦克阿瑟下令拘押另外一位皇室成员——梨本宫守正王（Nashimoto）。71岁的梨本宫是一个很孚众望的人，有皇家血脉，参加过日俄战争和日中战争[1]，授陆军元帅衔，太平洋战争时期曾任最高战争顾问。很多日本人对他的拘押感到震惊。第一次，日本政府就战犯问题面见麦克阿瑟，正式请求"暂缓"对亲王的逮捕。盟军统帅答复说，对皇室成员不会显示特别的豁免。一份东京的报纸解读梨本宫的拘捕"无异于追究天皇本人的责任"。另一方面，盟国的媒体欢欣鼓舞。一位记者称此举"勾销了巨额债务"。

1945年12月6日，麦克阿瑟终于下令逮捕近卫和木户，要求他们到东京的巢鸭监狱报到，报到前留给每人十天的时间安顿私

---

1 指甲午战争——译者注。

人事务。巢鸭监狱已经成为甲级战罪嫌犯的候宰栏了。"这在我意料之中。"木户在日记里透露,"以平常之心听到这个消息。"但是裕仁感到震惊。两天之后,天皇求见麦克阿瑟。他不顾自己顾问的判断,现在主动把自己交给盟军最高统帅,并且"接受你所代表的各国的裁决,因为我是为战争期间我的人民在政治上和军事上一切决策与行动唯一承担责任的人。"其实,裕仁这一举动很高明。倘若他被起诉,或最低限度,在主要战罪审判中作为证人被传唤,那么他就会为战争直接承担责任,审判中的所有其他被告也就不得不被无罪释放。他的谋略没有得逞。天皇并不知情,由于华盛顿已经命令麦克阿瑟不准把天皇当作战犯而采取任何行动,将军的手脚已经被捆住了。

按规定时间,12 月 16 日木户乘一辆闪闪发亮带皇家菊花徽饰的深黑色豪华轿车来到巢鸭监狱。但是,近卫没有出现。那天清晨,公爵服用了氰化钾。"自中国事件以来,政治上甚多失误,对此深感责任。"近卫的遗书写道,"但是对我来说,作为所谓战犯在一个美国的法庭受审是不可忍受的。"

苏联对自杀数目的增长率先表示愤怒——近卫、关东军的本庄大将、陆军大臣阿南、陆军元帅杉山,以及其他很多人都死了。"奉麦克阿瑟将军之命逮捕战犯的日本警察给他们很多机会实施自杀以逃避审判。"莫斯科《新时代报》(New Times)评论道,"这些自杀也构成一种图谋,给那些与日本的远东扩张主义相关联的人添加烈士光环。"莫斯科还利用这个机会把注意力再次引向天皇:"世界舆论坚持要让裕仁受审。"最高统帅没有理会这类批评,但加强了巢鸭的保安措施,使囚犯们很不舒服。

当盟国军人还在东京缓慢、审慎地搜捕甲级战罪嫌犯的时候,在不复存在的"大东亚共荣圈"的其他地方,盟国对战犯的审判却已在进行之中了。在马尼拉,驻菲律宾日军最高司令官、被称为"马来亚之虎"的山下奉文(Tomoyuki Yamashita)大将,于1945年10月29日被押上法庭,裁定有罪,12月7日被判处死刑。对山下的审判由一个美国五人军事委员会主持,事实上是二战后第一次主要战争罪行审判。同样在菲律宾,强迫美国和菲律宾战俘进行邪恶的巴丹死亡行军的部队指挥官本间雅晴(Masaharu Homma)中将与另外193个日本人被一个美国军事法庭裁定有罪。此外,菲律宾政府审判了169个日本人,其中133人被定罪。山下和本间以及另外90人被美国军事法庭判处死刑;被菲律宾法庭定罪的人中有17个被判处死刑。

由美国军方主持的其他审判在马里亚纳群岛和其他太平洋岛屿战场举行,结果总共有113人被判有罪。太平洋战争的美国盟国也在日本本土之外开展了战罪审判。从1945年到1946年,中国法庭将504个日本人以战犯定罪。同一时期,法国人作出定罪裁决的有198人,荷兰人裁定的有969人,英国人裁定的有811人,澳大利亚人则给644人定了罪。

苏联虽然只在日本投降前一个星期参战,却在满洲和周边地区俘虏了数十万战俘。尽管抗议之声一直持续到1950年代,但被俘人员中很多再也没有回家。有人估计这段时间在苏联人手上丧命的日本士兵数字达37万。针对这些囚犯没有任何可靠的司法程序记录。

盟国进行的审判与苏联对日本囚犯的处置形成鲜明对比。盟国的审判是公开的,所有证词都记录在案,并且被告有自辩的机会。甚至有一些送上法庭的人被宣告无罪;例如,一个中国法庭把一名日本将军无罪开释，而他在中国的战犯名单上位列第四。在今天的舆论氛围下，犯有多重谋杀罪只被处以有期徒刑，而且假释裁决委员还会定期复查，那么回顾盟国的审判，可能会使一些人感到困扰。然而，全部被处决和判刑的日本战犯加在一起也比不上日本人在 1937 年的南京，或八年后的马尼拉暴行中一天之内所杀害的无辜平民多，比起从 1931 到 1945 年发生在亚洲的不计其数的其他暴行，更是微乎其微。

更何况，绝大多数日本（以及纳粹）的战犯从来没有被起诉过。正如联合国家战争罪行委员会首任主席赖特勋爵所坦承的，"多数（轴心国）战犯因人数众多而得享平安。只能惩办一小部分人，稍多一点在事实上就不可能做到。我们能做的最多只是惩一儆百。"在视察东京审判时，赖特重申他的观点："全世界战犯中只有不到百分之十的人会面临审判。"实际数字可能连百分之一都到不了，尤其是在亚洲，正如一位著名的日本资料目录学家私下所说的，"那里没有西蒙·维森塔尔（Simon Wiesenthal）[1] 这样的人。"事实上，在远东的审判结束时，亚洲人已经认可既往不咎了，大多数日本战犯得以逃避法律制裁。

在日本，当甲级战罪嫌犯等待其宿命时，乙级和丙级嫌疑犯正在陆军第八军总部所在地横滨的美国军事法庭受审。受审的男人们[2] 大多是较低级军官和一些平民，被控犯有诸如虐待战俘和对平民施暴等罪行。总共有 854 个日本人在横滨被定罪，其中 51 人

---

1 奥地利犹太人，大屠杀幸存者，二战后著名的"纳粹猎手"——译者注。
2 美国官员积极追究的只有一名女性，就是在战时播报反美宣传的"东京玫瑰"。实际上，东京电台有好几个女评论员，但只有一个被逮捕，即美国公民伊娃·达基诺，日文姓名户栗郁子（Iva Toguri d'Aquino）。她被押回美国，以叛国定罪。

被处决。尽管这些审判由美国军官主持，但它们是正式的盟国审判，因为是道格拉斯·麦克阿瑟以盟军最高统帅的名义下令进行的。日常的监管交给罗伯特·艾克尔伯格（Robert Eichelberger）准将指挥的第八军。麦克阿瑟的主要关注仍然是那些已被拘捕的甲级战罪嫌犯，以及对他们的审判将会给盟军在日本的占领带来什么样的影响。

　　1945 年 11 月 30 日，杜鲁门总统宣布任命约瑟夫·贝里·季南为审判日本战犯的首席检察官。一周之内季南就来到东京，立即同麦克阿瑟磋商即将到来的大审判。这个审判开始被人称为"日本的纽伦堡"，它尚未开庭便处于欧洲的阴影之下了。

3 盟国检察官

一位好的检察官通常被认为除了要有强烈的政策意识,还必须强硬,因为提起公诉并为随后审判定下基调的主要责任正是由检察官来承担的。约瑟夫·季南从体态到气质都符合这个角色。他膀大腰圆、鼻子大而发红、面色红润,喜欢戴圆点花纹的蝴蝶领结。他是一位令人生畏、举止张扬的律师,曾经是最早扫荡黑帮组织的美国执法人员之一。作为美国司法部刑事局的负责人,他在1930年代与J.埃德加·胡佛(J. Edgar Hoover)和联邦调查局紧密合作,领导了大量对"公众之敌"的起诉工作。

季南还是个老派政治家。他是富兰克林·D.罗斯福(Franklin D. Roosevelt)的亲信之一,是白宫核心圈子的一员,人称"钥匙兄"("Joe the Key")[1]。据说他影响过罗斯福后期华盛顿的多项关键任命。尽管季南避免炫耀知识才智,表现得像个普通男人,但他确实受过良好的教育,是布朗大学和哈佛法学院的毕业生。不过他对亚洲事务的了解却没有超出"炒面"(chow mein)。

---

1 英语中 Joe 是 Joseph 的昵称,也有老兄的意思;Keenan 的头一个音节与 key(钥匙)的读音相同——译者注。

与罗斯福不同，杜鲁门并不赏识季南的个性。有人猜测总统给他东京的职务只是为了把他请出白宫。

在任何场合，情绪化的季南似乎都容易成为一个有争议的人物。在东京，无论何种身份，美国人的作用都被放大了，季南更是常常处在风口浪尖。"坦率地说，一开始我们就错了。"季南团队的一位检察官弗雷德里克·米尼奥内最近回忆，"他不胜任这个工作。"对这个评价，很多当年的辩护律师都有同感。1980年，一度担任首席美国辩护律师的贝弗利·科尔曼在一次午餐上对我说："季南是个好律师，但他不是处理这种审判的人。"另外一位领衔辩护律师、日裔美国人乔治·山冈厌恶地对我说："季南不学习历史，不学习远东，也不学习战争。"山冈的一位同事卡林顿·威廉认为季南"担任首席检察官是一个值得商榷的选择"。他勉强承认说："尽管他有自信，而且必要时有掌控局面的明显能力，但他的'嗜好问题'变得太显著了。"所谓"嗜好"指的是酒。在东京一带谣传（有时候是假设）季南是一个酒鬼。但季南手下最年轻的检察官之一罗伯特·道尼西与这些言论针锋相对。"我同季南住在一起，我很尊敬他，"道尼西说。"我在他身上看到别人没有看到的品质。他血压高，所以面孔经常泛红。我从来没有见过他饮酒。"但即便是道尼西也把季南归纳为一位"有远见的人和酒精受害者"。

有关季南酗酒的传言在为数不多有关远东国际军事法庭的文字中却比比皆是，包括他在新闻巷外国记者俱乐部滑稽举止的故事。不管怎么说，我在这家俱乐部居住的那段时间，一次都没有在酒吧见过季南。

道尼西所提到的，甚至也为季南的许多批评者所钦佩的品质，是季南作为优秀的倾听者、谈判者、组织者的能力。他轻松自如地下放权力，乐见同仁得到晋升。他擅长粗犷的外交方式，善于把不同类型的人组成一个团队。东京的公诉人队伍包括十几个国家的律师，俨然一个喧嚣的"联合国"，这对季南这样的人来说是一个恰如其分的挑战。

季南率领的第一支检察官团队于1945年12月6日抵达东京厚木机场，那正是麦克阿瑟下令逮捕近卫公爵和木户侯爵的同一天。最初的公诉人团体由39名男女工作人员组成，包括美国司法部招募的22名律师。到审判结束前，季南领导的组织壮大到50位律师（大约半数是美国人），以及由104名盟国国民和184个日本人组成的支持人员团队。

季南后来承认，他和他的助手在日本着陆的时候"对于法庭的规模，或者检察团参与国的数目，甚至连罪名的确切性质都没有清晰的概念"。尽管如此，季南还是精神抖擞、斗志昂扬，积极着手工作。到达第二天季南就同麦克阿瑟长时间商谈，发现后者"对起诉的主旨极其感兴趣"。

不出所料，季南马上成为东京的头条新闻，他宣布日本甲级战罪嫌疑犯将为发动在中国和太平洋的战争受到审判。他还说"由于最初攻击的是美国领土珍珠港"，审判将适用于美国刑法。亚洲问题专家们不禁发出一声叹息。但是，季南虽然无知，却并不愚蠢。他参加了一个远东事务的强化课程，虽说始终没有掌握这门学问，却很快得出结论："除了1931年（日本人）对满洲的入侵，似乎没有其他合乎逻辑的起始点。"

像几乎所有的人一样，季南原以为东京审判只会进行六个月或者更短时间，从1946年1月开始；而麦克阿瑟会任命一个国际法庭，在日本投降书上签字的九个同盟国会派来法官和检察官。

在与东京新闻集团讨论起诉问题时，季南说："要说明我们在日本想做的事情，最好的方法是说，一个人为发动战争所做过的事情，必定是他个人的责任。他必须为他的行为付出代价。"

到达后第三天，12月9日，季南任命前联邦调查局特工本·萨基特（Ben Sackett）中校为国际检察局的首席调查员，交代给他的第一件事是了解最高统帅部有关甲级嫌犯迄今办案的进展情况。萨基特的初步调查结果令人大失所望。"据我所知，没有哪个与本总部（最高统帅部）有关的部门或个人对起诉主要日本战犯的范围作过任何详细的研究，也没有形成任何具体的理论。"萨基特报告的秘密备忘录如今收藏在美国国家档案馆。"没有收集或者特别寻找与主要战犯案件有关的证据。"

更糟糕的事情还在后面。季南指定司法部在东京的日本战罪公诉联络人小约翰·A.达西（John A. Darsey, Jr.）为他的执行助手，并且给他指派了10名国际检察局的律师筛选盟国的战犯档案。达西很快就汇报，"几乎没有现成可用的显示任何一个嫌犯有罪的具体证据。"季南震惊地得知，日本政府机关、特别是军方在投降后依然用战时的同一批人继续运作，日本人已经焚烧或用其他方式销毁了可令其入罪的证据，而且向日本政府索取信息必须向日本的联络处提交书面申请，这套繁琐程序已经造成了障碍。而达西揭露的最大问题是，"本总部几乎没有掌握或控制可以用来分析，以确定哪些人策划和发动了侵略战争的任何记录。"

季南的调查人员还发现，"涉及哪些人关在（巢鸭）监狱，以及这些人为什么被逮捕的资料非常混乱。"巢鸭关押了大约1 200个犯人，包括80名甲级战罪嫌犯。

季南现在向四面八方求助，精力充沛地发布一系列指令，试图在混乱之中建立秩序。麦克阿瑟则全面配合：令人分心的战罪审判结束得越早，最高统帅部就可以越快地把这些平民律师请出东京。

随着事态的发展，国际检察局很快幸运地获得了大量证据。令检方惊愕的是，木户侯爵被捕之后不久，主动交代他存有卷帙浩繁的日记。日记含5 920则，时间纵贯1930年1月1日到1945年12月15日，内容详尽，引起了一阵轰动。季南的一位雇员索利斯·霍维茨（Solis Horwitz）后来写了一本专著《东京审判》（*The Tokyo Trial*），他形容日记是"检方的工作圣经，和一切深入调查的主匙"。这是一个权威记录，给出了这位天皇首席代理人所目睹的日本当代历史上每一个重要政治事件的时间、地点和参与者姓名。这部日记是远东国际军事法庭的"水门事件"录音带。

木户向检察官说出日记的事，其动机自那时起就一直被人争论不休。普遍认为侯爵确信，仔细研究这些记录会揭示军国主义者一直在控制日本，他们无视天皇，独断专行。试想一下，倘若加拿大的克格勃赫伯特·诺尔曼没有坚持逮捕木户，那么盟国的案件会出现什么样的情况呢？十有八九日记根本不会曝光。因为想把天皇押上审判台，苏联人却弄巧成拙，自食其果了。

除了木户日记，检方最丰富的资料来源是对疑犯的侦讯。季南规定了要讯问"所有理论上按甲-1级嫌疑战犯已在狱中或已下令拘押的人"。他还召集每周的工作会议，建立详尽复杂的交叉归档系统，使针对某一个人的全部证据都收集在这个嫌犯的名下。他的流程中有许多是效仿联邦调查局的做法。

检察官们还从反战的日本人——他们被称为"秘密爆料人"——那里收集到证据。这些人中有政府和军队的高级官员，他

们与季南及其团队秘密接触，提供线索和物证。譬如，1946年
2月25日，季南的一位调查员向国际检察局执行委员会汇报说，一
位著名的日本外交官交出了"涉及很多关键被告的实质性"情报；
另一个来源也向国际检察局报告，"没有被火烧毁的一些重要的机
密文件可以经要求而取得"，其中包括一份德日轴心协定秘密条款
的复制件。已故近卫公爵的私人秘书向国际检察局提供了在公爵
自杀前不久写下的近卫回忆录原始笔记。

后来成为审判最有争议证人之一的田中隆吉（Ryukichi
Tanaka）少将提供了不同寻常的线索，包括陆军在中国贩卖毒品的
证据。他秘密向国际检察局揭发，"贩卖鸦片和麻醉品的收入是
'满洲国'政府（满洲的日本傀儡政权）的主要财政来源。"田中认
定，巢鸭监狱在押的甲级战罪嫌犯土肥原贤二（Kenji Doihara）大
将对日本陆军的毒品买卖"无疑知道得一清二楚"。

季南毫不留情地驱使自己和他的团队，而在投降书上签字的
其他盟国政府对审判只表示出极小的兴趣。麦克阿瑟的政治顾问
乔治·艾奇逊建议，"如果在很短时间内看不到成立国际法庭的
可能性，那么审判就由一个纯美国法庭来进行。"麦克阿瑟认同了，
并通过"接近将军的消息来源"透露给媒体，说他对盟国的拖延已
经"不耐烦"了。碰巧，在1945年12月27日，美国、英国、中国和
苏联的外长们同意，"关于实施投降条款、占领及控制日本之所有
命令及补充指令，均应由最高统帅颁发。"他们设立了一个十一国
远东委员会（Far Eastern Commission），由日本正式投降书的签字
国——澳大利亚、新西兰、加拿大、荷兰、法国、英国、美国、苏联和
中国——加上菲律宾和印度所组成，以便向麦克阿瑟提出建议并
与其咨询协商。他们还成立了一个盟国对日理事会（Allied

Council for Japan），目的是"与最高统帅商讨及建议关于实施日本投降条款，包括对日本战犯的审判"。这个委员会的成员只有英国、中国、苏联和美国。

作为后续，美国国务院通知盟国，麦克阿瑟计划任命一个国际军事法庭审判主要日本战犯，起诉书将会在1946年2月1日提交。华盛顿请每一个盟国在1月5日前提名一位法官和任命一位陪席检察官及随员。

1月16日，在没有任何一个盟国作出任命之后，麦克阿瑟发表了一个声明："我，道格拉斯·麦克阿瑟，兹以盟军最高统帅的资格，为行使我所受命的威权，并为实施关于对战争罪犯实行严厉法律制裁的投降条款，特令……设立远东国际军事法庭，负责审判被控以个人身份或者团体成员身份，或同时以个人身份者兼团体成员身份，犯有包括破坏和平罪（crimes against peace）[1]在内之各种罪行的人。"

由季南团队和统帅部法律处共同起草的远东国际军事法庭宪章，沿袭了美、英、法、苏四强建立纽伦堡法庭的伦敦协议大致框架。当然，不同的是，纽伦堡是四国协商的产物，而东京法庭是由最高统帅授权，他是作为投降书签字国的代理人行事（这在后来会成为一个争议根源）。

宪章包含17条措辞简洁清晰的条款。麦克阿瑟和季南及其团队的确做了扎实的工作，证明这一点的是各盟国检察官到任后只作了少许的改动。宪章中，麦克阿瑟赋予自己任命盟国提名的法官，并在他们之中挑选法庭庭长的权力。宪章还规定法庭的裁

---

1 又译"反和平罪"——译者注。

定与判决,包括定罪和科刑在内,都以多数投票决定。为审判的公正起见,所有被告都会收到起诉书,说明对他们的指控,并且他们有权聘用辩护律师。审判将用英语"及被告本国语言"进行。为尽量避免法律争辩,并且考虑到各盟国遵从的英美法、罗马法以及其他法律体系之间的根本性区别,宪章规定"本法庭不受技术性采证规则之拘束"。

由于知道太多的罪证已被销毁,宪章规定:证据可包括"任何文件,凡经本法庭认为……签字或发布者,不问其保密等级如何,对其出处或签署亦不必有所证明。"此外还有与起诉书的指控有关的日记、信札或其他文件,包括经宣誓或未经宣誓的陈述。

宪章的核心在第5条和第6条,涉及法庭的司法管辖权和被告的责任。"本法庭有权审判及惩罚被控以个人身份或团体成员身份犯有包括破坏和平罪在内的各种罪行的远东战争罪犯。"破坏和平罪被定义为"策划、准备、发动或执行一场经宣战或不经宣战之侵略战争,或违反国际法……之战争。"作为一名职业军人,麦克阿瑟很谨慎地要确保日本皇军成员不会仅仅因为参战而被起诉。除了破坏和平罪以外,还有两项罪行也包括在法庭的管辖权之中——普通战争罪(conventional war crimes)(被描述为违反战争法规和惯例的行为),及危害人类罪(定义为"在战争发生前或战争进行中对任何平民人口"犯下的非人道行为)。

第6条解除了被告可能会用"长官命令"作为申辩的念想。"被告在任何时期所曾任之官职,以及被告系遵从其政府或上级长官之命令而行动之事实,均不足以免除其被控所犯任何罪行之责任。但如法庭认为符合公正审判之需要时,此种情况于刑罚之减轻上得加以考虑。"

最后，法庭有权对被判有罪之被告"处以死刑或处以本法庭认为适当之其他刑罚"。东京法庭与纽伦堡的程序不同，后者只有四名法官（来自法国、英国、苏联和美国），而东京宪章规定法官席不少于五名及不多于九名法官[1]。在纽伦堡，每一位法官都有一个代理法官，而东京没有这个设置。还有，在纽伦堡，四个主办国各自任命它自己的首席检察官；在东京则只有一位首席检察官，各盟国的检察官被定名为在其指导下的"陪席检察官"。这个特色甚至使季南的助手索利斯·霍维茨大吃一惊。他评论道，"（同盟）诸国第一次同意，在一个非实际军事行动的事务上，将其主权置于从属地位，允许其中一个国家的国民享有最终的决策和控制权。"

在麦克阿瑟对宪章的作为以及华盛顿威胁要在东京单独审判之后，各盟国人选竟相赶到东京。

很多美国的检察官抱憾地承认，各盟国派遣到东京的法律团队普遍比美国团队更能干。杰出的检察官中有阿瑟·S.柯明斯-卡尔（Arthur S. Comyns-Carr），他是前英国议员、卓越的大律师。与季南相反的一个主要方面是，柯明斯-卡尔回避公开露面。其他在审判中扮演重要角色的有：精通国际法的上海高等法院首席检察官、前中国最高法院检察官向哲濬（Hsiang Che-chun）；一年前担任在海牙设立的特别战犯法庭法官的 W.G.弗雷德里克·博格霍夫-穆尔德（W. G. Frederick Borgerhoff-Mulder）；以及法国司法部的罗伯特·L.奥内托（Robert L. Oneto），他作为抵抗运动的成员，1944 年险些被枪杀，在法国解放以后担任审判纳粹和维希政权战犯和通敌者的凡尔赛特别法庭的首席检察官（在审判过程中，

---

1 后修改为不少于六名及不多于十一名——译者注。

奥内托结识、追求并迎娶了一位美国陆军妇女队队员)。

从澳大利亚、加拿大、新西兰来的检察官团队同样受人高度尊敬。昆士兰最高法院大法官艾伦·曼斯菲尔德曾经调查日本在新几内亚的战争罪行，是一位卓越的质证者，不论在实质内容还是表达风格上都使辩方极为钦佩。加拿大陆军军法署副署长亨利·诺兰（Henry Nolan）准将被普遍认为是国际检察局最有法律头脑的人之一。新西兰也派出了一位准将罗纳德·奎廉（Ronald Quilliam），他是新西兰大学前刑法主考官，也是新西兰陆军代理副官长。

令人费解的是，在 2 月 2 日宣布任命 S. A. 戈伦斯基（S. A. Golunsky）公使为苏联陪席检察官之后，直到两个半月后开庭的前夕，莫斯科才令其成行。戈伦斯基曾在莫斯科法学院和红军军事法学院教书。他英语流畅，作为外交部的高官，参加了 1945 年建立联合国的旧金山会议（他是我在苏联代表团最好的关系人）。

检方就这样艰难起步了。

4　法官们

　　宪章准备就绪,甲级嫌犯已落网,盟国检控团队正在立案,东京的注意力转向了法官的到来。截至 1946 年 2 月 15 日,日本投降书的九个签字国各自提名了一位远东国际军事法庭法官,就在那一天麦克阿瑟正式全体任命了他们。没有任何一位法官候选人被最高统帅否决。

　　季南试图让一位有声望的人被任命为美国法官,为法庭增光。1 月 18 日,就在麦克阿瑟颁布宪章的两天之后,季南推荐了美国律师协会主席威利斯·史密斯(Willis Smith)。季南说明这个任命的国际重要性:"无论怎样评估都不会过高,因为从其他国家收到的任命和提名构成了一个有世界声誉和名望的法官团。"季南在发给华盛顿的电报中说,如果史密斯不能来的话,第二个最合适的人选是哈佛法学院院长罗斯科·庞德(Roscoe Pound)。季南接着建议,如果候选人出自联邦法官系统,那么职位不应低于美国巡回上诉法庭的法官,或者,假如是军人的话,至少要是少将——那正是美国陆军军法署署长迈伦·C. 克拉默(Myron C. Cramer)的军衔。

　　出于那个年代阴暗的民主党政治中不为人知的某些原因,杜鲁门当局提名马萨诸塞州高级法院首席法官约翰·P. 希金斯(John P. Higgins)出任远东国际军事法庭法官。季南惊讶得目瞪口呆。在他多封发往华盛顿坦率得招来骂名的电报中,有一封直截了当地表明自己被这个选择所"困扰",声称"我无意冒犯希金斯法官,但他……只在自己那个州里为人所知,他的任命将无法与被提名的外国同僚相提并论。"为避免误解,季南重申,"马萨诸塞州高级法院的管辖权是地方的,级别是中等的,在外人眼中还不及美国的地区法院尊贵。"

尽管季南声嘶力竭地反对,希金斯的提名还是交给了麦克阿瑟。将军对希金斯的任命作何反应不得而知,但季南几乎不加掩饰的愤怒打乱了他们两人想指定美国法官担任庭长的共同计划。

在描述其他盟国的候任者都是"有声誉和名望"的法官这一点上,季南是正确的。他们之中的绝大部分确实如此。

不出所料,澳大利亚提名了日本战罪专家、当时的昆士兰州最高法院首席法官威廉·韦伯爵士。当麦克阿瑟2月20日指定韦伯为远东国际军事法庭庭长时,堪培拉相应晋升韦伯为澳大利亚高等法院、也就是最高法院的法官。虽然韦伯有"吼狮"的名声,实际上却更像一只猫咪。在担任法官的漫长岁月里,他从来没有作出过一例死刑判决。事实上他反对极刑,但是在我有关审判的原始笔记里,甚至直到今天,韦伯被人称为"绞刑法官",这是东京审判令人费解事情中的一件。

韦伯刚刚被提名和任命,就产生了疑问,他是否应该主动回避。在被任命为东京法官之前,他是澳大利亚的日本对澳军暴行调查组的组长。实际上,是他本人提出了这个问题,他告诉国际检察局,如果麦克阿瑟不了解他的背景,他便无意接受这个任务。最高统帅被告知并且下了结论,用季南的话说,韦伯的战罪调查员身份"本身并不会影响他在国际军事法庭担任法官的资格"。虽然如此,从审判一开始,辩方就抗议韦伯和菲律宾法官德尔芬·哈拉尼利亚(Delfin Jaranilla)的出席,后者曾经是日本人的囚犯。抗议被驳回了。

苏联的提名人是 I. M. 柴扬诺夫(I. M. Zaryanov),他在惨烈的列宁布尔什维克革命时期曾任司法人民委员,并且参与了 1935 到 1938 年斯大林操纵的莫斯科大清洗审判。柴扬诺夫是红军少将、苏联最高法院军事庭法官,曾任红军军事法学院院长,那正是苏联陪席检察官戈伦斯基教书的所在地。像韦伯一样,柴扬诺夫与日本事务有关联;1935 年他是三人白俄案的法官,三人在满洲被日本人招募,作为间谍派到苏联。他们被逮捕、审判,并作为"反革命分子"判处死刑。法官席上有一位斯大林主义的法官,显然是法官组合中最难堪的事情。俄国[1]在远东国际军事法庭赢得一个席位,是因为在日本人投降前不久对日宣战了。此举,如对东京审判最刻薄的英国评论家汉基(Hankey)勋爵所指出的,"违反了俄国与日本的互不侵犯条约"。

我记得柴扬诺夫是一个快活的人,高大魁伟如一头科迪亚克熊,同时也像熊一样危险。他总是笑容可掬,露出精致的金牙托。在俄国人举办的派对上,他乐于教他的法庭同仁和各国记者如何用小酒杯一大口干掉伏特加。"干杯!"他用自己仅知的两个英语单词下令。(除柴扬诺夫外,法官都能讲流利的英语。)柴扬诺夫的司机是个美国大兵。他说:"我不认同他的政见,但他确实是个好

---

1 指苏联,下同——译者注。

老板。"

像俄国人一样,中国人挑选了一位少将担任法律代表。石美瑜是个极为正直的人,担任过中华民国在日本投降后设立的中国战罪法庭审判长。但他压根就没有到东京去。中国人拘捕了2 000多个日本战罪嫌疑犯,国内依然需要石美瑜。取代他的是梅汝璈,九个孩子之家的长子,民主联盟的成员——国民党和共产党之间中国的"第三种力量"。他是著名的律师、立法院委员、立法院外交委员会代理主席。我记得他友善而外向。梅汝璈以优异成绩毕业于斯坦福和芝加哥大学,是一位杰出的法律人士。他还是著述颇丰的作家,撰写过《中国立宪政府》(*Constitutional Government in China*)和《中国战时立法》(*China's Wartime Legislation*)等。1948年审判结束时,中国的内战正迅速走向高潮,梅汝璈飞往香港而没有返回中国。最终,他参加了新成立的共产党政权,后来在人民政治协商会议效力。东京审判期间,梅汝璈与韦伯爵士很快就成为朋友。"在法庭上中国法官坐在我身边,"韦伯1947年10月23日写信给一位朋友说,"他是个非常令人愉快的家伙。我们是好朋友。他告诉我很多中国的国情。"

另外一个因高水平被任命的人是荷兰法官 B. V. A. 勒林,他是法官席最年轻的成员、40岁的荷兰乌得勒支法学院教授,到东京时随身携带着小提琴。他还涉足佛学,并且像柯明斯-卡尔一样,是个热心的登山爱好者。勒林是远东国际军事法庭第一个攀登富士山的法官,海拔12 365英尺高的富士山距离东京不远,对很多日本人来说具有神秘的魅力。

像苏联和澳大利亚派出的法官一样,新西兰提名的是该国最高法院的代表哈维·诺思克罗夫特(Harvey Northcroft),他在一战和二战都有卓越的军事纪录,在抗击日本的战争中担任新西兰军队的军法署署长。诺思克罗夫特一头白发,喜爱有条纹的西装和黑色礼帽,是一位热心的垂钓者。一旦法庭的工作有空闲(这并不常见),他总会悄悄溜到箱根钓鳟鱼。当韦伯不能主持庭审时,通常都由诺思克罗夫特替代他。

远东国际军事法庭第七位被任命的是加拿大的爱德华·斯图尔特·麦克杜尔(Edward Stuart McDougal),一个体格不大、面色红润、眉毛浓厚的人。作为法学家,他的履历相对不那么出众。他担任过的最重要职务是王座法庭上诉庭的陪席法官。战争的大部分时间,他是调查劳工纠纷的王家委员会的成员。虽然麦克杜格尔的任命是政治性的,但他对此项工作所需背景的完全缺失在日本和加拿大还是引起了惊讶。然而,随着审判的进展,他的声望增大了。季南的美国助手之一弗雷德里克·米尼奥内回忆他"是东京比较好的法官之一",美国辩护律师卡林顿·威廉斯也这么说。

英国和法国是日本投降书签字国中最后向法庭提交人选的。英国选定的是帕特里克(Patrick)勋爵,王室律师、苏格兰律师工会主席、苏格兰司法院(即最高法院)法官。我记得他是个孤傲、冷淡的人,看上去就像是直接从电影厂角色选派室走出来的。穿上黑法袍,他的外观和举止都是一位法官——高大、严峻、灰发、果断而威风。虽然法官回避与检察官和辩护律师接触,但是在被占领的东京封闭的外国人社交圈里,一定程度的交往是不可避免的。在盟国的外交招待会上或在帝国饭店里,帕特里克勋爵格外矜持。正如法庭的一位律师后来所评论的,"他不允许任何人亲近他。"他还厌恶媒体并且在某个场合说新闻摄影师是"狗"。人们普遍认为帕特里克是英国法院体系的庄严代表,也是法庭上法律头脑比较好的人之一。他和韦伯相处甚好。

第一位被提名的法国人根本就没有到东京来。前海外事务部法律顾问亨利·赖姆伯格(Henri Reimburger),似乎出于私人理由在 4 月 5 日突然辞职,由亨利·贝尔纳(Henri Bernard)替代。人们打趣说:"好吧,至少我们依然有个亨利。"贝尔纳一战时曾经在索姆河和阿登高地战斗过——在那里,他混在英国和美国大兵中学英语——两次大战之间为西非的法国殖民地事务效力多年。法国陷落后他投身戴高乐(de Gaulle)的自由法国运动,先是在布拉柴维尔的各种法庭担任检察长,然后在法国解放后的巴黎第一军事法庭审判纳粹战犯和通敌者。他的面孔平淡无奇,甚至黑色法袍也不能带给他尊贵的仪表。但在法官席上他很快就赢得声誉,正如消息人士所说的,是"一个正面因素"。

除了梅汝璈法官,所有其他八位法官都是欧洲人的后裔,反映出白种人在战前亚洲殖民地的尊贵地位。不过,除中国以外,印度和菲律宾也是 1945 年底美英中苏四大国外长会议所设远东委员会的成员。国际检察局除了中国的法律团队,还有印度和菲律宾的陪席检察官,以及印度、菲律宾和缅甸的职员。菲律宾由于日本的侵略和占领而遭受严重伤害,麦克阿瑟倾向在东京法庭法官席加上菲律宾的代表。印度除了保卫边疆,抗击日本的象征性侵犯,还在香港、马来亚、新加坡和缅甸等地为捍卫英国的不动产付出了成千上万的伤亡,而且作为英联邦占领军的一部分,在日本南部驻扎了部队。印度由于在东京法官席上没有代表而气愤,并且伦敦鼎力支持新德里在审判中有代表的愿望,这一点英国用备忘录的形式通报了华盛顿。2 月 4 日事情发展到紧要关头,季南发给华盛顿一份机密级急件："我们已秘密获知,印度对以下事实特别敏感:法国参与太平洋战场防御和进攻的战事有限,却被认可任命法官和检察官,而印度在指定法官方面反而被遗漏。"

法国的参与到底多么有限,季南的备忘录里没有讲出来。法国成为太平洋战争或日本人所谓大东亚战争的参战国有四个半月。1941年日本南侵时,法国在远东的三个殖民地(越南、柬埔寨和老挝)由维希政权统治,而维希是希特勒在法国的通敌者政权。作为日本和德国对维希政权施压的结果,法国允许日本部队把法属印度支那当作针对东南亚其余地区的行动基地。直到1945年3月,被维希政权垮台和德国即将战败所警觉,日本人发动政变占领了整个印度支那,一如既往地立即对当地民众实施恐怖统治。相比之下,菲律宾当时已经半自治,并计划在1946年7月4日实现完全独立,而且它被日本人侵略、肆虐、占领和蹂躏长达三年半之久。然而菲律宾人在法官席上却没有代表。显然,菲律宾人比法国——并且就此而言比印度——更有权在法官团占一席之地。

当然,大国政治就是解释。法国是四大国的欧洲成员和联合国安理会五大成员国之一,而那时菲律宾和印度对国际事务相对只有微不足道的影响。

在东京法官席增加亚洲代表的议题也在十一国远东委员会的第一次会议上爆发。远东委员会处理战争罪行的第五委员会同意起草一个有关"逮捕、审判和惩罚远东战争罪犯"的政策性文件。委员会主席代表中国,他的副手代表菲律宾。印度是委员。1946年4月3日,委员会的报告发表了,宣布远东委员会的每个成员国都有权委派一名远东国际军事法庭的法官。

麦克阿瑟反应迅速,三天后就颁布了经过修订的宪章,把远东国际军事法庭的法官人数增加到"不少于六名,不多于十一名,并由盟军最高统帅从日本投降书各签字国、印度及菲律宾共和国所提之人选名单中任命之。"这样一来,远东国际军事法庭的法官团就扩展到十一位,此后,六位法官为多数,并构成法定人数。

由于法官席上七位成员的基本法律体系是英美法系(澳大利亚、加拿大、印度、菲律宾、新西兰、美国,当然还有英国),远东国际军事法庭无可避免地就是一个英美法庭了。如果说批评家因斯大林主义法官出席法庭而对法官团的构成不以为然,那么俄国人必然同样对法庭的英美法成分嗤之以鼻。正如共产主义的共同创立者弗里德里希·恩格斯(Friedrich Engels)所言,在英美法的法庭上,"精明的律师总能找到有利于被告的漏洞。"审判结束后,苏联的助理检察官之一A. N. 瓦西里耶夫(A. N. Vasiliev)将军愤怒地写道,"庭长(韦伯)在东京法庭展现出英美的法院体系自恩格斯年代起就没有改变过,而'精明的律师'即便不能使被告脱罪,至少也能让案件拖延。"

经修订的宪章的另一个看点暗示,麦克阿瑟(和季南)已经抛弃了审判会在"四个或五个月后"结束的乐观估计。修订的宪章规定,如果法官在任何时候缺席而以后又能够出席的话,允许参加后续的诉讼,"只要他不在公开庭上声明他因为对于在缺席期间所进行之诉讼工作缺乏充分了解而认为自己不合格。"这样一来,宪章实际上允许法官来去自由。相比之下,纽伦堡的四位法官每人都有一位代理法官来支援。在东京,这样做是不切实际的。十一位法官在法官席,十一位代理法官也在法庭上,本来就挤得满满的法官席就会变成聚众之地了。"一个22位法官的法官席将会太过臃肿以至于束缚审判的进展,何况审判已经面临很多障碍影响其快速前行了。"索利斯·霍维茨在他的专著中这样解释。事实上,在审判进行时,每个旁听者都收到一张 3×5 英寸打印的"人员一览表",识别 11 位法官和 28 名被告。在东京唯一缺的就是在每个人衣服背面标上一个大大的号码。

修订的宪章一经颁布,印度立刻提名拉达宾诺德·帕尔(Radhabinod Pal)担任法官。帕尔于 5 月 17 日加入法庭。菲律宾人德尔芬·哈拉尼利亚 6 月 13 日在法官席就座。两位都是很有分量的被任命者。

帕尔毕业于加尔各答大学,曾经是数学教授,后来转攻法律。他在战前当选为国际法学会的联席主席,1940 年出任加尔各答高等法院法官。帕尔还是班加罗尔大学法学院的讲师,是《印度法律哲学》(*The Hindu Philosophy of Law*)和《英属印度法律的局限》(*The Law of Limitation in British India*)的作者。审判期间,夫人得了重病,他在日本和印度之间频繁往返,陪护床前。

哈拉尼利亚的资格同样引人注目。他曾任菲律宾总检察官和最高法院法官。1940 年,随着日本在中国的战争扩大和太平洋紧张局势的加剧,哈拉尼利亚被授予菲军上校军衔并且被任命为军法署署长。不久他被日本人俘虏了,经历过巴丹死亡行军。1945 年 2 月,日本人被清除出吕宋之后,哈拉尼利亚被任命为司法部长,六个月后出任最高法院法官。像法庭其他很多法官一样,哈拉尼利亚也教过法律学。在 1926 到 1940 年之间,他在菲律宾大学和马尼拉大学执教。

相比之下美国对远东国际军事法庭的任命是如此薄弱,给人的印象是(不管这印象是对是错),在日本的这个超级大国认为法庭的重要性只是二等的。把在纽伦堡的美国人与在东京的美国人一比较，这个结论便无可避免，尤其是因为美国最高法院大法官罗伯特·杰克逊(Robert Jackson)出任了纽伦堡法庭的检察官。正如辩护律师乔治·山冈所认为的，"或许对大多数同盟国来说，德国才是主要敌人；日本只是附属的敌人。"一位法官也相信美国对待远东国际军事法庭不公平。"他们按二等法庭来对待它。"荷兰法官勒林在最近写给我的信中说。

法庭的早期，在苏联、印度和菲律宾的候任人到达之前，东京的八位法官一致同意法官室里的评议要保密不外传(in camera)，而且在审判结案时不要有分述和反对的意见。审判的判决书要表达多数法官的见解。依据修订后的宪章，六位法官构成法定人数。苏联法官和菲律宾法官赞同这个安排。但是印度法官一来，这个共识就破裂了。勒林法官在 1982 年 9 月 20 日写给我的信中对此事件作了分析："这个决定作出之后，帕尔来了。他声明：1) 不受九法官决定的约束，2) 有写异议书的意向。"由于这个声明，先前的决定就崩溃了。如事态发展所表明的那样，印度法官是带着异议来到东京的，甚至在听取证词之前便决定了。

对法官团的组织和工作，帕尔似乎造成不止一种破坏。4 月25 日，当时已在东京的法官签署了一份保证书，誓言"我们必定依法秉公行使司法任务，绝无恐惧、偏袒、私爱，并且依照我们的良心及最善之悟解行之。我们绝不泄漏或露布本法庭任何成员对于定罪或判决之投票及意见，而要保持每个成员之见解为不可侵犯之秘密。"保存在美国国家档案馆的文件原本，有所有法官的签名——除了帕尔。这并非疏忽。帕尔 5 月到达东京，哈拉尼利亚6 月到达。而文件上有哈拉尼利亚的名字，简签日期是"1946 年6 月"。帕尔拒绝接受保证书的约束。

无论如何,远东国际军事法庭,犹如一艘航船,航行在缓缓消散的雾霭中,渐渐有了可识别的形态。宪章、法官、检方都已到位,辩方也开始成形了。

5　辩方、囚犯及指控

一些观察家认为,战罪嫌犯的辩护问题似乎是盟国在审判方案几乎确定之后才考虑到的。事实上,直到 1946 年 4 月 5 号,辩护部(Defense Division)才正式组建。法庭秘书长、美国人维恩·沃尔布里奇(Vern Walbridge)上校宣布,这个部门的职责是"在即将到来的审判中给主要战犯们提供律师"。辩护部的缩写 DD 一直没有流通起来。在庭审记录上辩护方被称为辩护处(Defense Section,DS),而记者和法庭上的其他人则简单地称之为"辩方"("the defense")。

辩护问题此前就出现过。1 月 7 日,两个穿着考究的日本人拜访了最高统帅部的法律处,询问是否允许作为甲级嫌犯关押在巢鸭监狱的他们的两个朋友(一个是前外务大臣,另一个是财阀集团成员)选择自己的辩护律师。统帅部的负责官员后来说:"对此我不完全清楚,但我觉得在合理的限度内可能是允许的。"日本人建议由东京帝国大学法学教授、自 1913 年就在日本生活的德国犹太人西奥多·施特恩贝格(Theodore Sternberg)博士担任辩护律师,他们说施特恩贝格是"在日本对这类事情最合适的律师"。但是这位官员说,他不知道一个德国侨民是否可以做日本被告的律师。最后结果是，72岁久病缠身的施特恩贝格没有参加辩护，不过他在庭外与帝国大学的同事高柳贤三（Kenzo Takayanagi）保持联络，后者在辩护中充当了重要角色。

我们所知的施特恩贝格对审判唯一的公开评论发表在1948年底，《首都晚报》（*Yukan Miyaka*）引述他的话，说他在审判期间同被告没有"私人"联系，但是"我认为他们是被引导而犯下这些罪行的，因为他们认同一种错误的思想意识。"他继续说，然而，"从法理学的观点，我绝对反对将他们处以死刑"。

因禁在巢鸭监狱的绝大多数甲级战罪嫌犯很快就有了律师，但是出于安全的考虑，不允许日本律师与未被起诉的当事人面谈。然而，在巢鸭外面，三位日本律师靠遥控指挥即将开始的辩护。一个是清濑一郎（Ichiro Kiyose），战前当过八届国会议员。尽管他作为与军方有关联的极右分子已被最高统帅部清洗出政界，但在审判期间给国际检察局和美国的辩护律师留下了深刻印象。约瑟夫·季南把他的特点归纳为"非常精明而能干"。美国辩护律师之一乔治·弗内斯形容他是"世界上的顶级律师之一"。1952年的对日和平条约[1]签署之后，清濑重返政界，当选为国会议员，并成为议长。我尤其记得他的白胡子和不合身的劣质西装。

高柳贤三是另一个为日本人辩护的重量级人物。他是一位法学家，曾在哈佛师从法学院院长罗斯科·庞德。他为辩方写出很多理论要点。我对高柳的回忆是修长的身材、秃顶、短短的黑色小刷胡子。

三人组中的第三个是学究型的鹈泽总明（Somei Uzawa），明

---

1 即旧金山和约——译者注。

治大学校长和知名法学权威。战争结束不久，鹈泽在一个记者招待会上说，他个人认为东条负有战争责任，但东条还是应该得到公平审判，"虽然我并不肯定他配不配得到这个"。鹈泽起初作为辩方的"多功能内野手"[1]，协助几个被告的律师。审判开始，被告一致推举他为首席辩护律师。当选为他副手的清濑在1946年3月16日定下了辩护的基调，他在记者招待会上说东条案是"可辩护的"。清濑论辩道，没有一个单独的个人或一群个体能够为太平洋战争这样规模巨大的冲突承担责任。

这个观点在两个星期内被高柳跟进，他在《日本时报》社评版对即将展开的审判作了冗长的分析。这对约瑟夫·季南和他的团队来说无异于一个通知：远东国际军事法庭会有一个强大的辩护方。

高柳认为审判是一个"必要行动"，日本人接受了波茨坦条款，道义上就要服从审判，而麦克阿瑟，"不论他对这个历史性审判的个人意见如何"——这证实有些日本人知道麦克阿瑟反对审判——既然最高统帅负责落实波茨坦协定，那就必须进行审判。高柳还认为同盟国自身也是被迫进行审判，"不仅仅是因为过去的宣言，而且是因为各自国土上当前的舆论情势。"

由于法庭的英美法元素，日本的辩护律师感觉措手不及。高柳说："很明显，审判采用的诉讼程序是参照英美法拟定的。"

于是，经尚未被起诉的甲级战罪嫌犯同意，日本政府在2月14日向麦克阿瑟吁请英国和美国的庭审律师协助辩护。然而，英国的出庭律师依法禁止在外国司法管辖区执业。当然，韦伯爵士

---

1 胜任多个防守位置的棒球运动员——译者注。

了解这个问题,以庭长的身份告诉季南,法庭可以批准一种顾问律师(指美国律师)的角色,只要被告"始终享有最充分的权利挑选自己的律师和顾问"。

在盟国战犯名单上被普遍认为是头一号的东条英机同意了盟国的法律援助,但是有一个条件。"条件是我们不把战争责任推给天皇。"其中的一位美国律师最近向我这样透露。美国辩护律师一到位,就警告东条说,假如不涉及天皇,他的辩护会很难。但是东条很坚决:"我无意讲出或拿出任何可能把天皇牵涉进来的东西;我知道他们会把我绞死。"即便有这个限制,远东国际军事法庭的美国辩护律师还是进行了激烈的争辩,这个事实广为日本辩护律师、被告及其家人所知。

2月21日和28日,季南请求华盛顿派遣"15到20名律师"来东京协助辩护。"最高统帅部要求军方人士担任辩护律师,"季南说,"但如果不行,那就指望平民律师了。"3月11日华盛顿通知他"已经安排了15名辩护律师,主要是平民",将飞往东京。尽管统帅部要求他们尽快,但大部分律师直到5月17日才抵达。这已经是起诉和审判正式开始的两周之后了,不过毕竟是在检方6月4日开场陈词的两周半之前。这样一来,辩方的审前准备一直由个别嫌犯聘请的几位日本律师和6位已经在日本的美国律师来进行。美国海军军官、参军前做律师的贝弗利·科尔曼上校被任命为辩护团队的首席。在等待起诉时,科尔曼和他的同事做了力所能及的筹备工作。

与此同时,约瑟夫·季南和他的检察官一直在长时间的工作,考量巢鸭监狱80多个甲级嫌犯中哪些应该被起诉。一开始,案子似乎相对简单,至少对美国人来说无非是:为珍珠港审判东条。

荷兰法官勒林后来披露,最高统帅反复表示倾向于"只是一个有关珍珠港事件的短期军法审判",这一点麦克阿瑟在回忆录中也是承认的。然而即便是最幼稚、最短视的检察官也会很快看出,把审判集中到珍珠港事件犹如不调查毒源就试图澄清被污染的水一样。于是溯本寻源成了国际检察局的工作。

木户日记为调查提供了良好的早期线索,但巢鸭正在展开的对嫌犯的侦讯如今给出了最富成果的情报。很多日本囚犯喋喋不休直抒胸臆,但其他一些人,如前首相广田弘毅(Koki Hirota),则咬紧牙关,绝不主动爆料,只是简单扼要地回答所有的问题。有几个将军,尤其是武藤章(Akira Muto),对事情佯作不知,装扮成幼稚无辜的角色。武藤否认对日本 1938 年在南京和 1945 年在马尼拉的大规模暴行知情,尽管在这两个地方、两个时间段他都是高级参谋。其他嫌犯一味推诿,但他们的遁词往往给检方提供了对另一些被告不利的证据。

检察官得到一些陈述如此惊人——譬如,日本在中国没有设战俘营,因为在中国根本没有战争,只有一个"事变"——以至一些批评者怀疑美国人对嫌犯要么使用了暴力,要么施行了贿赂。英国的助理检察官中有一个人叫克里斯马斯·汉弗莱斯(Christmas Humphreys),他有点反美,对美国的调查员有所怀疑。他在审判后的回忆录中写道,"美国律师取得的自供如此充分……以至我把参与一到两次(侦讯)当成自己的事,为的是一看究竟,是不是采用诱导或威胁手段。并没有这类事情发生,这些曾经的国家领导人大部分确实感谢有这个机会表现自己过去 15 年在国务上扮演的角色,往往过于冗长,很多人甚至自吹自擂,夸大自己的职责。"

尽管有这些自供,但盟国检察官的调查越深入,他们就越发不确定如何厘清战争的责任问题了。其中一个问题就是无知。季南的助手索利斯·霍维茨承认，"很少有一个团队像我们这样，在对任务准备得如此不足的情况下，去承担一个具有类似规模和范围的项目。"几乎没有一个检察官具备日本事务的专业知识，更不用说对所承担项目的重大程度有所认识了。

挑选谁将被起诉的棘手任务落在以阿瑟·柯明斯-卡尔为首的检察官执行委员会手上，尽管作为盟国首席检察官的约瑟夫·季南后来说："我对被告的挑选负终极的和最后的责任。"为了把盟国检察团队凝聚在一起，季南理智地服从执委会多数人的推荐。季南唯一坚持的是执委会的选择要"经得起历史考验"。

说起来容易做起来难，柯明斯-卡尔意识到潜在的困难。有一次，前首相、战前主和派领导人冈田启介（Keisuke Okada）海军大将告诉检察官，他用了多年精力试图找出真正的责任所在，但是没有成功。日本政府传统上是在"障子"（shoji）后面运作的，处于一种在家族和政治派系（包括秘密社团和军事集团）之间不断变换组合和盟友的危险游戏之中。在这种情况下，只能猜测谁是真正的掌权者。在日本唯一永恒不变的是天皇。但他究竟是傀儡，还是操控傀儡的人？

对季南和他的团队来说，天皇裕仁的地位是一个反复出现的问题。有一个问题被一遍又一遍地问及：天皇会不会被起诉？裕仁的责任和过错问题一直在盟军如何处理日本战争罪行的考量之中。尽管澳大利亚和苏联迫不及待要把天皇送上被告席，美国人却倾向于不对这位被大多数日本人认为是神的国家元首采取任何行动。在被任命为首席检察官后的第一次新闻发布会上，季南对涉及裕仁的提问置之不理。然而这个问题不会消失。我在美国国家档案馆的调查有惊人的发现。联合国家战争罪行委员会1946年1月9日在伦敦的一次会议上，澳大利亚人重申头一年8月呈交的提案，再次提议按战犯起诉裕仁。他们交出一份"澳大利亚关于日本主要战犯的第一号名单及支持性备忘录"，包括62个人名并附有17页的分析。名字按字母顺序排列，裕仁排在第四位。

1月16日，这份材料被传送到美国军法署署长办公室，九天后华盛顿将名单用无线电发给东京的国际检察局，引述了"特别是对天皇的指控"。这些通讯被列为绝密级。在发现这份材料之前，我也一直持通行的观点，认为澳大利亚在日本投降那天提出的审判天皇的要求，被悄悄地搁置并遗忘了。但是这份后来的堪培拉声明对起诉裕仁提供了有力的依据，用纽伦堡杰克逊检察官的话来说："任何一个发动侵略战争的国家元首，本人就是一个有罪的战犯。"然而，澳大利亚人也承认，"裕仁个人还是有和平的愿望和想法的，这一点看来没有什么疑问。"

麦克阿瑟不顾此案法律方面的问题，给华盛顿发去一封措辞严厉的电报："对他（裕仁）的起诉无疑将在日本民众中引发剧烈震动，其不良影响无论怎么估量都不会过分。"麦克阿瑟补充道，搜集到的一切情报全都显示，裕仁与国事的关联"大部分是行政上的，并且自动对其顾问的建议承担责任"。然后这位盟军最高统帅警告说，假如裕仁受审，那么"绝对有必要"将盟军在日本的兵力最低限度增加一百万人，需要"几十万人"为占领提供全新行政服务，还要建一个海外供给基地以维持占领。

麦克阿瑟的评估震惊了堪培拉、华盛顿和伦敦，骤然终止了是否起诉裕仁的所有官方考量。确实，据季南团队的人说，麦克阿瑟告诉盟国首席检察官，天皇非但不得列入被告，而且不得作为证人出庭。就这件事而论，裕仁甚至不得被讯问。季南的日文秘书山崎清一（Seiichi Yamazaki）在 1959 年 9 月 5 日那一期的《日本周报》（*The Japan Weekly*）披露，起初季南认为天皇应该被起诉，但是麦克阿瑟改变了首席检察官的念头。当季南向盟国陪席检察官们报告美国保护天皇的决定时，出现了一阵躁动。季南以他简单粗暴的方式对国际检察局的同事们说："如果你们不能认同最高统帅的决定，当然可以马上回家。在这件事上我们不再寻求你们的同意了。"美国人作为主要占领国，否决了所有的盟国反对意见。

尽管有这个挫折，国际检察局执行委员会还是继续甄别哪些甲级囚犯将要被起诉。执委会同意，在巢鸭的囚犯当中，只应起诉那些能够被指控犯有"破坏和平罪"的人，也就是那些积极策划和发动一场贪婪战争的人。执委会还认为，被起诉的必须是负有决策责任的领导人。正如一位执委会成员所说的，"东条将军的传令兵或司机可能跟将军说得上话，会推动一些对将军产生影响的事情，但是把他们作为战犯审判就很值得怀疑了，因为是东条将军负有首相的责任。"除了放过天皇，季南给柯明斯-卡尔的唯一指令是，那些被起诉者的案子必须无懈可击。在一篇有关远东国际军事法庭法律的论文里，沃尔特·李·赖利（Walter Lee Riley）评论道，把这些衡量标准作为起诉的基础"可以说是前所未有和新颖奇特"。

执委会也试图把被告的人数限制到 15 个，但这实在是没有希望的。于是他们非正式同意，每一个起诉国有权指控两名甲级嫌犯，这样把人数增至 22 个。在这个数字游戏的背后，人们也日益清晰地意识到，大多数战罪嫌犯将永远不会受审。原因很简单，他们的人数太多了。举例来说，澳大利亚有争议的备忘录里列出 62

名战罪嫌犯,其中只有 13 人后来被远东国际军事法庭起诉和审判。

起诉甲级战罪嫌犯的机制可用执委会关于大川周明(Shumei Okawa)博士要受审的决定来说明。大川在巢鸭由曾在冲绳任法律联络官的休·B.赫尔姆(Hugh B. Helm)审问。3 月 15 日赫尔姆向柯明斯-卡尔递交了详列大川罪行的明细单。

在日本之外几乎无人知道大川。他是一个革命性的知识分子,是军事集团的单人智囊。像任何出众的政治狂热分子一样,大川是思想理论家、偏执狂、宣传家、种族主义者和恐怖分子的结合体。他写过十几部学术著作,包括把莎士比亚的十四行诗译成日文。大川信奉一党制,鼓吹为一场征服世界的战争而把日本人组织化。他为激进分子办了一所学校,用他的法西斯主义学说培训农村出身的聪明男孩,每年 20 个,送到内地去发展积极分子小组。为掩盖他的活动,大川指导了东亚研究所,其部分资助来自南满铁路背后的利益集团。大川还参与了 1930 年代早期针对反军国主义和右翼狂热分子的内阁的三次流产政变,其中一次导致首相被杀害。

休·赫尔姆在侦讯大川及查阅日本法庭和警方记录时发现,大川曾给那些涉及 1932 年刺杀犬养毅(Tsuyoshi Inukai)首相的人提供武器和金钱。赫尔姆在报告中说:"有趣的是,大川博士依然信奉所有这一切,今天他的唯一遗憾是东条在 1940 年没有听从他的建议,过早发动了大东亚战争。"赫尔姆被他的侦讯对象所吸引:"这个人学识博大,有实力,而且他的原则始终如一。"

赫尔姆三页简报的最后一段是这样的:"建议:依据远东国际军事法庭宪章第二章第五条(a)款,大川周明博士应予起诉,原因是他通过策划和发动一场侵略战争和违反国际法、条约、协定及保证的战争，确实犯有破坏和平罪，并且他确实参与了桥本欣五郎（Kingoro Hashimoto）大佐、东条英机大将、小矶国昭（Kuniaki Koiso）大将等人为实现上述目的之阴谋的共同计划。"

有时候针对一个甲级囚犯的证据是模棱两可或似是而非的。"我们一直被催促着。"美国助理检察官罗伯特·道尼西最近在一次访谈中承认，"执委会面对的问题是：这个人该不该被起诉？在评估证据时，我们有如此之多的记分牌，以至自己都弄混，分不清这些选手谁是谁了。"

道尼西负责进展中的两起案件，一是针对前陆军大臣荒木贞夫（Sadao Araki）大将，二是针对前首相广田弘毅，前者在巢鸭监狱畅所欲言，而后者则一直守口如瓶。两个嫌犯毫无争议地与日本1930年代的对华政策紧密相关。道尼西说："我提议两人都要受审。对荒木案我有些勉强，因为他年纪很大（那时他已年近70岁），但是自裕仁作为皇太子主政之时起，他就涉足宫廷和军务了。"

道尼西对广田案也存疑。他说："我非常喜欢广田，我怀疑他是不是首要嫌犯。但到最后我们把他包括进去了，作为一个可办可不办的案子。"前外务大臣东乡茂德是执委会断定证据确凿无误的另外一个嫌犯。道尼西苦笑着说："对他很难判定。他是一名职业外交家。"甚至日本人自己都觉得东乡"神秘莫测"——这是西方人对东方人的老套印象。最终，东乡被起诉了，为的是他在东条内阁扮演外务大臣的角色，当时日本在袭击珍珠港之后才向美国使馆递交宣战书，在进攻香港、新加坡和马来亚之后才向英国使馆递交宣战书。

到 1946 年 4 月中旬，经过大力推动和催促，执委会把巢鸭的 80 多个甲级囚犯压缩到 26 人，这些人的案子看上去铁证如山。这比纽伦堡起诉的多一人，比国际检察局自己规定每位法官所代表的国家起诉两名的限额多四人。

这个名单刚一完成，俄国人就抵达东京。苏联法官柴扬诺夫少将和苏联陪席检察官戈伦斯基公使率领着一小股部队的人员。"俄国人淹没了我们。"弗雷德里克·米尼奥内在最近的一次谈访中回忆。苏联团队算起来有 50 多个律师、职员和翻译，以及数以百计的司机、园丁、厨师，还有许多看不出应划为何类的人士。美国此前阻止了苏联直接参与占领，莫斯科退而依赖远东国际军事法庭，以此作为一个楔子来彰显其在日本的存在。

当约瑟夫·季南把被告名单交给戈伦斯基时，苏联检察官满意地点了点头，但随即注意到有几个名字不在上面。季南自己承认缺少这些名字，但是，正如他后来告诉远东委员会的，一些候选人"为在庭上陈述案情时的方便和清晰而没有放到名单上"。戈伦斯基指出，起草名单时季南的团队里根本没有苏联代表，而且他希望行使提名两个被告的特权。季南叹了口气，同意了。出乎盟国检方意料之外也使统帅部困惑不解的是，戈伦斯基提出了在日本投降书上签字的两位代表，即前驻莫斯科大使、外务大臣重光葵，以及从 1939 到 1944 年指挥在满洲沿苏联边境部署之关东军的梅津美治郎大将。当时这两个人都没有被拘捕。检察官们确曾有过起诉日本陆军最后一任总参谋长梅津的念头，而重光则是公认的主和派领袖，并且已被选定为检方的证人了。

4 月 28 日，惊愕的重光和面色阴沉、一直琢磨着切腹自杀的梅津被逮捕了，押到巢鸭监狱。

就在第二天，法官们在法官办公室第一次会晤。菲律宾和印度法官仍然缺席，已到任的九位法官同检察官协商确定提讯日期。与此同时，庭长威廉·韦伯爵士透露首席辩护律师贝弗利·科尔曼请求将提讯推迟两周。在他的申请中（韦伯读了这个申请），科尔曼提出辩方还没能够组织好，"原因是被告的身份直到现在才知道"，而且指定给辩方的 30 个美国辩护律师只有六人到了东京。法官同意当面听取科尔曼的陈述。

"请详细告诉我们你是如何成为首席辩护律师的？"韦伯开始了。科尔曼说他是"依据盟军总司令部的指令"被任命的。韦伯耸了耸眉毛。"但是你没有日本人的授权，你有吗？"科尔曼回答："没有，爵士。"韦伯便拒绝听他继续讲下去，理由是法庭只听取被告认可的辩护律师发言。科尔曼抗议说直到当天才有日本被告，因此根本没有他可以代表的人。这真是"第二十二条军规"一样的死循环。韦伯不为所动，科尔曼被驳回了。

接着韦伯指示季南"立即给每一个被告提供起诉书和宪章的副本，这项工作由法庭的一位官员，即法庭执行官来执行。我们确定的时间地点是：5 月 3 日星期五，10 时 30 分，在东京的法庭，被告届时对起诉书中的指控作认罪与否的答复。"

6 起诉书：是东条，不是裕仁

　　对季南和他的检察团队来说，起诉书的完成代表一个标志性成就。他们为 28 个日本领导人整合了经过仔细推敲并且证据充足的诉状。起诉书不空行地打满 43 页打字纸，涉及多达 55 项罪状。被告中有 9 个文职人员和 19 名职业军人。这与纽伦堡几乎正好相反，那里的 22 名被告中有 17 个是文职人员。在日本，军方领导人（尤其是主导军队的扩张主义者们）从 1920 年代末期开始就掌控了政府。而德国则在几年之后，希特勒和他的帮派才拉拢了武装部队。

　　起诉书列出了以下人士：

- 四位前首相：平沼骐一郎（Kiichiro Hiranuma）、广田弘毅、小矶国昭、东条英机
- 三位前外务大臣：松冈洋右（Yosuke Matsuoka）、重光葵、东乡茂德
- 四位前陆军大臣：荒木贞夫、畑俊六、板垣征四郎、南次郎（Jiro Minami）
- 两位前海军大臣：永野修身（Osami Nagano）、岛田繁太郎（Shigetaro Shimada）

- 六位前陆军将军：土肥原贤二、木村兵太郎（Heitaro Kimura）、松井石根（Iwane Matsui）、武藤章、佐藤贤了（Kenryo Sato）、梅津美治郎
- 两位前大使：大岛浩（Hiroshi Oshima）、白鸟敏夫（Toshio Shiratori）
- 三位前经济和财政领袖：星野直树、贺屋兴宣（Okinori Kaya）、铃木贞一
- 一位贵族及帝国顾问：木户幸一；一位极端理论家：大川周明；一位海军中将：冈敬纯（Takasumi Oka）；一位大佐[1]：桥本欣五郎

起诉书的核心主题是，自 1928 年以来日本的外交和内政一直被"罪恶的军国主义集团"所主宰。被告们被控 32 项破坏和平罪，16 项谋杀罪，以及 3 项危害人类罪或普通战争罪。其中 21 名被告特别被控策划和发动以 1931 年进犯满洲为开端的对华侵略战争。除了大川和白鸟，所有被告都被控犯有违反海牙和日内瓦公约的普通战争罪及/或危害人类罪。大部分被告被控以个人或集体身份阴谋策划对美国、英国或苏联的侵略战争。引人注目的是天皇顾问木户侯爵，除了 1937 年发动违反国际条约的对华侵略战争以外，被控犯有所有三种罪行。

起诉书的语言是无情的。它指控被告推动征服方案，"图谋并实行了……谋杀、残害和虐待战俘（和）被拘禁平民……强迫他们在非人道条件下劳动……掠夺公共和私人财产，无军事需要的任

---

1 即上校——译者注。

何理由而肆意摧毁城市、乡镇和村庄；对沦陷国家无助平民施行大规模屠杀、强奸、掠夺、抢劫、折磨及其他种种野蛮暴行。"在第17项罪状之后，起诉书就指名道姓了。例如，12名被告在第45项罪状中被指涉及南京暴行。17名被告在第39项罪状——"珍珠港罪状"——中被指下令攻击美国，"非法杀害和谋杀基德(Kidd)海军上将和其他美国海陆军人员约4 000人，以及姓名和确数现在尚未查明之平民若干人。"

"把谋杀指控纳入一个国际法庭的起诉书看起来可能有些奇怪。"约瑟夫·季南在提交起诉书时发布的一份新闻稿中承认，"但现在是时候了，其实在这场战争开始之前就该当如此，从这些侵略性残酷战争的发动者和条约破坏者身上剥去民族英雄的光环，暴露他们的真面目——地地道道的普通杀人犯。"

盟国诉讼的核心是被告曾参与一个共同阴谋，实行违反国际条约的侵略战争。虽然对国际法是否有条文支持这一指控存在争议，但起诉书的一个附录援引了日本所违反的47个条约、公约、协定，以及其他国际协议。

美国天主教大学法学院院长布伦丹·F.布朗(Brendan F. Brown)就这个关键的阴谋指控，为季南和国际检察局执行委员会准备了一份详尽概要，这份概要部分刊登在《美国律师协会会刊》(American Bar Association Journal)上。在概要中，布朗力图说明东京审判中的阴谋或者共同计划概念对全世界所有主要法律体系来说是普遍的。他论辩道，国际检察局请求东京法庭采纳的共同阴谋法理与贯穿英美法及苏联法律的共同阴谋概念相比较不算严厉。他感觉国际检察局的概念与出现在法国、中国、德国和日本法律里的共同阴谋概念比较一致。按照这个对共同阴谋更为灵活的解释,任何日本领导人如果与别人达成协定、组合或联合关系以发动战争,"即便他没有授权或者实际参与对最终非法行动的准备,或参与之前的非法活动,只要他没有从这个罪恶的组合中明白无误地退出",那么就犯有共同阴谋罪。对阴谋或共同计划指控的这个解释此后在国际法律师之中引发了无休止的争议,并且对法庭最终作出的判决发挥了作用。

另外一个引发争议的源头是指责起诉书有四个明显缺漏。没有极端爱国主义秘密社团的领导人、没有宪兵队的头目、没有财阀集团的成员被起诉,而且没有提及天皇。各盟国掀起一阵愤怒的吼声。保守的日报《纽约太阳报》(New York Sun)干巴巴地评论道,"有明显的缺漏"。

苏联特别对被告席上没有财阀集团的成员大为光火。苏联陪席检察官戈伦斯基在莫斯科《新时代报》上怒气冲冲地说:"大的资本主义企业对日本的整个政治生活施加了巨大影响。他们正是强盗攻击的主要动力。日军所到之处,这些巨大的垄断章鱼都伸出了它们的触手。"尽管如此,当苏联人有机会挑选两名被告时,他们并没有从财阀集团中提名。

然而与同盟国内对于不起诉裕仁的愤慨相比,大企业的缺席并没有引发什么骚动。遵循麦克阿瑟和杜鲁门政府设下的底线,季南和他的团队论辩道,无论是理论上还是实践中,证据都显示"天皇扮演的是一个有名无实的角色"。不过值得称赞的是,在审判结束之后季南承认,"我们认真考虑过"起诉他,并且"从严格的法律意义上来说,天皇裕仁本来可以受审和定罪,因为依据日本宪法,他确实有权发动战争和制止战争。"当然,那正是澳大利亚人要求国际检察局起诉裕仁的论据。

无论如何，从真正意义上看，天皇就在被告席上。被告中东条英机被世人视为最大的人物——一位"名人"，如同纽伦堡的被告赫尔曼·戈林（Hermann Göring）——但东条明显不是东京最重要的被告。木户侯爵是裕仁的亲信，也是被告之中唯一一位仅仅因为与天皇的关系而被起诉的人物。木户以一种被日本公众理解、微妙而间接的方式把天皇带上了法庭。这样一来，在很多方面，木户成为检方对日本领导人讼案的中心点。

起诉书刊登在东京各媒体头版的显著位置，报童们沿街叫卖刊登全文的四页号外。组织对日本战犯的审判用了整整九个月动荡不安的时间。

巢鸭监狱，如今由美国陆军十一军第一卫队防守，是一组阴郁灰暗、四方形、矮墩墩、丑陋的三层楼房，有大约700间牢房。被告们在牢房阅读了起诉书。失去了权力和排场，剥夺了尊严，他们在多数情况下看上去就是一群疲惫的老人，倘若在东京的任何一条街上走动都不会惹人注意。借用马克·安东尼（Mark Antony）对雷必达（Lepidus）的判词[1]，他们看似渺小、乏善可陈、原本该派去跑腿的人。然而，他们曾经统治一个从朝鲜延伸到印度边境的帝国，他们的每次心血来潮都是圣旨。这里有天皇的顾问、陆军元帅、海军上将、内阁大臣、财经奇才，以及政治神话杜撰者，被关在阴暗的牢房里，像强盗和杀人犯一样等待受审。所有这段时光，当他们冥思自己的命运时，日本的神祇在嘲弄他们。

审判终于要开始了。

---

1 古罗马的两位统治者，曾同为"三头同盟"成员——译者注。

7　开庭：挑战与裁定

1946 年 5 月 3 日,远东国际军事法庭第一次公开庭审正式开始,纷纷扰扰世界的注意力霎时间聚焦东京。人们所预期的战后和平时光之平静正在破裂,世界似乎正堕入冲突与混乱的漩涡之中。当天多家报纸讲述了一个悲哀的故事。阿拉伯人威胁说,如果大批欧洲犹太人移居巴勒斯坦的话,就要发动圣战。社会主义波兰的劳工部长就莫斯科对他新近被解放的祖国有何图谋表示恐惧。蒋介石(Chiang Kai-shek)凯旋回到南京,却面临内战。纽伦堡审判如今已进入第八个月份,法庭上希特勒的金融家亚尔马·沙赫特(Hjalmar Schacht)刚刚结束了为期三天的作证。在印度尼西亚和越南,民族主义者与殖民主义者之间的不稳定停火成为常态。德国和朝鲜的分裂正随着苏联和盟国部队在新划出的边界布防而固定下来。世界范围内,川流不息的难民持续他们逃离恐怖与压迫的悲惨旅程,艰辛而绝望。

早晨,东京的太阳从云层背后升起,那天开始是阴天,但有春意。旁听者七点钟以前就开始步履艰难地爬上市谷山丘,希望取得见证历史的一席之地。山丘隆起,俯瞰东京市区,像一座卫城,如同特洛伊城一样奉献给战争之神。盟军最高统帅麦克阿瑟将军选择了前陆军省大楼作为恰当场所,审判被起诉为甲级战犯的日本领导人。主建筑在山丘之巅,是一座巨大碉堡一样的三层楼房,它幸免于盟军的轰炸,依然完好无损。只有一个主要入口通向那里,简化了保安措施。市谷礼堂的面积大约是 90×115 英尺,由数以千计的盟国和日本工人几乎昼夜不停,用了四个多月的时间,改装成壮观的法院大厅。大厅有大约 1 000 个座位,包括楼座旁听席的 660 个。每个座位都与译员隔间联线。位于小包厢的译员隔间是用玻璃围起来的工作室,俯视"舞台"。翻译系统有两个主频道,一个是日语,一个是英语,另外还有一个第三频道,一般用于俄语(苏联法官及代表团的其他人既不懂日语,也不懂英语)。

总而言之,麦克阿瑟将军的室内设计师和工程人员已经把市谷变成即将开演的国际大戏的恰当舞台。媒体席和摄影隔间安置在厅内显著的地方,确保这不是秘密执法的星室法庭(Star Chamber)[1]。弧光灯悬挂在天花板上,为拍摄审判过程照明,同时也使出席者在东京常见的闷热夏日里大汗淋漓。

28 个被起诉的甲级战犯中有 26 个自从被逮捕就囚禁在巢鸭监狱。他们关在单人囚室,与监狱里其他人隔绝,现在终于等到了出庭的日子。开庭第一天,他们比平日提前用早餐,然后被一辆用纸遮住车窗的大客车送往市谷。在一队美国宪兵的护送下,大客车上午 8 时 30 分来到法院的西入口。法庭定于 10 时 30 分开庭。于是被告们等待着,而等待正是他们在此前好几个月里所做的事情。

---

1 英国专制制度的象征,设立于 1487 年,因其位于威斯敏斯特宫一个屋顶有星形装饰的大厅而得名,1641 年被废除——译者注。

在巢鸭，等待起诉或释放的儿玉誉士夫（Yoshio Kodama）在日记里写道，那天从囚室唯一的窗户望出去，只见东条上了大客车。战争期间他经常看见作为帝国首相和陆军大臣的东条乘坐军用轿车，由卫队护送驶过皇宫广场。儿玉写道："如今，当我看到他被一辆由美国宪兵前后看守的大客车拉走，真觉得毫无道理。但是我想，从历史的角度来看，也相当有道理。"

也许那天上午最引人注目的还是法官的到场。他们乘坐长长的黑色闪亮礼车来到法院，其景象好似葬礼的行列。所有法官都是一副冷静得体的表情：澳大利亚的韦伯庭长、新西兰的诺思克罗夫特、法国的贝尔纳、苏联的柴扬诺夫、中国的梅、美国的希金斯、英国的帕特里克、加拿大的麦克杜格尔、荷兰的勒林。（菲律宾的哈拉尼利亚和印度的帕尔尚未抵达东京。）

10 时 30 分是法庭预定开庭的时刻。之前的几分钟，巨型法院大厅里的参加者和旁听者交头接耳，嗡嗡之声不绝于耳。大厅北侧或主入口处的记者廊挤满了盟国和日本的记者。一队白头盔白手套的宪兵涌入被告席，张开手掌上下摸索每一把座椅，查看是否藏有秘信、武器和其他违禁品。今后这套程序每天都会重复。在四名宪兵和值星官奥布雷·肯沃西（Aubrey Kenworthy）上校的陪护下，囚犯们鱼贯而入。每个被告事先就知道自己的固定座位在哪里，当他们进场时，法庭大厅里每一个人都会扫一眼自己手中印着"审判大厅座位示意图"的一览表。

佐藤贤了中将身着剥去勋章和军衔的卡其布军服，走在这一小群人的前面，这些人在几乎一代人的时间里，把日本帝国的命运掌控在手中。战争机器的金融主脑、曾经丰满的贺屋兴宣在监狱里掉了可观的体重，双排扣的西装对他来说显得大了两个号码。

前外务大臣重光葵穿着黑色燕尾服和条纹裤子现身，只是平时戴的高顶礼帽不见了。他显得面容憔悴，似乎头天晚上失眠了，用他的一条好腿加上拐杖支撑自己。号称"朝鲜之虎"的小矶国昭也是用手杖支撑着走进来。同样如此的还有学识渊博的好战分子大川周明，他没穿外衣，露出皱巴巴的白衬衫。他是那天早上唯一穿着传统日式木屐（geta）来到市谷的囚犯，但在进入法庭之前被迫脱了。

前外务大臣松冈洋右脸色苍白、双颊深陷，迈着痛苦缓慢的步子走进被告席。前首相平沼骐一郎的马脸较以往显得更长，更忧

开庭：挑战与裁定

郁了。另外一位年迈的军国主义分子、海军大将永野修身，穿着摘掉所有徽章和奖章的蓝色海军服。日本人和法庭内所有人最熟悉的人物东条英机，身着整洁的卡其布丛林夹克衫大步走进来。他看上去时而茫然、时而沮丧，然而对一个仅仅几个月前曾向自己开枪自杀未遂的人来说，实在是显得惊人的健康了。木户幸一侯爵好像局促不安，几乎是尴尬的样子。作为天皇的亲近顾问，他一般都隐藏在宫门之后，回避公开露面，在这里却是一览无遗了。职业外交家、珍珠港袭击时的外务大臣东乡茂德，脸上还是惯有的神秘表情。他原本可以是一位了不起的扑克牌玩家！由将军转行外交的日本驻第三帝国¹大使大岛浩，依然衣冠楚楚，神气地扎着蝴蝶领结，口袋里塞着叠好的大白手帕。铃木贞一中将仍然保留着一脸怒容，他曾被很多人视为东京首屈一指的权力掮客，过去常来市谷，场景当然与如今的审判大相径庭。

其他将军也来到了昔日的大本营：1930 年代的遗老、年迈的

1　1933—1945 年纳粹统治下的德国——译者注。

荒木贞夫；侵华日军不同时期的总指挥松井石根和畑俊六；精锐关东军前司令官南次郎和 1938 年接替他的土肥原贤二，以及参与他们谋杀和密谋的同伙桥本欣五郎大佐；战争结束时的总参谋长、在美国海军密苏里号战舰签署投降书的梅津美治郎。在九位身着军装的将军中，武藤章穿着热带套装，敞开的白衬衣领翻在丛林绿夹克衫的领子之上。除了穿军服的永野之外，被告席上另外一位海军大将是战时的海军大臣岛田繁太郎，以及他的亲密同僚冈敬纯。被告席上的文官有战时内阁秘书长星野直树、前首相广田弘毅男爵，以及轴心协定签订时的驻意大利大使白鸟敏夫。还没有在被告席露面的是预期应从曼谷监狱押解来的两名大将：东南亚的恶人板垣征四郎以及木村兵太郎，在其指挥下，数以千计的战俘和平民劳工在修筑命运多舛的缅甸-暹罗铁路时丧生。

规定的时间 10 时 30 分到了，而且过了。威廉·韦伯爵士和他的同仁们在法官室闲坐着，希望两个桀骜不驯的将军会很快抵达。他们没有到（之后在那天下午 2 时 20 分才来）。终于，在等了 40 分钟之后，法官们决定开始行动。11 时 13 分，一个像佛寺檐下挂的那种铃铛叮当叮当轻轻响起来，大厅里安静下来了。仿佛亚述城堡的城门，厚重的入口大门缓慢地关闭了，腰佩武器的宪兵在大厅四围就位。7 分钟后，全体起立，身着黑色法袍肥硕而令人敬畏的韦伯，带领排成单行的法官走进居高的法官席。法官落座后，红发的法庭执行官范·米特（van Meter）上尉高声唱颂："远东国际军事法庭现在开庭，已准备好审理任何呈堂之事宜。"

闪光灯迸发，摄影机哒哒转动。这历史性的一刻使韦伯感到有必要发表几句开场白。他首先披露，出席的每一位法官早上都签署了公正执法联合保证书（印度的帕尔法官后来拒绝签名）。然后庭长强调主旨："我们充分认识到所负责任之重大。……对这一伟大使命，我们在事实和法律方面都持开放态度。确立能排除合理怀疑的罪状这个职责是在检方身上。"他用"普通人的法庭"来形容法官，并且不顾纽伦堡审判而评价东京法庭说，"整个历史上没有更重要的刑事审判了。"

一家日文报纸报道，当威廉·韦伯爵士讲话的日语译文读过之后，"有些被告开始四下打量法庭大厅，犹如戏剧演员期待观众的掌声一样。旁听者却出奇地专注和安静。"

起诉书被轮流宣读。当法庭职员读到第22项罪状——指控几个被告"在1941年12月7日或其前后，对英联邦发动侵略战争及违反国际法、条约、协定和保证之战争"——法庭突然骚动起来。被告席上坐在东条英机正后方的大川周明一会儿双手合十祈祷，一会儿解开、系上前胸衬衣扣子，从座位上半站起来捆打东条的头顶。东条吃了一惊，脸上掠过一丝怒气。在大川第二次捆打东条的时候，宪兵猛扑过来。这一回，东条笑了。大川被推出法庭，在通道里，他用英语嘶喊："我必须杀死东条。"问他为什么，他回答："我这样做会对国家有好处。"

第二天星期六，再次开庭，首当其冲的议程是处理大川的辩护律师关于将当事人从被告席转送医院做精神鉴定的申请。依据宪章，法庭有权裁定被告是否具备受审的精神和身体能力。因此法庭批准了辩方的请求，条件是由国际检察局和辩方各指定一位精神医生，以便"查明其精神上是否有能力应诉"。

法庭回到原先的议程，执行官接着宣读起诉书。"……被告畑、木户、小矶、佐藤、重光、东条和梅津，在1944年6月18日及其前后，违反罪状二所提及的条约条款，非法命令、驱使并容许日本武装部队攻击长沙市并实行违反国际法之屠杀居民，非法杀害和谋杀数以千计之中国平民及已解除武装的中国军人，其姓名及确数现在尚未查明……"执行官单调地读着。昨日的激动减弱了，代替它的是今晨的平静。

5月6日，法庭开庭听取被告认罪与否，场面再次陷入紊乱之中。在法官们就座时，发现法官席上凌乱放着几本反日的小册子《日本之记录与世界安全》（*Japan's Record and World Security*）。威廉·韦伯爵士生气地说："把这种材料放在法官的桌子上不成体统。"尽管他没有命令法庭执行官展开调查，但郑重声明法庭"丝毫不会受小册子内容的影响"。

然后韦伯点名询问被告是否认罪。但是日本副首席辩护律师清濑一郎打断了他："我们要对法官提出挑战。"大厅一片嗡嗡声。清濑用英语解释："从正义和公平的立场出发，威廉·韦伯爵士不宜主持这个审判。……威廉·韦伯爵士曾经调查过在新几内亚的日本暴行案。"顿时引发大乱，执行官厉声维持秩序。法庭宣布暂时休庭，范·米特上尉高喊："请旁听者保持安静！"

大约15分钟后，法庭再度开始，由新西兰法官诺思克罗夫特代理庭长。"本人主持了法官会议，法官们要求我宣布他们的决议。"他继续说，本庭驳回辩方之挑战，理由是宪章规定麦克阿瑟任命法官，从而"解除任何一位最高统帅所任命之法官的权限不在本庭"。尽管如此，当韦伯回到麦克风前，他还是感觉有义务表明自己的立场。韦伯说，在接受这个法庭任命前，他曾考虑过之前在新几内亚工作的影响。"不难得出结论：我是符合资格的。"他补充道，澳大利亚最佳法律意见也认同这个结论。大厅里绝大部分人并不知道，三个月之前检方就曾提出过这个问题，麦克阿瑟也认同韦伯的说法。

"我现在询问被告是否认罪。"韦伯使庭审继续进行。"荒木贞夫,你是否认罪,有罪还是无罪?"

年迈的将军在被告席里站起来。他留着翘八字胡,有着从旧时过来的古怪样貌。荒木说他的律师会为他答复,但是韦伯坚持说他必须自己回答。往昔的陆军大臣提高嗓门,开始发表注定会冗长的解释。"我们要的是认罪与否,不是演讲。"恼火的韦伯打断他。

"我回答无罪。"荒木喊道,马上就坐下了。

所有被告都回答无罪,只是措辞略有不同。在美国受过教育的前外务大臣松冈洋右,用拐杖支撑自己,用英语声称:"对所有的和每一项指控,我都回答无罪。"东条英机断然应对:"就所有罪状,我都回答无罪。"

询问全部结束之后,法庭休庭,一周后再度开庭,遭遇了对审判旷日持久的一系列法律挑战中的第一个回合。首次争论主要是关于法庭管辖权问题。辩方的攻击由清濑一郎发起,并且得到本·布鲁斯·布莱克尼(Ben Bruce Blakeney)、乔治·山冈和乔治·弗内斯这三位美国辩护律师的大力支持。辩方论据的要点是德国为无条件投降,而日本并非如此。《波茨坦公告》的条款是有条件的。当清濑顺带插入下面这句话的时候,有些被告表现出震惊:"至于德国战犯,如果允许我这样说的话,其实盟国不经审判就可以惩处。"这使人不禁想到斯大林、丘吉尔(Churchill)和赫尔(Hull)。

像是在重复日本投降前最高战争指导会议的讨论,清濑坚称日本接受波茨坦条款是"基于这样的理解,即惩罚战争罪犯将会依据'战争罪犯'这一词语普遍接受的含义来进行"——那就是,普通战争罪。指控被告犯下破坏和平罪和危害人类罪"超越了国际法的界限"。国际法不存在这些罪名。法庭以这些罪名审判被告是对被告强加事后(*ex post facto*)之法。此外,起诉书涵盖的期间有误。日本接受的是终止 1941—1945 年战争的《波茨坦公告》。将那些与这场战争没有关联的事件(如 1931 年日本征服满洲)引述在起诉书中,是"绝对不可思议的"。甚至在法官席和检方有代表的国家之一——苏联,在那个"事变"之后也曾在外交上承认"满洲国"作为一个国家出现在满洲。清濑还引证了起诉书里其他"高度不一致"的元素,要求废弃这份起诉书。

身穿美国陆军少校军服的本·布鲁斯·布莱克尼是第二个为被告辩护的律师。在慷慨激昂攻击远东国际军事法庭管辖权及其适用之法律的过程中,他认为有必要使人明白无误地了解美国辩护律师的动机。"我们代表美国人、代表盎格鲁-撒克逊人、代表盎格鲁-美利坚人、代表正义和公平的民主观念。我们代表这样一种主张:遵守法律形式而不顾法律原则之精髓是最严重的违法暴行。……本法庭、以及在法庭担当不同角色的我们,在历史面前的责任都是极其重大的,是令人敬畏的。这个责任远远超越了此处 28 个受审人的命运。"

布莱克尼指责说,法官都是盟国的国民,因此,"被告在这个法庭得不到合法、公平、不偏不倚的审判。"法官们身为盟国的代表,不论其人品和职业道德多么伟大,是不可能没有倾向性的。为什么被告不交由中立国的法官审判呢?"战争不是犯罪。"布莱克尼继续说,回到辩护的主旨。"战争的概念本身意味着合法使用武力的权利。……文明史上从来没有一个法庭把策划和实行战争作为犯罪来审判。"作为胜利者的盟国本来可以随心所欲地用任何方式惩罚这些被告——流放、不经审判而囚禁,"或者将他们就地枪决。"既然盟国已经决定通过法律程序来处置战败者,那么盟国就承诺了构建法律准则。由于发动战争不是犯罪,被告就不能被指控犯有破坏和平罪。再说,指控被告"谋杀"是荒谬的。在战争中杀人不是谋杀,因为战争是合法的。合法化的杀人,不论多么令人反感和憎恶,从来没有被认为要追究个人的刑事责任。如果说袭击珍珠港导致 4 000 人被谋杀,那么广岛又如何呢?"我们知道策划这一行动的总参谋长的姓名,我们也知道责任国的首脑是谁。在他们良心上意识到谋杀吗? 很值得怀疑……因为这个行为不是谋杀。"

弗内斯和山冈接着发言,对辩方的论据加以补充发挥。

在国际检察局桌旁,英国陪席检察官阿瑟·柯明斯-卡尔镇定自若地坐着,同样表现的还有澳大利亚陪席检察官曼斯菲尔德和其他盟国的检察官。然而,首席检察官约瑟夫·季南控制不住自己。当他走上讲台反驳时,抛开精密的法律观点,陷入了浮夸的演讲。

"庭长先生,国际军事法庭各位法官,本庭的法官和检察官代表 11 个国家,这 11 国本身又代表占地球二分之一到三分之二人口的各国合法政府,这些国家曾经惨遭侵略,由于谋杀、抢劫和掠夺等一系列罪行而蒙受重大的资源、财产损失,以及数字无法统计的流血牺牲,难道它们今天不能审判和惩罚那些应该为世界范围灾祸负责的人吗? 这些同盟国家被迫以牙还牙,终结了侵略战争,难道它们现在必须坐视不顾,允许这些罪行的案犯逍遥法外,逃脱合法的惩罚吗?"

季南脖颈青筋毕露,脸色简直就在配合他的夸夸其谈。韦伯看似不悦。他冷冷地问道:"首席检察官先生,你觉得那些华丽辞藻适合这个时刻吗?"检察官们一致认为,如果季南没有当场死于中风的话,就能撑到审判结束。

被庭长的训诫刺痛后,季南静下来反驳辩方的论点。《波茨坦公告》和日本投降书都授权盟军最高统帅"为实施投降条款而采取其所认为适当"之步骤,包括审判。至于由一组中立国法官审判被告的建议,季南说那须要等人类登上火星,为的是找到"一些中立的国家或人士来此,坐下来审判那些应为侵略战争负责的人"。季南的话引起全场大笑。

关于战争本身这个题目,季南指责辩方对问题等闲视之。"他们把战争当成一个抽象的东西,一个在世界上有合法目的的东西,这个目的相当神圣,用传统、法理,我看还有正义,以某种特定方式供奉起来。"但日本是第一次世界大战后多个国际条约的签字国,这些条约已经把侵略战争定为非法。季南在指出这一点之后马上接着说:"当然,还缺少先例——这个我们都承认。"然而,没有惩罚一项罪行的作案者,从来就不是否认这项罪行本身存在的严谨法律推理或道德推理的基础。他承认,哪里有强权和武力,那里就会有一个正义性的问题。"我们今天不含歉意地承认盟军对日本的控制。我们承认盟军曾动用巨大的武力和暴力,包括广岛的炸弹,而我们不会为此道歉,这就像一个正直无辜的公民从他的办公室、工厂或商店步行回家,为免遭歹徒杀害而诉诸武力一样。"

就辩方对法庭公平性的攻击,他说,这是误解导致的。谁是法官、检察官、辩护律师,或者就这个问题来说谁是被告,都没有区别。即便11个中立国主持这个法庭,依然不会是对公平性的检验标准。"对公平和公正的检验要体现在一个公开的法庭上,在那里每一项诉讼程序都会受到媒体、观察家和日本民众的监督。……法庭是否要求充分的证据来给被告定罪?法庭是否为被告提供足够的辩护机会?这些才是对公平性的检验……"季南断言,"历史将会回答。"

澳大利亚陪席检察官艾伦·曼斯菲尔德在季南之后登上讲台,回应辩方"事后法"的论点。他强调,凯洛格-白里安公约或称巴黎公约在1928年就宣告了战争的非法。因此,战争已经不再是62个条约签署国可以自由裁量的特权了,其中包括日本。至于辩方说起诉书回溯到奉天事变有错误,曼斯菲尔德认为那在法律上是荒谬的——一个国家的领导人命令其武装部队展开军事行动,然后又争辩说他们没有宣战,因而就没有战争,企图以此来开脱他们自己。假使真像辩方所声称的那样,当时不曾有战争,那么就没有任何可能的理由在中国杀害几百万人。这样便构成谋杀,而谋杀依照每个国家的法律都是可审判的犯罪。暗示珍珠港事件,曼斯菲尔德接着说,没有警告的攻击也是谋杀,没有警告的攻击违反了海牙公约,而日本是海牙公约的签字国。

第一轮辩论在日本人之中引起轰动。他们根本没有预料到有这么多的推搡和冲撞。被告中有法律意识的,特别是两位前外务大臣东乡和重光,还有木户侯爵和前首相平沼,明显满意而专注;东条英机做了大量笔记。大多数盟国检察官从容看待第一轮辩论,但苏联在法庭的代表却烦恼不安。这后来反映在柴扬诺夫法官给同仁的备忘录中,也反映在莫斯科控制的媒体对审判频繁的谴责中。《新时代报》登载的V.别列日科夫(V. Berezhkov)的现场评论就是一个典型例子。在攻击威廉·韦伯爵士时别列日科夫写道:"他非但没有制止辩护律师与审判无关的陈述,还心甘情愿允许他们发言。"至于美国辩护律师的角色,俄国人感到困惑。他说:"审判的另一个古怪特点是,辩方包括二十几个甚至更多的美国律师。在粉饰那些双手沾满成千上万美国人鲜血的战犯方面,美国律师的热情一点儿也不比他们的日本同事低。"

美国律师协会即刻关注了这场辩论,并且急忙把布莱克尼的论辩付印。《美国律师协会会刊》八月号将他的发言称为"一个实施律师行业传统的出色示范,代表当事人讲出所有能够讲出的话,为的是正义可以依法得到伸张"。会刊接着说,"他的论辩显示出在这样一个审判中所提出的问题意义深远的特点。"会刊没有提到季南的反驳。辩方得了一分。

法律辩论在接下来的几天继续展开。5 月 17 日,印度法官帕尔第一次出庭,挨着荷兰法官勒林就座。同一天,法庭"基于日后将会给出的理由"驳回了辩方挑战法庭管辖权的动议。检方发表开场陈词的舞台现在已经搭建好了。

8 消失的被告

定于 6 月 4 日的检方开场陈词尚未发表，又有一名被告被送进医院。

5 月 8 日是前外务大臣、希特勒和斯大林的知己松冈洋右对指控作出无罪答复的两天之后，他在巢鸭经东京结核病研究所寺路伝二（Denji Teraro，音）医生检查，被宣布不适宜受审。寺路给远东国际军事法庭的报告说："松冈的身体状况不能继续受审，否则会对他的健康造成永久伤害，不但危及他本人的性命，而且周围的人也可能染上这种传染病而面临生命危险。"松冈自 1941 年起就多次进出医院，饱受结核病之苦。依据这个报告，松冈从巢鸭被转移到美国陆军第 361 驻地医院，该医院已经成了被告的医务所（在审判结束前几乎每一个被告都在这里看过病）。

6 月 3 日，松冈的律师安排把他转移到东京帝国大学医院的隔离病房，并且请求从起诉书上删除他的名字。国际检察局强烈反对，认为身体欠佳不是解除指控的理由。法庭维持原决定，但之后松冈的情况迅速恶化，不到一个月就死了。

松冈的死亡，结束了他作为 1930 年代和 1940 年代最张扬外交家之一的职业生涯。他的权势来自与军国主义者，特别是关东军小集团的亲密关系。他曾经是他们的代言人,公开倡导侵略战争。在国际联盟(League of Nations)谴责日本是满洲的侵略者之后,正是松冈于 1933 年带领日本退出国际联盟。他缺少近卫公爵的高雅,但在关键的 1940—1941 年担任近卫第二任内阁的外务大臣。他在那个时期的大手笔是构建了与希特勒德国的联盟和与斯大林俄国的中立协定。

松冈对美国生活有第一手的了解。他 14 岁就被送到美国,在那里掌握了地道的美式英语,并且入了天主教。他 1900 年毕业于俄勒冈大学,随后进入日本外交界。考虑到松冈在后来事件中扮演的角色,1910 年他对路透社驻远东记者 A. E. 沃恩(A. E. Wearne,又译文纳)的谈话实在是匪夷所思的记录:"我预见在 30 年、40 年,也许是 50 年后,日本会对西方开战,经过殊死搏斗,然后被列强的联合体彻底毁灭。"

1946 年 6 月 27 日上午,松冈死了。在一首留给后人的诗中,他写道:"无悔,无怨,我走向另一个世界。"在神田天主教堂为他举行了葬礼。同一天晚些时候,对松冈的起诉撤销了。威廉·韦伯爵士在法庭上宣布,这个行动是法官的"多数决定"。在市谷有推测说苏联法官柴扬诺夫将军反对撤销起诉。

另一个起诉存在问题的被告是大川周明。他在 5 月 3 日离奇地大闹法庭之后,从市谷被送到美军第 361 驻地医院做精神检查。

到医院后的几天,大川幻觉闹事。据美军的精神病学报告,大川以为他是耶稣基督、穆罕默德、佛陀、耶和华的化身。为了在地球上构建天堂,大川宣称他必须登基称帝。为此,他说愿意接受美国公民身份。问他为什么捆打东条,大川说他想杀东条,因为他爱东条,希望捍卫东条和他的家人免受"审判的屈辱"。在将近 40 年后阅读这些报告,我们不禁怀疑大川是不是在愚弄精神病专家。军队的医生当时应该思考一下吉尔登斯特恩(Guildenstern)关于哈姆雷特(Hamlet)行为举止带有"狡黠疯狂"意味的评论[1]。结果是,只有一位精神病专家在给法庭的报告中对大川的精神异常表示怀疑,而这位专家是日本人。

5 月 11 日,东京帝国大学精神病学教授 Y. 内村(Y. Uchimura)博士检查了大川,对他的大喊大叫感到费解。内村的怀疑态度在他给法庭的正式报告中表现出来。报告原原本本引用大川的"疯话"。有一次大川说:"国际法庭不是法理学的对象,而是军事科学的对象。(日本人)无视这个明显事实,把它当成真正的审判,说恭维话,讨好麦克阿瑟,作出对我们这些悲惨战犯不利的解释。在巢鸭,他们都在商讨如何逃避惩罚,但是我告诉他们所有的人都会死的,因为这是自然的力量。……麦克阿瑟将军来这里吃饭。他是个非常好的人。像山下将军一样有智慧,像板垣将军一样有勇气。"等等。

这些是一个疯子的言论吗?内村在报告中用英语坦承,"我想过,(他的言论)难道不是在开玩笑,或者是故意的呢?"他又说,当大川的疯狂受到质疑,他便以"发脾气"来回应。然而,美国精神病专家中没有人怀疑大川的精神状态。他出现夸大妄想、幻视和缺陷判断;他的右膝反射缺失、左膝迟缓,这明显是梅毒性脑膜脑炎症状。但是美国人并不认为大川永久疯狂。内村和美国军医都认为,采用最新治疗方法,大川会从有病的精神状态中恢复过来。

---

1 两人均为莎士比亚剧本《哈姆雷特》中的人物——译者注。

在一份日期为 1946 年 5 月 23 日的宣誓证词中,医院神经精神科主任医生做出结论:"该患者被认定不能区分对错,没有能力出庭作证自辩。"6 月 3 日,辩方请求将大川的名字从起诉书中删除,把他转到日本的精神病院治疗。检方争辩被告的精神能力丧失不构成解除指控的理由,而法庭保留了作出判断的权力。6 月 28 日,法庭下令大川接受进一步检查,以判定他的精神失常是"暂时的还是永久的"。

大川是个非同凡响的人物。他生于内陆地区一个小村落,17 岁皈依天主教,20 多岁的时候受一位佛教僧侣的影响又转信神秘主义。在东京帝国大学专攻印度哲学,学会了中文、英文、梵文、德文和法文。他的研究使他对日本历史产生了越来越浓厚的兴趣,也变得越来越民族主义。不久以后他投入秘密社团和政治阴谋的阴暗世界,到 1930 年代初他就成为日本最有影响的人物之一了。大川参与了好几个暗杀阴谋以及一切计划中最疯狂的——强占中国的粮仓满洲,筹划对美国的战争。

1934 年大川因合谋政治谋杀而受审,他把证人席变为他的理论讲坛,鼓吹战争的荣耀,最后被当作伟大的爱国者无罪开释。"倘若日美战争无可避免,"他告诫法庭,"这大概会是一场旷日持久的战争。由于日本将会面对食品和其他一些经济困难,所以应当首先解决满洲问题。……日本和满洲成为一体就有能力承受一场持久的战争。"

大川的病史是精神病专家的乐事。他在 33 岁时才有第一次性交,而且就染上了淋病。之后他频繁嫖娼,生了杨梅大疮。由于受性病之苦,他直到 41 岁才结婚。在此期间他"试验"了多种猛药,主要是海洛因。对一个现代国家来说这是一条可悲的注解,一个伟大国家、伟大民族——日本和日本人民——的命运竟然受到一个坦言嗜毒、半疯的梅毒患者如此强烈的影响。

尽管大川在整个审判期间都待在相对舒适的精神病病房,但对其精神状态的猜测和争议继续存在。他疯了?抑或只是聪明地作假——或者两者兼而有之?至少有一位法官确信他神智健全。勒林在1982年写给我的信中谈了他的意见:"大川骗过了……法庭,而首先是骗过了所有的精神病专家。"日本报纸《第一新闻》(*Dai Ichi Shimbun*)在1947年刊登了一份报道,说大川似乎已经"康复",并且"正常"了。他恢复了食欲,尽情享用家里送来的饭食。采访他的日本记者说,"很难想象这个安静、普通的人是曾经在国际法庭制造骚乱的'神经错乱'的大川。"这个报道导致法庭下令对被告再做一次检查。检查的文件在任何档案中都没有发现,但大川也没有从医院放出来。

1948年,审判结束并且判决被执行的几天之后,大川的律师询问最高统帅部对大川是否会采取下一步的行动。麦克阿瑟已经为远东国际军事法庭的了结松了一口气,他的法律处主管卡彭特(Carpenter)上校宣布对大川的全部指控已经撤销,并且不会再有进一步的指控了。依照日本法律,精神病人一旦被主治医生认定已"恢复神智",便可随时释放。1948年12月31日,在东条英机因破坏和平罪和危害人类罪被执行绞刑之后的一个星期,大川由于精神健康而出院了。九年后的圣诞日,他心脏病发作死在床上。他是远东国际军事法庭上唯一一个没有回答认罪与否的主要战罪嫌疑犯。

在所有这些事件展开的同时,辩护律师继续勤奋地工作,以便在发表开场陈词之前把检方逼到不利的地位。辩方一度向威廉·韦伯爵士提交了两份请愿书,请法庭就远东国际军事法庭的合法性向国际人士征求咨询意见。请愿书强烈要求,将一份问卷发送给"人类智慧的领衔人物",另外一份发送给"最杰出的美国国际法权威"。辩方总共提议 27 个问题。这个招数使得韦伯和他的同仁们吃了一惊。辩方按"人类智慧的领衔人物"列出的名字包括教宗庇护十二世(Pius XII)、圣雄甘地(Mahatma Gandhi)、卡尔·巴特(Karl Barth)[1]、拉比斯蒂芬·怀斯(Stephen Wise)[2]、胡适(Hu Shih)、赫伯特·乔治·威尔斯(H. G. Wells)[3]、奥尔德斯·赫胥黎(Aldous Huxley)[4],以及前面提到过的罗斯科·庞德。向他们提出的问题包括:人道主义是否赞同胜利者对他们所击败的敌人施以刑事判决? 国际战罪审判会不会妨碍未来外交活动的开展,因为政治家的政策可能被诠释为犯罪? 难道被告国破家亡的遭逢还不足以构成对其所作所为的惩罚吗?

　　第二份问卷要发给十几位比肩芝加哥大学昆西·赖特(Quincy Wright)的著名教授,问他们:国际法约束每个国家的个人成员吗? 凯洛格-白里安公约的放弃战争是"把自卫的武力行为视为非法"吗? 实施"事后法"不是在道义上和立法上受到所有作者的遣责吗?

　　只有五个被告在请愿书上签名,不过原始文件揭示还有另外两个也签过名,后来涂掉了。这五人是重光、梅津、平沼、贺屋和铃

---

1 瑞士籍新教神学家——译者注。
2 匈牙利裔美国犹太宗教领袖——译者注。
3 英国作家——译者注。
4 英国作家——译者注。

木。他们是迥然不同的一组人，尽管都集中在同一个被告席上。提交请愿书的主意来自高柳贤三，他在美国受过教育，是重光葵的首席辩护律师。

法庭没有理会这些诉求，这件事在各种匆忙事务之中不久就被遗忘了。

9 检方举证开始

大多数刑事审判,检方的开场陈词都是简明扼要地介绍一下案件的特点以及他们为证明案情有意出具的证据的性质。但是在远东国际军事法庭,每一件事情都规模宏大,约瑟夫·季南的陈述也不例外,有大约两万字。

"庭长先生,"季南明确地说,"这不是一场普通的审判,因为在这里,我们正在进行文明决战的一部分,以保护整个世界免于毁灭。"季南断言,威胁来自一些人处心积虑的、有计划的活动,单独地或者成群结伙地,出于主宰全球的野心而把世界推入战争。然后他指着被告,为戏剧化效果停顿了一下:"他们向文明宣战。"

全体被告,包括英语流利者,都通过耳机聆听日语翻译。东条背着手坐着;东乡和重光这一对外务大臣茫然望着前方。大多数被告面无表情地坐着,似乎纹丝不动。被告席里偶尔有点动静,那是某个被告在座位上挪动一下,或者做个笔记。

为回应"胜者之正义"的指责,季南强调法庭与复仇无关。他说,审判的目的是巩固已经被公认的规则,即谋划侵略战争的个人是"普通的重罪犯,理应受到……多年来每个国家对杀人犯、强盗、海盗和掠夺者实施的惩罚。"他毫不客气地驳斥审判被告是行使

"事后法"的指责。"对此有一个简短的答案。"他说，从盟国的角度看，这条法律原则是人不应为实施在当时不属于犯罪的行为受到惩罚。"而对这些被告所指控的每一项罪行，在起诉书列出的日期之前，国际法早已公认是犯罪了。"

季南引经据典支持盟国关于国际法中已经存在破坏和平罪的观点。1907年的海牙公约指示各国只要可能就应以和平方式解决争端，如发生战争，任何一方"除非有预先的和明确无误的警告，不得开始"敌对行为。日本是这些公约的签字国。第一次世界大战结束时，包括日本在内的协约国于1919年在凡尔赛声明"侵略战争构成国际犯罪"。1928年的凯洛格-白里安公约，日本也签字了，废弃战争"作为国家政策的工具"。由此，季南得出结论："发动侵略战争因而不仅仅是犯罪，而且是战争罪行之首。"

然后季南指出，本案最重要的特点是个人为以国家名义犯下的罪行承担责任的问题。他激动地说："所有的政府都是由人来运作的，所有的罪行都是人犯下的。一个人的官职不能剥夺他作为个人的身份，也不能免除他为个人罪行所负的责任。这些高级文官的个人责任是最重要的问题之一，而且也许是本法庭要面对的国际法上唯一的新问题。这个问题正在被直截了当地提出来。"

这样，他危险地逼近了"事后法"问题，坦言个人能否因违反国际法被起诉的问题开辟了新天地。他承认没有任何一个国际组织曾经制订过这样的法律，但是多年以来，经过充分发展的这样一个法律体系已经逐渐成形，使得这个主张"被多个法院认可"。

他声称，"当我们给这个普遍规则加上补充规定，即每一个人对他罪恶行径的自然后果和可能的后果负有法律责任，我们便发现这些位高权重并影响日本政府的人……策划、准备、发动并执行了非法的战争,(而且)为由此发生的每一个单独罪恶行为承担责任。"他再一次强调盟国认为在东京的核心议题是,"个人在历史上第一次被带到法庭的被告席上,亲自为他们作为国家首脑行使官方职能时所犯下的罪行负责。我们坦然承认,审判从这个意义上来说是没有先例的。"

提及"国家首脑",不是语言混乱就是弗洛伊德式(Freudian)的口误。虽然被告席中有几位政府首脑(首相),但是并没有国家首脑在东京法庭受审。从1928年到1945年,日本只有一位国家首脑,就是天皇裕仁,而他没有在法庭现身。裕仁的缺席继续给国际检察局造成很大压力,季南要为检方不起诉天皇辩解一番。"这不是、也不会是对日本战犯的唯一审判。显然有相当份额的责任落在现已死亡、或者健康状态不能受审的一些人身上。"下面一句话明显指向裕仁,真应该加上着重号才对:"很可能,假如我们现在了解全部事实,那么我们或许会起诉一些现在没有受审的人,而不是某些被告。"法庭大厅里很多眼睛转向木户侯爵——天皇的替身。

季南继续说,记录将显示,日本没有任何通知或警告,于1931年在满洲奉天攻击中国,十年之后用相似手段袭击珍珠港。记录还将显示,日本在实施侵略战争时无视"战争法规和惯例"。为支持这个论断,季南列举了一系列众所周知的暴行,如南京暴行、巴丹死亡行军和缅甸-暹罗死亡铁路,然后转到"不那么出名但同样臭名远扬的罪行",包括在印度尼西亚邦加屠杀澳大利亚护士;在越南谅山劈刺450名越南和法国战俘;在菲律宾利巴屠杀18 000名菲律宾男人、女人和儿童;在满洲辽宁谋杀3 000名中国人;在新加坡的"双十大屠杀";在婆罗洲巴厘巴板对全体欧洲人的谋杀。

"……这些暴行不是偶然和孤立的个人恶行,而是国家政策预谋的结果。"季南指控,"这些杀戮,即便在一场本身是合法的战争中,也是违反了国际法。"

　　尽管检方指控被告合谋,季南承认证据不会显示他们是一个齐心协力的统一帮派,像纽伦堡审判中的纳粹战犯那样。相反,证据将显示出被告之间尖锐的意见分歧,在某些情况下甚至是"激烈对抗"。一些被告的邪恶主要针对中国,而另外一些针对苏联,其他人则针对美国和英国。季南接着说,即便如此,他们全都致力于通过侵略战争或战争威胁推行一项扩张政策。

　　很多法庭的评论家发现季南的开场陈词有缺陷。除了充满多余的话(这是季南的招牌),也被肆意曲解历史所损毁。正如韦伯法官的评论所挖苦的,"开场陈词包含高级语言。"季南考虑不周的一个明显例子是,他指责日本人企图摧毁"民主和它的核心基础——自由,以及对人格的尊重;他们执意根除'民有、民治、民享'政府的制度,建立一个所谓'新秩序'取而代之。"从亚洲人的观点看,这当然是荒谬的。在法官席和检察官桌旁坐着帝国主义列强的代表,特别是英国、法国和荷兰,它们依然把几亿亚洲人民置于殖民地统治下,这些人既没有代表他们的政府,也不享受公民自由。当然还有斯大林苏联的阴影纵贯远东国际军事法庭,苏联已经从第二次世界大战中作为世界首要极权主义大国脱颖而出了。

　　尽管有这些问题,检方的陈述(其长篇摘录刊登在日本媒体上)在很多日本人中间促进了反思,而这正是审判的真正价值所在。远东国际军事法庭日复一日给日本人民提供有关战前和战时日本的资讯,这些对他们来说都是陌生的。甚至强硬派关东军小集团头目、如今坐在被告席上板垣征四郎大将在 1947 年 1 月 20

日的日记中写道:"(在审判中)我听到我以前不知道的事情,并且回想起我已经忘却的事情。"被告中许多其他人也有类似的评论。很多事情如果连被告都被蒙在鼓里,那么日本公众又该如何呢?"首席检察官季南在他的开场演说中理由充分地强调了每一个被告的个人责任。"东京的财经周刊《东方经济学家》(*Oriental Economist*)在1946年6月22日评论道,"然而,我们日本人应该更进一步地再次深入思考,为什么这样的个人会在日本发育成长起来。这样,我们就会发现……日本的组织方式会产生这类人。……东京的远东国际军事法庭给日本民众一个机会来深刻反思这个根本性问题,在这一点上法庭的意义极其重大。"

跟着季南的开场陈词,日本三大日报中最小的《读卖新闻》抽样调查了在东京的非日本亚裔人士的意见。中文杂志《中华日本志》(*Chuka Nipponsha*)编辑李建初(Ri Ken Sho,音)怀疑"仍在旧观念影响下的日本人能否正确领会季南讲话的意思"。然而他支持日本辩方关于中立国法官应当参与审判被告的意见。他还表达了更进一步的看法:"我觉得要是把一些坚决反战、有教养的日本人增加到法官席,会是一个极好的主意。"

一名驻东京的菲律宾记者乔治·特奥多罗(George Theodoro)在季南宣读开场陈词时认真审视着东条的面容,并回想起这位傲慢、趾高气扬的前首相战时出访马尼拉的情景。他说:"尽管我在他的表情中看到某种坚毅,但是觉察不到任何一点顺从悔悟的迹象。"年轻的印度尼西亚民族主义者阿卜杜拉·卡米尔(Abdullah Kamil)是在战争结束之前不久来到日本的,作为一个代表"独立"印度尼西亚组织的成员。他说自己在东京辛酸地了解到,印度尼西亚在日本的统治下不会比在荷兰的统治下更自由。

"被告在提讯时都声称自己无罪。多么厚颜无耻啊！"至于季南所谓纽伦堡和东京审判会终结侵略战争的高论，这位印度尼西亚人冷冰冰地评论说："那要取决于神的意愿，以及人类的意愿。"（卡米尔后来成为外交官，1978到1982年担任印度尼西亚驻联合国大使）

被告们对季南的开场陈词反应不一。强势的军务局前局长佐藤中将告诉他的律师，"我会有风度地接受法庭判决。"另一方面，策划对中国人的鸦片交易和恐怖活动的土肥原大将则不为所动。他轻蔑地说："即便举国说我的坏话，我也会像岩石一样巍然屹立，我的人生价值丝毫也不会被损坏。"同许多被告一样，土肥原意识到有些被告一直在向检方交代，并且盟国正在从"秘密线人"那里获取证据。土肥原感到憎恶。"当叛徒有违武士义务。"他说。

东条英机正从未遂的自杀中恢复过来，他告诉日本记者，他对季南的开场陈词做了笔记，已经计划了辩护词来"驳倒"它。被告中的其他人，如桥本大佐，则沉默不语。他的律师林逸郎（Itsuro Hayashi）叹息道，"在我看来桥本已丧失了元气。"

开场陈词由于间接提到天皇，激发了裕仁是否会作为检方证人被传唤的兴趣。当日本记者问到天皇会不会被传唤，法庭的一位发言人答复："那将在适当的时候决定。"于是一份日本报纸评论道，"这个悬而未决的问题可能还会再次被提起。"确实如此，尽管六个月前杜鲁门与麦克阿瑟就秘密决定在审判中避免涉及天皇个人。

10 法庭内的风波

从表面看审判似乎已经开始运行了，但在这个表象后边，辩方、检方和法官团都卷入骚动之中。有时甚至近乎丑闻。

辩方几乎从一开始就有麻烦。由于对谁来负责辩护有所迟疑，盟军最高统帅部并没有提供多少支持。在市谷甚至没有足够的办公桌，办公室就更少了。检方有 102 名译员，而辩方只有 3 个。最高统帅部最终指派给辩方的秘书和速记员直到六月的第一个星期才到位。一位辩护律师在法官办公室向韦伯抗议："被告带来一大堆需要翻译的书籍和文件。实在是荒唐———一团糟。"最不开心的辩护律师之一是前美国司法部长特别助理、曾在印第安纳大学法学院任教的刑法权威弗洛伊德·马蒂斯（Floyd Mattice）。他对整理当事人板垣将军案情论据所耗费的时间大为震惊。"我们发现与日本律师谈话，或者通过翻译与被告沟通，比通常所需时间多很多。"他还说："我们发现到各种办公室去要求军界所谓的'处理一下'，也需要花上比在美国国内做类似事情大约 4 倍的时间。"

6 月 3 日，约瑟夫·季南发表检方开场陈词的前一天，马蒂斯代表 5 月 17 日才到达东京的美国辩护律师，向韦伯要求增加一些时间准备辩护："如果要我们给法庭、给被告、给日本律师真正的帮助，我们理应有一些时间。现在我们根本没有时间。"讲到这儿他愤怒了："我不明白我们为何而来。"

辩方还需要多长时间？韦伯问。马蒂斯承认："对所需时间我们还没有一致意见。"辩护律师对休庭时间的长短一直吵不出结果。一些人属意两个星期，其余的想要长达12个星期。

虽然被告在同一份起诉书中被诉，但他们的法律利益却是不同的。前首相和外务大臣广田弘毅的律师意识到这种窘况，向法庭提交了请求单独审判的动议。（广田的妻子在5月去世了。）律师花井忠（Tadashi Hanai）和戴维·F. 史密斯（David F. Smith）起草的动议指出，广田从未担当过任何军职，"把这名被告与众多日本政府的陆海军军官混在一起，使他不可能受到公平和公正的审判，无论是从法律还是从实践的立场来看。"他们断言，与日本军方首脑一同受审，"会无可救药地削弱（广田的）辩护。"

前外务大臣重光的律师乔治·弗内斯也发现自己相当孤立。1981年他在东京告诉我："重光从一开始就是反战的，我不想让他的辩护受其他任何人支配。"另外一位辩护律师阿里斯蒂德斯·拉扎勒斯在介绍他的策略时没有用什么外交辞令。他在辩护律师五月底的一次会议上声称，"我宁愿绞死27个被告来拯救我的当事人畑陆军元帅；我首先并且仅仅忠于我的当事人。"

拉扎勒斯在纽约州扬克斯与我会面时回忆了他的策略："我在会上说要让审判进行两年。如果我们拖延的时间足够长，等到共产党人接管中国——那时候中国的内战正在加剧——那么法庭的氛围就会不同了。我告诫我的同事们，如果这个审判三个月就结束，那么每一个被告都会被绞死的。"显而易见，由于辩方内部意见分歧,首席辩护律师贝弗利·科尔曼引导一个统一的法庭策略是不可思议的。

辩方还有其他问题,包括各军种之间的对抗。当科尔曼作为首席律师执掌辩方的时候,市谷有风凉话说"海军上台了"。当然了,科尔曼是海军上校,他的下属也有海军背景——副手瓦伦丁·迪尔是其中之一;约翰·吉德(John Guider)是安纳波利斯美国海军学院的毕业生;弗吉尼亚人查尔斯·T.扬(Charles T. Young)来自海军军法署署长办公室;诺里斯·N.艾伦(Norris N. Allen)曾经同科尔曼在瓜达尔卡纳尔岛一起服役;还有战时的军官约瑟夫·F.海因斯(Joseph F. Hynes)曾经是共和党1940年总统候选人温德尔·L.威尔基(Wendell L. Willkie)的助手。"我们不但在为当事人辩护方面是竞争者,而且还是军种之间的对头。"一位有军队背景的辩方成员说,"海军扮起了指导辩护的角色,这引起来自其他军种的辩护律师不满。"

终于在辩护律师的一次紧急会议上,危机爆发了。1981年1月科尔曼和我在华盛顿全国记者俱乐部共进午餐,明亮的蓝眼睛让人看不出他已经80岁了。他说:"我们热切关注这件事,不但因为我们是维护公正的律师,而且事关美国的声誉。我想在整个构架之中我们的角色是最微妙的。如果美国要提供辩护律师,就必须保证是现有的最佳辩护律师。派人为我们的敌人辩护,要是做得差劲,势必败坏美国在历史上的好名声。"

科尔曼和他团队中的其他许多人是现役军人,不能辞职。但是他们可以请求调动,而这正是他们决心要做的事。科尔曼去拜访最高统帅部,告诉麦克阿瑟的参谋长P.J.米勒(P. J. Mueller)少将"我们要走"。米勒的眉毛明显抬高了。当天晚上,科尔曼接到翌日早晨去见麦克阿瑟的指令。他带着吉德一起去,吉德的岳父弗兰克·霍根(Frank Hogan)是麦克阿瑟的私人律师和后来纽约的地区检察官。科尔曼回忆道,"麦克阿瑟填满烟斗,开始走来走去。他盯着我们说:'荒唐!我们找来的是志愿者,你们事先就知道自己是来干什么的。如今你们对管理问题不满,就打算辞职。'"

科尔曼说,此刻他本想直言不讳:"将军,您不了解。"但他忍住了。"我觉得最好还是让麦克阿瑟把这口气发泄出来。"

等麦克阿瑟训斥完,科尔曼说:"将军,我们现在对审判的兴趣比刚开始的时候大得多。我们已经见过被告,我们也不想抛弃他们,但我们需要多一些的时间回美国,到主要律师事务所找人,以便组织一个一流的辩护。"

麦克阿瑟用力摇了摇头:"那样做已经太迟了。"法庭现在是一个独立的实体,不受最高统帅操控,他无权干预诉讼程序。"他明确表示自己的双手已被绑住。"科尔曼说。但是这位首席辩护律师感到辩方的处境无法容忍。他告诉麦克阿瑟,他们只希望采用一个戏剧化的步骤去警示华盛顿留意当前的局面。于是,当他和吉德离开时,留下了调职申请。

科尔曼和他的海军团队于6月5日全体辞职,第二天他们通知了远东国际军事法庭。这些情况直到6月15日才公之于众,当天的《日本时报》报道了美国律师退出诉讼。报纸称:"对这个突然辞职没有任何官方解释。"之后,辩方重组。指定美国首席辩护律师的做法废止了,不过操双语的杰出日裔美籍律师乔治·山冈逐渐填补了这个角色。为人正直的山冈受到各方尊重,被视为辩方团队中日本律师与美国律师之间的桥梁。

就在辩方经历骚动时，盟国检方也陷入自身的危机。约瑟夫·季南发表了开场陈词后，立刻离开东京赴华盛顿，一走就是几个星期。有些人说他回国是为了"磋商"，也就是跟进政局的发展。另一些人扬言他是回国"戒酒"。不论真相如何，总之在他缺席的情况下，一群美国检察官安排了一次同麦克阿瑟的会议，直接向盟军司令官呼吁把季南从案件中撤职。他们抱怨季南酗酒、蛮横无理、唯我独尊，还提到好斗的季南与粗暴的庭长韦伯之间看来正在形成严重的人格冲突。麦克阿瑟摇头了。"麦克对他们说他无法就他们的要求采取行动。"助理检察官之一罗伯特·道尼西在马里兰安德鲁斯空军基地接受我采访时这样回忆。麦克阿瑟随即补充，检方有十几个国家的代表，即便是持批评意见的检察官也承认季南有组织和外交才干。道尼西说："麦克对季南的评价很高。"

撤换季南的问题在审判期间再也没有正式出现过。而季南回到日本不久就听说了这起宫廷政变，从此他与主谋们的关系比以往愈发剑拔弩张了。

冲击远东国际军事法庭的动乱也影响到了法官团。

6月8日星期五，菲律宾法官德尔芬·哈拉尼利亚到达东京，周末参加了一个派对，认识了一些人，其中有前首相广田弘毅的美国辩护律师戴维·F.史密斯。于是史密斯就听说哈拉尼利亚经历过巴丹死亡行军，在战争时期是日本的战俘。第二天，史密斯和广田的日本律师花井忠起草了一份"认为菲律宾法官没有资格和怀有个人偏见的动议"。6月12日史密斯在韦伯的法官室争辩这一动议。他说："提出这件事对我个人很尴尬。菲律宾法官是乔治敦大学法学院的毕业生，本人也有幸从那里毕业。"广田的这几位辩护律师在动议中主张，由于巴丹死亡行军是检方证据的一部分，哈拉尼利亚"从法律角度始终怀有对该被告（广田）的个人成见和偏见"，从而广田将无法得到"公平和公正的审判"。

威廉·韦伯爵士以法官团"无权取消麦克阿瑟将军之任命"的评语来反驳。庭长指出，此前辩方挑战他本人的法官资格时，这就是他的同仁们的立场。然而，史密斯认为"世界上任何地方的任何一个法院和法庭，都会被要求确认它自己的法官是否有资格和能力。"辩方激烈争执哈拉尼利亚"有他个人了解的情况，可能蔓延到案件之中。"史密斯建议哈拉尼利亚自动告退。韦伯立刻提出一个奇特的论点："如果一位法官此刻自愿退出，那么很难替换他。这会导致长时间的耽搁。除非有充分理由认定其资格经不住挑战，否则他要是出局的话就会对其他法官完全不公平。"韦伯认为史密斯的动议没有给出足以挑战的明确理由。动议被驳回了。第二天，6月13日，哈拉尼利亚在法官席就座，坐在新西兰法官诺思克罗夫特旁边。"本法庭现在已经第一次完全组成。"韦伯舒了口气说。但是，法庭刚刚完全组成，就被抛进恐慌之中。

美国法官约翰·P.希金斯获悉季南针对其任命发给华盛顿的尖酸刻薄电报，包括电报描述他是"实在令人难堪的人"。现在回想，不论是谁把这封电报透露给希金斯，都可能是在废黜首席检察官的宫廷政变失败后，有意使季南尴尬的举动。如果指望季南现在辞职，那可是痴心妄想。最后倒是希金斯辞职了。

希金斯感到屈辱，立即通知华盛顿他要辞职。受惊的华盛顿于是在7月3日夜间11时用电传打字机把希金斯的计划发给季南，要求季南通报麦克阿瑟，并且告知：陆军军法署署长迈伦·C.克拉默少将"可以立即替换希金斯"。

第二天是7月4日，占领当局和法庭放假——在法庭上韦伯称美国独立日是"纪念日"（Remembrance Day），与标语"记住珍珠港"（Remember Pearl Harbor）混为一谈了。7月5日，季南召集国际检察局紧急会议。所有的人都参加了，除了当时不在东京的菲律宾陪席检察官佩德罗·洛佩兹（Pedro Lopez），以及英国陪席检察官阿瑟·柯明斯-卡尔。出自季南的一份国际检察局内部备忘录说，柯明斯-卡尔"私下向我表达了他的看法"。柯明斯-卡尔的助手雷克斯·戴维斯（Rex Davies）代表他参加会议。会上发生了激烈的争吵。澳大利亚人、加拿大人、新西兰人和荷兰人认为麦克阿瑟无权更换法官。如果希金斯辞职，那就辞吧。宪章只阐明法庭由不少于六位、不多于十一位法官组成，为什么审判不能由十位法官继续进行呢？另一方面，法国、英国、中国和苏联的检察官则坚持认为，远东国际军事法庭是五大国的责任，美国必须有代表才行。中国检察官向哲濬态度坚决，他动情地说："（中国）尤其不愿看到法官席上没有美利坚合众国的代表。"

美国人觉得倘若没有人替换希金斯，远东国际军事法庭将会出现一个荒唐的局面。毕竟，美国曾在太平洋战争中肩负重任，正如中国在亚洲大陆所起到的作用一样，而且盟国检察官是美国人，日本辩护团队里有美国人，加上美国正在为法庭出资。五大国觉得麦克阿瑟有权更换希金斯，并且注意到早前麦克阿瑟曾经任命亨利·贝尔纳代替亨利·赖姆伯格出任法国法官。然而，所有的检察官都认同，"作为政策，允许希金斯法官辞职会是极为不幸的事情。"暗示不应该接受希金斯的辞职。检察官们还一致认为，在开庭一个月之后任命一位新法官不成体统。

第二天，7月6日，希金斯同麦克阿瑟见面，麦克阿瑟试图劝他不要辞职。虽未成功，但获得希金斯承诺"留在法官席大约一个星期"。麦克阿瑟随即任命了华盛顿的人选克拉默少将为法官。

这一系列动作都没有公开，直到 7 月 15 日，威廉·韦伯爵士在公开庭审时宣布："马萨诸塞州高级法院首席法官希金斯，经最高统帅同意，已经辞去本法庭法官之职。"韦伯的官方理由不同于那些幕后的看法。庭长说希金斯来到日本后，他在马萨诸塞法院的接班人去世了，目前的代理首席法官年事已高且体弱多病。希金斯感到他不能"在审理此案所需的这段时间"（用韦伯的话说），将主持马萨诸塞法院的责任重担放在继任人的肩上。

据法庭一位律师讲，希金斯相信审判至少会持续两年，"他舍不得从职业生涯里拿出两年的时间。"希金斯在法官室同几位辩护律师见面，"告诉我们他已经辞职，就要回家了。"参加这次会见的阿里斯蒂德斯·拉扎勒斯回忆说，希金斯告诉他们，他认为审判是一个败局，或者是一场闹剧，以及"诸如此类的东西"，并且"他祝贺我们正在进行的战斗，敦促我们坚持下去。"拉扎勒斯说希金斯警告辩方，"假如我们任何时候援引他的话，他会全盘否认。"

另外一位辩护律师欧文·坎宁安（Owen Cunningham）当时在华盛顿，他观察到"当希金斯法官的辞职被公开时，在华府引起相当多的评论和愤慨。"他报告说纽伦堡感到震惊。美国在那里的代理法官约翰·J.帕克（John J. Parker）据说对此举的法律问题表示"极大的关注"。

至于检方，季南的反应不得而知，但是他的助理之一罗伯特·道尼西向我坦承，很多国际检察局的成员觉得"把克拉默中途请进来是不公平的"。

多年之后，荷兰法官为 1977 年远东国际军事法庭判决书的第一次完整出版撰写了序言，把希金斯的决定描述为"一件令人遗憾的事情"。勒林接着就事论事地加上一句："法官理应参加整个诉讼过程。"他继续说，就这件事而论同样"不当"的是，诉讼已经开始之后，印度和菲律宾利用机会各加进了一位法官。事隔 35 年，勒林在一封 1981 年 11 月 12 日写给我的信中，有力地补充道，"我总觉得美国为发生在那里的事情有些感到惭愧，（特别是）由于克拉默……曾经反对过'侵略战争是犯罪'的意见。"

这番议论在一本 1981 年出版的书中找到依据。在《通向纽伦堡之路》(*Road to Nuremberg*)一书中，欧洲历史学家布拉德利·F. 史密斯(Bradley F. Smith)公布了美国的档案文件，揭示出克拉默最初对于把轴心国战犯按破坏和平罪来审判持怀疑态度。克拉默强烈认为战犯必须通过审判来处理，而不是即刻处决，可他指的是普通战争罪——射杀平民人质、谋害战俘，等等。那时候克拉默不相信将策划和发动侵略战争指控为战争罪行在国际法上有任何依据。然而，到他奉命出使东京法庭时，他已经改变了观点，同意如果一个国家违反海牙公约、未经宣战而攻击另一个国家，那么侵略战争就是犯罪。列举实例的话，日本对中国、对美国、对英国的攻击就属于这个性质。据史密斯说，在接受盟国关于侵略战争是犯罪行为的观点之前，克拉默一直在"拖拖拉拉"。

克拉默 7 月 22 日抵达市谷，坐在希金斯原来的座位上，在韦伯与英国帕特里克勋爵之间。他在法庭大厅的出现，点燃了法律的烟火，使辩方内部各不相同的利益取向公开化了。

26 名被告中三个平民被告的律师立刻挑战克拉默的出场。代表前大使大岛的欧文·坎宁安指责麦克阿瑟违反自己的宪章，宪章授权他任命最多十一位法官，而克拉默是第十二位（如果算上亨利·贝尔纳就是第十三位了）。坎宁安争论道，克拉默的任命将会开启法官团在审判过程中辞职和任命的水闸。"就被告所关心的公平审判而言,这将会导致一个荒唐的局面。"他还攻击任命本身:"作为在主要战胜国原告武装部队服役的一位高级将领,'不偏不倚'与这种身份以及昔日的公务不相容。"坎宁安呼吁克拉默自行解职,并且提出法庭宣布审判无效的动议。

代表广田、重光的戴维·史密斯和乔治·弗内斯也要求宣告审判无效。史密斯说,诉讼已经进行了一个月,"新法官已经失去了美国法官看到证人、听取证言并评估其可信度的优势,从而被告也被剥夺了相应的权利。"

被告之间的利益相互冲突此时也显出端倪。土肥原和冈这两位将军的辩护律师富兰克林·E. N. 沃伦(Franklin E. N. Warren)上校热烈欢迎克拉默出任法官。沃伦指出,到目前为止法官席上只有一位军人,即俄国的柴扬诺夫将军,辩方应该喜欢"另外一位理解"军人心智和军事法规的人。沃伦声明:"我们不参与动议。"美国陆军上尉塞缪尔·J. 克莱曼(Samuel J. Kleiman)也宣布他和他的当事人——前首相平沼,欢迎克拉默出任法官。克莱曼说:"我了解克拉默将军的背景和他公正的声誉,我欢迎他。"我们值得问一下:克莱曼是否知道克拉默曾坚决反对以破坏和平罪控告战犯,而这正是东京起诉的底线?

下午 2 时 45 分休庭,半小时之后韦伯宣布:"本法庭经多数法官认定,美国代表克拉默将军有资格担任本法庭法官,驳回动议。"克拉默没有参加议决,而提到"多数"也显示出法官团像检方和辩方一样,对这个问题有所分歧。无论如何,远东国际军事法庭此时安顿下来了,后面跟着的将是一个旷日持久的过程。

11 被告席上的陆军

检方策略的初始阶段分三部分。首先,国际检察局想阐明 1930 年代日本的警察国家心态,即被告们当年运作的社会环境。然后,通过两位前首相和一位被刺首相之子的证词,说明军国主义分子如何在幕后策动一些"事件"以巩固其权力。最后,盟国检察官必须从推动侵略扩张战争的关键人物——那些军事狂人和平民煽动家的阴谋诡计之中小心选择他们的案情陈述路线。

从表面看,战前日本也曾自诩具有现代国家的标志——政党、国会、保密投票、陪审团审判等等。日本战前的宪法源于普鲁士,并且体现了英国的法律特征和法国的地方政府体系。但是在代议制政府的"障子"（shoji）后面,日本是一个警察国家。举国都遭受宪兵队恐吓,宪兵队是有别于世界上任何其他组织的军警机构。不论战时还是平时,宪兵队首先对陆军省负责。它的主要工作是"思想控制"和反间谍,在对付平民和军队时享有自主权。像警察一样,宪兵队官员认为自己是天皇的代理人。在履行他们视为属于自己的职责时,名望和官阶对他们毫无意义。这酷似希特勒德国的盖世太保和今日苏联的克格勃。

加拿大陪席检察官诺兰准将在一组盟国检察官的协助下处理案件的这个阶段。他在庭上援引了战前和战时发给警察的指令。宪兵队（以及普通警察）得到指示，"要从一个人的外观决定他是否可疑，例如他的容貌特征。"这当然是中国式伪科学的相面术，或者叫看相。警察受权盘问"可疑"的人从哪里来、到哪里去。如果警察的怀疑加深了，他就会按照受过的训练"查问与案件要点无关的其他问题"，这样一来，"可疑"就平白无故地成了一个案子。任何男人或女人，不论地位或职业，都可能因"可疑"而被拘留在警察局。此外，警方操办一个"治安维持处"，其任务实质上就是思想控制。没有警方的批准，不得举行任何公众集会。警察如果认为一个发言或一个集会的主旨有颠覆性，他们有权制止这个发言人或关闭这个集会。公共道德也在警察管控之下。警方给妓女颁发执照。警察局的书籍和出版部门对"所有书籍、杂志和报纸"实行新闻检查。其实很少有书被禁过，因为还在手稿阶段就已经检查过了。实际上，警方采取了事先控制的手段。

作为一项政策，官方发警示给报馆，通知他们哪些内容不许印发。当盖世太保的远东主管、后来成为希特勒驻日代表的海因里希·施塔默尔（Heinrich Stahmer）1940年访问东京时，日本的媒体被警告"一位德国部长海因里希·施塔默尔将在德国使馆执行某种使命，对他来日本、在日本的逗留及其活动，一个字都不准提。"在一个新闻自由的国家，政府的此类通知只会激发好奇心，但是在日本，违抗命令会导致罚款、编辑入狱或者报纸关张。由此而产生的后果是，1930年代的日本媒体除了宣扬和美化日本的军国主义和侵略政策之外，几乎没有什么别的东西。

对检方案情陈述的这个阶段很有价值的一位证人是小泉梧郎

(Goro Koizumi)。这位身材敦实的战前高级警官告诉法庭："在执法方面，警方对报纸、出版物、著作、书籍、电影、戏剧和其他形式的娱乐、公开演讲、公众集会……实施新闻检查法。当有人违反法令，就会被抓进监狱。"从1931年到1941年，小泉在几个县做过警察局长。他作证说，警察的工作是"监视任何反对日本政府政策人士的活动。……在日本，任何人都不得表示反对同中国的战争。"那些表示反对的人会依照《治安维持法》予以逮捕。这时小泉连忙加上一句说，然而，"假如一位母亲，她的儿子是在中国的日军士兵，她说'但愿战争结束，我的孩子能回家'，这种情况是不会追究的。"

检方传唤了十几位证人出庭，以阐明战前日本的独裁本性，26名被告当年大权在握的正是这样一个国家。

东京帝国大学教授大内兵卫（Hyoe Ouchi）与另外八名教员因批评1937年日本对中国本土的侵略而遭清洗。大内曾在巢鸭（也就是如今关押战犯的同一所监狱）服刑八个月。他在证词中指名道姓点出被告席上的两个人——前陆军及文部大臣荒木大将和天皇的顾问及短期的文部大臣木户侯爵。他说，荒木把军事训练强加到课程表上，木户则促成在大学清洗中国战争的反对派。作为后续发展的一个预兆，辩方在交叉盘问时明目张胆地采用了拖延战术，唤起无止境审判的幽灵。譬如，当大内提到1939年通过了在校军事训练为强制性的法律时，辩护律师克莱曼问："你刚刚用了'通过'这个词……这可能意味着是由国会通过？"克莱曼以类似的方式不断提问题，直到被激怒的威廉·韦伯爵士提高了嗓门，瓮声瓮气地说："我不能允许这样继续下去……倘若你在本案中要弄清每一个细枝末节的话，我们就永远也审不完了。"他接着粗暴地加一句:"我们已经听你说够了!"

前田多门(Tamon Maeda)曾是日本最受欢迎报纸之一《朝日新闻》的社论撰稿人,他把 1928 年后日本的气氛描述为"紧张",因为当时军国主义分子伙同激进爱国团体图谋掌权。前田点名指出大川周明(现已移送精神病院)是狂热民族主义和侵略战争的理论家。前田作证说,1931 年后,日本报纸受到严格新闻检查。这种施压的一个典型例子发生在 1936 年,当时他在一篇社论中警告国人,深化与纳粹的联系正在使日本"孤立于世界其他国家之外"。第二天,两名大佐,一个来自陆军部,另一个来自总参谋部,拜访了他的办公室,表示不认同他的观点。"(他们)指示我,今后撰写或谈论这类话题,要体现更赞同的一面。虽然没有对我实际威胁,但很能让人感觉到他们在磨刀霍霍。"

另外一位证人伊藤述史(Nobufumi Ito)是政府的资讯委员会前主席,他承认该委员会本质上就是宣传部门,实施新闻检查和散布"煽动性质的观念,目的是让日本人民为战争作好准备"。日本广播公司的一位高官作证,广播网络被政府控制,"播音稿经通讯省审查后方可向公众播放。"引起盟国旁听者最大好奇心的证人是"纸影戏制造"公司总裁佐木秋夫(Akio Saki),他解释这些产品是"背面印着故事的大画卡"。口香糖卡片!战前日本的新闻检查和宣传已如此之精细,以至口香糖卡片的制造产商都被告知要印些什么东西。在远东国际军事法庭作为证据出示的是一些卡通画,显示日本和德国是可靠、热爱和平的朋友,而英国和美国是应为中日战争承担责任的恶棍。

有一位证人犹豫不决,不是出于恐惧就是由于被误导的爱国主义,在作证时改口了。在东京帝国大学当了十年助理教授的海后宗臣（Tokiomi Kaigo），瞄了一眼被告席里的被告——其中一些人怒视着他，特别是浓眉的板垣大将——然后他就开始在证人席上局促不安地扭动了。前南加州助理检察官、后来是负责战争欺诈检控的特别助理瓦伦丁·哈马克（Valentine Hammack）鼓励海后讲出日本军事化教育体系的准确细节，但是他失败了。哈马克一次又一次说"请回答这个问题?"而每次提问都招来海后比前一次更加拐弯抹角的回答。辩方一度指责哈马克试图引导证人，哈马克抗议说："尊敬的法庭，我恭敬地指出，迄今为止证人还没有回答任何问题，我正尽力通过略微引导来加快进程。"

韦伯摇了摇头。"你无权引导他，即便只是略微的。你想把他宣布为恶意证人吗?"

韦伯用开玩笑的方式讲这番话，但是哈马克误会了。"我请求把这位证人宣布为恶意证人，并且希望特别允许我以出乎我们的意料为由，对自己的证人提出质疑。"

现在轮到韦伯感到出乎意料了。他说："那可是非常严重的一步啊。我是在开玩笑。"但哈马克指责海后的回答"到目前为止……与在此之前给我的回答完全矛盾"。

哈马克再次试图引导海后回答问题，而海后依然闪烁其词。"你的……证人有相当的破坏性，哈马克先生。"韦伯冷冷地说。

这种场面在审判期间多次重复出现。但是自 1928 年军人巩固了他们的权力以来，这是第一次在日本听到新的声音，清新的微风吹拂过这个曾经是伟大国家的烧焦的土地。

作家乔治·奥威尔（George Orwell）可能会这样表达：在日本，所有的内阁大臣都是平等的，只是陆军大臣比别人更加平等而已[1]。理论上，全体内阁大臣都有权接触天皇。但是陆军大臣——以及在较小程度上海军大臣——行使的权力大于任何其他大臣，与首相平等："帷幄上奏"（*iaku joso*），直接觐见天皇。陆军大臣与天皇商议的问题一般都对其他大臣保密，除了首相，甚至首相也时常被蒙在鼓里。

日本的陆军大臣都是将军，从来没有文官担任过这个职务。1920年代，这些军官来自预备役军人名册。然而，在1936年，被告之一广田弘毅首相迎合军国主义分子，大幅修改了选拔程序。从此以后，陆军大臣就出自现役军人了。这样一来，陆军总参谋长直接控制了政府，因为现役军官都服从他的命令。就陆军大臣的情况来说，他是由总参谋长、行将卸任的陆军大臣和军事教育总监组成的三巨头挑选出来的，最后一位的头衔看起来并不起眼，但通常由煽动者担任，负责鞭策军队的战斗精神。

从而，就一切实际目的而言，是陆军在统治帝国。

通过不指定陆军大臣，陆军可以阻止政府的组建。通过命令陆军大臣辞职，陆军可以颠覆政府。通过运用"帷幄上奏"即觐见天皇的特权，陆军可以强行推行一些政策，而这些政策是包括首相在内的整个内阁都可能反对的。

加拿大陪席检察官诺兰准将告诉法庭："在整个诉讼过程之中将会一次又一次显示，受权承担国防之责的最高指挥官以关乎国家防务为由，在很多事情上挑战内阁的权力。""于是他们在有关宣战、外交关系、条约谈判、国际公约批准，以及很多与国防有关联（无论这种关联多么微不足道）的国内事务上，声称并行使向天皇

---

1 模仿奥威尔《动物庄园》名句——译者注。

建议的权利和制定政策的权利。"

盟国检察团提交了大量证据来证明这一点。1929年的田中义一(Giichi Tanaka)内阁被迫辞职,因为在惩罚那些对谋杀满洲中国大军阀张作霖(Chang Tso-lin)元帅负有责任的日本军官这个问题上,其他人对控制陆军大臣无能为力。两年之后,若槻礼次郎(Reijiro Wakatsuki)内阁被迫辞职,因为它不附和军队为一些狂热分子的辩护,这些狂热分子在满洲制造了另外一起事变(这次是在奉天),并以此作为侵略中国最北方几个省份的借口。1937年,陆军阴谋挑起又一起事变,这次是在卢沟桥。日本的主和派认为他们找到了绕过军队控制陆军大臣的一条路。他们劝说天皇裕仁起用1929到1931年做过陆军大臣的宇垣一成(Kazushige Ugaki)大将组织一个新内阁。但是陆军将军们回想起1924年主和派得志时,宇垣曾经削减陆军的规模。陆军冲动派认定这是一个叛逆的举动。宇垣开始没费什么力气就拟定了一个内阁名单,直到任命陆军大臣时才发觉困难重重。没有一位现役将军接受这个职位,宇垣的努力失败了。同年,陆军大臣、如今也是被告的畑俊六元帅因内阁阻止日本同德国和意大利三方联合而辞职,这时米内光政海军大将的内阁也随之垮台了。

国际检察团列举了证据,说明在这个政治动荡时期,陆军通过恐怖策略和暗杀手段强化其高压攻势。1930年,滨口雄幸(Osachi Hamaguchi)首相遇刺受伤,因为他削减陆军军费并推动批准伦敦海军条约,该条约限制了日本海军规模。两年之后,犬养毅首相和他的大藏大臣一起被谋杀,因为他们试图削减军费,推动对中国的"睦邻"政策。又过了四年,他们在1936年试图杀害冈田启介首相。

国际检察团传唤了这段多事年代的几位幸存者作证。第一位出庭的证人是币原喜重郎（Kijuro Shidehara）男爵，他在 1929 年7 月 2 日到 1931 年 12 月 12 日担任外务大臣，并曾短时间代理过首相之职。在此期间，币原在其职业生涯的顶峰曾与陆军的扩张主义作斗争，但是被打败，最终被迫离开政府。后来，1945 年 10 月，麦克阿瑟把他从忘却中召唤出来担任首相接管政府。这样，币原在 1931 年帝国崛起之时和 1945 年帝国垮台之时两度现身，这期间他的同胞死伤数以百万计。

如今 74 岁的币原拖着脚步走上证人席。他的脸显得疲惫，说话却很干脆：“（在 1931 年）满洲事变（Manchurian Incident）[1]前不久，作为外务大臣，我收到保密报告和情报，说关东军为某种军事目的正在集结大批部队并调配军械和物资。我从报告中获悉军事集团正处心积虑开展某项行动。”依照条约，关东军负责巡逻日本租借的南满铁路，那是满洲的生命线。

币原停顿了一下，冷冷地凝视被告席里的人。被告之中有曾经在同一届内阁担任陆军大臣的南次郎大将。币原回忆说，他和若槻首相曾“尽最大努力控制陆军以防进一步的领土扩张，但是（我们）做不到这一点”。军国主义分子嘲笑他们的努力，斥责币原对中国的“屈膝政策”。他很丢脸。“这是很大的困窘。”这位年迈的日本领导人严肃地说道。他作证说，内阁的政策是遏制事件的恶化，被告南次郎也曾认可这个政策。接下来是美国助理检察官休·赫尔姆与币原的对话：

赫尔姆：这些指令下达给南次郎将军了吗？

---

1 亦称奉天事变、沈阳事变，即“九一八”事变；下同——译者注。

币原：内阁无权给陆军大臣下命令。

赫尔姆：那么，在陆军大臣认同内阁的这项政策之后，满洲事变平息了吗？

币原：众所周知，满洲事变没有平息。尽管南将军尽力了，事件还是继续发展并扩大。……

赫尔姆：有没有任何军官……因满洲事变的扩大而受到某种方式的纪律惩处？

币原：内阁既无权处分在满洲的陆军，也无权处分任何地方的陆军。

在交叉盘问时，币原承认被告南次郎曾经把日本陆军在奉天的行动说成是"自卫"，但"即便如此，内阁依然认为把事件延展到其他地区是错误的，并且尽了一切努力防止事件进一步扩大。"

再次直接盘问期间，币原语出惊人。作为陆军独立性的一个例子，他讲述当关东军横扫满洲时，日本在朝鲜（当时是日本殖民地）的部队如何越过边境与关东军会合。这位前外务大臣说："据我所知，驻朝鲜的陆军在内阁不知情的情况下（采取行动）。"陆军的行动有天皇的批准吗？币原吞吞吐吐："按照我的理解——这是我的理解——他们未经天皇许可就进入了满洲。"旁听席上的日本听众，特别是年轻人，都目瞪口呆地坐着。

三位证人在币原之后上台作证，他们的证词使法庭第一次具有刑事诉讼的特征。他们指责小矶大将、板垣大将、桥本大佐以及缺席的大川密谋夺取政府，以便推动他们的侵略战争计划。

第一位证人是大川昔日的门徒清水行之助（Konosuke Shimizu），他讲述了1931年3月，在大川最中意的艺妓屋之一金龙泰客栈，几杯暖酒下肚之后，桥本大佐和大川透露了一个推翻政府的阴谋计划。清水告诉惊愕的法庭："我在计划中的角色是，当大川博士的追随者游行示威的时候，在国会大楼外面扔几枚炸弹。""计划的下一步是大川博士带领他的暴民冲进国会，着手接管政府。"为此目的，阴谋分子从陆军手上搞到了300枚炸弹。但是，出于在审判中始终没有披露的某种原因——虽然有迹象表明海军也在策划自己的类似阴谋，还有人说陆军更倾向于在满洲策动事件——陆军的想法变了，被告之一、当时的陆军省军务局长小矶大将下令"放弃这个计划"。

清水接着说，他继续与大川在金龙泰客栈会面。那年的8月，大川醉酒时吐露，一伙大佐，包括当时是关东军副参谋长的板垣，"稍后的某一时间会在奉天制造一起事件。"

辩方立刻跳起来攻击证人。一位日本辩护律师尖锐地问："你知道你对这个阴谋计划的陈述是自我负罪吗，你不知道吧？""是什么诱使你给出这样的答复？是不是有人许诺了你什么好处，或者是有人威胁你，说要是拒绝回答就会对你不利？"

清水依旧泰然自若。他说，他不是出于"怯懦的动机"而作证，然后接着说，他觉得这些"小事件"与当前的审判无关。

大川的另外一位亲密政治伙伴德川义亲（Yoshichika Tokugawa）在证人席上确认，虽然占领国会的密谋失败了，大川还是继续制定计划，"安插军国主义分子掌控政府"。德川作证说，小矶大将曾告诉他，计划被取消后，他在陆军那里遇到麻烦了，因为清水拒绝归还那些炸弹。小矶恳求德川帮助收回炸弹，"如有必要，可以付钱。"得意的证人说他劝服清水"无偿"归还了炸弹。作证期间小矶大将颓然坐在被告席的位子上，桥本大佐做笔记，板垣大将则面露狰狞。

史称满洲事变或奉天事变的挑衅行动没有获得政府批准,是陆军首次重要的擅自行动。事变是人为制造出来的危机,导致了日本对满洲的侵略和占领,并且是迈向同中国全面战争的第一个主要步伐。

法庭听取奉天事变的故事,是从表面上看最有资格叙述当时政府内部到底发生何事的人士口中。陆军发动奉天事变时的首相若槻礼次郎出庭作证了。如今 81 岁、头发像富士山顶积雪一样白的若槻谈起那次危机仿佛就发生在昨天一样。由于他的前任首相滨口和继任首相犬养都在任上被谋杀,这就给他的证词格外增添了戏剧性。事实上若槻是 1929—1932 年这一关键岁月里唯一幸免于难的在任首相,虽然他也同样是暗杀的目标。

若槻的证言呼应并充实了币原讲过的事情。1931 年 9 月 18日,关东军的特务放置炸弹,炸开日本控制的南满铁路的一部分。日军指责是蓄意破坏,立即进入战争状态(尽管没有宣战),并且在很短时间占领了整个满洲。若槻作证说,事变的第二天,内阁指示陆军大臣即被告南次郎大将,这件事要"马上终止"。南次郎答应了,但是第二天,报纸的前线记者报道关东军正在继续扩大控制区域。南次郎匆匆敷衍内阁说,"这只是保护措施,绝不会扩大。"然而在接下来的一天,甚至就在南次郎重申"不会扩大"日本的控制区域时,陆军继续快速横扫满洲。这位前首相声音里带着些许挫折感补充说:"同样的表演在 22 日再次重复。"

9 月 23 日,未经天皇批准,日本在朝鲜的部队开进满洲与关东军会合。若槻作证说他要求"必须立刻停止在满洲的这些行动,陆军大臣南大将同意马上对陆军实施这一内阁政策。"但是在随后的日子里,军事行动的区域仍继续扩大。

"这位南大将每天都让我看地图,指给我一条陆军在满洲不会超越的界线,然而几乎每天这条界线都遭到无视,传来进一步扩展的报告。"若槻叹了口气:"但他们总是保证这是最后的举动。"

或许是整个审判中最悲哀的评论之一,若槻对法庭说:"我试了自己所能想到的一切事情,尽最大努力控制这个局面,但是没有成功。"被告席里的军阀们渴望战斗,没有人能阻止他们,尤其是首相。

辩方受到重创。

交叉盘问期间,辩方为了给南次郎案引进减罪元素,引导证人若槻承认了一件事,即激进的青年军人在奉天事变一个月后密谋杀害他,但南次郎的干预救了他的命。这个说法震惊了法庭。若槻承认,"青年军官想要我的命,宪兵阻止了这个图谋。"当然,南次郎作为陆军大臣,控制着秘密警察。

辩护律师问,什么人对在满洲的推进负首要责任?"我猜想是某位军人负责这些行动。"若槻慢慢地说,"……(但是)政府并不了解谁对日军统帅部的事务负责。因此,我不能肯定说是、或者不是由陆军总参谋长负责。"再一次,权力在日本的真正来源被隐藏在"障子"后面了。如果连日本主和派的领导人都不知道——他们陈述的诚信从未遭到有效挑战——那么盟国检察团又如何得以了解实情呢?这个关键问题在整个审判过程始终存在。

当检方传唤下一个证人宇垣一成大将时,法庭大厅一阵活跃。宇垣奉天皇之命组阁遏制军方在国外的冒险主义,却无法为自己的内阁找到一位陆军大臣。

宇垣作证说,1931年初他收到报告,大川周明卷入某种针对国会的阴谋,但是他"当时没有把这太当回事"。然而让他感到恐怖的是,他随后获悉,密谋策划者看中他作为他们希望掌权的军人政府前台人物。当时的陆军总参谋长、被告小矶大将告诉他有这么一个计划,而他预期会"成为这个革命政府的头目"。宇垣当即命令小矶终止政变计划,然后自己就从内阁辞职并隐居了。

作为这些离奇事情的证据,宇垣出乎辩方意外地从上衣口袋里掏出一封 1932 年 3 月 6 日收到的大川周明手写书信(此信被标为检方证物第 163 号第 2 部分)。大川在信中狂妄地声称,"动乱的迹象已经在我们周围施压。……现有的党派已经完全失去天下的信心。……每一张民众之口都诅咒议会政治。如今至关重要的是需要一位有能力克服动乱、声张正义的伟人。舍汝其谁!……天皇的性命取决于你的决定。"

另一位给出满洲事务内幕的证人是国会议员犬养健(Ken Inukai),他在 1930 年和 1931 年曾任其父犬养毅首相的私人秘书。他父亲的陆军大臣荒木贞夫大将坐在被告席。犬养健带着有很多话要一吐为快的神态走上证人席。

他说,孩童时,他曾坐在犬养家的密友、中华民国缔造者孙逸仙(Sun Yat-sen)[1] 的腿上。他的父亲也是青年蒋介石亲密的私人朋友。他作证说,"我父亲在首相任内,反对满洲事变的扩大,赞成日本军队撤出满洲。"他说他父亲直接去见裕仁,请求天皇发布从满洲撤军的御诏,寻求化解紧张局势。他的父亲还派遣密使到南京,同蒋介石协商和平解决奉天事变。

两个行动都未能奏效。"犬养首相觐见了天皇,但在迫使陆军

---

1 孙中山——译者注。

撤出满洲这一点上没有成功。"至于派到中国的使团，"秘密代表通过密码与首相联络，然而密码被军方截获了。"

1932年5月8日，犬养首相在横滨发表了反对陆军的讲话，一周后被一帮恐怖分子枪杀。他儿子作证说，在首相身受重伤躺在地上的时候，"他告诉我几个青年海军军官冲进首相官邸，其中一个对他开枪。"这些恐怖分子还袭击了天皇两位高级顾问（宫内大臣和内大臣）的住所。

犬养健的证词中提到了裕仁，这仿佛触及裸露的伤口，被告中天皇的至交木户侯爵赶紧出来"止血疗伤"。在交叉盘问时，木户的辩护律师穗积重威（Shigetaka Hozumi）问证人，为什么他父亲对天皇的请求会失败。证人回答："有各种各样的原因，……其中之一是陆军的反对。"但是，辩护律师坚持，如果天皇没有授予首相一道命令陆军撤出满洲的御诏，"那么这个证词在我看来可能意味着天皇对此事也有责任"。为此，穗积要求证人用"非常明确的表达"来澄清他的谈话。犬养退缩了。他说，天皇"大力倡导和平，强烈期望友善解决满洲事变。"不管怎么说，这是他的证言想要表达的意思。辩方满意了，但为了确认，穗积问韦伯法庭是否满意。这一政治暗示把韦伯弄糊涂了。"我不懂你的意思。"他说。译员又重新措辞穗积的问话：辩护律师说他满意证人的澄清，但是法庭满意吗？韦伯恼怒地说："我已经听够了。"

法官席上韦伯的同仁不赞成他。当晚在帝国饭店，几位法官向韦伯抱怨，说他们想要多听一听天皇为什么没有颁发御诏命令日军从满洲撤退。第二天，6月28日，韦伯当庭宣布："一些法官想要听取证人关于天皇立场的更完整陈述，以便澄清他自己证言中的矛盾，如果存在矛盾的话。"

犬养健返回证人席。韦伯按英国传统亲自询问证人。他俯身对着麦克风说："证人，昨天你的证词中有明显的矛盾。现在我们愿闻其详。"

创口重新流血。犬养的回答发人深省，并非因其见地，而是由于它所引发的困惑，以及它所揭示的日本人民对天皇的心态，不论这些人曾与主战派还是主和派相关联。犬养说："博学的庭长先生多半会理解，日本人感情上避免把我们天皇的名字带入争议之中——出于这种情感，昨天我有些犹豫，只对事件的详情作了一个粗略的解释。"

犬养现在巧妙地改口了。他"不确定"他父亲是直接请求天皇下诏书命令撤军，还是通过中间人（如内大臣）间接提出的请求。不论哪种情况，他确信天皇曾经告诉他父亲不想让陆军控制日本政治。"我没有证据……但是我相信……父亲在这么重大的事情上不会骗他的儿子我。……并且，我确信我的父亲会押上性命追随天皇的意愿。"

犬养有关天皇角色的陈述在庭审记录中占了满满 9 页，矛盾之处原封不动地留在那里。韦伯厌烦地说："证人先生，我们已经听够了。你所讲的只有一小部分涉及天皇的立场或态度。"

约瑟夫·季南和他的盟国检察团进入审判时，完全缺乏对亚洲事务、更不用说对日本事务的背景知识，在这种情况下他们已经做得很好了。他们成功揭穿了 1930 年代日本多变的政治场景，确认了那个年代充斥日本的警察国家心态，以及陆军对日本政府行使的独特控制。至于这种形势下的天皇，东京审判将他的角色搁置不议。记录显示至少他默认了陆军对满洲的占领。但是令人困扰的问题，也是远东国际军事法庭永远解不开的谜，就是裕仁到底是傀儡，还是操控傀儡的人。这两种观点各自都能找到有力的事实支持，这是对这一时期日本阴暗政治形势的奇特诠释。也许，答案是天皇如钟摆一样。当他被猛力推向一个方向时，运动定律起作用了，同样强劲地把他推向相反的方向。当钟摆没有被推动时，它是静止的，自身处于和平状态——这正是如今天皇在日本的角色。

12　入侵满洲

　　如果时光长河中真的存在这样一个时刻,历史还可以在战争与和平之间作一个选择,那么盟国检察团的下一位证人便为日本精确定位了这个时刻。1934 年到 1936 年的首相、两任海军大臣冈田启介海军大将是法庭从往昔带来的另外一位人物,他的证言给被告造成了损伤。他持有稳健与和平的政治价值观,而且同若槻一样,险些就落得与滨口和犬养等和平首相同样的命运。"极端分子"把他的妹夫误认为是他而杀害了。

　　将近 80 岁的冈田有一大笔账要向那些把日本带入废墟的军阀清算,他抛开了日本人的客套。他的故事从 1928 年开始,那一年张作霖元帅在满洲被谋杀了,他把这一谋杀归咎于日本关东军内的"一个小集团"。他作证说:"他们策划在 1928 年 6 月 4 日张作霖从北平到奉天时,用安置在轨道上的炸药把他乘坐的火车炸毁。张作霖死于这一蓄谋的火车事故。"

　　冈田断然宣告,"这个事变是由关东军内的小集团谋划并实施的,代表陆军……把自己纳入政府政策制定位置的第一次公开行动"(着重号为本书作者所加)。这是导致珍珠港及其后一系列事件的起点,而且也是历史的命运原本有可能反转的微妙时刻。对事件震惊之余,当时的首相田中义一向天皇如实禀报了陆军在谋杀满洲实际统治者一事中所扮演的角色。冈田说:"天皇告诉他(田中首相),他认为到了对陆军采取强力纪律行动的时候了。"这是天皇的"鹤音",是他宣示权威的第一次机会。

裕仁的父亲死于张作霖事件的两年半之前,1925年的圣诞日。同一天,20岁的皇太子裕仁继位,然而加冕礼还在筹备之中(后来登基大典到1928年11月10日才举行),当张作霖被杀害时,裕仁尚未搬进皇宫。于是,在皇帝完全即位前存在一个致命间隙。这是不是陆军当时袭击满洲的原因?

据冈田讲,首相向陆军大臣传达了年轻天皇的意向,但是,"当陆军大臣把此事提交到陆军省时,他受到总参谋部和其他军官的强烈反对,不能做任何动作或取得任何进展。"

"谋杀张作霖之后,就参与政府制定满洲事务的政策而言,陆军的影响力逐渐增强。"冈田近距离看到陆军与政府内文官之间的斗争。傲慢的将军们准备把六千万日本人投入对四亿中国人的战争,他们的举动"引起我极大的忧虑",冈田伤感地说。

奉天事变之后,冈田说,"陆军完全脱离了政府的控制,没有办法对陆军施加任何限制。"1934年,他奉命组阁,这被视为一个"海军内阁",因为海军以反对陆军对亚洲大陆的侵略扩张计划著称。

这位海军大将作证说,军国主义分子和极端爱国主义团体密谋策划了"很多事件",目的是推翻他,"最终导致1936年2月企图刺杀我,结果却刺死了我的妹夫松尾(Matsuo)先生,他被误认为是我。"这一事件"给天皇造成了尴尬的局面,因为它公开体现出我的内阁不能控制军方"。在随后一个月,冈田辞去了首相职务。

他继续说:"陆军完全不受日本政府控制了,这种状态一直延续到 1941 年的大战。"然后他变得哲学化,解释他出庭指证那些被告的动机。最主要的,他是一个日本爱国者。陆军的所作所为总是引起他难以名状的焦虑和痛苦。"日本遭到最严重的不公正。"他说。

日本辩护律师试图对证人提出怀疑,说他已被盟国要挟而指证昔日的战友。"当你在国际检察局的时候,是不是某位朋友担心你的安全,告诉你除非提供有利于检方的口供,否则你,你本人,会有被审判的危险?"

冈田怒视被告。"我从来没有从任何人那里得到这样的建议或忠告。"那么,辩护律师问,是否听到类似的传闻?证人回答:"我从来没有听到过这样的传闻。"

至此,年迈的前海军大臣离开了证人席。接下来盟国检方动用了轰动一时的木户日记。国际检察局提交了几个摘录作为证据,从 1931 年 8 月 7 日的一则日记开始,那天日本陆军阴谋策划奉天事变和征服满洲。裕仁的顾问木户在他的秘密备忘录里抱怨,日本正滑向陆军的操控之下,"这是令人痛惜的。"他写道,"近来,陆军集团变得愈发强大,存在文职与军人强烈对立的危险。"

一则写于奉天事变四天后 9 月 22 日的日记,证实了之前在法庭所述首相若槻与陆军大臣南次郎之间的斗争。木户写道,"陆军对满洲的进取政策是如此执着,以至中央当局的命令可能得不到贯彻执行。"他接着写天皇想要控制陆军,而陆军对天皇的干预感到"恼火"。到 10 月 1 日木户害怕了。"陆军企图摧毁政党和国会,建立军事独裁,(而)拿出对策却很难。"这位内大臣断定,抑制军国主义分子的唯一出路是"引导"他们。这正是木户竭力推动的政策,直至(并包括)他 1941 年推荐东条英机将军出任首相——这个绥靖政策把日本引向了珍珠港和广岛。木户即便对陆军逆来顺受，还是担忧军国主义分子的政策会损害国家、带来不必要的牺牲。他伤心地写道，"这是国家的灾难。"这些日记被当庭宣读的时候，木户侯爵在被告席里一动不动沮丧地坐着，甚至不抬头看一眼正在大声朗读的美国助理检察官本·萨基特。弧光灯明亮的光线照在他的粉色秃头上，木户的样子神秘莫测，而旁听者和媒体人都在座位上身体前倾、聚精会神地听着。

下一位走上证人席的是后来成为最有争议的证人之一——田中隆吉少将。在审判过程中，他既为辩方、也为检方作证，他的部分证言最终被认为不可信。奉天事变时田中一直在满洲，他的军旅生涯结束于1942年，因为精神崩溃被东条首相解除了他在军务局的职务。像大多数作证的前日本将军一样，他不像常人一样讲话，而是喊出答复，这是军事训练的结果。

他大声作证说，1942年1月，当陆军省搬到市谷（就是如今远东国际军事法庭所在之处），在装箱打包的过程中，他曾发现一份标有"军务局长急件"印记的绝密卷宗。

卷宗中有一份报告，内容是关东军中的少数人在1928年"为建立一个日本控制的新国家"，如何施行了对张作霖元帅的谋杀。在提问时，田中被问到奉天事变是否也是日本陆军阴谋策划的，他回答："是的。"认识这些共谋者吗？是的，认识其中三个，都是法庭上的被告——大川周明、板垣大将和桥本大佐。那么，你们私下熟悉吗，例如桥本大佐？"是的，他是我的朋友。"他在法庭里面吗？"在。"田中边说边把头转向左边，盯着被告席。"第二排，最左边。"桥本扮了个鬼脸。

田中说，桥本曾告诉他奉天事变的最终目标是"使满洲成为复兴亚洲的基地"。自青年时起,满洲独立就是桥本的理想;然而,桥本透露,由于国际社会对日本进入满洲会有强烈反响,他觉得权宜之计是把这个地区变为日本的傀儡国来保护更合适。桥本深信征服满洲将会是"亚洲解放的第一步"。从某种意义上说,当然就是这样;在1931—1945年的东亚战争之后,欧洲殖民主义和帝国主义在远东的脊梁骨被打断了。

本·萨基特现在问田中认识不认识被告板垣大将。证人回答:"认识,我很感激他。"板垣在法庭里面吗?"最右边,第二排。"田中说。

田中的证词加强了对板垣指控的案由。奉天事变的时候,板垣是关东军的副参谋长。田中指证板垣曾经暗中安排把射程15英里的大炮调到奉天,一门瞄准中国军队的兵营,另一门瞄准奉天飞机场。大炮的架设在事变的八天前,即9月10日完成了。"(板垣)说大炮的架设要保持绝密,对外界就说正在打井。"拆开的大炮被组装好,隐蔽在城中日本人的大院里;这些武器的装运是由陆军省授权的。奉天事变当晚,板垣将大炮投入实战。中国人听到重型火炮的轰鸣惊惶失措,逃离了奉天。板垣告诉过田中,"突然(袭击)的道理在战争中至关重要。"

田中说,事变前夜,按若槻首相和币原外相的要求,陆军大臣南次郎派遣建川(Tatekawa)少将(据信他已在日本投降后切腹自尽),带一封命令关东军放弃其阴谋的信件到奉天。后来的法庭证据显示,建川同时还带着天皇的信。但是建川对阴谋知情、赞同,并且渴望战争,于是他同被告土肥原施展了一个诡计。土肥原安排建川在1931年9月18日夜晚达到满洲,把他安置在一家艺妓屋"休息",第二天早上递信。建川后来大笑着告诉他,"半夜里隆隆重炮之声吓坏了艺妓，她们都开始发抖了。"然而将军"呼呼大睡"，第二天早上传递信息时，已经太迟了。田中解释说，"但那时事变已经发生，他已不能执行使命了。"就这样陆军背叛了天皇、首相、外务大臣，归根结底是背叛了日本民众。在建川狂饮作乐的那个夜晚，关于把战争制止在爆发之前的敕令就放在他的上衣口袋里。

日本辩护律师在交叉盘问田中时，集中挑战他的动机，表示怀疑他的证言。"你的意图是逃脱惩罚——对你本人的惩罚，不是吗？"

田中回答："我是一个战士。我非常明确地说过，如果对我有任何指控，我会心甘情愿到巢鸭监狱去，但检方至今没发现我有任何罪行。……我不是那种因为受到威胁，或者因为某种互惠的建议而行事的人，也不是一个想要歪曲真相的人。"

"你从盟军那里收到酬金了吗？"

"我很穷，我倒是想得到，但时至今日我什么都没有收到。"

紧接着田中的作证，检方出乎法庭很多人意外，出示了外务省有关奉天事变的大量档案材料。这些材料是外务省的官员有意保存下来的。1931 年 9 月 19 日，事变的第二天，日本驻奉天总领事向东京报告，据南满铁路一位主任的"秘密情报"，在一组员工被派去修理夜间被炸弹毁坏的一段轨道时，日本陆军军官阻止日本领事官员接近现场亲自调查。总领事还报告，"把这样那样的事情拼在一起，可以认为最近的事件完全是陆军预谋的行动。"外务省的另一份报告说总领事请求"参谋官 Sagaki"——看来是被告 Itagaki（板垣）姓氏的打字错误——避免加剧事件、停止日本和中国军队之间的战斗，但是参谋官声称日本和陆军的声誉处于危机关头，陆军决心要"干到底"。

在审判的这一部分结束之前,国际检察局提交了一份 1931 年 8 月 6 日《日本时报》的报道作为证据,时报援引了好战的陆军大臣南次郎关于满洲形势的谈话。南将军的美国辩护律师威廉·J. 麦科马克(William J. McCormack)要求提交原文,而不是报纸的报道作为证据。韦伯同意了。他对助理检察官埃尔顿·海德尔(Elton Hyder)说:"你应该有吧,海德尔先生。"海德尔回答:"我要是有的话会很高兴的。"他随即拿出中央联络办公室(日本政府与最高统帅部之间的联系纽带)的一封信,大意是找不到原文,"可能是在投降时被销毁的文件当中。"麦科马克坚持说检察官有这个文本,他断言:"我知道他们是有的。"

这时爆发了长时间的争吵。麦科马克无法支持自己的断言,从而有了下面的对话:

> 韦伯:我们觉得对你来说最好的做法是收回并且道歉。我们不会允许任何一方在这个法庭捏造罪名。
>
> 麦科马克:对不起。
>
> 韦伯:那么,你收回,是吗?
>
> 麦科马克:你说什么?
>
> 韦伯:你收回那个指控并且道歉?
>
> 麦科马克:是的。
>
> 韦伯:你做的不怎么得体呀。

在这段时间法庭呈现出一个新面目。如此之多的日本大臣、陆海军将军出面作为检方证人,揭露日本内部善良力量与邪恶力量之间的秘密斗争，这在盟国的公众舆论中给日本加了分。全体日本人都是怪物的战时神话开始褪色了。法庭的证言使人们对日本人有了新的认识：同所有其他民族一样，日本人也是好人、坏人，以及冷漠者的混合体。从而对首要战犯的审判有了一个新的维度——人格化了敌人。

满洲阶段的证言和文件证据逐渐积累起来，法庭经常出现戏剧化、揭发性，有时是丑闻式的信息，不但迷住了日本人和盟国大众，而且也深深吸引了被告们。前外务大臣重光葵在审判后的回忆录中回顾，"一天又一天，我有机会聆听检方的大量证据，以及辩护律师对那些证据的反驳。"他接着意味深长地说："包含在这些辩论中的很多事件，之前我一无所知；还有很多其他事情的沿革，我原来都不明白，此时第一次变得清晰了。"他是奉天事变时的驻中国大使，后来成为驻苏联和驻英国大使，最后在 1943—1945 年的恐怖岁月里担任外务大臣。如果在法庭上听到的很多事情对他来讲都是新闻的话，那么对普通日本民众而言，有多少必定是闻所未闻的事情啊！在起诉书涵盖的时期中，他们读到的报纸、杂志、书籍和其他消息来源都经过了严格的新闻审查和控制。

在巢鸭监狱，囚犯们贪婪地阅读每一天审判的报道。一个囚犯写道，"由于市谷审判已经全面展开，我们甲级囚徒每天都焦急地等待报纸，一到手就如饥似渴地阅读。"

当大川周明和同伙策划政变和战争的龌龊细节加上酗酒、嫖妓和一些放荡下流的场景浮出水面，有些巢鸭监狱的犯人变得情绪低落。他们感到，对于他们的日本希望催生的勇敢新世界，法庭和历史都被蒙蔽了。还在等待被检控的儿玉誉士夫在《狱中内外记》（*Sugamo Diary*）中写道，"那时候我是青年民族主义者中的一个,几乎像敬神一样崇拜民族主义领袖,而且不介意为信仰而坐牢,对于像我这样的人,这可不是什么令人愉快的阅读。""不顾整个事实,只揭露和强调那些年代的愚蠢之举,把当时受新日本希望和理想鼓舞的年青人的信仰按过错或罪行来看待,这是一件悲哀的事情。"

13　律师之战

　　这里对法庭的连续报道多少有些误导读者。审判进行得并不像叙事形式这样顺畅。每一段证词都伴随着质疑的、技术性法律冲突的刺耳声音。考虑到有 100 多个律师聚集在法庭，这种情况本不足为奇，但东京宪章理应将这些问题限制在最低程度，因为东京宪章如同其姊妹篇纽伦堡宪章一样，明文表示法庭不受技术性采证规则之拘束。事实上，这些无休止的叙事中断出现得越来越频繁，并且常常演变成法官、检察官和辩护律师之间的意志考验。谁会得最高分？同样的论据经常一次又一次地重复，辩方对法庭宪章的挑战就是个例子。韦伯有一次不耐烦地说："如果这里提出的每一个论点都淹没在对宪章的总体讨论之中，那我们就永远不会结束了。"

　　事态呼唤要有一位性情平和又有外交风范的庭长，而韦伯两者都不是。他知道自己的短处，认为他的粗鲁是出于简练。他声称这是澳大利亚人的一种特质。"有人说我讲话有些粗鲁，还加上修饰语说，我这样做是自然而然的。我不知道这是不是一种恭维，但我向你保证，有时简练会被误认为是粗鲁。"韦伯在受到日本媒体批评后这样说道。

也许，一部分问题在于案件的本质。盟国检察官是个统一体。他们有共同的决心，向历史证明日本罔顾条约和公约从事大规模的侵略战争，日本领导人撇开战争惯例作战。但是辩方有 26 人分开的利益要维护。这样一来，当一位像币原喜重郎男爵这样重要的证人作证时，如此之多不同的辩护律师（有日本的也有美国的）都想代表其当事人出面进行交叉盘问，以至于韦伯提出了警示：假如每个证人作证时都连续不断有人拥上讲台发言的话，法庭会陷入"非常杂乱无章的诉讼过程"。在法官室及帝国饭店的晚餐上，法官们逐渐达成了一个方案，即检、辩双方各自只允许一位律师进行主要的直接盘问和交叉盘问。只有当问题与直接盘问密切相关的时候才会允许由几位律师来做交叉盘问。

审判在尝试和失误中继续着。法官不断修改规则以加快诉讼进度。程序上的主要改变之一涉及法庭程序规则第 6b 款，该款规定，"凡是检察方面或辩护方面准备采用为证据之每一文件副本，皆应……送达有关之被告或其辩护人或检察方面……"

审判早期，国际检察局曾感到绝望。检方指出，一本 300 页的日文书需要 30 位译员 10 天的时间才能翻译成英文，而检方可能只会用到整本书中的一段或一页。为辩方准备木户日记 5 400 段摘录的 30 份副本，消耗了东京直接可用的全部摄影材料。更糟糕的是，检方计划从 1930 年代审判恐怖分子的案件中援引 100 页证词，该庭审记录占满 65 册、每册 750 页的文卷。为了按程序规则 6b 款的规定给每一位辩护律师复制整套文本，需要制作 50 万页副本。其他证据还需要 1 500 万页副本。这是发生在 1946 年的事情，要知道，那可是在复印机出现的很久以前。

虽然国际检察局说了"不情愿"请求免除，但它别无选择。检方成功提议只把文件或书籍中的相关摘录复制给辩方,原件则放在法庭秘书处,供辩方、法官或"任何人"研究。但辩方表示反对。一位美国律师指责说:"在诉讼的这个阶段,可以说在审判的中途,把程序规则 6b 款下应属检方承担的任何一部分责任转嫁给辩方,都是不公平的。"他坚持认为检方有义务全文翻译 100 页或 100 页以下的文件,否则,"我们知道将要发生的第一件事就是,他们只会翻译那些五、六页的文件了。"尽管如此,法庭还是同意了检方的建议。

除了修改程序规则 6b 款之外,法庭还接受了国际检察局提出的证人用宣誓书面证言形式作证的建议,以节约"大量的时间",省得把检察官用英语提的问题翻译成日语,再把日本证人的回答翻译成英语。辩方再一次竭力反对。辩护律师富兰克林·沃伦说:"我认为这没有法律依据,要求被告对一个活人就其书面证言展开交叉盘问是根本没有先例的,而这个书面证言是证人之前在检方的监督和完全控制下、没有任何一位辩方成员在场时作出的。"

但是的确有一个先例,这就是纽伦堡,其宪章也讲到法庭不受技术性采证规则之约束。使用证人的书面证言比直接盘问证人的方式节约了三分之一的时间,但是一些无形的东西就会丢失。前首相小矶国昭的美国律师阿尔弗雷德·W. 布鲁克斯(Alfred W. Brooks)评论道,把证人带到法庭与被告面对面,会对证人产生某种道义的效果,而使用书面证言会剥夺辩方"证人作证时举止仪态的不可捉摸和难以言传的证据"。

日本副首席辩护律师清濑一郎形容法庭的这个裁定"对被告的利益有严重影响"。

当法官裁定赞同使用书面证言时,沃伦问道,是否允许辩方为交叉盘问去获取书面证言呢？韦伯脸色阴沉下来，生气地说："这是讥讽，本庭不予理睬。"

沃伦回答："很抱歉，庭长阁下会有这种感觉，平心而论，我没有讥讽的意思。"

韦伯仍然生气。他抱怨道，"我代表我自己说话。我听到的就是讥讽，但我接受你的道歉。"韦伯与辩方（以及与检方）之间的这类矛盾，散见于 50 000 页的庭审记录之中。

法律程序上的另外一个改变，涉及检方出具在巢鸭监狱讯问被告时冗长口供的摘录。木户侯爵的辩护律师威廉·洛根（William Logan）强烈反对。"如果检方拿出被告的坦白或声明中的部分内容，那么该文件的其余部分在检方举证时也可由被告方出示并宣读摘录，这是健全的法律，我相信也是举世公认的做法。"作为例证，他引述了纽伦堡的实践，法官裁定法庭采纳辩方的这个观点。但是一提到纽伦堡，韦伯就像一个罗马焰火筒似的大发雷霆。

韦伯说："谈到纽伦堡的决定，无论如何我想提醒你，纽伦堡有四个国家的代表，这四个国家也有代表在这里，此外还有七个国家，如果你认为我们会盲目效法纽伦堡，那你就错了。"韦伯似乎对"盲目效法纽伦堡"这个词语很陶醉，因为在几分钟的时间里他说了三遍。当然，纽伦堡是他，以及其他许多东京审判参与者的一个心头痛点，他们感觉在很大程度上被纽伦堡的阴影所遮盖。远东国际军事法庭始终没有从这个阴影里走出来，这也是东京法庭在历史书上一直没有得到应有地位的原因之一。

韦伯关于"盲目效法纽伦堡"的评论后来误导了一些撰写关于远东国际军事法庭的文章或论文的学者，他们扬言韦伯对纽伦堡怀有敌意。这些学者没有做好功课。从历史事实的角度看，东京法庭的法官严重依赖纽伦堡，并且由于有纽伦堡作为指路明灯而如释重负。纽伦堡的庭审记录每天专袋空运到东京，其法律观点被法官、检方和辩方认真消化。检方和辩方都派遣特使到德国，在那里不仅为东京审判收集文件，而且随时了解那里的法律进展。由于纽伦堡和东京都被指责为开创国际法新天地、实施"事后法"，东京的法官们急于在一切可能的地方把纽伦堡作为先例来依靠。

　　另一个源于纽伦堡而被东京效法的违背先例的程序是，法官先是准许检方、后来也准许辩方在向法庭提交每一份文件证据之前，先发表一个初步的介绍性陈述。这有助于把事件的复杂顺序放在一个框架里。在很多方面，检方的案情陈述就如同拼图游戏——有一次他们正是这样描述的。一个人即使每天出席庭审，或者能够看到完整的每日庭审记录，也难以明了全部详情，因为在某个阶段缺失的部分证据，往往会在另一阶段出现。于是，国际检察局主张对证据作一个初步解释，其目的"只是为了说明我们确信为证据所支持的基本事实"。然而辩方还是反对这一程序，理由是这样就成了检察官在作证，而呈堂的证据理应"自说自明"。

　　每一次法律争吵都消耗了审判时间，使法庭陷入多数旁听者看来很神秘的技术细节辩论之中。有时候的讨论离题太远。在法庭准许国际检察局呈交冗长文件的译本摘录作为证据的争论过程中，辩护律师麦科马克指责道，美国军队以没收材料的方式掌握着被告95%的证据。韦伯提高嗓门说："我无意听取这类指控，除非有动议提交给我们。军队没收文件是非常严重的指控。我不相信。他们可能会因合法理由掌握一些文件。"

　　国际检察局立即反驳麦科马克的指控。一位盟国检察官说，军队缴获的文件只是日本的官方记录，"也就是在投降时没有被烧毁的材料"，并且其中约95%是法庭可以使用的。澳大利亚陪席检察官曼斯菲尔德补充说："仍然有5%我们还没拿到。"国际检察局后来也不曾得到这5%的材料，它们到底是什么东西，谁也说不准。人们今天的推测是，它们涉及一些敏感事项，如日本人获取核武器的努力、苏联在日本的间谍网、日本用盟军战俘做的细菌战试验，还可能有会将天皇裕仁入罪的证据。

审判的进程还被其他问题打断。例如，日本律师有把提问变成演讲的嗜好。一次，当日本首席辩护律师鹈泽总明在法庭发言时，韦伯表现出毫无礼貌的态度。他大声发表旁白："他能没完没了一直讲下去。"但是有几次日本辩护律师考验了所有人的耐心，包括日本人。下面是一位日本律师盘问一位日本证人的实例：

问：在书面证言中你说："我在9月1日，满洲事变爆发之后被捕。"对吗？

答：对，是这样。

问："9月1日，满洲事变爆发之后"你是什么意思？

韦伯打断了辩护律师："在我看来，这是一个毫无意义的问题。"

大多数日本律师出于礼貌，在问题之前还加上套话"如果本法庭庭长允许的话，我希望……"一天下午，韦伯把这个对他而言无非是礼数典范的习惯干脆利落地终止了。"日本律师上讲台的时候，只需要说'我的名字是……，我代理……'，然后就开始提问题。那样将有助于大大缩短庭审时间。我们感谢你们的礼貌；尽管如此，我们想通过去掉每一个不必要的词语来缩短诉讼时间。"

作为庭长和法官团的发言人，韦伯主导着法庭的进程。那些曾经到过市谷法庭的人今天回想这个审判，韦伯的大名几乎都是首先被忆起的。即便东条英机也相形见绌。（在纽伦堡，首席检察官、美国最高法院法官罗伯特·杰克逊是占主导地位的人物，同他匹敌的只有自吹自擂的赫尔曼·戈林。）

尽管韦伯在公共场合总是表现得鲁莽和粗暴，但他私下里其实是个说话柔和、令人愉快、机智幽默的人。他对自己在法庭的主导角色感到局促不安，向访客强调，他的法官同仁们商定法官席只是他一人有麦克风。一天庭审时，韦伯谈到这一尴尬处境："我想说——我这样说不无些许犹豫和勉强——我有十位能干、有魅力的同仁，他们给予我全力支持。没有一个重要问题我得不到他们每个人的最大帮助，我的桌上堆满了所有十位法官递过来的字条。"

审判进程不仅经常被英美式法律解释的游击战打断，而且受到语言障碍的干扰。日文并不是很轻易就能翻译成英语，辩方从第一天就持续不断地对文件（包括起诉书）翻译质量提出一系列反对意见。尤其是木户日记，它成为无数语言争执的话题。木户的辩护律师威廉·洛根竭力反对检方常常发给辩方同一份文件的两个不同译本。法庭承认这些困难，并且退避三舍。韦伯说："唉，本法庭根本不可能自己校正译本之间的区别。凡是能做的我们都已经做了，那就是，组建一个语言部来承担这个功能。我们遗憾地听到这些事情，但是我们不可能再做些什么了。"说来奇怪，与文件证据的书面翻译相比，法庭使用当时尚处于初级阶段的 IBM 系统对庭上的对话进行同声传译，引起的反对倒是不多。

有时翻译问题近乎闹剧，特别是证人讲英语或日语之外的另一种语言的时候。这种情况第一次发生在庭审的满洲阶段，一位中国将军走上证人席作证，他的汉语被译成日语，然后由日语译成英语——有些内容在这个过程中丢失了——辩方很有道理地对这种翻译方式提出反对。

负责仲裁语言纠纷的语言部主任 L. M. 莫尔（L. M. Moore）少校解释："我们没有人既讲汉语又讲英语；我们只有日语／英语和汉语／日语的译员。"韦伯用惊讶的语调说："在东京一定有这样的翻译！"

中国陪席检察官向哲濬插话说，检察官团队所有的中国人都会讲流利的英语，但盟国检察官做翻译不符合原则。审判的进程面临暂时的困境，但这时坐在韦伯左手边的中国法官梅汝璈递给他一张纸条。梅法官的秘书方福枢（W. F. S. Fang）被临时征用为中英文翻译，当场宣誓就职。

审判一直没有完全克服语言问题。有一次，一位检察官承认检方"就实际可能性而言，连翻译我们所需文件的一半"都做不到。到第一年年终，国际检察局有大约 150 名译员轮班几乎昼夜不停地工作；辩方的译员大约是这个数字的三分之一，不过辩方本身有日语流利的优势。即便如此，辩方也经历了"严重困难"，如一位辩护律师所表述的。

韦伯不理会这些抱怨，他认为，"翻译困难能够通过双方花钱来解决；我们预期花掉这笔钱。"他继续说，"在这个案子里，如果钱是一个需要考虑的问题，那么审判恐怕就永远不会结束了。"然而辩方抗议说，被告的财产已经被冻结了。对检察方面来说财务倒不是什么大问题，主要是条件欠佳。法庭周围是一片废墟：交通工具稀缺而破旧;实际上所有的东西都供不应求;麦克阿瑟最大的困难之一是日本人的吃饭问题。然而,远东国际军事法庭有"甲级"优先。麦克阿瑟授权统帅部的洗印复制服务给予法庭第一优先。虽然没有官方的审判费用估算,在东京的一致看法是花费了美国纳税人大约 700 万美元。

仿佛这些问题(法律、语言)还不够多,1946 年夏又是东京历史上最炎热和最潮湿的一个夏天。温度计攀升到华氏 90 多度,而法庭大厅里更热。大厅仅仅一侧有窗户,还被封死了,几个门也是封着的。为便利摄影人员,头顶上设置了一组电弧灯,开启时几乎所有的人都被烘烤。韦伯在六月下旬抱怨说:"大厅的炎热状况使我的一位同仁感到极不舒服,如果照明继续这么强烈的话,他就会拒绝出庭了。我要求把那些灯光减到最低限度。"英国的帕特里克勋爵感到太热了。要记住,大多数法官和被告都是 50 岁以上的人了。到七月中,在法官室,法官们同意"炎热最让人苦不堪言",对此必须采取措施。韦伯宣布,"本案是有史以来审理的最严重案件之一,为了正常审案,我们当然应该有合理的舒适度。"

人们曾认真考虑过把审判转移到东京以外一处山地度假区,但是被认为不切实际。接送律师、法官、译员及辅助人员的后勤工作——更不用说被告和他们的警卫——将会超出占领军的能力。不过法庭秘书长(管家)沃尔布里奇上校报告说,美国陆军工兵部队计划在 6 月 20 日前给法庭大厅安装空调。

这个伟大的日子到了,而且过去了——并没有装上空调。军方的问题是,市谷山丘的水供应如同大部分支离破碎的东京一样,是靠不住的。另外一个问题是日本只有一家工厂生产大型空调机必需的溶液,而这家工厂的四分之三已经被炸毁了。"无论如何,"

最高统帅部的发言人宣称，"我们寻找了整个日本，借到了这种溶液，现在这个问题已经解决了。"

到七月初，韦伯宣布热度和湿度太大了，乃至"我们正认真考虑在装上空调之前休庭。"一位军医向韦伯报告说，法庭大厅的形势足够严峻，对法官和被告尤其如此，因而有理由准予休庭。前首相平沼骐一郎、前将军荒木贞夫和南次郎都年过七十，显得格外憔悴。7月10日闷热得不同寻常，韦伯不容分说断然休庭，"因为在如此炎热的状态下，我们无法以应有的方式履行我们的责任。"几天后军方终于使空调运转起来，法庭大厅的温度降到接近华氏80度。审判继续进行。

在此期间，麦克阿瑟在最高统帅部保持每天10小时、每周7天的工作时间。大厦里没有空调。

在巢鸭，犯人也抱怨炎热，还有蚊虫的侵扰。虽然他们没有得到空调，但军方在每一间牢房都安装了纱窗，解决了蚊虫问题，通风则有所降低。不过，纵观这座阴沉灰暗监狱的不堪历史，这是第一次给牢房装上纱窗，也就没有什么人抱怨新鲜空气减少了。

14 中国皇帝说话了

1946 年年中,远东国际军事法庭又重新回到报纸的头版。八月,法庭被现代历史上最不寻常人物的出现主导了 11 天之久,此人作为童话中的人物来到这个世界,却在噩梦中离开。

8 月 9 日,这位检方证人在斯大林秘密警察小分队的陪同下在东京着陆。他身穿廉价、做工粗糙的蓝色毛哔叽西装,头戴一顶俄国劳动人民的黑帽子(这是 1920 年代因列宁而流行起来的风格),脚蹬白袜子。他就是中国的末代皇帝——他是活着的历史、旧时代的一页,却又在很大程度上是当今的一部分。他两次坐在北京的龙椅之上,统治超过全球四分之一的人类。他的称谓包括万岁、圣上、陛下、君主、天帝、中土之王、中华帝国之主,还有最重要的——天子,这是个与裕仁共享的头衔。

他为世人熟知的名字是亨利·溥仪(Henry Pu'Yi),一度成为日本人征服中国满洲数省后所扶植的傀儡“满洲国”皇帝。[1]

1908 年,三岁的溥仪第一次登上皇帝宝座,他后来回忆说,

---

1 我在 1975 年撰写了溥仪的第一部完整传记《末代皇帝》(The Last Emperor,纽约:Scribner's)。这部书在 1980 年重新出版,书名为《北京的囚徒》(The Prisoner of Peking,纽约:Van Nostrand Reinhold)。传记将溥仪的故事一直写到他在“文化大革命”期间去世。

"一想到我的童年，我头脑里就充满黄色的迷雾。"帝制时代的中国，黄色为皇帝专用。宫殿地面铺着金砖，屋顶的瓦涂着黄色的釉。皇帝坐在黄色的垫子上，衣料是黄色的，吃东西用的瓷碗碟是黄色的，床罩是黄色的锦缎，写字的毛笔裹着黄色的丝绸。帝国的旗帜是五爪龙装饰在黄底上。

溥仪在1911年被中国革命推翻，第二年被中华民国首任总统孙逸仙博士强迫逊位。在第一次世界大战期间，当欧洲的注意力被发生在法国和比利时的恐怖堑壕战引开时，一场保皇党的政变把12岁的溥仪又放回龙椅上。复辟是短命的，他很快就被迫逃离北京，在天津的外国租界寓居，相对默默无闻。这时候溥仪被当时还是大佐的土肥原联络上了，土肥原提出让他作为"满洲国"皇帝重登帝位。为强调接受这一提议的重要性，土肥原送来一篮水果，里面还放了一枚拆开的炸弹。溥仪领会了这个信息，一应安排由那时也是大佐的板垣来完成。板垣设宴款待溥仪，畅饮加温的清酒，狎昵当晚的艺妓。溥仪后来回忆，"板垣抚弄搂抱着女孩子，全然不顾行为举止的礼貌规矩。"就这样，他混在妓女与喝醉的关东军军官之中，无法开口与日本人讨价还价。宴会上的两位军官如今作为主要战犯正在受审。

盟国检方把溥仪带到东京指证日本人在满洲的兽行。他是一位关键证人，而且他待在证人席上的时间的确比任何其他检方证人都要长。斯大林保留溥仪作为一张王牌，倘若需要，他可以在中国内战时把满洲从中国撬走，扶植自己的傀儡政权，就像他已经在蒙古所做的一样。这次他批准把前"满洲国"皇帝送到日本，莫斯科的唯一条件是作证之后美军要把他归还苏联拘押。对此麦克阿瑟欣然同意。最高统帅被溥仪的现身弄得很尴尬，希望这位前皇帝越早离开日本越好,因为他担心,溥仪出现在证人席上可能会引起人们再一次要求也将裕仁传唤出庭。能让中国皇帝做的事情,肯定也能让日本皇帝去做。

在溥仪八月份到达东京的时候,检方已经向法庭提交了大量证据,证明"满洲国"是日本的卫星国。最重要的文件中有投降后未被焚毁的外务省档案,题为"有关满洲事务的秘密记录"。只要对这份档案瞥一眼,对任何独立的观察家来说已经足够表明,当时是日本统治"满洲国",并统治溥仪。

早在 1932 年 11 月 3 日,关东军就制定了一份秘密的政策指引,概述"指导'满洲国'"的规定。语言直截了当,就像日本谚语说的,只有傻子,一旦掌权才会把它表露出来。这份指引写道:"'满洲国'血统的官员应在表面上负责尽可能多的管理,而日本血统的官员必须保证自己掌控实权。"

担任"满洲国"政府官员的日本平民保留日本国籍。"满洲国"内阁的每一位部长都有一个日籍副部长同他一起工作。"满洲国"政府的每一个部门都由日本人指导。但狂热的关东军甚至不信任自己的同胞,因此"满洲国"政府的所有日籍官员都被置于陆军的直接领导之下。

至于满洲的 2 500 万人民,日本陆军遵循"让民众盲从"的原则。一份秘密的军方指引宣称,政府中不应该有百姓的声音。这份作为呈堂证据的指引说:"不允许政党和政治团体存在,我们不欢迎在民众中出现政治观念。"为确保全民的顺从,日本人引进并实施了类似日本"思想控制"的法令。在外交事务上,所有"满洲国"的外交行动必须首先提交日本大使作"深入而无保留的审议"。关东军总司令就是日本大使。经济也处于国家控制之下,避免"不受控制的资本主义经济的祸害"。（日本极右分子和军事集团反对资本主义制度,因为这种制度使经济超脱他们的全面政治控制,并且在企业家当中灌输独立思考精神。）

当溥仪在 8 月 16 日第一次进入法庭大厅时,媒体席和旁听席都拥挤不堪。约瑟夫·季南自从发表检方开场陈词之后就惹人注目地从讲台缺席了,这时也突然重现,指挥证人。他的批评者埋怨他这样做是因为他意识到溥仪是个头条新闻制造者。

溥仪对迸发的闪光灯和呆看他的人群习以为常。他表演式地进场,右手拿着一把精致的象牙扇(此时空调已再次关闭了),以一种深思熟虑、权威式的仪态走上证人席。他戴着黑框眼镜,由于1920、30、40 年代他在星期日增刊上频繁露面,立刻就能被人认出来。在许多方面,除非天皇裕仁本人被带上证人席,远东国际军事法庭没有一位证人能够像前满洲皇帝一样,与被告们有如此密切的关系。28 个被告中有 24 个跟他有过直接或间接的关联。

东条英机曾任"满洲国"宪兵队首脑,后来如另外两名被告小矶大将和板垣大将一样,是关东军的总参谋长。土肥原大将负责关东军的间谍组织。梅津大将从 1939 年到 1944 年是关东军的司令官。南大将是奉天事变时的陆军大臣。陆军元帅畑俊六在1940 年任陆军大臣,那一年溥仪拜访了裕仁,在两位皇帝之间"加强友谊的纽带"。广田弘毅获得过"满洲国"的大勋位菊花章。木村大将一度是满洲土地发展公司的董事。溥仪还与掌管满洲事务局的金融界人士贺屋兴宣和星野直树有联系。荒木大将是溥仪加冕"满洲国"皇帝时的陆军大臣。职业外交家东乡茂德的第一个海外岗位在奉天。佐藤中将在珍珠港事件爆发时任满洲事务局秘书。武藤中将在满洲作为参谋官开始了他的军事生涯。溥仪的联系甚至延伸到前海军中将冈敬纯和前外相重光葵,因为冈曾担任满洲事务局秘书,而重光作为外交纠纷的调解专家,早在1936年就被派到过"满洲国"了。

第一次,检方将被告们放在历史背景下一起审判的策略公开化了。

在那个炎热潮湿的八月天,每个被告都注视着溥仪穿过静下来的法庭大厅。他们一脸愁容,像是预测到即将发生的事情。唯有板垣大将莫名其妙地显得很天真。他开心地微笑着,好像在欢迎一位熟识的生意伙伴参加派对。

有几秒钟的时间——似乎更长一些——法庭陷入了历史之中。甚至威廉·韦伯爵士都犹豫着没有说话。中国的末代皇帝就在眼前,他的家系可以追溯到历史的黎明时分,早于埃及法老图坦卡蒙(Tutamkhamen)当政,早于特洛伊战争爆发。

韦伯突然大声说话,把法庭从遐想中唤回。"首席检察官先生。"他喊道。[1] 约瑟夫·季南走上讲台:"我们传下一位证人,亨利·溥仪。"法庭执行官瓮声瓮气的声音响遍整个法庭:"庭长先生,证人已到庭,现在宣誓。"

溥仪在证人席的表演堪称精彩。在这个首次公开亮相之前,他被观察家嘲笑为迟钝,认为他即便不是弱智,也像个纸板做的假人。然而,溥仪在证人席证明了自己诡计多端,是个狡诈、奸猾、彻头彻尾欺骗的大师。他摆平了威廉·韦伯、约瑟夫·季南以及日本和美国的辩护律师,时而激怒他们,时而嘲弄他们,最终搞得他

---

1 韦伯完全按美国人的习惯称呼一个人,不论他有没有头衔都称为"先生"(Mr.)。他对这个词的使用可以称为威廉·韦伯爵士的美国化了。

们互相攻讦。倘若溥仪是一个自由人，他的表演也算不俗。而考虑到他身处的特定情势，他的表演就实在令人惊叹了。法官席上坐着苏联的柴扬诺夫将军，苏联把溥仪作为政治犯囚禁。柴扬诺夫的右边是梅法官，他所代表的中国已经把溥仪定性为叛国者。与此同时还有第三位法官——美国的克拉默，溥仪正处于美国的军事管辖权之下。也许溥仪唯一聊以自慰是他的日本宿敌成为被告了。

在这种情况下，溥仪把自己当成被告也不足为怪，而且辩护律师对待他就好像他们自己是检察官一样。韦伯一再告诫律师，"我们不是在审问证人。"

从作证一开始，溥仪就采取以进为退的中国谋略。他讲述板垣大将如何提出给他满洲的皇位。他说："如果我拒绝，我的生命就受到威胁。"然后，他玩了一个花招责备同盟国，狡猾地说："当时民主国家并没有试图反击日本军国主义者。我一个人单枪匹马是很难抗拒他们的。"

他一而再再而三地声称，自1931年以来他的所作所为都是在别人的挟持之下，并且由于他一直不是一个自由的人，所以不应为此承担责任。他与裕仁不同；日本天皇曾经告诉麦克阿瑟他愿意为日本在战时制定的每一项政治与军事决策承担责任，而末代满洲皇帝不单对自己的行为推卸责任，还把他的所作所为归咎于他的顾问。他多次声称自己曾试图反抗日本，但是，"在军方的威胁下并根据顾问的建议，我不得不（退让）以保全自己的性命。"

在溥仪这种态度持续几天之后，强硬的韦伯转而感到恼怒，并作了不必要的评论。"我不想作出这个评论。"韦伯说，然后开始评论："我们当然不是在审问证人，但是，我们关注他的可信度。有性命危险、对死亡恐惧,在战场上不能成为原谅怯懦或逃跑的理由,在任何地方也不能成为原谅叛国的理由。一上午我们都在听这个人说他为何与日本人勾结的各种借口。我想我们已经听够了。"

在一周的作证延长到下一周的公开表演期间,被告已为人熟知的名字反复出现,这些人或者蔑视、或者顺从地四下张望。土肥原瞪着证人,松弛的面孔气歪了。梅津侧目而视。依然身着日本将军热带军服的武藤看上去心绪不宁。南显得烦恼。星野意外地听到自己的名字第一次被提到的时候,似乎心烦意乱。只有板垣继续独自享受这个大场面,有时表现出抑制自己不要大笑出来的样子。他要么是歇斯底里,更可能是感觉溥仪的表演滑稽可笑。

辩方恣意抹黑证人。梅津的美国律师本·布鲁斯·布莱克尼少校轻蔑地说:"这里有一位证人,他自愿作证说,他过去在很多场合曾由于受到武力威胁而歪曲事实。我有意质疑他的可信性。"布莱克尼说他的目的是要表明溥仪不是日本人的囚犯或者傀儡,而是他"渴望、计划,并热切抓住这个机会实行复辟"。

布莱克尼成功地灌输了这样一个概念:如果溥仪在日本占领满洲期间没有自由说心里话,那么他在盟军占领下的日本也肯定不会说心里话。布莱克尼似乎无意地问道:"当你第一次走进这个法庭的时候,是不是有两个苏联卫兵跟着你?"季南涨红脸提出反对。韦伯支持了这一反对。布莱克尼迂回了一下,问道:"中国人打算把你当作战犯审判吗?"季南再次反对,韦伯也再次支持了他的反对。

然而,溥仪继续熟练地在法庭施展催眠效果。中国境外野蛮国家的代表聚精会神地聆听着天朝皇帝的声音。时常由他来主导提问。有一次他突然厉声说:"你没必要问我所有这些问题。"另外一次,他说:"我觉得在这上面浪费更多时间是不明智的。"还有一次,他被要求在午餐休息时间核对一下笔记,1 点 40 分回到法庭,他厚着脸皮说:"午餐时间我相当忙,没有足够时间查到笔记。"

从溥仪在证人席上的举止判断,似乎在英语提问被译成汉语之前,他常常已经听懂了。有一次日本辩护律师无意地问道:"顺便问一下,你讲英语吗……溥仪先生?"

前皇帝不卑不亢地回答:"有些(问题)懂,有些不懂。"要想抓住他的把柄就像在一阵秋风中去抓一片树叶一样。每日的交叉盘问,本意是消磨证人,结果反倒使法官、翻译、检方和辩方都疲惫不堪。

溥仪微妙的宫廷汉语给翻译带来望而生畏的困难。证人极少用"是"或者"不是"来简单地回答问题,而是使用大量的声调分级,以至于很难翻译出其中的隐晦含意。当然,皇帝受训说话闪烁其词,如此也无须大惊小怪。溥仪讲的汉语如此深奥和狡猾,以至于韦伯亲自请求麦克阿瑟多派一些中英文翻译。8 月 26 日,麦克阿瑟派他的私人中文译员来帮助法庭。

溥仪娴熟而巧妙地在法庭大厅搅出周期性骚动,在这个过程中把注意力从他自己身上移开。有一次辩方向他出示一封盖着他的图章,或者说钤印的信件,据说是他在 1931 年发给板垣的,表达了接受日本庇护的满洲皇位的愿望。溥仪扫了一眼那封信,用了一个戏剧性的开场动作跳将起来。美国宪兵急忙起立,苏联便衣警察小分队也站了起来,楼座里紧接着响起一阵嘈杂声。威廉·韦伯爵士在法官席上大喊一声:"坐下!"声音高过所有的人。

溥仪满不在乎地回喊:"法官大人,这是假的!"又溜回椅子上坐下了。

韦伯说:"只管回答问题。你发过那封信吗?"

"没有",溥仪回答,并指责辩方"应当(被判)伪造文件罪。"

对他冗长的交叉盘问接近尾声时,被激怒的布莱克尼告诉法庭:"我想提请法庭注意,从这个证人作证的开头直到现在的结尾……他明显而蓄意地对法庭撒谎。"

溥仪耸耸肩。"我不怪你,你是辩方的律师嘛。"他傲慢而饶有分寸地说,"当然,你是想要我歪曲事实。"

韦伯终止了这场辩论:"证人已经表明了某种立场,即他当时完全处于日本人的指导之下。这是一个简单的立场。再多的交叉盘问也不会使他改口。这是显而易见的。"

另有一次,远东国际军事法庭语言仲裁委员会的资格受到质疑。委员会主任莫尔少校对法庭说:"庭长先生,鉴于我的资格受到质疑,希望法庭允许我说,在东方人的提问和回答方面我有 30 年的经验,东方人在受到压力的时候会回避问题,这是不争的事实。"

此语惊动整个法庭大厅,韦伯也被这个评论中的种族意味惊呆了。"唉,莫尔少校,你讲了本不应该讲的话。"韦伯责备他,"评论东方人所供证据的性质不是你分内的事情,我要求你收回那个评论。"

在明显紧张的状态下,莫尔道歉了。"出于对本法庭一切应有的尊重,先生,我为我的话表示道歉。"他局促不安地说,"我有压力。"

中国检察官们义愤填膺。"我认为这完全是对东方人的无端指责。"中国陪席检察官向哲濬大声说道。约瑟夫·季南站出来支持向哲濬,谴责"东方人一贯有回避问题的习惯"这一观点。

"我想我完全可以代表法庭的每一位法官说,我们不认同莫尔少校的看法。"韦伯以这句话结束了这个问题。

最终,溥仪就这样巧妙地在远东国际军事法庭上表现了自己,以至将近 20 年后,在绪方贞子(Sadako Oagata)从日本人角度对奉天事变所作的权威研究中,她抱憾地下结论说,"他究竟在何等程度上情愿(在"满洲国")担任主角,依然不清楚。"

回首往事,当我重温溥仪在证人席的证词,其中有一句话,从历史潮流的沉渣中凸现出来。那就是:"除了哭泣,我什么也做不了。"

这一简单事实概括了中国皇帝的生活和时代。对裕仁也能讲同样的话吗?

15 在中国的大屠杀

征服满洲,并在 1934 年以溥仪为皇帝建立了"满洲国"傀儡政权之后,日本军国主义者继续有系统地进军中国,所到之处都建立了区域性傀儡政权。事件时常发生。然而分水岭事变爆发在1937 年 7 月 7 日夜间,中国故都北平西南 10 英里的卢沟桥。

世界上大部分人不记得"卢沟桥"这个名字,甚至不知道它的发音,但是附近一架铁路桥以备受尊敬的马可·波罗(Marco Polo)冠名,令人难以忘怀,在远东被铭记至今,犹如萨拉热窝在欧洲一样。卢沟桥事变(Marco Polo Bridge Incident)[1]触发了血腥的中日战争,这场战争毫不夸张地说,造成几百万人死亡的后果。

多位中国、日本和美国的证人对那个严重事件提供了一堂复习课程。7 月 7 日身处事发现场的中国高级官员王冷斋(Wang Len-ch'ai)概括了那一幕:"卢沟桥之战的开始是日本方面在中国领土上,在没有任何条约赋予的权利、也没有事先通报地方当局的情况下,恣意进行军事演习的结果。"他回忆道,那天晚间 11 点,"听到几声枪响"。接下来他所知道的事情是,日军指挥官松井大

---

1 英文桥名为马可波罗桥——译者注。

将——此人如今在被告席怒目而视——打电话给他，说中国士兵向一队参加夜间演习的日军射击，一个日本士兵失踪了。松井责成王冷斋调查这件事，但是"根本没有发现任何失踪士兵"。日本人编造了又一个事件。

当时，美国驻中国武官约瑟夫·史迪威（Joseph Stilwell）将军命令他的助手戴维·巴雷特（David Barrett）上校调查此事。史迪威在战时作为中美军队的中缅印战区司令官而功勋卓著。1946年初，距卢沟桥事变几乎十年，史迪威不能亲临东京，但他鼓励巴雷特到远东国际军事法庭作证。在证人席，神态坚毅的巴雷特回忆道，"据我判断，冲突规模非常之小……我相信事件本来很容易就可以解决，假如日本人真的那样希望的话。"但是日本军国主义分子憋足了劲要挑起全面战争，什么也阻挡不了他们。事情后来发展迅速，到7月31日，史迪威和巴雷特在北平郊区巡视，只见一片荒凉景象，这种景象在中国会变得司空见惯，直到二战结束。"我们看到数以百计的男尸和大量物资散布在路上，显示中国部队被攻击时呈密集队列。"显然，中国人是日本人偷袭的受害者。巴雷特说，"几百具尸体依然塞在日本人攻击时中国部队所搭乘的卡车里，在盛夏的炎热中腐烂。很明显中国部队遭到突然袭击，来不及部署。"

根据国际检察局出具的证据，大屠杀的第一年，124 130名中国士兵在行动中牺牲，242 232名受伤。致死致残平民的数字不得而知，也许永远不会被人知道了。杀戮年复一年地进行着，直到1945年日本投降。到那时中国军队的伤亡人数已经超过320万；日军的损失大约是这个数字的三分之一。

在检方案情陈述的中国问题阶段，证人中有约翰·戈特（John

Goette)，1924年到1942年他是国际新闻社驻中国首席记者，1927年到1940年也是伦敦《每日电讯报》(*Daily Telegraph*)的记者。卢沟桥事变事发当夜，戈特正同史迪威、巴雷特，以及美国驻中国大使纳尔逊·T. 约翰逊(Nelson T. Johnson)共进晚餐。四个人都对日本人宣布晚间要在北平西南展开军事演习感到莫名其妙。

戈特作证说，在1937年到1941年之间，他作为新闻记者曾跟随日本侵略者行走了"大约两万英里"。剑桥教育出来的华盛顿律师、季南的助手之一肯尼斯·N. 帕金森(Kenneth N. Parkinson)负责询问证人席上的戈特。他说："请简单描述一下你的所见所闻，如果你看到什么的话？"

戈特的回答很生动。"我，当然了，走访了很多乡镇、城市和农村；有一些完全被摧毁了，被炮击和空袭夷为平地；其他的也遭受重大财产损失；村庄里已经没有活着的东西了，不但没有一个活人，连活的动物和野兽都没有了，什么都没留下来，村庄里只有死亡之手。我看到众多的平民被枪杀，双手绑在背后。我的意思是看到尸体——不是实际上开枪。"

证词余下的部分也同样令人不安。他说："日军正式要求当地中国官员提供女人供日军使用，这是十分普遍的事情。"他回忆道，在一个省会城市太原，日军在主城门上立起了一个战争纪念碑，纪念日军阵亡人员。每一个通过城门的中国人都被强制离开汽车、手推车和人力车，不得乘车，步行走过城门以示"向日本战争纪念碑致敬"。

辩护律师的交叉盘问缺乏他们攻击溥仪可信性时的力度。辩方没有对约翰·戈特讲述的亲眼所见材料提出挑战，而是想出一些无礼的问题，例如："戈特先生，你说你是中国北方地区的报社记者主任。请告诉我们这是不是同行送给你的荣誉称号?"

韦伯生气地打断了他:"我们都知道那是什么意思,我们也知道那不是送的。"

但是如果说戈特让辩方头疼的话,那么更糟糕的还在后头。国际检察局从审判开始前几个月在巢鸭对被告的详尽侦讯中援引了更多的摘录。第一份被宣读的是被告武藤章的侦讯记录,1937年他是在华日军总参谋部的高级军官(马尼拉战争期间,他在山下奉文麾下八年,也是这个职务)。提交的摘录取自之前 4 月 16 日在巢鸭对他的侦讯记录。

问:……当然,你从中国军队抓了俘虏?

武藤:不是。关于被抓的中国人是不是称为战俘很成问题,1938 年最终决定,由于中国的冲突被官方称为"事变",所以中国俘虏不能被看作战俘。……

问:事实上,中国"事变"是战争,不是吗?

武藤:实际上是的。但日本政府把它视为事变。

问:于是你……贯彻了不按战俘对待中国俘虏的政策?

武藤:是的。

问:什么规定来管辖如何处置不按战俘对待的中国俘虏?

武藤:这件事跟我们毫无关系。……

问:1939、1940、1941 年日本军队在中国作战,对吗?

武藤:是的。

问:他们抓了大量的俘虏,不是吗?

武藤:……我们没有收到过抓了多少俘虏的报告,只是从报纸上读到中国重庆军队某某部分投降的消息。……

问：你们军队很频繁地抓到俘虏，不是吗？

武藤：这段时期很少抓到俘虏。……

问：关于如何对待作战过程中抓到的中国俘虏，你们颁布了什么命令？

武藤：……我不记得了。……

1月14日在巢鸭对被告畑俊六陆军元帅的侦讯，给俘虏问题投上更加不祥的阴影。畑在1938年被委任为在华日本派遣军总司令，他指挥的战役中包括攻占汉口，其间把40多万日本部队投入战斗。

问：在这个行动中军队俘获了多少中国部队？抓了多少俘虏？

畑：我认为没有那么多。我不操心俘虏的数字。……

问：将军（原文如此）在参谋学院学过国际法吗？

畑：学过。在陆军大学校。

问：将军是否知道日本有条约承诺不侵略中国，不对中国发动战争？……

畑：那个条约叫什么？

问：九国公约(Nine-Power Treaty)。

畑：是的，我知道这个公约。

问：那么，将军认为他们是否违反了那个公约？

畑：我知道有这个公约，但是我并不了解条款。

问：假如公约说在达成和平协议之前不得诉诸武力？

畑：我不太熟悉九国公约。我只知道有这么一个公约。

当检方开始陈述南京问题阶段时，审判又活跃起来了。南京暴行的规模是如此之大，以至有两位互不相干的证人不约而同地以诚惶诚恐的语调说："我不知道从哪里说起。"

1928年中国的国民党人把首都从北京迁到南京，一座500年前明朝创建的位于长江南岸的繁华大都市。这个城市通常有25万居民，但是到1930年代中期已经膨胀到超过100万人了。其中很多是逃避日军的难民。南京很久以来就是文化与知识中心，有南京大学、金陵女子学院和其他高等院校。当日本陆军1937年11月向南京迫近时，令很多中国人沮丧的是，最高统帅蒋介石决定不保卫首都，而是后撤到中国内地深处，以整合他的武装力量。大约一半的城市人口也逃走了。外籍人士除了22人以外全部逃走，这22人中大部分是美国和德国人，以及少数几个丹麦人和英国人。这些外籍人士仓促地组织了一个国际救援委员会，在南京市内为难民圈出一个国际安全区。

第一个走上证人席的检方证人是在南京出生长大、在普林斯顿和哈佛医学院受教育的外科医生罗伯特·O.威尔逊（Robert O. Wilson）。威尔逊作证说，他曾告诉医院里的中国医生和护士，"城市陷落后在军事管制下，在南京他们不用害怕。"1937年12月12日晚间中国军队的抵抗停止了，第二天第一批日军纵队大摇大摆地开进了中国首都。立刻，在接下来六个星期的时间里"医院住满了人，（而且）始终爆满。"患者通常是被刺刀刺伤或枪弹击伤，很多女患者曾被性侵犯。

一位62岁的中国铁道部官员紧接着威尔逊上了证人席，他描述日本兵"粗野"和"残暴"。许传音（Hsu Chuan-ying）用断断续续的英语说："他们向看见的每一个人射击。任何人要是逃跑，或者在街上，或者在什么地方闲逛，或者向门外窥视，他们就向这些人开枪——立刻就死了。"日本人进城三天后，街上到处是尸体。"我看见尸横遍野，一些死尸肢体残缺不全。"许传音继续说，"其中有些死者就躺在被枪击或杀害的地方，一些跪着，一些弯曲着，一些侧着身，一些大张着腿和手臂。"在一条大街上他开始清点尸体的数目，数到500具时他感到如此多的尸体，"数也没有用处。"日本人还进入难民区，抓捕任何有手茧的男人，因为这表明这人拿过枪。这些被捕者10到15人一组被绑在一起押走。一天之内多达1 500名男性以这种方式被卡车拉走。在夜间，难民从安全区能够听到机枪连续不断的突突声。

但是女人的遭遇最为不幸。"日本兵——他们太热衷于强奸——太好色了，实在难以置信。"证人用英语结结巴巴地说。13岁到40岁的女孩和妇女被围捕，被轮奸。许传音说他走访过一家人，家里有三个女人被强奸，包括两个小姑娘。"一个小姑娘在桌子上被强奸，我到那里时，溅在桌上的血还没有完全干呢。"

许传音是红卍字会（Red Swastika）的成员，相当于中国的红十字会。日本人经过几天不分青红皂白的滥杀之后，担心正在腐烂的尸体会引发疫病，于是组织了埋葬特遣队。许传音粗略估计红卍字会在接下来的几周里掩埋了43 000具尸体，但实际数字可能还要高，不过无法去证实，因为日本人不允许该机构保留记录。大部分尸体的手被绑着，有时用绳子，有时用铁丝。"如果尸体被绑着，按照我们的宗教习俗是要把它全部解开的。"许传音解释说，"我们想把绑着手的东西都解开，把他们一个一个地掩埋。但是由于带着这些铁丝，这时几乎不可能做到。在很多情况下，尸体已经腐烂了，不能逐一掩埋他们。我们只能把他们一群一群地掩埋。"

威廉·韦伯爵士抬了抬右手。"你无须讲得这么详细。"他轻声说道，打破了法庭大厅的寂静。"处置尸体的办法对本案没有什么帮助。"

另外一位中国证人尚德义（Shang Teh-yi）作证，日本人逮捕了他和他的哥哥、堂兄和五个邻居。手腕被绳子绑在一起，他们被带到江边，加入沿江而坐的 1 000 多人。几挺机枪在 40 码开外瞄着他们。黄昏时分一辆日本军车开来，命令被抓的人站起来。尚德义说，"在开火前的一刹那，我猛地一下子倒下去，立刻被尸体盖住，昏过去了。"

辩护律师婉拒了对他的交叉盘问。他们也放弃了对下一个证人交叉盘问的权利。这是一位 38 岁的米商，他作证说与另外 300 多人一起被逮捕，并被赶到城市的西门，那里有一个延伸到运河的陡坡。在刺刀的驱赶下，囚徒穿过城门，当他们再露面时就被射杀，尸体沿着斜坡滚落运河。子弹没有打中他，他滚下斜坡装死。一个日本兵在这个杀场走动，用刺刀挑那些没有落进运河的人。这位商贩的后背被刺了一刀，但他"一动也不动地躺着，就像死了一样。"

美国助理检察官戴维·萨顿（David Sutton）请证人除去衬衫，向法庭展示刀疤。木户侯爵的辩护律师威廉·洛根表示反对。"尊敬的法庭，辩方反对任何这样的展示。"

韦伯也不感兴趣。他说："我们不想看伤口，除非辩方质疑伤口存在。"

检方最具杀伤力的证人中有迈纳·瑟尔·贝茨（Miner Searle

Bates），他是位身材修长、戴眼镜的美国人，有牛津、耶鲁和哈佛的学位，是南京大学历史学教授。"我亲眼目睹一系列对普通平民的射杀，没有任何挑衅或明显理由。"一个中国人从他自家的房子里被抓，然后被杀害。"我隔壁邻居的两个男人，当士兵抓住并强奸他们的妻子时，焦急地站了起来，于是就被抓起来，在我房子的池塘边被枪杀后扔进池塘。"贝茨讲道，"在日本人进城后的很多天里，平民的尸体躺在我家房子附近的大街小巷。杀戮蔓延得如此广泛，没人能够给出一个完整画面。"

贝茨和他的一位同事估计有 12 000 名平民在南京城墙内被杀害，"这在我们确切了解的范围之内。"还有成千上万的平民在南京城墙外被杀害，但是他说没有人会知道这个数字到底是多少。"这里面不包括对数以万计的中国士兵或曾经是士兵的人的杀戮。"

贝茨还指控日本人"背信弃义"，例如贴出通告，劝说中国人出来做日军劳动队的义工。当地的中国人被告知，"如果你过去曾经是中国士兵，或者曾经在中国军队做过挑夫或劳工，只要你参加劳动队，这些就都既往不咎。"贝茨说，一天下午，200 个男人在南京大学校园接受了日本人开出的条件，他们"被押走，当晚就被处决了"。

贝茨放低声音继续说道，但是，"整个画面最残暴和最悲惨的部分"是日本人对妇女的所作所为。三个邻近住家的女人被强奸，而且"发生了五次。如果想听的话，我可以详细讲述，在士兵实施强奸时，我本人正好碰上。"他说，日本兵 15 或 20 人结成一伙，满城乱窜搜寻女人。他的一个朋友目睹了一位妇女被 17 个士兵接连不断地强奸。"我不想重述与强奸相关的虐待和变态行为的偶然例子,但我的确要提到,单单是在南京大学地盘上,就有一个9岁小姑娘和一个76岁的老奶奶被强奸了。"国际委员会估计在日本人占领的头六个星期内,20 000名妇女被强奸,其中很多人随后被杀害或惨遭摧残。

除了杀戮和强奸之外就是大规模的抢劫。贝茨说,"有一次我看到一支后勤队,有三分之二英里长,满载高等红木和黑木家具。"第一个星期后,日本兵(其中有些人喝醉了)用火把烧房子,入夜城里大火四处可见。"我们看不出有任何理由或模式。"商店和百货公司、外国教堂、大使馆、大小房屋和各式楼房都被纵火。飘着纳粹卐字旗帜的德国商社也给烧了。

贝茨说,12月15日,南京大学校园仅在一幢楼里就有30个女大学生被强奸。三天后18个女孩子在校园六个不同的地方被强奸。大学里其余的女人处于极度恐慌的状态。直到此时,法庭大厅一直都沉浸在可怕的死寂中,但是当贝茨突如其来提到他的南京大学就坐落在日本大使馆旁边的时候,旁听席和其他人中传出一阵压低了声音的骚动。言外之意很明显。不但在南京的日本指挥官完全了解这个令人发指的局势,而且大使馆的日本官员也同样知情。这种恐怖持续了六个星期之久。

自从检方开始南京问题阶段以来,检察官首次提出逻辑上急需答案的问题:谁在指挥南京的日本部队?

被告松井石根将军,贝茨回答。法庭大厅所有的眼睛都不由自主地转向被告席,在那里年迈、憔悴的松井看起来好像要逃跑似的。他那白鼬似的面孔紧绷着,大汗淋漓。在松井右前方坐的是广田弘毅,南京暴行时的外务大臣。广田一动不动僵坐着,木户侯爵也一样。木户在当时的内阁中有两个大臣职务,主持文部省和厚生省。贺屋兴宣从 1937 年底到 1938 年担任大藏大臣,这就在被告席上凑齐了南京暴行时期内阁大臣的"三驾马车"。当时的首相是近卫公爵,他不愿面对军事法庭,已在前一年的 12 月自杀身亡;他的陆军大臣杉山大将,在日本投降后也自杀了。

对贝茨交叉盘问时,辩方犯了个大错。证人说曾就这些事件给日本大使馆递交了多份报告。大使馆把这些报告转交东京了吗?"是的。"证人回答。他是否亲眼看到这些信息?"没有。"证人承认。一向精明的威廉·洛根此时违背了刑事审判最基本的法则——除非知道答案,否则千万不要提问。"那么,贝茨先生,你不曾看到这些信息,我认为其实你自己并不知道他们发给东京哪个人了,对不对?"洛根得意地说。

但贝茨的回答令洛根乃至法庭目瞪口呆。他说,南京的美国大使馆给他看过驻东京的美国大使约瑟夫·格鲁发来的信息,其中"提到报告的许多细节,并且提到格鲁同包括广田先生在内的外务省官员讨论这些报告的对话"。

被告席上广田弘毅看起来就好像带电的电线落在身上,猛然一震,在座位上挺直身子。之后是辩护律师、证人和法官之间的快速三方对话:

　　洛根:我请求删除这个回答。……

　　贝茨:我可以给你更多源自日本方面的有关证据。

　　洛根:尊敬的庭长,请指示这位证人不要给出,不——不要主动陈述。

　　韦伯:他的回答要保留。当然,他必须把自己的回答局限在问题的范围内。但他可以加上任何解释。

美国圣公会牧师约翰·G.马吉(John G. Magee)作证说,一位日本副领事请他作陪到南京北区走一趟,把外国人拥有的财产指出来,事因这位副领事要张贴一个日文的布告,以保护它们不受日军破坏。马吉说:"我们抄近路,拐进一条小巷,但不久就遇到太多的尸体,以至汽车必须倒出小巷,因为我们不可能穿过去而不碾压如此多的尸体。"在一个地方他们看到一个大坟坑,底部有三层尸体,总共大约300到500具尸体。"身上的衣服被烧光,很多尸体被烧焦了。很明显,大坟坑被放火焚烧过。"途中他们拐到一条通往火车站的主要大街。路上四处散布着尸体。他还说,12月22日,他对路上的60多个男人和跪在街上为家中男人向日本人求情的女人们拍了影片。

除了目击证人,检方还提交了在这个城市居住的为数不多的几个外国人写的日记。法庭大厅一片寂静。日记中讲述的故事都发自内心而且骇人听闻。中国出生的美国人费吴生(George A. Fitch,音译乔治·A.菲奇)写道:"数百位无辜平民就从你的眼皮底下被带出去枪杀或用来练习刺杀,你不得不倾听杀害他们的枪声。任何人只要一跑就会被射杀或刺死,这似乎成了规定。"詹姆斯·M·麦卡勒姆(James M. McCallum)在1937年12月19日的日记中写道:"要讲述的是骇人听闻的故事;我不知道从哪里开始,也不知道在哪里结束。我从来没有听过或读过如此的暴虐行为。强奸、强奸、强奸——估计一个晚上至少1 000起,白天也有很多。……人们都变得歇斯底里。……每天早上、下午和晚上女人都被带走,日军看起来随心所欲,来去自由。"他在10天后的日记中写道:"十一、二岁的小女孩、五十岁的妇女,都不能幸免。反抗是致命的。医院里有最糟糕的伤病情况。一位怀有六个月身孕的妇女反抗了,带着脸上和身上的 16 处刀伤来找我们,其中一刀刺穿腹部。她失去了她的婴儿,但性命还能保住。"

援引这些日记后,检方聚焦在地狱般的六个星期里城内的肆意劈刺和纵火事件上。三位中国目击证人(一个米商、一个散工和一个寡妇)被检方安排飞到东京为盟国作证,他们详述了更多的恐怖故事。平民百姓经常被当作日军运动或练习的靶子劈刺,或者干脆就是平白无故被刺杀。一个 16 岁的瞎姑娘被强奸。一天晚上一所房子被点燃,这样巡逻队可以"保暖"。日本士兵拿年轻的中国人练习武艺;如果中国人获胜,会被刺刀捅死。宪兵总是寻找新乐子,把煤油灌进受害人的嗓子里,用长棍子击打囚犯,把囚犯彻夜留在开阔地冻死,或强迫中国劳工扛着沉重的大包,如果谁摇晃,就会遭到没头没脑的毒打。作为呈堂证据,中国战争罪行委员会(Chinese War Crimes Commission)的报告指出,很多男人被强行用卡车从南京运到不知何处,已经八年没有音信了。"他们很可能被杀害了,杀害方式不明。"

南京暴行并不是那种对所有战争来说都常见的孤立事件。它是蓄意而为的。它是政策。东京是知情的。为此,它成了世界媒体的头条新闻,这正是远东国际军事法庭的重点所在。

在案件的这个阶段,被告席上的一名囚犯——曾经是主和派领导的重光葵,把头埋在双手之中坐着。他同南京暴行没有任何瓜葛,但是如同众多的日本人一样,他深感羞耻,以至于要把自己藏起来。

此前在 3 月 8 日,也就是南京战地指挥官松井大将被起诉的近两个月之前,他在巢鸭监狱曾经向盟军侦讯人员给出他的版本。这个侦讯记录被检方作为证据提交,其中一部分如下:

问：你什么时候第一次听说（如果你听说了的话），欧洲和美国都认为你的部队在南京犯下了许多暴行？

松井：几乎是我一进入南京城。

问：你听说了？

松井：是的。

问：你从什么途径听说的？

松井：从日本外交官那里。

问：……因为南京的局势，你被解除指挥，2月份被畑将军取代。对吗？

松井：不，不是那个原因。考虑到在南京的工作已经结束，我希望脱掉军装从事和平的职业。

问：……被指控的还有攻占南京的部队军纪非常之差。

松井：我认为军纪是非常好的，但是品德和行为不好。

问：士兵的品德行为吗？

松井：是的。

问：是在南京？

松井：是的。我认为军队里有一些无法无天的分子。

问：……为什么你说你认为是士兵行为不端？你这样说的依据是什么？

松井：基于他们对中国老百姓的所作所为和他们一般的表现。

问：在占领南京之前，你的指挥部有没有颁发士兵守则？

松井：我一向主张维持严格的纪律，惩罚一切作恶之人。……

侦讯显示松井本人12月17日第一次进入南京，在那在待了一个星期。他认为他的部队是由"有经验的人指挥的有经验的队伍"组成的。最先进入南京的日本部队由裕仁的叔父朝香宫鸠彦王（Prince Asaka）中将率领，在日本长时间以来有人私下议论，说这位亲王才是南京的真正坏蛋，而松井感到有必要为他掩饰。当侦讯记录转到天皇周围的人涉案时，远东国际军事法庭的旁听席被搅得激动不安了。侦讯人员问松井，有传闻说朝香宫鸠彦王应为南京暴行承担责任，但"这件事却很少或根本没有提过"。松井激烈否认亲王有责任，并把过错推给亲王的下属。侦讯人员问松井如何看待中国战争罪行委员会关于在南京有数十万人被屠杀的报告。松井抗议说："那绝对不真实。……我可以用我的名誉说话。"接下来有这样一段对话：

> 问：2月份你回到日本以后，是否曾被总参谋部或陆军省，或者其他人要求，对你的部队在南京的所作所为写一份报告？
>
> 松井：……没有，我没有被要求写报告。如果有任何这类事件的话，我自然会就自己的责任写报告。

巢鸭侦讯继续下去，松井承认作战期间坚持写日记，与部队行为有关的唯一记载是军法处置一名军官和三个士兵的强奸。侦讯人员要求他交出日记，将军说日记本和所有其他记录在战时的一次空袭中被毁掉了。

被告席另外一位高级军官也和南京有直接牵连，他就是坐在松井左前方的武藤中将。武藤章在太平洋战争初期是声名狼藉的军务局的局长;担任过苏门答腊的日本陆军指挥官,那里是很多战俘和平民囚犯营所在地;1945 年马尼拉暴行期间是山下奉文大将的参谋长。

武藤 4 月 20 日在巢鸭接受侦讯,他确认 1937 年 12 月 14 日到 25 日,他作为参谋长的副官曾经在南京逗留约十天,"我没有听说日本士兵越轨。"不过他承认,看到过一个日本部队抢劫和强奸的报告。但是,据武藤说,只有"十到二十起事件被报上来"。不是有数千起事件吗?"我想象不出会有那么多起事件。"他说。那么,他有没有看到那段时间的报纸?"我不看报纸。"作为副官,他的职责是什么?"辅佐参谋长。"

松井和武藤的佯作不知在检方出示的证据面前暴露无遗,这证据是国际救援委员会在那六个星期里向日本驻南京大使馆提交的 70 份报告。报告白纸黑字列举了数千起日本人恶劣事件当事人的姓名、日期和地点。在一份又一份的报告中委员会问道:武士的荣誉传统到哪里去了? 12 月 27 日给日本大使馆的短简得出结论:"无耻的混乱持续着,我们看不到任何认真的努力来制止它。士兵们每天都最严重地伤害数以百计的人。难道日本军队不在乎它的声誉吗?"回首当年,另外一份短简很有历史意义,因为文中用了一个词语,这个词语已如鬼魅般缠在被告身上。短简呼吁日本人"以人道的名义"停止在南京的屠杀。盟国的起诉书不就是指控被告犯有"危害人类/违反人道罪"吗?

除了不间断的报告,委员会几乎每天派外国人的代表到日本大使馆抗议大屠杀。证据显示与他们谈话的日本官员中有福田笃泰(Toyoasu Fukuda),如今他是吉田茂(Shigeru Yoshida)首相的秘书官。但是外国人为福田和其他日本外交人员开脱,并不认为他们是恐怖事件的同谋者。例如,当迈纳·瑟尔·贝茨作证时,也被问到日本文职官员的表现。贝茨说:"这些人在极其恶劣的情势下真心实意试图做他们力所能及的一点事情,但是他们本身也被军方恐吓,除了把这些交涉通过上海转到东京之外,无能为力。"

列入证据的还有美国驻南京大使馆档案中的一连串电报和电讯稿,其中一些标明"机密",其余的是"秘密"。美国外交官在电文中把南京的形势描述为"残忍的恐怖统治"。一封电讯稿描述,从窗户"我们看到他们(日本士兵)在路上拦截手无寸铁的平民,搜查他们,没有发现什么东西,仍若无其事地向他们头部开枪。"文件中有一位英国外交官提供的"机密情报",说日本陆军以类似的模式在其他中国城市、乡镇和村庄横冲直撞。英国人相信"军队被故意放纵……作为一个惩罚性手段。"英国外交官建议,唯一的解决办法是公之于众,"这样日本政府将会迫于公众舆论而去约束军队。"但是在日本,南京暴行没有被报道。日本的编辑们不敢刊登外国新闻社目击者的电讯稿,害怕触怒军方或宪兵。

外国使馆中最知情的也许就是德国了,因为国际安全委员会主席是德国人约翰·H. D. 拉贝(John H. D. Rabe)。用谚语"五十步笑百步"来形容1938年2月16日德国驻中国大使发给柏林外交部长约阿希姆·冯·里宾特洛甫(Joachim von Ribbentrop)的报告再合适不过。使馆的报告标有"绝密"印记,由驻中国的纳粹武官冯·福肯豪森(von Faulkenhausen)将军起草。他不齿于日本陆军"残忍的军事暴徒"行为,厌恶地报告"日本兵肆虐如野蛮人"。柏林的反应不得而知,检方并没有深究。

确凿无疑的证据证明了日本人在南京的兽行,这种行为得到日军统帅部的默许或公然批准,而且近卫内阁是知情的。这一点部分反映在对检方证人无力的交叉盘问上。辩方强烈反对检方从证据中排除了对南京的日本人有利的评论。小矶大将的美国律师阿尔弗雷德·布鲁克斯提请法庭注意检方的一份文件,其中写到,"虽然日本大使馆的员工一直很友善,试图帮助我们摆脱困境,但是他们无能为力。"另外一份盟国的文件提到"一些很可亲的日本人"。然而威廉·韦伯爵士驳回了这些反对意见:"好吧,我们理所当然地认为凡是有大批日本人的地方,里面肯定会有一些讲道理的人。辩方以后可以把这些文件作为辩护理由的一部分来宣读。"

最奇怪的反对意见来自荒木大将的律师劳伦斯·麦克马纳斯(Lawrence McManus),他说从法律观点出发,被告蒙受重罪指控,倘若被宣告无罪,将会"永远带着污点"。法官们莫名其妙。"这适用于每一个曾被无罪开释的被告。"韦伯用惊奇的语调说。"我允许你在此高谈阔论,这样你的论断荒谬之处就会明明白白显示在记录里了。"

在这段时间里日本人的旁听席挤满了人,许多旁听者是年轻妇女。一位穿戴得体的 18 岁姑娘横山良子(Yoshiko Yokoyama,音)坦言这些恐怖故事并没有让她"过于震惊",因为自投降后已经在日本的媒体上读到一些暴行。她说法庭的证词使她明白,"日本军方吹嘘的日本兵在世界上是荣誉和纪律的楷模,纯粹是一派胡言。"另外一位旁听者、41 岁的牙医上谷武(Takeshi Uetani,音)告诉媒体,有关南京的证词确认了他在那里听到过的传闻;他访问南京是在这个城市被攻占的六个月之后,但当时不可能证实那些强奸和谋杀的故事。

如果说四个半月前日本人策划的卢沟桥事变是中日战争的序幕,那么南京暴行就是第一幕第一场了。此后,从 1938 年到 1945

年之间，日本人对中国中部和南部地区发动了四次大规模的入侵，对沿海实施海上封锁，并轰炸中国腹地。逐渐，日本占据的中国领土不断扩张，而蒋介石领导的中国军队更深地退入多山的内地，最终在重庆建立了临时首都。一个接一个的大城市落入日本人之手——北平、上海、汉口、广州。强奸、掠夺和杀戮已经司空见惯。一连串检方证人出庭作证，列举了一个接一个事件的时间、日期和地点。艾伯特·多兰斯（Albert Dorrance）是汉口美国商会主席。1938 年 10 月 25 日日本人进城那天，他正在这座工业大都市。他作证说，在紧靠长江的海关码头，日本人聚集了"几百个中国战俘"。多兰斯作证的其余部分，断断续续，听起来像出自小说家卡夫卡（Kafka）之手：

> 士兵们，日本的士兵们，他们站在跳板的上端，偶尔会向成群的中国士兵走过去——哦，是中国人，根据衣服判断大多数是士兵——从中随机选出三个或四个，看来没有逐个挑选，只是随便点出三、四个人，让他们走下去。这些人会顺着这个长长的跳板走下去，当他们经过日本士兵、哨兵的时候，日本人会漫不经心地让开，走在他们的后面，直到水边。当他们到达水边时，跟在他们后边下来的日本哨兵——看来是极端无人性的行为，他们的漠然会给你留下深刻印象，整个过程不分青红皂白——走到水深之处的边缘，士兵们会把这些中国人踢进水里，头一露出水面，就开枪射击。

愈来愈多的证据给被告席上的人造成沉重打击。南京暴行期间的副陆军大臣梅津大将忧郁地坐着，几乎是在发呆。衣冠楚楚的前驻意大利大使白鸟敏夫低着头，凝视他的鞋子。永野海军大将看起来瘦了许多，其他好几个被告仿佛在牢房里度过不少不眠之夜。在盟国的新闻室一直保留一个非正式的记分表，大家一致认为满洲和中国问题阶段的证据严重挫伤了十名被告，他们是七名将军：土肥原、板垣、小矶、松井、武藤、荒木和南，一名大佐：桥本，以及两个平民：大川周明和广田弘毅。人们感觉松井和武藤肯定会判死刑。

当被告们战前的姿态和言论之荒谬被曝光时，他们就更加坐立不安了。国际检察局援引了日本对奉天事变、卢沟桥事变，以及整个中国"事变"的两面派思维和两面派言论的例子，其中有诸如前首相平沼、大使白鸟、外相松冈和大佐桥本等被告的评论。松冈曾描述奉天事变是"民族精神的提升"，日本在中国的战争是"解放"。至于日本退出国际联盟，松冈称其为"日本使世界走上构建真实与真正和平之路的日子"。在松冈矫揉造作的言语中，日本是一个"神圣的国家"。联想到中国事变的最终结局——日本被制服——松冈甚至已经解读了未来："我们的国家是一个神圣的国家，这个事实意味着，在某种程度上，当我们的国家依据神的旨意前进，将会得到上天的惠顾，如果我们违背神的旨意，就会被上天惩罚。"

以其对战争的强烈欲望，日本的军国主义分子和政治狂人误读了上天的旨意。

16 非常规战争：毒品和疾病

日军不仅在中国建立专制政府，而且通过麻醉品交易为占领提供资金。正如盟国起诉书所指出的，一届又一届日本内阁，通过其陆海军指挥官以及在中国的民间代理，蓄意推行旨在削弱中国民众反抗意志的政策，其手段不仅是实施系统的暴行，而且还有"直接或间接鼓励增加鸦片和其他麻醉品的生产和进口，在中国人当中促进这类毒品的销售和消费。"

检方有关毒品贸易的案情陈述，有一部分此前就出现过。日本在中国的麻醉品政策，如潜望镜一样，在南京暴行的证据中已经断断续续、粗略地把自己暴露出来了。审判中首次提到毒品这个话题是在美国外科医生罗伯特·O.威尔逊的证词中，他无意间评论道，日本人到来之前，在南京（以及在中国其他地方）贩卖毒品是死罪。但是日本占领后不到一年，公开的鸦片烟馆像芦苇一样在长江沿岸蔓延开来。另外一位证人回忆，随着日本人的到来，在南京"海洛因很容易弄到"，中国劳工（所谓"苦力"），年纪从 10 岁到 30 岁不等，常常被老板以海洛因香烟当工钱支付。

然而，有关毒品形势最有说服力的证据是由迈纳·瑟尔·贝茨提供的，他对中国日占区的鸦片交易独立进行了一些调查。他作证说,在南京被占领后不到一年,原首都的鸦片销售变得十分猖獗,日本陆军特别服务队买卖兴隆,每个月都轻轻松松做成 300 万美元的鸦片、海洛因和吗啡生意。据贝茨的保守估计,在日本占领的早期,50 000 人,或者说南京人口的八分之一,就已经是毒品的常用者了。作为推断,他评论毒品与犯罪之间有着紧密的关系。他注意到南京有毒瘾的人犯抢劫案已达到愈演愈烈的地步,"对每个人来说都是一件严重的事情"。但证言的高潮与他 1939 年的东京之行有关。在外务省,他与一位鸦片贸易问题的日本专家交换了意见,这位专家在中国中部巡视了两个月,最近刚刚归来。"他告诉我,在汉口和长江流域其他城市目睹的可怕的上瘾情况使他极为痛心。当我问他是否有希望改进的时候,他悲哀地摇了摇头说:'没有,将军告诉我只要战争还在继续,就没有希望好起来,因为还没有为傀儡政府找到其他好的财政来源。'"

根据贝茨的一项研究,到 1940 年,北平有 600 个有执照的鸦片馆,汉口有 460 个,广州有 852 个。他说:"整个占领区的局面是,鸦片在官办的或有执照的商店里公开销售,海洛因也被积极推销。在某些情况下,有诱人的鸦片广告;还有一种情况是,日本兵用鸦片当作酬金支付给妓女和军需仓库的劳工。"

中国陪席检察官向哲濬负责处理国际检察局有关麻醉品问题的主要阶段。他指控,在中国,凡是日本人践踏到的地方,他们都打着抑制鸦片使用的幌子建立鸦片专卖机构。鸦片专卖机构充当分销渠道,把鸦片及其衍生物海洛因和吗啡卖给中国的男男女女以及儿童。然而,日本人严厉处置吸毒的日本兵和日本侨民。向哲濬说,日本的鸦片运作有双重目的:削弱中国人民的抵抗意志,并提供可观的收入"以在资金上支持日本的军事和经济侵略"。此外，日本贩卖麻醉品违反了日本人自己郑重签字的关于制止毒品蔓延的一系列国际条约，其中包括管制滥用鸦片及其他毒品的海牙公约、国际联盟盟约关于贩卖鸦片及其他毒品的规定，以及关于麻醉药品的日内瓦公约。

盟国的证据势不可挡。

早在1932年6月4日，在得到东京批准的情况下，关东军参谋长在被占领的满洲建立了鸦片专卖制度，为成立"满洲国"提供资金。约瑟夫·季南的调查人员在日本工业银行的档案里发现了一个契约，发行相当于3 000万日元的债券为"满洲国"的建立融资。几个财阀集团的银行，包括三菱、安田、川崎、住友和三井组成一个银团包销债券。这个财务安排的第四条规定，"债券以鸦片专卖之利润担保。……本金和利息以专卖之利润优先偿付。"

除此之外，还对日本占领区的罂粟种植者提供财务奖励。从事粮食生产的农民每英亩可按7%的年息借到1.8美元，而那些种植用以提取鸦片的罂粟的农民则可以得到每英亩12美元的贷款，年息只有2.3%。尽管如此，根据作为呈堂证据的美国财政部驻上海代理机构的报告，这个贷款做了手脚，欺骗中国农民。"指望种植罂粟获取可观利润的很多农民发现，由于硬性规定只能把鸦片……以比市场价低很多的固定价格卖给日本人，他们根本没有利润。"报告这样解释。"收获后，很多农民无法偿还贷款，土地就被充公了。"

虽然在中国日占区有数十万英亩土地转种罂粟（超过15万英亩在满洲），日本当局仍不能满足吸毒成瘾者的需求，其数量级已膨胀到以百万计。日本人通过从海外进口鸦片来解决这个问题，主要是从伊朗。审判中财阀集团再一次浮出水面。依据法庭的证据，三菱控制毒品在"满洲国"的装运和分销，三井负责中国的中部和南部。中国北方则是两家争夺的地区；1939年订立的一份和约写明，"华北的分销由两家公司对等共享。"

欧洲的战事影响了这些计划。由于国际船运的不确定性，日本皇家海军接受了毒品贸易的护航任务。有一次，两艘驱逐舰被秘密派到锡兰水域，为一批从伊朗运往中国海岸的毒品货物护航，因为日本特工的电报称，其中一艘装载鸦片的不定期货船"担心德国的潜水艇而不会继续航行"。这艘货轮运载1 000箱鸦片，每箱价值30 000美元。这样看来，单独一船货物就价值3 000万（1940年的美元），如果按今天的市场价格则超过两亿五千万美元。

"满洲国"是第一个受这些政策影响的日本占领区。3 000万人口的三分之一在较短时间里染上了毒瘾。在证人席上，前"满洲国"鸦片专卖局副局长（局长是满洲人）难波经一（Tsunekazu Namba）声称他的目标是制定严格禁止麻醉品使用的条例，以便减少有毒瘾的人数。然而，在新西兰陪席检察官罗纳德·奎廉的敦促下，难波承认，在"满洲国"开展鸦片抑制计划的十年中，专卖局的利润增加了。但难波并不将此归因于上瘾人数的增加，而是主要归因于销售量增长和价格提高所导致。这位证人还认为这是一个"可喜的迹象"。

难波的作证显示出，控制"满洲国"财务的被告星野直树在他的任命问题上起到了关键作用。作为专卖局副局长，星野是不是期待他从鸦片的销售中增加利润？"我记不清了。"难波回答。星野是否告诉过他，在"满洲国"的日本陆军指望从鸦片销售中获取更高的财政收入？"我完全没有印象。"证人说。奎廉随即打开一份关东军参谋长1932年6月4日给东京副陆军大臣的文件，文件警告"满洲国"在维护"法律和秩序"上会出现财政赤字,建议从海关"和鸦片销售"增加税收以消除赤字。

几个证人作证时都没有提到在"满洲国"的日本国民是否也吸食鸦片。奎廉要求难波澄清这个问题。例如,在满洲的日本国民是否需要得到许可才能向专卖局购买鸦片?证人回答:"我想那无须点明,因为日本法律严格禁止日本国民接触鸦片。"

到日本证人离席的时候,已暴露出被告中的金融操纵者充其量不过是被美化了的毒品贩子。星野、贺屋和铃木在被告席像岩石上的蜥蜴一样呆坐着,除了不由自主地眨眼外,一动也不动。

国际检察局向法庭提交了大量证据,绝大多数都是统计数字,韦伯不得不在某处拦阻一下。"你们一定接近饱和点了吧。"庭长暗示,"证据大概快到堆积的程度了。"但是毒瘾的悲剧也以更为人性化的方式有力呈现出来了。在一份1936年10月13日从奉天发出的机密报告中,美国领事威廉·R. 兰登(William R. Langdon)描述他走访一个卖破烂的市场,市场附近有一条臭气熏天的排水沟,分销毒品的妓女所住的简陋棚屋错落其间。"就在毒品妓院后面的一个灰堆上横躺着七具赤裸的尸体(他们的破烂衣衫显然是被其他吸毒者剥走了),这真是以奇异的力量展现了因果关系。尽管红卍字会定期运走尸体,但一般来说这就是日常景观。毋庸赘言,这些死者都是因麻醉品中毒而走向末日的。"

没有多久满洲的垃圾堆就变得声名狼藉,以至于日本人控制的中文报纸《盛京时报》(Sheng Ching Shih Pao)在1937年2月18日发表社论,抱怨奉天存在灰堆抛尸的现象,尸首蓬头垢面,上衣和裤子都被剥光。"一眼就能看出他们是吗啡上瘾者。"检方提交的一份报纸这样报道。接下来报纸还略微触及了城市的体面:"强烈希望市政府和慈善机构尽早给这些尸体穿上衣服下葬，以示尊重人道，并改善城市面貌。"

这一切与东京有什么关系？一位日本的检方证人以一种致命的方式确立了这个连接点。这个人叫及川源七（Genshichi Oikawa），是兴亚院（Ko-A-In），或称中国事务委员会的前董事。兴亚院是已故首相近卫公爵在1938年建立的，旨在监督中国日占区的政治、经济和文化事务。鸦片贸易便处于这个日本官方伞状组织的指令之下。近卫本人以及后任的几位首相都担任兴亚院的总裁。机构的四个副总裁分别是陆军、海军、大藏和外务四位大臣。因此，被告席上凡是从1938年到1945年担任过其中任何一个职位的人都曾直接插手过作为国策的毒品贩卖活动。这就好像是黑手党控制了日本政府。"兴亚院研究了中国不同地区的鸦片需求，统筹鸦片分销……到华北、华中和华南。"及川平铺直叙地说道，"分销是通过中国的组织来实现的。"

难怪近卫公爵去年12月在抓捕他的前夕自杀。在市谷的新闻室里，报道审判的外国记者的一致认为，假如近卫受审，仅凭鸦片问题阶段的证据这一项，就会被判定犯有危害人类罪，并且会被处决。

在审判的最初四个月期间，检方主要处理日本的内部事务、对满洲的征服和对中国的侵略，出于安全方面的原因，事关对日占领或正在兴起的冷战，美国人明显禁止检方在某些方面的调查。裕仁的角色是最突出的例子。到1946年秋天已经很清楚了，尽管天皇的名字在庭审记录中反复出现，但他本人不会作为检方或辩方的证人被传唤。财阀集团似乎也出局了，虽然不可能全部回避对这些主导日本商业活动的金融和工业巨头的提及。

但另外还有两个敏感得多的领域：日本的核武器计划和细菌战计划。前者在法庭 1 000 万字的庭审记录中没有出现过，虽然法庭记录曾零散提到了广岛。后者则不经意间浮出过水面，然后就迅速而神秘地被掩盖过去了。

1945 年 11 月 17 日，国际检察局发电报给南京的中国战争罪行委员会，索取日本人在中国被占领地区战争罪行调查报告的摘要。这份报告是由南京地方法院的检察官准备的，美国助理检察官戴维·萨顿宣读了文件的部分内容，载入远东国际军事法庭的记录。在"关于其他暴行的具体情况"的小标题下，萨顿读了三句话："敌方的多摩部队（TAMA Detachment）把抓来的平民送到医学实验室测试他们对有毒血清的反应。这支部队是最秘密的组织之一。被这支部队杀害的人数不能确定。"这是远东国际军事法庭第一次暗示日本人进行人体细菌战实验。

在萨顿以沉闷的语调讲述不相关的事情时，威廉·韦伯爵士打断了他。韦伯感到困惑和恼怒。"关于你所说的对有毒血清反应的实验室测试，你是否准备给我们提供任何进一步的证据？"他问道，"这可是个全新的事情，我们以前从来没听说过。你是打算到此为止了吗？"

萨顿的回答出人意料："我们此时没有打算就这个问题提出新的证据。"然后他回到中国的文件，继续列出已知在占领区执行"集体屠杀"中国人的九个日本陆军单位——它们是纳粹别动队（*Einsatzgruppen*）的先驱者（别动队也叫行刑队，后来在被占领的俄国活动）。但是关于细菌战，辩方尽管也不知情，却认为倘若对检方提到这一点听之任之不予挑战的话会很危险。小矶大将和大川周明的辩护律师阿尔弗雷德·布鲁克斯提出反对。他推测,所谓日本用有毒血清做试验的说法,可能是与中国被占领地区的一个公共卫生项目混淆了。他说:"我们要问一问检方,不会是指对这些人(犯人)的一系列疫苗接种吧。"布鲁克斯的同事、魁梧的迈克尔·莱文(Michael Levin)是贺屋兴宣和铃木贞一这两位金融家的律师,他参与反对,对庭长说:"庭长先生,我相信针对这类文件的使用,辩方应受到某种保护。"

韦伯同意了。"我理解你所反对的证据是提到可能用有毒物质在中国人身上做测试的文件。这还要看我的同仁们怎么想,不过依我看它只是一个没有任何证据支持的断言。"莱文点头认可,评论说盟国检察官在陈述"这类事情"的时候,对法庭、被告和公众负有谨慎行事的责任。韦伯再次表示认同,宣布法官拒绝没有依据的陈述作为证据。

这场法律辞藻之争就这样结束了,细菌战的问题在审判期间再也没有被提到。

像法庭的其他一些观察者一样,我感到既困惑又好奇。在我这个外行眼里,法庭应当关注的正是这一类事情,而不是在法律技术细节方面似乎无休止地辩论。然而我既没有跟进这个事件,也没有在当天的合众国际社电讯稿中提到它。原因并不复杂:像法庭上其他记者一样,我已被证词淹没了。庭审记录里的故事比一千零一个还多,只有《天方夜谭》里的谢赫拉莎德(Scheherazade)才能把这些故事全部讲出来。

东京法庭完成使命之后,1950 年 2 月 23 日苏联政府的官方日报《消息报》(Izvestia)攻击约瑟夫·季南"对首要战犯软弱",并指责说,苏联检察官曾经把日本细菌武器实验的确凿证据交给盟国首席检察官季南:"1946年9月,参与东京审判的苏联检察人员把这支(多摩)部队主要官员的证据交给这位首席美国检察官,季南却对此视而不见。……证据揭露了日本军国主义者筹备细菌战,野蛮地用活人做试验。"同年,莫斯科发表了1949年12月25日到30日对12个前多摩部队成员的审判记录,这些人是与几十万日本部队一起在满洲被苏联人俘虏的。这12个人因在盟军战俘和中国平民身上进行细菌战实验被定罪并判处监禁,同时判刑的有关东军参谋长山田乙三(Otozo Yamada)中将[1],这意味着他对活人感染鼠疫、霍乱、斑疹伤寒、炭疽和坏疽病菌的实验是知情的。(远东国际军事法庭被告席上有三个人是前关东军参谋长——东条英机、板垣征四郎和梅津美治郎——从而与这些实验有干系。我们可以回想一下,苏联曾坚持起诉这三人当中的梅津。)苏联的审判基本上被世人忽视了。1930年代斯大林操控的大清洗审判,数以百万计的人被处决,完全抹黑了马克思列宁主义的司法概念。

然而多年之后的1976年,东京广播公司证实了多摩部队的存在。一位日本记者经过三年的调研,追踪到这一绝密计划五位健在的成员,这些人告诉他,作为向美国当局透露研究内容的回报,他们逃脱了被当成战犯起诉的命运。这个故事在日本引起了轰动。此后,一本写这支部队的书《魔鬼的贪欲》(*The Devil's Insatiability*),在日本卖出了150多万册。这是战后日本出版的涉及日本人暴行少数几本著作之一。

在西方世界,有关多摩部队的第一次详细报道出现在1981年,刊登于美国出版的中间偏左的非著名刊物《关心亚洲学者通

---

1 应为大将——译者注。

讯》(*Bulletin of Concerned Asian Scholars*)。文章作者后来又为 1981 年 10 月号的《原子科学家公报》(*Bulletin of Atomic Scientists*)写了一篇类似的文章,这次被多家美国新闻机构转载,从而在美国得到广泛报道。这里面有个颇具讽刺意味的元素。两篇文章的作者是约翰·W. 鲍威尔(John W. Powell),他在 1949 年新中国成立之后留在中国,而且在那里自由行动。他曾因朝鲜战争期间的活动,被美国指控犯叛国罪,后来由于大陪审团没有通过起诉书,对他的指控被驳回了。他的父亲约翰·B. 鲍威尔(John B. Powell)是战前驻中国的著名记者,在东京审判中国问题阶段是检方的关键证人。老鲍威尔在战争期间被关押在日本人的平民集中营,双腿残废了。

据称,日本人的细菌战实验包括使囚犯感染疾病、冷冻囚犯的肢体、把囚犯置于杀伤炸弹作用力之下。中国妇女被染上梅毒以便研制疫苗。囚犯被感染鼠疫、斑疹伤寒、伤寒、出血热、霍乱、炭疽、兔热病、天花和痢疾。给囚犯注射马血,通过长时间暴露在 X 射线下摧毁他们的肝脏。盟军囚徒被活生生解剖。战俘被绑在柱子上,装有腺鼠疫和其他可怕病毒的散弹在附近引爆,而日本军方技术人员则身着防护衣,手持秒表,测量囚犯多长时间会死亡。实验在满洲和南京市郊展开,还包括用瘟疫病毒轰炸一些中国城市。中国军方的医疗队对战时几个地区瘟疫的神秘爆发定期发布报告。这种实验在广岛原子弹爆炸后戛然而止了。

1983 年,我向 79 岁精力充沛的前中国军队军医总监、中国公共卫生的先驱杨文达(Yang Wen-tah,音)将军追问隐瞒细菌战情报的问题。他认为全部故事应当以"正确和真实"的名义公之于众,并且向我提供了很多事实以及他的前任、如今已 80 多岁的军医总监陈利凯(Chen Li-Kai,音)两页纸的书面证词,证实 1940 年

2月他曾亲眼见证一架海军水陆两用飞机飞到湖南常德大约300英尺上空，扔下"棉质"的包裹。两个星期后鼠疫就在常德爆发。起疑的陈将军迅速在城市周围实施60天的检疫隔离（通常是40天），并且给市民接种预防鼠疫的疫苗。杨、陈两位将军的共同见解是，"1940年2月腺鼠疫在中国湖南常德的爆发肯定是二战期间某外国侵略军散播的。"到如今，由于担心冒犯日本人的情感——被孤立的中华民国[1]太需要日本的政治支持了——两位医生都不愿意指明"外国侵略军"是日本人。"但是在1940年并没有其他外国军队入侵中国。"杨将军说，"不可能得出其他结论。"他觉得中国人在远东国际军事法庭或者其他场合没有对这个问题施压，因为当时在更广泛的领域有其他可怕的罪行必须处理。

回顾往事，考虑到法庭有关日本在中国日占区麻醉品政策的证词，看起来瘟疫实验加上鸦片计划及行刑队的使用，目的就是为了降低中国的"剩余"人口。在台北，前中国战罪法庭审判长石美瑜告诉我，中国政府掌握证据，宪兵队曾经向东京提议"日本把所有的中国人从地图上消灭"，这是希特勒处置吉普赛人和犹太人"最终解决方案"的日本版。

1982年，面对各种报道，日本政府正式承认3 000多盟军战俘和中国平民曾经在生物和医学实验中被当作试验对象。国务大臣田边国男（Kunio Tanabe）在4月向国会表明，"从人道的观点出发深感遗憾。"四个月之后，日本最主要的新闻机构共同社报道，在细菌战实验的背后存在着一个期望，即开发一种瘟疫武器用于对美战争。日本的核技术滞后，希望细菌战会成为它的终极武器。

---

1 中国台湾——译者注。

华盛顿决定给予这些日本战犯豁免，并在远东国际军事法庭隐瞒细菌战证据，其动机是希望阻止斯大林得到有关日本原子弹计划的绝密情报。要记住，在远东国际军事法庭的那段时间里，美国垄断着核武器。

无论如何，美国在远东国际军事法庭隐瞒证据的决定是成问题的。最后一位健在的东京法庭法官——荷兰的 B. V. A. 勒林最近表达了这样的观点：美国应当"感到羞耻，因为他们对法庭秘而不宣日本人在满洲用中国和美国战俘进行生物学实验的情报"。在《原子科学家公报》的一篇评论中勒林写得更加尖锐："作为远东国际军事法庭的一名法官，现在被告知美国政府将日本核心层下令的、最令人作呕的战争罪行对法庭保密，这对我来说是一场痛苦的经历。"

这样，1946 年秋从远东国际军事法庭传出的恐怖故事，即便是最骇人听闻的，也还没有尽现日本战争罪恶的全貌。

17 轴心国受审

绕开了日本的细菌实验和核研究问题后,远东国际军事法庭下一步把注意力集中在柏林-东京轴心的形成。这个联盟既合逻辑又肮脏。两国领导人都是扩张主义者和种族主义者,都具备警察国家的心态。检方当作证据提交的文件中有一份 1940 年日本领导人会议的秘密记录,会议由天皇主持。健谈的外务大臣松冈洋右(是他精心安排了与德国和意大利结盟)在会上透露了他与纳粹同行约阿希姆·冯·里宾特洛甫外长多次谈话的隐秘详情。松冈说他向纳粹分子解释了日本在亚洲和太平洋"新秩序"的内涵。他说:"目前,新秩序会包括法属印度支那、泰国、缅甸、马来亚、荷属东印度群岛,以及西南太平洋。"日本的殖民帝国将会取代欧洲人。松冈补充道,当日本巩固了对这些地方的控制时,"(新秩序的)含义会逐渐演变"到包括澳大利亚和新西兰。不过,松冈对自己的克制很得意。他告诉御前会议,"我没有提到印度。"

在德国人方面,他们宣称要控制整个欧洲,同时也以不提非洲而显示了自己的克制。但是一旦德国人和日本人在各自区域建立起霸权,松冈说,里宾特洛甫"指出可能需要……共同行动"来对付美国。

盟国在东京法庭的案情陈述主要是依据盟军占领德国时缴获的文件和在巢鸭对被告的侦讯，尤其是大岛浩的案卷。大岛浩是一位衣着端庄的将军和外交官，他起初在柏林做日本大使馆的武官，后来当大使，被日本人称为"比纳粹还纳粹"。

尽管援引的材料混杂（威廉·韦伯爵士再一次抱怨检方使诉讼陷于忙乱），但其中两个日期有重大意义。第一个是 1938 年 2 月 4 日，那一天作为平民的希特勒取得了德国军队的最高指挥权；另外一个是 1940 年 7 月 18 日，那一天日军统帅部基本上实现了对文官政府的夺权。在这两个日期之间，曾有过短暂的六个月时间，日本的主和派为终结在中国的战争和阻止日本滑向一场世界大战，做了拼死的努力。激烈反对与纳粹结盟的海军大将米内光政在那段时间里担任首相。

又一次，国际检察局证明了军国主义分子通过暗杀实现了重掌政府的目的，使旁听席上的日本人震惊。木户日记的摘录被宣读并记录在案。包括米内首相在内的七位政府领导人被锁定为"建议的目标"（这是木户的巧妙表达）。刺杀小组预定在 1940 年 7 月 5 日早上 7 点钟出动，但是民警凭借"秘密情报"提前九分钟突然袭击，挫败了这个阴谋，将蓄谋的刺客一网打尽，缴获一批军火，有手枪、手榴弹、"莫洛托夫鸡尾酒"土制汽油弹和其他武器。天皇的首席顾问就事论事地接着写道，"结论是，面对这个严峻形势，更换内阁是不可避免的了。"

暗杀的企图被挫败，军国主义分子使出惯用的政治谋略来扳倒米内首相。陆军大臣畑俊六元帅提交辞呈，颠覆内阁。7 月 18 日，就在文官们艰难拼凑一个新内阁的时候，陆军不动声色地夺取了政权。畑启动帷幄上奏权（iaku joso），即直接觐见天皇的权利，觐见了裕仁。据木户日记披露，畑"秘密举荐东条出任陆军大臣"。天皇对军方的独断专行感到震惊，斥责畑的行为"越轨"。但事已至此，裕仁也无力反对军国主义分子的要求。当日晚些时候，作为军方的挂名首长，近卫公爵组成了他的第三届也是最后一届内阁。谁是他的陆军大臣？东条英机，一个梦想更大更成功战争的、与希特勒结盟的热情推动者，一个比其他任何人更会导致日本在一年半之后与美国开战的人。

新内阁最先的行动之一就是例行公事般地为与纳粹德国的结盟加盖了橡皮图章。此后不到十个星期，随着墨索里尼的意大利成为新伙伴，三国轴心协定形成了。

法庭证据彰显，很多有影响的日本人士知道他们已经是骑虎难下了。国际检察局提交了一份枢密院会议记录作为证据，会议是前首相平沼男爵主持的，他如今坐在被告席，显得比以前更加忧郁而憔悴。天皇裕仁出席了那次会议，当会议一致批准轴心协定时，他像舞台道具一样一言不发地坐着。但会议并非如表面的团结一致所显示的那么顺利。一位枢密院成员直言不讳地说："由于我深深担心这个联盟的实施容易招致严重灾难，我想对这个草案讲几条坦率意见。没有一个国家从自己与德国结盟中得到过任何好处。……我相信纳粹德国希特勒总理也是个相当危险的人物。……无论从哪个角度看，我们都不能相信希特勒领导下的纳粹德国会是日本的忠实朋友。"然后，不敢再深入，这位枢密顾问坐下来对协议投了赞成票。其他很多人对结盟感到不安，但已无力阻止陆军大臣东条自以为是、令人畏惧的野心，他已经成为日本最有权势的人了。

德国和日本的统帅部尽管相互不信任，还是展开了积极合作。

法庭证据揭露他们互换情报和技术支持。1940 年德国的俯冲轰炸机专家到日本培训日本海军飞行员。德国人给东京提供了攻击马其诺防线的详情，以帮助日本人攻打英国在新加坡和香港的固定炮台。赫尔曼·戈林亲自保证，"德国在战争过程中的所有经验将会对联盟的日本军队开放。"最突出的是，作为亲密合作的象征，纳粹外交部长冯·里宾特洛甫向日本人提供一件秘密武器——"当代最伟大的军事头脑"，即元首本人。可惜的是，日本人对这种自以为是姿态的反应在刚投降的那段时间里被焚烧销毁了。

在日本人这方面，他们给了德国人 70 枚比西方先进很多的空投鱼雷。希特勒兴高采烈，亲口承认德国在武器发展这个领域"落后"，并感谢日本的"大力协助"。他告诉日本人，正在立即组建一支德国空军联队以便使用这些鱼雷。

在法庭出示的证据中，最令人恐怖的是日本和德国的领导人讨论军事行动时泰然自若的方式。法庭在这个阶段的证据清晰地展示了柏林和东京共同致力于战争，任何绥靖政策都不会阻止他们。当时不列颠之战依然胜负未定，日军在中国陷入泥淖，而他们此刻居然在策划一场更大范围的战争，这虽然看起来匪夷所思，但事实就是如此，柏林和东京的秘密协商侧重于何时何地发动下一波打击的问题。然而，没有一方把全部心里话向另一方和盘托出。

对米内内阁的倒台，德国人欢欣鼓舞。他们期待日本奉行"更积极的反英政策"，在这一点上他们没有想错。随着米内出局，日本陆军统帅部作为最高机密告诉希特勒，他们已经作好了攻打香港的计划。但是德国人更急于让日本攻打新加坡，因为新加坡是英国在苏伊士以东最大的海军基地。纳粹害怕罗斯福制造出另一个租借协议，让英国把新加坡转给美国太平洋舰队，以换取美国加快交付给英国的军事援助。1941年2月28日，里宾特洛甫向大岛大使建议，"日本应尽快攻击。……占领新加坡必须以闪电般的速度发生"——闪电战（blitzkrieg）。德国人确信美国将不会干预，因为"它尚未武装起来，不会在夏威夷以西让它的舰队冒险"。希特勒向他的核心集团解释，日本加入对英国的战争至关重要，而新加坡就是关键。他说，这将会转移美国人的注意力，缠住美国的舰队。但是希特勒内心深处还有其他的考量："有关巴巴罗萨行动（Operation Barbarossa），绝不能给日本人任何一点暗示。"巴巴罗萨行动指的是侵略俄国。

其实，当大岛、松冈和其他日本高级官员同德国人讨论攻打新加坡和香港的计划时，日本人同样只字不提他们的首要目标——夏威夷。不过日本人暗示了日本与美国之间发生战争的可能性。举例来说，1941年3月，松冈拜会了希特勒，询问了那个年代最重要的问题：如果日本与美国之间爆发战争，德国会怎么样？元首毫不迟疑地回答："万一日本同美国发生冲突，德国会立即发动攻击。"东京方面大喜；如果袭击珍珠港需要得到最后批准的话，这就是了。

大岛在他与约阿希姆·冯·里宾特洛甫的谈话中更明白一些地暗示，在太平洋的风中有着某种东西。他说，到5月，日本会完成入侵新加坡的准备，但又谨慎地补充："为安全起见，必须做好准备不仅对英国开战，而且也对美国开战。"

检方在大量文件信息的基础上继续增加新的内容，援引了意大利外长加莱阿佐·齐亚诺（Galeazzo Ciano）伯爵的日记。齐亚诺伯爵老于世故、优柔寡断，是墨索里尼圈子里的近卫公爵。1941年12月3日，当日本舰队秘密驶向珍珠港时，齐亚诺那天的日记披露,日本人通知他美日关于中国的谈判已陷入"僵局",而一旦敌对行动发生,日本正式要求意大利向美国宣战。"译员翻译这个要求时,颤抖得像一片树叶。"齐亚诺伯爵写道。

有趣的是,齐亚诺日记爆出希特勒对日本人要求的反应没有墨索里尼那么热情。而且,不论是德国还是意大利,都不知道日本人会在何时何地如何开启对美国的战端,只知道东京已经选择战争。到了 12 月 5 日,日本舰队已在夏威夷以北摆开最后的阵势,盖世太保特工、德国驻东京大使海因里希·施塔默尔发给柏林一封"特急!"信息,报告美日谈判破裂迫在眉睫,日本准备攻击了。德国人就像大多数美国人和其他人一样,以为日本将会攻打法属印度支那。人们对日本运兵船驶离越南海岸、开进暹罗湾的报告习以为常,连新闻机构都报道了他们的动向。可笑的是,前驻意大利大使、伶牙俐齿的外务省发言人白鸟敏夫(如今坐在被告席上)告诉施塔默尔大使,主流日本人相信美国想要通过一扇亚洲后门参与欧战。其实这是齐亚诺的说辞;白鸟可能是在罗马捡到这句话的,如今又反赠给轴心国占据的欧洲。当然,倘若属实,那么柏林和东京只要避免一场太平洋战争,便可以使罗斯福的外交政策短路。但是东京想要战争。于是紧接着,白鸟的话被施塔默尔引用,当作一种表白:由于日本内部事务的缘故,"在敌对行动开始的同时或是在开始之后,不可避免地要宣布与美国存在战争状态,或者是对美国宣战。"

法庭证据显示,柏林和罗马在 1941 年 12 月 7 日欢欣鼓舞。墨索里尼"快乐"、里宾特洛甫"大喜",而希特勒更是欣喜若狂。作为希特勒热忱的外部标记,他授予大岛大使金质德意志鹰大十字勋章以表彰其推动日本攻击美国的不懈努力。偷袭夏威夷合乎希特勒的荣誉观。"你们发出了正确的宣战！"在授勋仪式上希特勒告诉沾沾自喜的大岛。"这是唯一适当的办法……务必尽可能猛烈地攻击，而无须费时宣战。"据检方缴获的文件，元首接着把日本的和平意愿比作德国的和平意愿，称赞日本与罗斯福打交道时有"天使般的耐心"。按照希特勒的说法，人人都知道德国和日本力图避免战争，但被迫参与其中。希特勒还看不起美国人的战斗意志，他问道："一个以美元为神祇的部队怎么可能坚守到最后？"大岛和希特勒在利令智昏的状态下，必定对这个评价开怀大笑。

在被告当中，策划侵略战争的证据伤害最厉害的是两个驻轴心国的大使：大岛和白鸟，尤其是大岛。证据还表明，大岛并非只是传统观念上外务省的大使，而且还是陆军省的大使。大岛中将还指导过日本的情报和反间谍活动。他通过自己的美国辩护律师欧文·坎宁安发起了一场徒劳的法庭抗争，企图阻止检方把他的外交函电和对话列为证据。

坎宁安激烈争辩，大岛的所作所为是驻柏林大使或武官应当要做的事情。"他的行为依据国际法的外交豁免规则享有特权，这是不可侵犯的国际公法。"他主张，大岛就其行为享有免受惩罚、免于承担刑事责任的豁免权，盟军将他逮捕和拘押本身就违反了国际法。韦伯驳回了坎宁安的反对意见，说法庭决定听取这个证据，不过，他加了一句："一个大使，因违反国际法而获罪，却置身于国际法的管辖范围之外，这虽然看起来是一件匪夷所思的事情，但无论如何，在结案的时候你还是可以这样去论争。"

指向大岛的证据是极具破坏力的。除其他事情外，他曾管理日本在欧洲的宣传鼓动和恐怖活动。这方面的证据是从负责集中营的纳粹政权杀人凶手海因里希·希姆莱（Heinrich Himmler）的私人文件以及大岛在巢鸭审前侦讯时滔滔不绝的供词中发现的。根据希姆莱证据,大岛在德国的法尔肯塞购置了"安全房",在那里训练白俄杀手,同德国反间谍机关阿勃维尔(Abwehr)合作履行苏联境内的任务。大岛向希姆莱炫耀,他已经派出"十名携带炸弹的俄国人越过高加索前线……奉命杀死斯大林"。还派出去别的特务,但是他们"已经在前线被枪杀了"。大岛还"在风向合适时"从德国占领的波兰放气球到俄国,携带宣传小册子。此外,他在罗马尼亚黑海港口暗中经营一艘摩托艇,用来运送传单到苏联的克里米亚。大岛在阿富汗还安插了一个特工,但这个特工被驱逐出境,因为"被怀疑有意推翻阿富汗政府"。这就促使希姆莱告诉他,"我在那里有一名警官,一旦你再派人到那里,两个人可以很好地合作。"

这些披露刺激了法庭,但是检方再也没有跟进。也许无此必要,而且肯定是没有时间了。远东国际军事法庭试图用 50 000 页书写 1928 年到 1945 年活态的、纪实的历史,而证据只不过轻轻掠过那一动荡时期繁纷复杂政治军事局势的表面而已。

18 盟国间的麻烦

随着审判的进行,检方案情陈述常常不均衡的现象已经越来越明显。为了节省时间,盟国的案情一再压缩,有时不知所云,胡乱充斥着不明不白的人名、日期和地名。中国证人江辰英(Kiang Chen-ying,音)上校的证词便是这类压缩的一个合适例证。他说日本人在中国的暴行太多了,以至于他只能列举"几个突出的例子"。下面是一个例子,全文照抄:

"日本陆军 4204 部队第 38 营指挥官水野(Mizuno,音)、情报主任香川(Kagawa,音)、助理情报官江尾(Ebi,音),1945 年中国农历三月二十四日在河北省交河县第四区军屯村用刺刀或活埋,屠杀了 128 名无辜的妇女和儿童。交河县地方政府的报告记录了这一事件,包括受害人名单。"

简简单单一段话迫切需要详述。然而它只不过是日本人实实在在成千上万起屠杀中的一起,没人有时间深入追究。邪恶是如此平常,以至于经过一段时间,暴行听起来都差不多了。这个困难又叠加了检方不按顺序传唤证人的偏好,因此就跟不上国际检察局追查的路径。检方太多次解释道,"证据过些时候会连接起来"——可能意味着几个小时、几天、几周或者几个月之后,假如最终真能连接起来的话。

为检方说句公道话，这个决定并不是由他们作出的。审判的后勤工作复杂到难以置信。证人从新加坡、澳大利亚、中国、美国和其他地方飞到东京，被安置在简陋的民居，要他们随时准备出庭。但是由于法庭的法律之争愈演愈烈，证人几乎要漫无止境地等待。检察官第一次不按顺序传唤证人时，告诉法庭说这些证人已经在东京待了一个多月了，而且"他们本身的处境令他们再待下去就很难堪了"。就辩方而言，他们经常抱怨被检方的这些花招弄得不知所以和措手不及。清濑一郎代表日本辩护律师，指责"这里混乱的原因之一是不按顺序传唤证人。"韦伯爵士被激怒了，大声说："这里根本就没有混乱。"然而确实混乱，在法庭大厅里几乎每一个人都认同清濑所说的话。

另外一次，国际检察局知会法庭，"由于处理有瑕疵的翻译，必须偏离一下庭审的顺序。"然后就不按顺序传唤几个证人。韦伯问这种偏离是否会影响证据逻辑上的先后关系，检察官承认："的确会影响。"在第一个证人（一个日本人）进入大厅时，韦伯问："你能不能提交更多的文件，先不传唤这个证人？因为印度法官不在这里。"

这段对话准确点出了三个问题：不按顺序传唤证人，翻译问题，以及法官的一再缺席——帕尔法官那天不舒服。

同时，不论是检方还是辩方，都轮番展示出一种奇怪的价值观。一名检察官询问证人日本军方声称在奉天被毁坏的铁轨是何尺寸，这很浪费时间。"你打算问到什么程度？"恼怒的韦伯问道。"我们对铁轨的尺寸不感兴趣。……拿点有用的东西来！"

辩方同样展示了自己的错位关注。一个典型例子出现在中国问题阶段,使我们得以洞察被告席上将军们的价值体系。武藤中将的辩护律师冈本尚一(S. Okamoto)对日本媒体错误引用武藤有关南京暴行的侦讯口供表示震惊。《朝日新闻》报道过武藤说他的同案犯、南京战地指挥官松井大将曾经被他的手下斥责。冈本指出,这是不实之词,是松井斥责他的下属军官。韦伯咆哮了,"我们在这里不是为了更正日本媒体说了什么。"但是冈本坚持他澄清记录的意愿。看起来不可思议,松井和武藤两位将军似乎把军方礼仪看得比他们的部队在南京的恐怖劣迹更重要。

法庭本身改变章程常常增添混乱。经过冗长的争论,法庭裁定证人可以通过宣誓证词书面作证(韦伯说这是法官们怀着"巨大的疑虑"作出的决定)。法庭后来又修改了这项规定,强制讲英语的证人必须出庭作证而不能使用书面证词。这一改动导致律师间更多的争论,浪费了时间,并从事件的叙述中进一步分散了注意力。还有,韦伯与双方律师频繁地就技术程序发生冲突,使法庭的进展受阻,例如,关于律师到底应该在文件成为证据之前还是之后提出反对的问题。韦伯坚持后者,使平沼男爵的美国辩护律师塞缪尔·J. 克莱曼感到困惑,评论说:"这个做法与我们在美国的做法太不相同了,在理解这个裁定上我有困难。"

如果连律师都对理解审判程序感到困难,那么这将置媒体和公众于何地呢?这些关于法律的争吵给东京审判蒙上了阴影,给远东国际军事法庭尖锐的批评者提供了持续攻击诉讼的口实。这些批评家把注意力更多地集中在程序上,而不是在证据上。

辞藻华丽的讲话方式是另外一个扰乱审判叙事的麻烦。律师们频频忘记远东国际军事法庭是由法官审判,不是陪审团,因而总是沉醉于夸张的语言。在中国问题阶段的开场,检方把日本对这个国家的占领说成是"自匈奴王阿提拉（Attila the Hun）时期以来无可比拟的恐怖故事"。法官们倒吸了一口气。韦伯警告："这些煽情的陈述……只会引起法庭的反感。我们被当成陪审团了，而不是11位头脑清醒的法官。"什么证人能出庭证明日本人的行为比阿提拉还坏？他讥讽地问道。

然而，庭长本人肆无忌惮的风格也对法庭的事情没有帮助。在审判早期，他宣称与远东国际军事法庭相比，"整个历史上没有更重要的审判了。"这个说法如同一个沉重的包袱，也令他的批评者们哄堂大笑。首先是将纽伦堡审判置于何地？韦伯显然后悔他的冲动，随着审判的进展往后退了一步，改口说东京审判是"历史上最重要的审判之一"。

西方媒体，特别是美国媒体，不久就对审判失去了兴趣。正如美联社东京站主任拉塞尔·布赖恩斯（Russel Brines）后来所写的，"有什么地方出了差错。"他认为审判的主题已经迷失在持久的法律战当中，律师之间的争吵经常比证词更加铿锵有力。来自康涅狄格州的年轻助理检察官弗雷德里克·米尼奥内在《得克萨斯法律评论》（*Texas Law Review*）上抱怨美国媒体的报道"吝啬和勉强"，还说，"也许，距离的障碍是造成对远东罪行的重要揭露缺乏兴趣的原因吧。"

但是这些解释并没有完全说明白，为什么在审判慢慢进行时人们对远东国际军事法庭的兴趣崩盘了。当然也应该注意到，即便在美国，对法庭的新闻报道也经历过牛市和熊市周期，就像如今对联合国的报道差不多。而用美国媒体刊登的内容判断全球，特别是亚洲人对法庭的兴趣是愚蠢的，因为美国的媒体一般来说总是狭隘的。东京审判在中国、菲律宾等地，当然还有日本，得到充分的报道。甚至连审判的批评者也承认这一点。美联社的布赖恩斯写道,"考虑到新闻纸的短缺,日本的报纸对审判报道得相当充分,而且定期地概括证据,发表社论呼吁这种'国耻'不要重演。但是媒体只能报告法庭大厅正在发生的事情。因此它的故事跟随着冗长、不连贯、不清晰的共同阴谋梗概,费力地跋涉在大量证词之中,这些证词在法律上也许分量很重,情感上却根本不吸引人。"弗雷德里克·米尼奥内评论说,"总的来说在日本和在东方,这个审判是占领的最重要阶段之一。它被日本媒体广为报道,第一次向亿万日本人民揭露了那些顽固的军国主义领导人的狡诈、欺骗和永无止境的权力欲望,写出了一部亟需的事件历史,否则这部历史就根本不会被记录下来了。"

另外一个从一开始就渗入法庭的问题是几个在法官席和检察团有代表的国家的可疑信誉。轴心国问题阶段过后,特别是随着介绍荷兰、法国和苏联针对日本人的案情,这个情势变得更明显了。

没有人会非议荷兰和法国指控被告的危害人类罪和普通战争罪,但是这些指控被留在后面审理。荷兰和法国(以及苏联)最初的案情陈述涉及侵略罪,而这种指控听起来空洞乏力。荷兰和法国分别控诉日本侵略和占领了东印度群岛和印度支那,并且在经济上实施剥削——这恰恰是印度尼西亚人和越南人指责他们原来的殖民宗主国的所作所为。随着日本投降,印度尼西亚在1945年8月17日、越南在9月2日宣告独立。在法庭的荷兰问题阶段和法国问题阶段开始审理时,这两个国家都在忙于殖民战争,目的是恢复它们战前在东南亚的帝国。荷兰在印度尼西亚的殖民战争持续到1949年,这已是法庭结束后的一年;法国在越南的战争一直进行到 1954 年，当时越南被划分为两个独立的国家，一个是共产主义的，一个是非共产主义的。不论荷兰和法国针对日本的案情多么强大有力（它们的案情的确很强大），这两个欧洲国家也很难摆脱它们的殖民主义和帝国主义形象。

能讲多种语言的荷兰人用英语陈述案情。但法国人却让法庭陷入一场为期三天的语言危机角力之中，这实际上是一场外交危机，反映出战后法国已丧失在东亚的威望和势力。

市谷使用的 IBM 同声传译设备有三个声道——英语、日语和俄语。然而，依宪章只有英语和日语是法庭的工作语言。由于俄国法官柴扬诺夫将军既不讲英语也不讲日语，出于礼貌，就把第三个声道给了他和他的私人翻译，不然这个声道也是闲置。这个安排并没什么秘密；每个记者打开耳机，都可以选择收听英语、日语或俄语对话。费解的是这却并非普遍知情。1946 年 7 月 16 日，中国驻日代表团团长朱世明（Chu Shih-ming）中将在出席中国问题阶段之后，"发现"了这个第三声道，即俄语声道，便给中国法官梅汝璈发了一封信，投诉说如果还有第三种语言的话，"在我看来中文决计要包括进去。"

梅法官把这个抗议转给韦伯，韦伯在 7 月 23 日的备忘录中解释，"俄语确实不是法庭的第三种语言"。他还解释苏联法官需要一个私人声道。中国人被安抚住了。

九月，在法国检察官准备他们的案情陈述时，法国法官听说了关于俄语的这个安排（或许是通过中国人的抗议得知的），于 9 月 6 日写了一个强硬的便条给韦伯。贝尔纳法官申明法国政府认为这个俄语安排"有损法国代表团的权益"。韦伯对贝尔纳重复了他给中国人的解释。但是，与梅法官不同，法国法官抓住这个问题不放，并且得到多数法官同意允许法国问题阶段用法语进行；不过作为一个实际问题，文件还将继续用英语宣读。9 月 28 日，法国陈述案情的两天之前，加拿大法官麦克杜格尔提醒韦伯，虽然加拿大"出于礼貌"不反对法国人讲法语，但他认为这样做可能违反了宪章，并且"如果辩方反对，这个问题则必须要进一步考虑。"此前贝尔纳在给韦伯一个便条中说过，"宪章原文并没有禁止使用法语。"

罗伯特·奥内托开始发表法国的案情陈述，辩方立即反对法语的使用。清濑一郎争辩道，如果使用英语和日语，辩方的双语成员比较容易监视翻译是否准确和完整。但是第三种语言的加入构成"很大的危险"，因为他们不再有能力监视了；此外这还会"不适当延长诉讼程序"。法官驳回了这个反对意见，于是奥内托再次站在讲台上。奥内托能够熟练地阅读和书写英语，但是他的发音不尽如人意。没有多久翻译室和法庭书记官就要求奥内托讨论文件时只讲法语，因为"听不懂他的英语"。一场长时间、无意义的争论接踵而至；问题是一份已经译成英文的日文文件现在还必须翻译成法文，然后再由法文译回英文。韦伯被激怒了，打断了争辩，宣布"法庭坚持一律使用英语。"

约瑟夫·季南，这位把国际检察局团结到一起的黏合剂式的人物，大惊失色，吁请法官团重新考虑这个决定，并且"对这样一个重要的问题"分别公布每一位法官的结论。韦伯征求了同仁的意见，同意听取季南的进一步申辩。但是没等季南开口，奥内托就抢先站上讲台，用法语喋喋不休、慷慨激昂地讲起来。韦伯目瞪口呆，低沉地说："他还在讲法语。简直是藐视法庭。"奥内托用他的母语讲得愈发激动了，韦伯突然从座位上站起来宣布："现在休庭。"即刻带领法官集体退席。当奥内托拼命打着手势，继续用法语大喊大叫时,法庭陷入一片混乱。官方的庭审记录里没有奥内托的讲话,因为在那一刻,法官们已经否决了法语的继续使用。

审判期间我通常坐在法新社记者莫里斯·尚特卢普(Maurice Chanteloupe)旁边,他后来在朝鲜战争时被共产党人俘虏。我从尚特卢普那里得到了一份奥内托的发言,如下:"我代表伟大的法国。我要求讲话的权利。如果不让我讲话,我要退出本案。"

10分钟后庭审继续,韦伯宣布奥内托的行为"看来已构成貌视法庭",并且做出决断:"他要么给出满意的解释,要么愿意道歉。如果一样都做不到,他就可能会面临貌视法庭的诉讼。"由于已经是黄昏时分,法庭休庭了,给奥内托一整夜的时间思考这个事件。

第二天是10月2日,早上开庭之前,韦伯发现办公桌上有法国同仁贝尔纳法官的一封信,信中写道,"我相信在最终解决这个事件之前,我有义务退出法官席。"韦伯可能感觉到他对法庭正在失去控制。他和其他法官急忙来到贝尔纳的办公室,请求他为了盟国和谐与司法权威的利益留在法官席。贝尔纳同意了。

在那个阳光明媚的早上,韦伯首先澄清法庭不是针对法国,而是同一位代表那个国家的个人在打交道。"如果英国,或者美国,或者澳大利亚,或者荷兰的检察官在法庭的行为像奥内托先生一样,也会受到完全同样的对待。"韦伯说,"本法庭没有一个法官怀有任何民族偏见。……现在,我们愿意听取奥内托先生用英语或者法语解释他的立场。"奥内托在气氛紧张的法庭里作了辩解。被告们像兴致勃勃的旁听者一样注视着此事。

奥内托坚持讲法语。他把昨天的发作归咎于"混乱"(此前清濑一郎曾用同一个词语描述过审判)。奥内托表示"对发生误会感到遗憾"。他认为事件的起因在于法庭混搭的本质,评论说英美法庭程序与法国法庭程序"非常不同"。他优雅地收尾:"我可以向法庭保证将始终通力合作。"

奥内托的道歉被接受了,他继续用法语陈述案情。不过这一次,两位美国助理检察官弗兰克·塔夫纳(Frank Tavenner)和索利斯·霍维茨轮流用英语读出法国人作为指控依据的文件。

令一些观察者惊讶的是,奥内托援引了1941年法国维希政府与东京的协定当作日本人在印度支那向法国人施压的例子。按照协定条款,双方"承诺在军事上合作,共同保卫法属印度支那"。日方的签署人依次为首相、陆军大臣、海军大臣和外务大臣。日本部队随即大举开进印度支那,一封德国外交人员发给柏林的秘密函电讲得明明白白,即便是纳粹也认定那是"对印度支那的侵略,具有旨在长期占领的一切迹象"。日本军队的态度尽管傲慢,但除了虐待越南劳工以外还算可以。越南劳工是招募来修筑日本军事基地的,在修筑过程中经常遭到毒打。

证据显示法国人通过与日本人不稳定的合作,置身于印度支那的战争之外。为什么法国人自己要把这个肮脏的交易放在记录里,实在让人难以揣测。更糟糕的是,交叉盘问时辩方在法国的证人身上大做文章,试图确定证人究竟是维希分子还是自由法国运动的成员。例如,日本律师对费迪南·加布里亚格上尉纠缠不休。加布里亚格是在日本占领印度支那之后被派遣到那里的军官,检方传唤他来就日军在印度支那的暴行作证。辩方律师问加布里亚格战争期间在哪一方的部队服役。

问:是在维希政府领导下,还是在抵抗军里?
答:在法国非洲军团。

问：那是抵抗组织的成员，还是维希政府军队的成员？

答：是作为一个仍然有军事义务的法国公民。

韦伯：建议你用"自由法国"而不是"抵抗运动"，也许会得到更满意的答复。

问：你是自由法国的成员吗？

答：自从 1943 年 2 月 1 日，我属于法国的非洲部队，那是在非洲唯一的部队。

问：你是在勒克莱尔(Le Clerc)将军指挥之下吗？

答：我没有说过我在非洲。我是在西非——在法属西非。

问：我没有问你那个。你是在勒克莱尔将军指挥之下吗？

答：勒克莱尔将军不在西部非洲。

问：你是受他领导吗？

答：绝对不是。

问：那么你是受维希政府的某位将军领导吗？

答：我不认为是这样。

问：你真的要本法庭从你的证词中理解：你一直在为法国战斗，却不知道自己在哪一方的军队里吗？

答：我想的只是为法国而战。

韦伯恼怒之下打断了交叉盘问，他说，不管加布里亚格是维希分子还是自由法国成员都"无关紧要"。[1]

---

1 著名的日本剧作家木下顺二曾在他的《神与人之间》用到了这一场景。《神与人之间》是一部关于东京审判的讽刺剧，1970 年首演。

到 1945 年初,日本人和法国人都预期美国人会入侵印度支那。当盟军竞相进入德国时,维希政府摇摇欲坠。日本人怀疑——一点也不错——在印度支那的法国人将会张开双臂欢迎美国人。1945 年 3 月 9 日,东京发出最后通牒,要求法国人交出武器。法国人英勇抵抗,被击败了。同时,根据罗伯特·奥内托的证据,"在印度支那北部越南人的活动越来越强大凌厉……越南人奋力驱除日军,谋求为本民族取得完全独立。"奥内托甚至援引一份法国文件,说越南人对主权的渴望是"独立和种族意识的一个错误观念"。这就是刚刚从外国侵略者手中被解放出来的国家的检察官所说的话。

从战后越南历史的角度来看,远东国际军事法庭的这些文件弹出了一个令人感慨的音符。这里法国人和越南人在一场抗击日本人的小规模战争中并肩奋战,同时等待着美国的解放大军。要是法国人在这个历史的十字路口及时承认越南独立的权利,那么在越南直到今天还存在的一切悲剧也许就可以避免了。

法国问题之后是苏联问题阶段,检方的案情陈述同样糟糕。实际上,它对俄国人的损伤要多过对被告的损伤。

如前所述,苏联在法庭的角色从一开始就有争议。这不仅因为苏联是警察国家,而且它像日本一样,由于发动侵略战争(对俄国而言是侵略芬兰)而被赶出国联。如同日本,苏联曾与希特勒签署协定(为瓜分波兰)。更恶劣的是,1930 年代与日本不时发生的边境战争构成了苏联案情的基础,但这些战争是在中国领土上展开的。莫斯科和东京曾经为满洲和蒙古贪婪地争斗,而这两个地方既不属于俄国人,也不属于日本人。

苏联在东京的团队是有能力的。英语极佳的 S.A.戈伦斯基是苏联的陪席检察官。他的支持团队包括莫斯科地区检察官A. N.瓦西里耶夫少将、苏联助理检察长 V. S. 塔杰沃相（V. S. Tadevosyan）少将、红军军法署署长主任助理 S. J. 罗森布利特（S. J. Rosenblit）上校，以及红军调查部主任 A. I. 伊万诺夫（A. I. Ivanov）上校。像法语的问题一样，当俄国人请求法庭允许用俄语进行苏联问题阶段时，一场语言的争端马上就爆发了。辩方再一次强烈反对。大岛大使的美国辩护律师欧文·坎宁安指责法语事件已经扰乱、推迟和延长了审判，再加上另外一种语言的使用就更是"涉及政治考量了"。

韦伯发怒了。他强硬地说："你那番话是无礼的，坎宁安先生。你不能用那些词语对法庭讲话，还指望法庭不会采取行动。"

坎宁安脸红了。他回答："如果这个说法冒犯了法庭，而我本意并非如此，我收回这些话。"

法庭大厅火爆的气氛不能归咎于热浪，现在已是秋季。但仍可以追踪到某种莫名的不安，一种在隧道尽头没有光明、审判被波涛推得越漂越远的感觉，这种感觉压倒了审判。时光被消耗在与战争罪行毫不相关的争吵之中。

清濑一郎也提出反对意见。他说："我们反对使用俄语，与前面反对使用法语的理由一样。"约瑟夫·季南赞成使用俄语，并在争辩过程中透露，审判开始前最高统帅部已经与苏联人就审判这个阶段使用俄语达成了共识。季南说完后，清濑巧妙地提出了"政治考量"问题。季南的话使韦伯吃了一惊，韦伯坚持说争议只能在宪章的基础上来解决。清濑在这个阶段开始时偷偷塞进了公平审判的问题，他提出的方式很巧妙。"我衷心希望法庭不会考虑政府间的政治性承诺，唯一的考量是司法利益和公平审判。"他得意洋洋地说。尽管如此,法官还是裁定允许苏联用俄语作案情陈述。法庭对法国人和俄国人的呵护激怒了中国人;在中国问题阶段他们并没有用汉语进行。

戈伦斯基用 65 页的开场陈词开启俄国问题阶段,比季南代表全体盟国的开场陈词还要长。其中很大一部分涉及 1905 年的日俄战争,而这场战争的发生早于 1907 年的海牙公约、某些日内瓦公约和凯洛格-白里安公约——盟国的案件根据就是建立在这个三重法律的基础之上的。辩方强烈不满:开场陈词的目的本来是对所要证明的东西给一个简单明了的摘要,而苏联的开场陈词却相反,是争议和煽情。然而韦伯以重申法官团不是陪审团的评论搪塞辩方的反对意见:"要相信我们,那些可能会使陪审团产生偏见的东西,不会影响我们。"

结果表明,在苏联问题阶段有很多事情不太可能影响任何人。如果说法国问题阶段曾使盟国感到不舒服,那么苏联问题阶段就得说是让人难堪了。俄国人的案情陈述有很大一部分是基于证人的书面证词,这些证人要么已经死了,要么在莫斯科坐牢,或者是"病得太重了"不能到东京接受交叉盘问。支持苏联指控日本在蒙古和满洲挑起对俄边境战争的就是这样的"书面证词"。

第一份书面证词就震撼了法庭大厅,它出自与日本人勾结的俄国人格里戈里·米哈伊洛维奇·谢苗诺夫(Grigori Mikhailovich Semyonov)。在法庭开庭的十几天前,1946 年 4 月 16 日,谢苗诺夫在苏联接受侦讯。他的证词充满了结论和意见,当证词被宣读时,他并不在法庭。梅津大将的美国辩护律师本·布鲁斯·布莱克尼揭露,谢苗诺夫已经"在最近三个星期内"被俄国人处决了,他的话震惊了法官团。戈伦斯基根本不理会这个揭露,评论说:"此人已被绞死这一事实会在何种程度上破坏他的可信度,应该由法庭来判定,但是我不认为这能成为接受这份书面证词的障碍。"

书面证词被接受了,但是除了柴扬诺夫法官,法官团流露出明显的紧张不安。韦伯严肃地说:"自始至终,我们把盘问未被传唤到庭的宣誓作证者的权利作为本法庭的一个重要特色,但是这个权利已经被提交证据的国家毁掉了。对那个国家的行为是否可取,我不发表意见。"他又补充道:"作为一个澳大利亚法官,我不认为这个(书面证词)有任何价值,但我的观点在这里并不算数。这里有 11 个国家,他们也许会有不同的看法,或者其中一些会有不同的看法。"

当苏联人提交战争结束时在满洲被俘的富永恭次(Kyoji Tominaga,音)中将的书面证词时,富永也不在法庭。伊万诺夫上校解释说:"因为证人富永的证言非常重要,我们本来想把他带到东京接受盘问。但是由于证人患病,我们丧失了这个机会。"

法庭很快发现现在也丧失了在证人席盘问村上启作(Keisaku Murakami)中将的机会。伊万诺夫说:"我提交一份村上的患病证明,由于这个原因不能把他带到法庭上来。"

在书面证词中对村上提出的问题之一是:"你认为谁是最重要的战争罪犯?"辩护律师都跳起来了。木户勋爵的辩护律师威廉·洛根生气地说:"首先,证人不具备作为律师、法官,或者国际法学者的资格;其次,没有证据表明过去或现在是否有战争罪犯,至少目前还没有得出结论。那是要由法庭来决定的事情。"

辩方赢了这个回合。韦伯宣布:"根据多数法官的看法,反对意见被采纳,反对有效。"

苏联检察官然后提交了俄罗斯法西斯联盟(Russian Fascist

Union)领导人康斯坦丁·弗拉基米罗维奇·罗扎夫斯基（Konstantin Vladimirovich Rodzaevsky）的书面证词，"证明日本在筹划对苏战争"。作为一个信息点，辩方询问"他目前是活着还是死了，是否会把他传来接受交叉盘问"。当戈伦斯基告诉法庭"罗扎夫斯基已经被判处死刑"，布莱克尼的怒火爆发了："我们要对第二例蓄意清除其证言对这里至关重要的证人一事，提出强烈抗议。由于此类事情成倍出现，我们必须提请法庭留意，接受这样的证词连公平审判最起码的标准都不符合。"

现在轮到俄国人发火了，戈伦斯基激烈反对布莱克尼把苏联司法行为说成是"蓄意清除证人"。韦伯则调低法庭里的火气，示意布莱克尼的发言被误解了，他的意思仅仅是指罗扎夫斯基作为证人却被一个司法程序给清除掉了。

事情就这样进行着。有一次，当检方提交一个拘押在苏联的日本外交官的书面证词时，辩方讥讽地问起这个被监禁的证人是"将要作为战犯被审判，还是正在作为战犯被审判，抑或他已经作为战犯被审判过了"？戈伦斯基告诉法庭："在这个时候我不能讲。"后来在审判中看出，俄国检察部门如同法庭大厅里任何人一样，根本不知道证人的现状和下落。

1946 年 10 月 21 日，戈伦斯基宣布，"法官阁下，这个阶段的陈述到此结束。"这时几乎能听到一阵如释重负的叹息声。法庭大厅里还有一种难以置信的气氛。俄国人令所有人都困惑不解，他们明明大有机会在法庭上公开起诉天皇和财阀集团，就像他们在宣传里几乎每天都猛烈抨击的那样，可是他们却把这个机会放过了。

19 纽伦堡判决

法国和苏联 1946 年 9 月到 10 月在远东国际军事法庭的可笑举动幸运地被纽伦堡传来的消息掩盖了。10 月 1 日,也就是在纳粹战犯审判开始后大约十一个月,纽伦堡法庭对首要纳粹分子的审判作出了有罪裁定,判处十二人绞刑,七人入狱(刑期从十年到终身监禁),三人无罪释放。检方曾谋求对所有被告处以死刑。

在东京,被告得到这个消息似乎无动于衷。他们并没有打听丧钟为谁而鸣。尽管日本和盟国的记者们试图通过辩护律师探听他们的反应,但每一名被告都拒绝公开评论。他们很可能是遵照律师的劝告而这样做的。然而,据几位辩护律师讲,判决对被告有所刺激。三个人在纽伦堡被无罪释放给他们带来了一线希望。

日本媒体在头版对纽伦堡判决竞相报道,社论的基调由 10 月 4 日的《每日新闻》(*Mainichi Shimbun*)确定下来。"像东京审判一样,所决定的刑罚是文明作出的判决。……世界必然在各方面受益于纽伦堡审判的教训。特别是我们日本人,有义务加倍努力从这些教训中学到更多的东西。"

正如一位英国记者所评论的,纽伦堡判决书是"一个了不起的文献"。当然它是革命性的。历史上第一次,一个国家的政治和军事领导人为实行侵略战争承担刑事责任。50 000 字的判决书措辞严谨,核心是把侵略战争定性为"最严重的国际罪行"。

对纽伦堡审判(以及后来对东京审判)最主要的批评是,即便法庭是正确的,即侵略战争为非法,它仍然不是普遍接受的字面意义上的"罪行",因为没有法律来定义这个罪行、规定如何惩罚,或者设立法庭审判这个罪行。用法律术语来说,对被告的审判是根据事后(ex post facto)之法,即行为之后才有法律。但是纽伦堡判决认定,这只是惩罚明知故犯的人。当被告侵略和平国家、破坏国际条约、违反海牙和日内瓦有关战争惯例的公约,他们已经知道这是不对的。判决认为,一个人把婴儿活活烧死,当时这种行为没有被列入罪行,如果后来这一行为被定为犯罪而这个人因此被惩罚,那么这个人并没有遭到不公平对待。他势必知道他做得不对,如果他所做的错事后来成为可惩罚的罪行,他是不应当觉得委屈的。相反,一个人做了他不可能知道也许会触犯法律的事情(例如晚上十点以后喝啤酒),如果他这个行为后来被定罪,那就属于不公平对待了。他喝啤酒的当时,这个行为看来是无罪的。

本质上,纽伦堡确认了在人类事务中存在自然法,即人类生来的是非感。归根结底,纽伦堡审判和东京审判的法律依据就来源于有文字记录的历史之前便存在的自然法。

除此以外,如英国《圆桌》(*Round Table*)杂志在回顾纽伦堡审判时所指出的,"此案最了不起的特点是这样一个事实,即被告百分之百的合作使审判成功。"对东京可以讲同样的话。即便任何一个日本人有其他想法,也受到纽伦堡伙伴表现的冲击而破灭了,至少直到被处决的那一夜。对没有切腹自尽的日本被告来说,存在着要与纳粹合伙人的表现相匹配的强烈心理需要,这样一来就保证了东京审判的有序完成。

一位远东国际军事法庭的参与者列席了纽伦堡审判的开庭和闭庭，他是大岛大使的美国辩护律师欧文·坎宁安。1946年9月7日，他与希特勒的外交部长约阿希姆·冯·里宾特洛甫用英语进行了三小时的访谈，"在谈话中他回答了我与日本律师合作事先准备好的一系列问题。"坎宁安后来这样说。盟军对这次访谈设定了一个条件：坎宁安要等里宾特洛甫被宣判后才能公开访谈内容。后来当大岛在被告席上为自己辩护时，坎宁安抛出了里宾特洛甫的访谈录。

坎宁安对纽伦堡法庭印象深刻。在一份14页的打字报告中，他告诉同事们："在某些方面他们做事的方式比这里更大气。"他注意到四位法官的每一位面前都有麦克风，直接参与庭审。"在众多一言不发的法官面前审理一个案件是很困难的。"坎宁安谈起东京，"好像单独一方在讲话。"当然了，市谷的法庭上有十一位法官。

坎宁安带着乐观情绪返回东京。"在我看来，东京审判的被告无罪释放的机会比德国人更大，有四个理由。"他是这样列出来的："一、我们这里没有与犹太人问题类似的事情；二、我们没有连续的政府或同一群官员在制定永久政策；三、……日本人的影响既已出局，而蒋介石仍无力实现和平，这表明过去局面的责任至少应该双方分担；四、投降以来的一系列事件已经显示，至少日本人的一些担心是有根据的。"最后一条暗示战后共产党人对满洲的夺取。

坎宁安赴德国的使命始终受到美国情报机构监视。由于操作失误，市谷的辩方收到了几份华盛顿战争部发给检察局的信息。辩方愤怒了。信息是这样的："辩护律师欧文·坎宁安在赴纽伦堡途中告诉霍纳迪(Hornaday)上校,辩方人员预期以日本受美国外交行动和经济制裁所迫而攻击珍珠港展开辩护。这与德国人在纽伦堡尝试过的是同样类型的政治辩护,法庭基于检方的反对一直拒绝采纳。"信息的结尾说:"假如你们此前还不了解辩方意图的话,想来你们会愿意得到预警。"

美国辩护律师们恰当地向美国记者抱怨,战争部的行为"品味低劣",没有给受雇于战争部、公平正直地为被告辩护的人鼓气。辩方言之有理。

在东京,人们如饥似渴地阅读纽伦堡判决书。远东国际军事法庭受德国审判的影响究竟有多深,从 11 月 1 日的公开庭审中可见端倪。当时检方的指控转到了日本对太平洋战争的准备以及导致珍珠港袭击的一系列事件上。美国海军的罗宾森上校负责开场陈词,他正引用一份 1934 年的文件时,韦伯打断了他。"罗宾森上校,"韦伯若有所思地说,"我们已经收到纽伦堡判决书的文本。我们刚刚收到,那里的法庭强调一点,即共同阴谋的证据不要追溯得过于久远;应该相对近一些。……考虑到纽伦堡判决,你可以决定删减一些原来准备提交法庭的材料。"显然,如果说纽伦堡开启了国际法的革命,那么东京会使之强化。

10 月 16 日,在对被判死罪的纳粹战犯执行绞刑的两个小时之前,戈林牢房外的一名美国军警看到这位帝国元帅在床上折腾,面部扭曲。他被排在第一个上绞架。监狱医生赶到时,戈林已经死了;他服用了氰化钾。经过短暂的延误,绞刑由里宾特洛甫(他是大岛策划全球战争的亲密伙伴)取代戈林领头受刑。随后戈林和犯有谋杀及破坏罪的同伙的尸体被火化,骨灰随风抛撒,以排除未来在其埋葬之处发生纳粹朝圣的可能。

戈林自杀的冲击波传遍整个世界。伦敦《泰晤士报》(*Times*)驻纽伦堡记者 R. W. 库珀(R. W. Cooper)在他的评论中捕捉到了那一天的情绪。他说，希特勒的副手"嘲弄了纽伦堡一整天，尤其是嘲弄了美国的保安及其一年来的辛苦"。这个消息没有被东京当局轻易放过。最高统帅部很快下达了命令，不能给远东国际军事法庭的被告任何机会嘲弄东京法庭或者美国的保安。我的吉普车几个月以来第一次被拦在市谷的大门口，必须出示最高统帅部颁发的记者证才能进去。尽管那些宪兵认识我，我还是每次必须凭证进入法庭大厅。但是比起被告受到的检查，我的这些不便也就微不足道了。

在巢鸭，全体被告的牙科填充物都经过 X 射线检查，看是否秘密植入了装毒药的小玻璃瓶。几乎每一天，在不同的时间段，牢房会被搜查，搜查时每个被告都要光着身子面壁而立。最令人感到屈辱的命令是，被告在离开监狱去法庭前及从法庭返回监狱时，必须更换衣服。巢鸭监狱里被传唤出庭作证的犯人也要经受同样的人格羞辱。板垣大将告诉一个狱友："他们甚至窥视肛门内部，令我感觉非常难堪。"板垣和其他被告知道这个新规矩源于戈林事件。东京的被告，在日本投降的时候并没有切腹自尽，如今却鄙视戈林，不单为这些保安麻烦事，而且为他自行了断的"怯懦"举动。没有被起诉的犯人儿玉誉士夫在他的《狱中内外记》里写道："我们坚决不做这样怯懦的事情，诸如偷偷把一些小玻璃片带进牢房，用来背着警卫自杀。但是这种感受没有被对方(美国人)理解。"

儿玉是个即便坐牢也没有失去幽默感的顽皮家伙，他饶有风趣地描述每天庭审后的直肠检查，轻松地说："那是一个壮观的景象，如果你要那样形容的话。受审回来犯人排成一行，一队宪兵站在他们身后。犯人被命令弯腰,四肢着地——当然,一丝不挂光着身子。宪兵把手放在犯人的臀部,窥视每一个肛门。假如某人碰巧释放某种气体的话,那将会是真正的喜剧。"

辩方对新的安保预防措施提出了抗议。威廉·洛根在 11 月 12 日的新闻稿中说:"有关保安措施,我们根本无意干预或者提出任何建议,但我们确实希望引起法庭注意一个事实,即部分措施在我们看来不合理,而且与被告是否得到公平审判密切相关。"

1947 年的情人节,七家新闻社每天报道审判的记者——英国人、中国人、法国人、俄国人,以及包括我在内的三个美国人——应邀参观了巢鸭,这是占领开始以来监狱第一次让外人参观。在戈林自杀后加强的保安措施被证明是必要的,尽管儿玉说他们不会自杀。当天凌晨 12 点 45 分,一个因折磨盟军战俘在横滨受审的丙级囚犯用一枚生锈的钉子和两个包铜钢笔尖,割断了左臂动脉。警卫发觉他在毯子下面扭动,掀开毯子看到床单上的血。犯人被紧急送到医院,后来在那里康复了。我们被带去看那间牢房、犯人的床垫和干了的血迹。"我们不断地与概率法则作斗争。"走过漆成蓝色、绿色和奶油色的通道时,监狱长弗朗西斯·W.凯里(Francis W. Carey)上校说,"击败概率是一种挑战,一切都对我们不利。"这个庞大的监狱占地四英亩,关押了 1 073 个被起诉和未被起诉的犯人,还有 365 名警卫。在"博物馆"里,凯里向我们展示了宪兵们从犯人那里收缴的东西(这些犯人深受罪恶感的压迫,要么是由于投降时没有自杀,要么是由于战时的罪恶行径)。收缴的东西有玻璃片、电线、剪刀、绳子、钉子、针头、碎陶片。更让人感兴趣的是缝进一个犯人和服衬里中一张浸透氰化钾的纸,还有藏在鞋子夹层里的纸包氰化物晶体。我们最感意外的是从如今已是熟面孔的被告那里找到的违禁物品。从东条英机身上查到并且没收了一条腹卷（*haramaki*），即很多日本兵用来护身的 6 英尺长的腰带。一名警卫说："他能用这个来上吊的。"从板垣大将的牢房找到的一根钢丝，在墙壁上磨过。在前驻意大利大使白鸟敏夫那里发现了一双意大利设计的假底鞋。几个月前，从永野海军元帅的牢房拿走了一双削成匕首的筷子；他是被告里最没有特征的人之一，袭击珍珠港的准确时刻就是他批准的。

参观的高潮是察看被告在法庭外面的生活环境。监房大楼的宪兵并不携带武器，与被告锁在同一层楼里。每个被告都关在单人牢房，牢房的门板已经拆掉。一名警卫解释道，"这样一来他们可以获得更多的热量，而且一旦他们企图做什么的话，我们能更快地抓住他们。"一天 24 小时都有一名警卫坐在每间牢房前面值班；一盏光秃秃的电灯泡在每间牢房里白天黑夜地亮着。

当我轻轻地、慢慢地走过关押日本主要战犯的无门牢房时，刚刚 20 岁出头。那次的记忆是不可磨灭的。这里，在我眼前，一臂左右之外就是从历史书里出来的人物。就像作家吉卜林（Kipling）笔下伟大棋局里的棋子一样，他们曾经是后、是马、是车、是象。大权在握时，他们无恶不作。如今他们被贬为可怜的小卒子了。浓眉的板垣正在写东西，并不抬头看一看。脸色蜡黄，胡子拉碴的佐藤正在读书。海军中将冈在玩单人纸牌游戏。星野躺下了，身上搭着一条美国军毯。铃木和木村正在他们的榻榻米垫子上睡觉。独腿重光的拐杖支在牢房的墙上。白鸟抽着每天五支香烟配给中的一支。老奸巨猾、身材瘦小的木户和魁梧的大岛陷入遐想之中。贺屋茫然地回看我。荒木在写字，手握毛笔，一旁放着一个粉红色的墨水瓶。最让我吃惊的是东条，我那天见到的他穿着和服，而见到穿和服的东条竟然像是第一次见到这个人一样。

在我们即将离开的时候，巢鸭监狱长指向一座矮小的、被称为"5C座"的建筑物。死亡之屋，他不动声色地说。在这座建筑的内院，几座崭新的绞架已经竖起来了。儿玉誉士夫说错了。即便真有人放个屁，那也不会是什么"真正的喜剧"。

20　回顾珍珠港

在 1946 年 10 月 23 日到 11 月 27 日的一个多月时间里,法庭把注意力放在韦伯称之为"审判中最重要的文件",即有关袭击珍珠港的问题。检方的证据基于在巢鸭监狱对被告的侦讯、木户日记、缴获的敌方文件、在外务省发现的 1941 年天皇裕仁出席的多次御前会议的绝密报告,以及在华盛顿举行的珍珠港国会听证会。

证据是充裕的。它彻底粉碎了美国孤立主义中坚分子所宣称的罗斯福引诱东京攻击,使美国得以参与对德战争的不实之词。

事实上,有确凿无疑的证据表明日本长远的准备、策划、蓄意欺骗。对日本公众来说,这些大多都是闻所未闻的事情。对世界上其他地方的人来说,这一点就被淹没在审判错综复杂的迷宫之中了。辩方强烈反对美国前任内阁部长科德尔·赫尔(Cordell Hull)和亨利·史汀生(Henry Stimson),以及前任大使约瑟夫·格鲁用书面证词的方式作证而不是亲自出庭。前战争部长的书面证词是一个典型的例子。威廉·韦伯爵士裁定,"如果辩方希望对史汀生先生作进一步盘问,可以授权在美国进行,或者通过书面问卷的方式。"他还援引纽伦堡的例子接着说:"我们不认为他需要到场;他是一位最高等级的政治人物,没有这种级别的政治人物在德国的法庭上被传唤。"

日本决定在 1941 年 12 月 7 日(华盛顿时间)的数小时内,同步攻击日据上海的国际租界、马来亚的哥打巴鲁、泰国的宋卡、珍珠港、新加坡、关岛和中国香港(按照这个顺序)。这个决定不是一夜之间炮制出来的。倘若不是出于美国国内政治的考量,就很难理解有什么必要抛出如此大量的证据来证明一个如此明显的事实。

检方一开始就直奔要害,出示了 1941 年 1 月 16 日以来的一组十个指令,每一个都标为绝密,并且盖上了日本陆军大臣和大藏大臣的印鉴。这些指令明显是依据 1940 年底所作出的决定,要求准备印刷模版,以便为菲律宾、马来亚、新加坡、香港及荷属东印度群岛印制占领用的货币,印量为 3 700 万比索、4 500 万荷兰盾和 4 500 万美元。其中一份指令上有四个被告的签名:东条和木村两位陆军将军、岛田和冈两位海军将军。货币要被用来"在南部各地区支付战争的开支"。1941 年 5 月,用粗麻布包装的第一批钞票被秘密送进了日本银行的金库。

在 1940 年到 1941 年期间,日本统帅部赶制完毕军用地图、卫生指南、宣传手册,为大规模进攻作好准备。早在 1940 年 4 月 30 日(在希特勒占领欧洲之前),日本陆军就秘密准备了马来亚的军用地图。一年之后印发了一本关于新几内亚的小册子(前面用日文描述其为"日本的未来宝藏"),还印制了一些日语-印度尼西亚语常用词语的书,并储备了大量热带卫生手册。1941 年 11 月 10 日,日军向集结起来准备进攻的部队分发了一本手册,卷首插图印的是南中国、法属印度支那、泰国、缅甸、马来亚、荷属东印度群岛和西北澳大利亚的地图。检方冷冰冰地评论说:"手册的长度及其内容的性质都显示出，最初着手准备的日期比这要早得多。"

日本为什么要进攻？手册解释："为东方和平的帝国意志，……给南太平洋和印度的本地人带去幸福。"手册斥责了白种人，十分可笑地用扭曲的逻辑解释道，"要懂得这是一场种族之间的战争，我们必须把我们的正义要求强加给欧洲人——除了德国人和意大利人。"它没有解释为什么中国人抗拒被日本"解放"。手册承认，"有一百多万（我们的）同志在这片大陆捐躯"，声称"杀害这些同志的中国武器主要是由英国和美国出售的"。但是很明显，中日战争不是黄种人反对白种人的战争。同样在那年11月，日军还发放了另外一本小册子，题为"对身处南太平洋武士们的话"，敦促日本部队"迅速带来圣战的胜利结束，以实现神圣的帝国之愿"。

也许关于日本全面备战最具爆炸性的证据是盟军无意中得到的日军阵亡官兵日记。一名中校在日记中写道，他1941年9月12日在广岛奉调，并且在一个月之内"我们作了登陆行动的准备，这一行动是要配合大东亚战争。"一个士兵在他的日记中吐露，10月12日到11月14日之间，他曾经"在上海周边备战马来亚行动"。另一个士兵在11月15日写道，"我们现在已经奔赴战场。"还有一个士兵在11月26日离开日本登上运输舰时写道，"我们的战区将是关岛。"

让法庭上日本旁听者惊讶的是，证据显示日本指挥官经常误导部队，使部队认为在12月7日之前就已经宣战了。一个在海上的士兵在日记里这样写："12月4日……0930时我们向东南方向的'X'前进。我们接到了通知宣战的命令。"另外一个士兵写道，"12月4日……日本同美国打仗了！男子汉最爱的就是这个了。舰队0901时出航！现在，成功吧，我的祖国！"

证据显示，为准备这些部队的调动，日本人在过去几年里在西南太平洋的托管岛屿上已经提前准备好了补给基地，这些托管岛屿是第一次世界大战后从德国手中接收的，条件是不得在这些岛屿上设防。数十个密克罗尼西亚人的宣誓证词证明，甚至迟至1936年，在日本按照那一年的伦敦海军条约再次保证不在托管岛屿设防之后，仍然违反了管理这些岛屿的条件。一位密克罗尼西亚首领作证，日本人1939年在塞班部署了10英寸大炮，并且抓捕男人和男孩"强制劳动"。他们在雅浦埋汽油罐，在特鲁克挖掘储存供给和作为防御要塞的洞穴。1940年，在这些岛屿上到处修建带伪装的飞机库、仓房、军火临时存放处和兵营，这里很快就成为海军基地。这段时间也正是由孤立主义者、和平主义者、轴心国同情者以及单纯的仇罗斯福分子领导的美国和平运动达到顶峰的时候。美利坚合众国当年是在梦游中走向未来。

政治上，最令人惊叹的披露是在日本民众和海军领导层中有相当多人士持反对扩大战争的态度，这又给东京政府向被告席里的将军们卑躬屈膝提供了新视角。在审判的这一阶段，那个象征陆军精神的人——东条英机，在忙着记笔记。他甚至到此时都没有意识到自己曾是何等无能的战略家，多么严重地误导了日本。直到今天，他的战略——深陷于对中国的大规模战争之时去攻击美国和英国——都被认为有违任何理性的分析。

木户1941年7月31日的一则日记显示，永野海军大将告诉天皇，他和他的前任海军总参谋长伏见宫博恭王（Prince Fushimi）认为，"我们应当尽力尝试避免（一场同美国人的）战争。"永野抨击同德国建立轴心联盟，因为这造成与美国的关系恶化，他提醒裕仁说，如果东京同美国交战，日本只有一年半的油料储备进行战争。

当裕仁问起日本能否像 1905 年打败俄国那样打败英国人美国人，永野勇敢地回答："我怀疑我们究竟能不能赢，更不用说像日俄战争那样的伟大胜利了。"8 月的一则日记透露，近卫首相也带着相似的观点觐见天皇，把与美国的战争说成"毫无希望"。从天皇这方面来说，他也很忧虑，迟至 11 月 26 日大局已定的时候，他还召集了一次非同寻常的资深元老特别会议，为的是"对这个问题展开更广泛更全面的讨论"。此时已经无济于事了：陆军推翻了近卫的第三个内阁，东条英机已经当上首相和陆军大臣。10 月 12 日的木户日记把战争的责任放在日本（而不是罗斯福）这一边。"如今国家正站在交叉路口，有两条路可以选择。"天皇最亲密的顾问引述海军私下讲给他的话，"一条是通过外交谈判恢复友好关系，另一条是对美国宣战。"选择权在日本手上。

在这个关头，国际检察局拿出了从坟墓里来的证据。检方提交了近卫公爵服毒之前写的最后遗书。这位日本政坛的哈姆雷特放下了优柔寡断和含蓄狡猾，直言不讳地将陆军在这一时期的表现归结为"喧嚣"——实际上就是失控，如同在他之前 1930 年代的其他首相早已发现的那样。这份遗书还揭示，如今一动不动坐在被告席里的前海军军务局长冈敬纯曾向他吐露心声，"海军的智囊不想打一场日美战争。"

在最后孤注一掷制止陆军的努力中，近卫单独把陆军大臣和海军大臣一同带到一个房间，指望通过二过一的配合，他和海军能使陆军恢复理智。但此刻的陆军大臣是东条英机，会议结果很快就水落石出了。东条坚决地说："外交谈判成功完成是绝对没有希望的。"美国坚持要日本撤出中国，还要日本保证"不扰乱太平洋地区的现状，除非是以和平手段改变这一现状"。这个说法为欧洲殖民帝国在亚洲的解体定下了一个格式。

海军大臣指出,到目前为止,日本一直"一方面为战争做准备,另一方面开展外交谈判",但日本已经到了"是战还是和的紧要关头"。海军提议由首相定夺。但是东条不干。"这个重大问题不能只交到首相一人手里。"他斩钉截铁地说。

天皇的三届首相近卫公爵在准备服毒的时候写道,"回首往事,我不禁感到毛骨悚然。"他应该加上去的还有数以百万计战争死难者的身躯。

1941 年 7 月,日本驻华盛顿大使野村吉三郎(Kichisaburo Nomura)发出一封"绝密急件"电报给东京,警告说日本的部队和给养涌进印度支那,被美国官方和公共舆论视为"最终走向新加坡及荷属东印度群岛的第一步"。他说还有人怀疑,东京谈论和平的时候正在准备南进,"国务卿受骗了。"

在检方文件中日本施展骗术的话题像夜航船只磷光闪烁的尾波时隐时现。对表里不一的担心在日本阵营里尤为普遍。根据木户日记,裕仁对于同美国交战表示忧虑,他怀疑酝酿之中的事情,坚持"应该全力以赴同美国谈判"。1941 年 10 月 21 日,日本核心圈子的信任鸿沟加深了。野村大使无疑是一个正直的人,他给外务大臣东乡发电报说:"我不想让这种虚伪继续存在下去,欺骗别人。"接着越说越起劲:"请不要以为我要从战场逃跑,但作为一个有荣誉感的人,这是留给我的唯一退路。请允许我(返回日本)。如果有伤您的尊严,我最谦卑地恳求您的原谅,为我的鲁莽匍伏在您的面前。"调离的请求被拒绝了。东条已经把野村和派去支援他的特使来栖三郎(Saburo Kurusu)当作 12 月 7 日的牺牲品了。

美国海军截获并破译了东京和华盛顿之间的外交通讯,这一事实已在国会珍珠港听证会上完全公开。因此，对罗斯福的亲信以及亚洲观察家来说，日本正在准备攻击已经显而易见了。但攻击何处？无人知晓。何时攻击？无人知晓。美国和英国的情报机构认为最有可能的是新加坡，或者泰国，或者东南亚的某个地方。在这件事情上，正如法庭文件所揭示的，日本人自己对于出击方向都莫衷一是。法庭证据显示，在东京的知情者曾争论应该先向西还是先向南下手，而那些不熟悉内幕的人认为会向北或是向南进攻。

11 月 16 日，在华盛顿被蒙在鼓里的野村提醒东京，美国担心战事临近，正在作准备，"以防止我们向北突击，或者向南突击"。然而，像华盛顿的其他人士一样，他怀疑日本统帅部可能会攻打南方。但是 1946 年在巢鸭寒冷的牢房里对永野海军大将侦讯时，他承认日本海军曾分成两派，一派倾向攻击珍珠港，另一派则巴不得以非法设防的托管岛屿为基地，在西南太平洋拦截美国舰队。永野说他本来赞同后者，但决定支持攻击珍珠港，因为联合舰队司令山本五十六（Isoroku Yamamoto）海军大将（后来在新几内亚战区被美国人击落并击毙）扬言，如果不按照他说的去做就辞职，使海军陷入危机。山本和他的幕僚对永野的决定感到欢欣鼓舞；永野的参谋长伊藤整一（Seiichi Ito）海军中将夸下海口说，珍珠港的美国太平洋舰队"不堪一击……因为美国仍旧没有防备。"

当国际检察局宣读其他作为证据的巢鸭侦讯记录时，被告们愈发不安了。有一次永野被问起第一次向他通报袭击珍珠港计划是在什么时候。他回答："1941 年 10 月我正式获悉这个计划"（着重号为本书作者所加）。不是在 4 月，他被任命为海军总参谋长的时候吗？"不是。"他撒谎了。那么什么时候这个计划非正式地引起他的注意？"大约在 7 月。"他说。但东条的海军大臣、没有主见的岛田海军大将在巢鸭的侦讯摘录戳破了永野的声称（岛田作为陆军的谄媚者在海军里受到鄙视）。珍珠港计划是何时向统帅部提出的？"1941 年 1 月。"岛田淡然地回答。

在大多数战争计划里，机遇扮演决定性的角色。日本突袭珍珠港也不例外。譬如在 12 月 5 日，日本在檀香山的间谍向东京准确报告，三艘战列舰出海八天后已返回珍珠港，一艘航空母舰和五艘重型巡洋舰同日离开了泊位。后来正是这艘航母 1942 年现身中途岛，帮助把战局扭转到不利于日本的方向——中途岛战役是太平洋战争中伟大的"空海一体战"之一。

难道这也是罗斯福的安排吗？

我当时曾想过——现在回顾，我更是这样认为——盟国检察官在法庭的珍珠港问题阶段浪费了时间。指控被告违反已有的国际法、未经警告而发动侵略战争，检方原本可以更快捷有效地完成，只需把检控集中于日本突袭位于马来半岛东北岸的小港口哥打巴鲁（当时是英国的保护地）即可。日本对那里的攻击，正如律师们喜欢说的——已成定论。它不像珍珠港事件那样存在着许多转移注意力的话题。当日本人炮击这个港口并且派两栖部队登陆时，日本人同英国人没有就哥打巴鲁问题进行谈判。没有外交电文被截获和破译，没有被延误的信息，最主要的是，不存在美国国内政治把注意力从核心议题上转移出去——这个核心议题是：在不事先通报的情况下发动预谋的侵略战争。何况对检方更有利的是，日本人进攻哥打巴鲁是在袭击珍珠港之前。

虽然可以理解珍珠港事件是 1941 年 12 月 7 日发生的最重要

事件,但它在日本的战略中只是一个元素。那一天,在野村大使把日本姗姗来迟的"最后通知"递交国务卿赫尔之前,日本的进攻部队发动了一连串四个大规模袭击,在通知递交之后又发动了四个。那个决定命运的一天最初 12 小时,从东京看是这样:

00:45 日本部队占领上海外滩(国际租界)。

01:40 从海上攻打哥打巴鲁。

03:05 侵占泰国南部的宋卡和北大年。

03:20 攻击珍珠港。

04:20 野村向赫尔递交"最后通知"。

05:20 英国炮舰在中国水域沉没。

06:10 从空中攻打新加坡。

08:05 攻打关岛。

09:00 攻打香港。

11:40 天皇裕仁下诏对英国和美国宣战。

其实占领上海外滩也会是一个对检方很有利的案件,不过它像珍珠港一样有太多借题发挥的东西了。日本人一枪不发就占领了这块地方,并且上海这个中国第一大港的其余部分落入日本陆军手中已经很久了。但是进攻哥打巴鲁是公然的侵略行为,这一点是无懈可击的。这个地区的防守方(主要是英国部队和印度部队)英勇战斗但寡不敌众。马来亚和新加坡的英军司令官阿瑟·珀西瓦尔(Arthur Percival)少将注定要向日本的山下大将缴械投降,他在法庭作证说,他在哥打巴鲁的部队"最终一败涂地,几乎全军覆没"。

英国常任外交次长奥姆·加斯顿·萨金特（Orme Gaston Sargent）爵士在提交给法庭的一份法律文件中也指证，"在开始敌对行动之前，日本人没有依据 1907 年的海牙公约，向英国或其任何代表，或者向英联邦的任何成员，递交其形式为宣战（给出理由）或者为最后通牒（包括有条件宣战）的事先明确警告。"在另外一份书面证词中，前英国驻日本大使罗伯特·克雷吉（Robert Craigie）说，那天早上 7 时 45 分他被外务大臣东乡传召到住所，"我根本没有得到一丝一毫关于战争状态的示意。"东乡只是简单地告诉他日本已经决定终止同美国的谈判。克雷吉收到一份日本的"最后通知"，他匆匆读过，"并未发现一个字提到战争"。无论如何，克雷吉利用这个机会表达了英国对媒体所报道的日本战舰和运输船横渡暹罗湾的关注。东乡一如既往不动声色，冷淡地解释日本已下令调动部队，因为"英国和印度的部队在暹罗前线大规模集结，有攻击的迹象"。

想想那时的英国，正处于同希特勒交战以求生存的状态中，说它打算在亚洲开启一场新战争实属过于荒谬，因而时至今日，即便是历史修正主义者也没有把它拾来当作话题。

但是法庭很快就略过了进攻打哥巴鲁事件。珀西瓦尔、萨金特和克雷吉没有在法庭露面，他们的证词都是书面的。他们的陈述不容置疑，检方觉得他们现身东京也不会给审判增添什么东西。法官们看来也有同感，因为他们一再驳回辩方传唤这几个人到东京接受交叉盘问的请求。"我们知道他们是对重大事件作证，但是他们的证词真的有什么问题吗？"威廉·韦伯爵士问辩方，"难道你们掌握什么材料，有望通过交叉盘问取胜？"辩方拿不出这样的材料。

很大一部分珍珠港证词原本可以被略过的另一个原因是,它们大都源自卷帙浩繁的美国国会珍珠港听证会的材料。尽管如此,法庭对攻击珍珠港仍然有新的诠释。举例来说,"偷袭"这个词至今仍触痛日本人的情感。但是,基于法庭上出具的证据,很难用其他方式描述这个攻击。东条英机的巢鸭侦讯摘录作为呈堂证据,其中提到裕仁"多次告诫我"务必在攻击之前把"最后通知"送交美国。事前通知理应是例行公事,关乎国家荣誉,承认天皇对自己的首相和陆军大臣"多次"提到这一点,显示裕仁担心有其他什么事情正在酝酿之中。然而,东条关于裕仁之顾虑的证词诚实与否是值得怀疑的。在侦讯中东条声称他本人直到事发之前的那个星期(!),才知道即将对珍珠港发动攻击。

当东条被问到这种不宣而战的攻击是不是"不折不扣的谋杀",他回答道:"我认为它完全合法。"不过,东条最终承认"最后通知"不是宣战。他说:"我认为它就是一个最后通知。"

负责侦讯东条的美国助理检察官约翰·W.菲利(John W. Fihelly)对前陆军大臣施压:"你还没有回答这个问题。你同意他(野村大使)说的那不是宣战吗?"

东条犹豫了。他说:"那是断绝外交关系的通知,但不同于宣战。"这样,即便"最后通知"在攻击之前就送达,对珍珠港的轰炸仍然是突然的。与截获日本人的外交通讯相同,美国人还是会对情况摸不着头脑——虽然知道日本即将发动攻击,但并不了解会在何时何地。菲利问东条为什么袭击珍珠港之前不宣战。东条始终没有回答这个问题。

从日本公众的角度来看,也许珍珠港证词最令人震惊的地方是披露了这样一件事:在华盛顿的两个日本特使——野村和来栖,竭尽全力避免战争,向东京建议罗斯福与裕仁互通善意信息,"从而不仅改善气氛,而且也能争取一点儿时间",但是这个建议并没有通报给裕仁。外务大臣东乡的巢鸭侦讯此时被拿出来了。外务大臣有没有告诉裕仁这个建议呢?东乡说:"我没有向天皇提起这份电报。"为什么?他回答道:"这种做法无益于谈判的圆满解决。"

尽管如此,12月6日,罗斯福在外交上采取了主动,越过东条及被告席里的同谋者,直接向裕仁发出了善意信息。但结果是,日本陆军此前已下令所有打进来的外国电报在递送之前要扣留长达10个小时。直到日本攻击夏威夷之后,裕仁才收到罗斯福的电报。

假如罗斯福明知日本即将袭击,却闭着眼睛置之不理,以便把美国带入抗击纳粹的战争,那他就失算了。美国国会应总统的请求,第二天只对日本宣战,而德国平安无事。英国的政治盟友——美国,被一场不相关的战争把注意力从欧洲转移出来了。要想让历史修正主义分子的荒谬说法有个合乎逻辑的结论,那希特勒就一定得知悉并参与罗斯福的图谋才行,因为是希特勒而不是罗斯福率先宣战,把美国卷进了欧洲的冲突。东京审判的证据是确凿无疑的。驻柏林的日本大使大岛发给东京的一份秘密外交电报揭示,他在日本袭击珍珠港之后立刻去见德国外交部长冯·里宾特洛甫,要求德国宣战。里宾特洛甫告诉大岛,希特勒正在起草宣战书,然后他语出惊人。大岛通报东京:"里宾特洛甫在8日早上告诉我,希特勒命令全体德国海军,无论何时何地,只要遇到美国的舰船就要攻击。"这个命令是在纳粹宣战之前下达的,符合希特勒早先就偷袭功效劝诚日本的风格。大岛继续说:"不言而喻,这是只发给你们的秘密信息。"美国已经两面受敌了，却浑然不知。

世界对偷袭的反响使日本外务省十分紧张，于是委托日本国际法学会展开一项研究。这份被国际检察局作为证据的报告令人惊讶。它认为日本的最后通知"很难被视为宣战，因为没有包含关于正在采取单方面行动，或者说开启战端的预先通报，尽管它申明'日本认识到，从今以后继续谈判以期解决问题是徒劳的'"。

研究报告然后谈到了1907年的海牙公约，公约规定，除非发出形式为最后通牒（包括宣战）的预先通报，不得开始敌对行为。日本的法律专家觉得，公约并没有阻止一个国家在进攻方的首都递交宣战书，然后在被进攻方的大使馆能够将宣战书传送回国之前就发动攻击。据此，日本专家认为1907年的公约不过是虚张声势或者是幻影，从而下结论说，"战争爆发时不必尊重如此幼稚的一个条约。"

东条英机和他的将军们热爱战争，他们在太平洋和亚洲的初始辉煌胜利只会使征服欲望更强烈。纳粹驻东京大使欧根·奥特（Eugen Ott）在1942年1月29日发电报给希特勒，说日本统帅部现在计划征服荷属东印度群岛（到3月8日就已经实现了）、澳大利亚，并且要完成对整个中国的占领。奥特大使报告："据秘密军事情报，在澳大利亚，首先要占领达尔文港。"他补充说，然而日本对印度表现出"极大的克制"，无意侵略，因为与其让印度成为轴心国的资产，还不如留着成为同盟国的负担。奥特乐观地结束了他的电文。他说，东京有影响的圈子表达了这样的观点，"占领达尔文港之后，日本一定要转向俄国……必须拿下符拉迪沃斯托克（海参崴）、滨海省份和北萨哈林岛（北库页岛），为了在北方也最终确保日本自身的安全。"

21 在菲律宾的暴行

珍珠港问题之后,法庭的注意力转到菲律宾,也就是无可回避地转到日军大规模暴行。法庭大厅的氛围寒冷而凝重,空气令人窒息。

菲律宾问题阶段由黑头发、衣着无懈可击的菲律宾陪席检察官佩德罗·洛佩兹负责。曾被关押在巴丹的菲律宾法官主动要求缺席。法庭执行官每天大声吟唱:"本法庭一如此前,只有菲律宾共和国的德尔芬·哈拉尼利亚大法官阁下没有出席。"

欧文·坎宁安带领辩方力阻菲律宾问题的案情陈述。坎宁安提出的反对理由是,菲律宾在 1941 年不是一个主权国家,不是日内瓦红十字公约或 1929 年日内瓦战俘公约的签约国,而这两个国际协议正是检方准备赖以证明菲律宾问题的基础。威廉·韦伯爵士驳回了这个反对意见,指出法庭只有一位盟国检察长,他只要把菲律宾暴行放在美国问题阶段就能避开坎宁安的反对。接着,坎宁安又反对说,菲律宾暴行的"全部刑事责任"已经在对本间雅晴和山下奉文两位将军的审判中宣判了,这两个人都在马尼拉作为战犯受审、定罪,并且被处决了。韦伯很反感。他不高兴地说:"我们正在审判那些检方认定要为山下和本间所作所为负责的被告。

这个立场如此浅显，乃至不容争辩，我讨厌把时间浪费在听你讲话。"

另外一位辩护律师威廉·洛根就机灵得多。他请求法庭迫使国际检察局在陈述之前，证明他们对有意追究暴行责任的被告具有表面证据成立的诉讼理由。他提醒韦伯，这是"法律诉讼所采纳的一般程序"。

韦伯同意了，并且公开了他"在前几天"曾要求澳大利亚陪席检察官艾伦·曼斯菲尔德向法官们解释检方打算如何证明被告与违反日内瓦公约之间的关联。这是韦伯透露法官团如何工作的罕见场合之一。韦伯说："听他解释之后，我们同意让这类证据呈堂。"

检方和辩方有所不知，法官内部已经提出了表面证据的问题。1946年12月3日，白发苍苍的新西兰法官诺思克罗夫特向他的同仁们分发了一份备忘录，表达了这样的观点：在允许国际检察局进入暴行问题阶段之前，"我们应该首先确认检方至少能提出表面证据成立的诉因"，把被告与暴行联系起来。"仅仅断言能够证明是不够的。"他还说："日本人在这件事上行为不轨，可能应当记录在案，但这不是本法庭所关注的事情。"他总结道，"到目前为止我还没有意识到，有什么依据来让任何一个被告为负责战俘的个别日本军官和普通士兵的错误行为承担责任。……我希望这个问题能够在法官中间展开辩论。"

诺思克罗夫特的备忘录让韦伯、英国的帕特里克勋爵、美国的克拉默将军和另外几位法官大吃一惊。不到24小时，新西兰法官退却了。当他的几位同仁连夜打电话要他注意日内瓦公约涉及战俘的第26条时，诺思克罗夫特感到很尴尬。该条款规定："各交战国武装部队总司令应根据各自政府的训令"对战俘待遇负有责任。第二天，即 12 月 4 日一早，诺思克罗夫特急忙发放了第二份备忘录给他的同仁，承认："我的注意力被帕特里克勋爵引导到起诉书，它指控被告违反 1929 年日内瓦公约，特别是该公约的第 26 条。"诺思克罗夫特承认他错了，接下去说："在这种情况下，检方的目的可能是要证明在不同战区的很多战俘营里普遍存在对公约的违反。如果属实，那么法庭可能会被要求作出推断（如果没有反驳证据的话），即证据理所当然地表明日军总司令和日本政府违背了第 26 条规定他们必须履行的义务。"

　　暴行与菲律宾问题阶段是不可分的。盟国案情的关键是，从 1942 年到 1945 年，日本人依照东京的命令在菲律宾实施了一个广泛的、蓄意的暴行计划。大规模恐怖的目的是恫吓新占领的群岛，令其屈服。"部分犯罪模式在中国问题阶段已经描述过了。"佩德罗·洛佩兹在开场陈词中说，"我们现在要进一步揭露更多的模式。"我们不了解"因杀戮、残害、饥饿、殴打和虐待而痛苦死亡"的战俘、平民被拘禁者和普通老百姓的确切数字，但是洛佩兹举出的证据就有 131 028 人被杀害。这仅仅是最小的数字，因为被日本人杀害的很多菲律宾人和美国人后来被错误地列入阵亡或战斗中失踪者的名单。

　　菲律宾检察官继续说："数百人在黑暗、污秽、爬满虱子的牢房里缓慢而痛苦地死去，对他们来说达豪集中营[1]毒气室快速、科技化的大规模灭杀想必会是一个受欢迎的选择。"

　　佩德罗·洛佩兹详尽宣读了人名和事件的登记册，包括令人

---

1 德国纳粹建立的第一座集中营——译者注。

作呕的细节：卢卡斯·多克托莱罗（Lucas Doctolero）案，1943 年
9 月 18 日被钉死在十字架上，钉子穿过双手、双脚和头颅；瞎眼女
人案，1943 年 11 月 17 日被拖出家门，剥光衣服吊死；……不一而
足。集体屠杀的细节很恐怖：在马尼拉圣保罗学院，800 个男人、
女人和儿童被机枪扫射。在菲律宾民族解放运动创始人何塞·黎
萨尔（José Rizal）的出生地卡兰巴，有 2 500 人被刺刀刺死或枪杀。
在南菲律宾的庞森，有 100 人在教堂内被刺刀和机枪杀死，200 人
在教堂外像猎物一样被围剿和屠宰。在马蒂纳潘吉，169 个村民
排成一排被残忍地刺死或射杀。单单一份检方提交的文件——国
际检察局第 2726 号文件——本身就是一部恐怖之书。里面含
14 618 页宣誓证词，每一份证词都描述了两年半占领期间日本当
局所犯下的暴行。不久，如同在中国问题阶段一样，统计数字已经
让人感官麻木了。

对被告更加不利的证据来自日本人自己，一些官方命令在战
争结束时奇迹般地没有被销毁。除此以外还有日军官兵的日记。

一道日本的指令写着："杀菲律宾人的时候，但凡可能就把他
们集中在一处，以便节省弹药和劳力。"同纳粹的情况一样，清理尸
体很"麻烦"。最终解决办法是将其扔到河里，或者堆在一所房子
里引爆。

一个准尉在 1944 年 10 月 24 日的日记中写道："我们奉命杀
死所有能找到的男人。……总而言之，我们的目标是人员灭绝。"
一个士兵的日记讲述如何"在椰林里四处挖坑"，把 30 个菲律宾人
双手反绑，在坑前排成一排，用刺刀刺死。写日记的人吐露，"我轮
到第二个出手。刺向受害人的一刹那，他发出'啊'的一声，然后就
倒进身后的坑里。他痛苦挣扎，但是我无动于衷。也许是因为我

太兴奋了。刺杀他们之后，我们用土把他们掩盖起来，放些椰树叶子在上面。22 时我们唱着军歌返回连队。"

　　一则 1945 年 2 月 17 日的日记，是从一个死亡日本士兵的尸体上找出来的："在各个防区我们已经杀了好几千人（包括年轻人和老人、男人和女人，还有华人）。"另一本日记有这样一则："每天都在搜查游击队员和当地人。我已经杀了 100 多个了。"一册缴获的笔记本读起来就像一份洗衣单："1945 年 2 月 7 日——今晚解决了 150 个游击队员。我捅死（用刺刀刺死）十个。2 月 9 日，今晚烧死了 1 000 个游击队员。……2 月 13 日，在 16 时所有的游击队员都被烧死了。"另一份由一个宪兵分队编纂并且标为"绝密……保存五年"的官方报告有 987 页，充满关于酷刑令人毛骨悚然的叙述。报告的日本作者写道，"确实，日军做了极端的事情。"

　　近年来，尤其是在西方，有过多美化武士道（Bushido）——武士阶级（the samurai）行为准则——的浪漫小说，其中一部分是引导征服者将仁爱施及被征服者。随着军国主义分子控制日本，日本陆军甚至根本不尊重勇敢敌人的尊严。据检方的一份文件，指挥日本皇军第十六师的将军告诉他的部队，如有可能，将战俘和投降的部队在战场上格杀勿论。"战俘指的是在战场上被俘的军人和土匪；投降者指的是在战斗打响之前投降或屈服的那些人。"部队被告诫杀人"要小心谨慎，不要有警察或平民现场见证，必须注意到偏远的地方去执行，不留证据"。显然，这位将军知道这样做不对——是犯罪。

　　由一个宪兵分队制定、日期为 1944 年 4 月 3 日到 21 日的另一批指令写道："抓到俘虏时，那些没有利用价值的要立即处理。……经审讯发现怀有敌意的投降者……立即秘密处决并将尸体处理,以避免激起公众情绪。"

日本人占领菲律宾,最难以忘怀的暴行是巴丹死亡行军。在1942 年 4 月和 5 月,76 000 名美国和菲律宾军人在巴丹和科雷希多投降,被押解到一个战俘营。超过 10 000 人死于 7 天、120 公里的行军途中。一些幸存者被请到了东京的证人席。

前额爬满皱纹的上士塞缪尔·B. 穆迪(Samuel B. Moody)作证说,在行军途中仅能得到的食物,要么是菲律宾人丢给他们的,要么啃路边的甘蔗杆。水就取自野兽打滚的泥坑和沟渠,在泥坑喝过水的人通常会感染痢疾。"我们挨打。"穆迪用低得几乎难以听到的声音回忆着,"人们被刺刀刺、被小刀捅、被带鞋钉的靴子踢。……如果什么人落在后面、倒在路旁,马上就遭刀刺和毒打。"路上散布着尸体。"我看见很多死人,其中很多是我的朋友。我还看见两个死去的女人,其中一个有身孕。……我多次往前看,能看到我的朋友被刀刺、被毒打。我经常能听到后面遭到毒打的人在呻吟。"

另外一位证人唐纳德·F. 英格尔(Donald F. Ingle)回忆道,行军途中给这些人食物的菲律宾人是"冒着生命危险这样做的,也的确有很多平民为之丧生"。他说人们时不时被带出队列,无缘无故被刺刀刺死或者射杀。

交叉盘问期间,辩护律师洛根问英格尔:"你不知道负责行军的军官是多高军阶吧,你知道吗?"

英格尔回答:"我怎么会知道呢?"这立刻激起洛根回击:"我是不知道,证人先生,我又不在那儿;我以为你可能知道。"

在交叉盘问的最后,洛根暗示:"听起来你相当怨恨,英格尔先生,是吗?"

英格尔看来在克制自己,似乎默默地从 1 数到 10 才回答:"这样说吧,有几千个弟兄今天没在这里,要不是因为那个行军,他们也会来的。你自己掂量吧。"法庭大厅一片死寂。

"没有进一步的问题了,法官阁下。"洛根说。

除了巴丹,世界并不记得、也不在意日据时期发生在菲律宾群岛的其他大屠杀。举例来说,在巴拉望,150 名美国战俘被杀害而且被遗忘了,这几乎是突出部之役(Battle of the Bulge)中在比利时马尔梅迪被屠杀人数的两倍。但是这一行径无可磨灭地印在远东国际军事法庭的记录之中。1944 年 12 月 14 日,日本人声称美国人计划轰炸巴拉望公主港战俘营,下令全体战俘钻到一个当作临时防空洞的隧道里。然后日本兵扔进一个火把,跟着就是两桶汽油。汽油爆炸了,把里面的人都点着了。依据三名幸存目击者口述写成的报告说:"人们惊叫着从防空洞跑出来,被机关枪和步枪像割草一样放倒。"几个战俘意识到陷入绝境了,跑到日本人面前请求他们向头部开枪,但是日本人大笑着向这些人的腹部开枪或刺杀。

就另外一个如今已被忘却的事件,奥斯汀·J. 蒙哥马利(Austin J. Montgomery)中校作证说明菲律宾南部达沃流放地的状况。那里拘禁了 2 000 名战俘,有 10 个人逃跑了,于是包括蒙哥马利在内的 600 人受到惩罚,在大约 3 英尺高、3 英尺宽、6 英尺长的笼子里关了两个月。他们还时不时地遭到殴打和鞭笞。是谁下的惩罚命令?佩德罗·洛佩兹问。"战俘营指挥官前田少校对我们宣布,他收到大本营实施惩罚的通知。"

盖伊·H. 斯塔布斯(Guy H. Stubbs)上校见证了另一个战俘营里的恐怖事件,其中包括把五个菲律宾人扔进厕坑活埋;让一个菲律宾人在地上伸开四肢,将他的双腿拉至脱臼;有一次迫使一个得了痢疾的菲律宾人"把他排泄出来的东西都吃掉"。

富兰克林·M.菲利尼奥(Franklin M. Filinau)上校在菲律宾中部伊洛伊洛市被俘,他讲述了在日本人刑讯室所遭受的可怕毒打,刑讯室是"空旷的房间,没有椅子,没有桌子"。他作证说他目睹了另外100起毒打(通常受害人被打得昏过去,用一桶水浇醒,然后又被踢昏过去)。菲利尼奥说:"当我抗议他们殴打别人时,管事的上尉说接到了上级惩罚我们的命令。"上级是谁?"每一次都只有一句话,'大本营'。"

法庭已经听厌了这些故事,但是当菲利尼奥说菲律宾人比美国人遭到更多的毒打,人们依然感到震惊。

珍珠港事件后在日本人蹂躏的所有殖民地当中,当地人与前宗主国合作开展大规模游击战的,只有菲律宾。在对菲利尼奥交叉盘问时,辩方暗示游击战激发了日本人的不轨行为。欧文·坎宁安问:"上校,投降前你是不是参与训练菲律宾人打游击战?"

韦伯打断他:"这个问题不相干。"

坎宁安坚持:"当然,我不同意法官阁下的意见,这实在不好,因为我有一系列问题,顺着这个系列,我确信将会显示是美军加剧了菲律宾存在的游击战以及虐待的局势;很遗憾我不能展开这一系列提问了。"

很清楚,在审判的这个阶段,辩方不顾一切想找出什么东西,用以反击那些令法庭憎恶的证据,但是他们失败了。

在菲律宾的暴行与更广泛指控日本人在整个亚太地区犯有普通战争罪和危害人类罪密不可分地交织在一起。开朗、能说会道的澳大利亚陪席检察官艾伦·曼斯菲尔德接替已经精疲力尽的佩德罗·洛佩兹登上讲台，拿出一个文件柜往返东京的外交照会，内容都涉及日本人在菲律宾和其他地方的兽行。这些通信把几个被告与日本占领地区故意伤害与谋杀的政策联系起来了。然而，还没等曼斯菲尔德开口陈述，欧文·坎宁安（他迅速成为法庭上惹人讨厌的牛虻）出面阻止将这些文件纳为证据。他说这些通信"不合格、不相干并且不重要，（因为）这些文件不符合陆战的规定和规则。"

威廉·韦伯爵士惊呆了。他说："我援引本庭另一位法官的话，反对意见由于愚蠢而被驳回。"

往来通信证实东京的统治者了解战地的暴行，不但在中国和菲律宾，而且在日军践踏过的任何地方。有六个被告被指认对这些可怕事件知情。外交抗议照会被送交外务大臣，外务大臣接着把它们转给陆军大臣。同时陆军次长、军务局局长和战俘情报局局长也看到了这些照会。在被告之中，东乡茂德和重光葵当过外务大臣，东条英机当过陆军大臣，木村兵太郎当过陆军次长，而武藤章和佐藤贤了当过军务局局长。尤其是武藤，他似乎总在错误的时间出现在错误的地方；1937年的南京暴行期间和1945年的马尼拉暴行期间他都在现场。整个举证期间他一动不动地坐着。他梳着寸头，嘴唇紧闭，晦暗呆滞的黑眼睛像两粒未点燃的木炭。他的军旅生涯是用鲜血写下的。

虽然日本签署了1929年日内瓦公约，但是东京并没有批准战俘公约。不过，1941年12月18日，华盛顿通过双方共同指定的中间国瑞士联络东京，表示希望"尽管如此"，日本仍应认同那个公约。1942年2月4日，东乡外相书面通知盟国："首先：日本作为签字国,会严格遵守日内瓦红十字公约;其次:虽然并不受关于战俘待遇的公约约束,但日本将尽力比照公约的规定,作必要修正后(mutatis mutandis)适用于其治下的美国战俘。"这封信件被当作证据提交法庭。

到 1942 年后期,有源源不断的关于日本在占领地区非人道对待战俘、平民被拘禁者和普通百姓的报告。盟国的回应是通过不同的中间人,纷纷向东京递交详细的书面抗议。1943 年 4 月 5 日,华盛顿警告东京,"美国政府将会给日本政府中对这些不文明、非人道行为负有责任的官员以应得的惩罚。"随着战争的进展,警告的力度越来越大。像巴拉望大屠杀那样的特定暴行是强烈抗议的主题。华盛顿直截了当地告诉东京,"日本政府罪责难逃。"

东京对持续抗议浪潮的答复要么枯燥无味,要么闪烁其词。早在 1942 年 2 月 14 日,华盛顿就照会东京:美方接到有关日本对待在菲律宾的美国平民"令人不安的报告"。十天后,日本在答复中声称,"适用于他们的条件比公约考虑的更加优惠。"另外一份日本照会抨击美国对于菲律宾和美国战俘所受待遇的抗议,它说:"美国政府的忧虑基于来路不明的情报而并无引述确凿事实,因而是毫无根据的。"后来,当"确凿事实"摆在日本人面前的时候,东京把它们当作盟国捏造的谎言不予理睬。

在审判的这个阶段,当案件中的恐怖日甚一日,参与审判的美国人发现法庭内的证据与法庭外的所见所闻难以协调。毕竟,如今我们生活在日本人中间,感觉他们绝大多数行为得体、态度可亲。他们和他们的政府为什么曾表现得像证词所描绘的残忍怪物一样呢?我们在检方的证据——施暴日本人的日记里找到部分答案。

如，一个日本列兵在 1944 年 12 月 19 日的日记中写道，"趁着天黑，我们外出杀本地人（菲律宾人）。对我来说杀他们有难处，因为他们看起来是好人。女人和孩子吓人的哭声令人恐惧。我本人……杀了几个人。"另一个士兵讲述他看着战友如何折磨菲律宾囚徒。"可怜，我看不下去了。他们还射杀俘虏，用竹矛刺死俘虏。"这里最心酸的用语是"他们"，这个日本兵描述他的战友就像谈论陌生人一样。

另一个士兵在日记中写道，他杀了很多手无寸铁的平民，"告别故乡时我所拥有的纯真早已消失得无影无踪；如今我是一个冷血杀手，军刀总是血迹斑斑。"作为附言，他补充说："……十足的野蛮。神啊饶恕我吧！妈妈原谅我吧！"视察菲律宾南部一座俘虏营的日本军官这样写道："尽管他们是外国人，我还是深感同情。俘虏是菲律宾人和中国人。还有几个西方人。"他断定，"我们处于战争之中，决不能败给盟军，不然我们的命运将会更惨。必胜！"

在这段时间在巢鸭的美国教士弗朗西斯·P. 斯科特（Francis P. Scott）上尉回家了。在美国军方资助的日报《星条旗报》（*Stars & Stripes*）对他的告别采访中，他透露自己曾向很多被定罪的战俘营指挥官询问其野蛮对待战俘的原因。最后他把各种不同的解释综合在一起说："他们有一个信念，天皇的任何敌人都不会是对的，因而对战俘越狠，对天皇就越忠诚。"教士将这种现象归因于日本的教育、训练和条件。这在文学作品，还有历史书里都似曾相识。在《战争与和平》（*War and Peace*）中，托尔斯泰（Tolstoy）描写拿破仑（Napoleon）的一个侍从"除了残酷，便不会表达对君主的忠心"。

在远东国际军事法庭证词的背景之下，对战争罪行嫌疑犯的逮捕仍在继续。1946 年底又有包括一名中将在内的 17 个日本陆海军人员被关进巢鸭监狱。与此同时,对乙级和丙级嫌犯的审判在横滨和远东的其他地方继续迅速展开。在新几内亚地区——威廉·韦伯爵士过去常常涉足的地方——27个日本战犯,包括两名大佐,因对战俘和对巴布亚人及波利尼西亚人实施暴行被判有罪,并被处决。一个军官自杀,从而避开了行刑队。

当法庭深入调查日本的危害人类罪时,巢鸭的气氛有明显的改变。几个甲级被告为寻求内心安宁皈依了佛陀。南京屠杀时的指挥官松井大将申请了一部佛经。前首相广田也要求得到佛经;他每个星期都继续给他的亡妻写信,因为他们的世界将愈发靠近了。板垣、木村和佐藤三位将军也求助于宗教。被告席上的两位外相东乡和重光,对那些陆军和海军的将领比以往显得愈发冷淡了,尽管与他们同囚巢鸭,每天同乘一部大客车,同在市谷受审。木户侯爵也不跟别人交往。铃木中将是12月7日(珍珠港事件)前夕的经济沙皇,他像过去一样傲慢、目空一切。前首相小矶手持拐杖在活动场地轻快地散步。现在已是12月,白昼越来越短,随着冬季的到来,吞没被告狭窄牢房的厌烦情绪更加浓郁了。

22 战俘及其他被奴役的劳工

1946 年 12 月中旬,审判的主要注意力集中在日本对战俘和亚洲奴隶劳工的虐待。[1] 根据各种报告,二战期间最恶劣的战俘与劳工营分布在一条 258 英里的铁轨狭长地带,铁轨从泰国和缅甸几乎进不去人的丛林中穿过。这条臭名昭著的缅甸-暹罗死亡铁路是由盟军战俘和亚洲劳工在 1942 年到 1943 年之间修筑的,条件如此恶劣,以至于 27% 的战俘和一半以上被强征的亚洲劳工死亡。为这条死亡铁路干活的盟军战俘有 50 000 人左右,包括澳大利亚人、荷兰人、英国人和美国人,他们分别在马来亚、新加坡和印度尼西亚被俘,像牲畜一样被运送到工地。"征调"的劳工主要是印度尼西亚人(爪哇人)、缅甸人、马来人、中国人和印度人,他们的确切人数永远不会为人所知,但可能会高达 25 万人,其中还有零星的妇女和儿童。战俘和"苦力"使用铁锹、箩筐和镐头,被迫沿路搬走 300 万立方码土方和 23 万立方码的岩石。不幸的是,缅甸-暹罗死亡铁路的故事在皮埃尔·布勒(Pierre Boulle)的流行小说

---

1 远东国际军事法庭对亚洲被强征劳工的调查局限在中国人和东南亚人。据韩国历史学家估计,从 1939 年到 1945 年有 540 万朝鲜人被日本人强征。很多朝鲜人被送到煤矿。朝鲜这个战前日本殖民地在远东国际军事法庭没有代表,这无疑是盟国的一个疏忽。

和包装华丽的好莱坞同名电影《桂河大桥》(*The Bridge on the River Kwai*)里,被浪漫化和粉饰了。

国际检察局查明,东京下令修筑铁路,被告中违反海牙和日内瓦公约,授权把战俘当成劳工使用的是东条英机和木村兵太郎两名大将。此外,有三名日本少将被认定为筑路的实际指挥官,指挥两个团的正规部队和几个辅助单位,包括朝鲜卫队。由于实际上有几十万军人、警卫、战俘和劳工参与,并且要运送数以万吨计的给养到现场,工程不可能保密,由东京到战地指挥官的指挥系统也畅通无阻。修这条铁路有两个战略目的:运送部队和给养到正遭遇盟军反攻的缅甸前线,以及开采沿线的钨矿。钨被用来制造军火。筑路可能还有另外一个极端秘密的动机。缅甸被认为有铀矿贮藏,这对日本的原子弹计划是必不可少的。

比起筑路工地的惨状,日本人在中国和菲律宾的暴行就都相形见绌了。对于每天出席庭审的观察家来说,检方的证据似乎总是显示出越来越恶劣的事情。每当我以为已经触到埃德加·爱伦·坡(Edgar Allan Poe)不可名状的坑底[1],我们惊恐地发现还在下沉,下面是更深层的堕落。

盟国的案情建立在幸存者的证词和一份日本官方文件"日本政府关于缅泰铁路的报告"之上。

英国陆军医官、幸存者C. R. B. 理查兹(C. R. B. Richards)医生作证说在一个战俘营,日本指挥官的政策是"不干活,没饭吃"。指挥官给病人治疗的办法就是把他们送到有名无实的医院去死。理查兹说:"我想象不出比这些人生生死死所处的境遇更骇人听闻

---

1 见坡的短篇小说《陷坑与钟摆》——译者注。

的了。它其实就是一个活的停尸房。"至于营地本身,理查兹说:
"队伍被安置在头一天因霍乱死了人而撤空的棚屋里。……苦力
们在这些棚屋走来走去,随地吐痰、排泄和呕吐。……(1943 年)
8 月上松克雷(Upper Songkurai)战俘营的茅厕被连绵不断的雨水
淹没。其中一个围岸被冲垮,脏水流遍营区,从医院占据的棚屋地
板下穿过。……这里的人除了被俘时身上穿的,没有别的衣服蔽
体,而经过几个月的雨季,原来的衣服绝大部分已经破烂不堪。"盟
军军官向日本军官(甚至向将级军官)提出抗议,遭到的却是谩骂
以及更恶劣的对待,包括用竹条殴打。如果某项劳作缺乏人手,日
本警卫会到"医院"用棍子把病人赶出来。凡是还能站或能走的,
就得去干活。

　　另一个幸存者说,有一次把 3 000 人从新加坡用火车运到泰
国,拥挤不堪的火车里"卫生设施要么没有,要么令人作呕。"战俘
从泰国的火车站连夜穿越丛林赶往筑路营地;如同巴丹死亡行军
一样,沿路被殴打。每天筑路的时间从 12 小时到 20 小时不等,依
雨季的雨情而定。没有节假日。食物定量是一个饭团和几片鱼;
如果病了,定量要削减三分之一。霍乱、痢疾、脚气和疟疾肆虐整
个营地。

　　几个证人说,不管死多少人,战俘们被告知到 1943 年铁路必
须要修好。一位证人说日本人告诉他,"引用日内瓦公约的条文是
没有用的。"他补充道:"我得知,一切事情都要为 8 月底修好这条
线路让路。当这个目标没有实现时,他们(日本人)都气疯了。"

　　另一位英国军医 B. L. W. 克拉克(B. L. W. Clarke)少校作证
说,七个月的时间里在崇开(Chungkai)病人营地的 8 000 名战俘
中有 1 400 人死亡。医院不经麻醉,也不用外科器械就做手术。

有一次,五名日本医生参观营地,观摩一次手术;一个医生晕倒,另一个呕吐。

松克雷(Sungkrai)二号营在战俘中间被称为"死亡谷"。战俘根本没有机会打扫营房,雨季期间棚户泥泞的地面就成了沼泽。霍乱爆发时,得病的人被送到"医院",那是另外一个地面裸露的棚屋。棚屋里没有灯光,夜里死去的病人就混在活人中间直到天亮。有一次38个霍乱遇难者在大雨中淋了整整两天才被掩埋。

还有一位战俘营的幸存者R.J.坎贝尔(R. J. Campbell)少校说,1945年6月在他马坎(Tamarkan)战俘营当翻译的一个英国军官被打得昏迷不醒,扔到一条有六英寸深雨水、蚊子肆虐的窄沟里好几天。"后来他又被拖回警卫室,以酷刑相威胁,结果他试图自杀。"他在战争结束时获救,但已经骨瘦如柴精神失常了。

在另外一个营地,一个人受脚气感染,睾丸肿得巨大(一种象皮病),使他必须要用双手托着走路。日本人把他当成营地的小丑;他在极度痛苦中死去。

最深重的苦难似乎发生在跨越桂河两岸的坎布里(Kanburi)营地。那里如今是一个旅游中心,盟军幸存者和从前的日本警卫至今仍活在修筑铁路的阴影之中,睡梦里充斥着当年的恐怖。曾有一个时期,170人遭受疟疾、痢疾、霍乱以及热带溃疡的折磨,被强迫从丛林营地爬行两英里长的距离到坎布里的新医院。而医院只不过是不久前一支日本装甲部队撤离后留下的宿营地。一位证人回忆:"那里有20个空荡荡的棚屋,大多数棚屋里有动物粪便和脏东西。"

恐怖故事的深坑进一步下沉了。几个西方幸存者指证,日本人对待亚洲奴隶劳工比对待欧洲和美国战俘更加残忍得多。例如，他们常常把染上霍乱的印度尼西亚苦力推进公共墓坑活埋。他们还经常殴打和羞辱苦力，侮辱和性侵其中的女人，假装开玩笑把消毒剂喷到工人的眼睛里。一个日本医生检查霍乱，不论是否有病，他都痛打被检查的苦力（无缘无故地打他们）。目睹这种毫无人性的行为，西方战俘感到震惊，但一个日本医生若无其事地向欧洲人解释道，"苦力是次等人，不值得同情。"

根据一份宣誓证词，在一个营地里，不能走路的工人会被注射"一种红色的不明液体"。几分钟就都死了。还有一次是发给有病的苦力一大听黄糖。原来糖是下了毒的，吃了的人当天就会痛苦地死去。

当亚洲劳工从家里带来的衣服磨成碎片的时候，会发给他们麻袋，用来当衣服和毯子。证据显示，由于没有衣服可换，在很短的时间里，"几乎所有劳工身上的布片里都爬满了虱子和跳蚤，大部分人饱受一种病毒性皮肤病的折磨。"一旦霍乱爆发，日本人试图遏制流行病蔓延，不但火化死人，而且火化他们认为治不好的活人。一位证人告诉法庭，"有多起有据可查的火化活人的案例。"

印度尼西亚和其他外来亚洲工人一旦发生短缺，缅甸本地人就被强制加入劳工队。在1943年4月到7月之间，3万仰光地区的缅甸人，有的还带着妻子和孩子，被抓工并徒步押解到筑路工地。这个时期的悲剧之一是日本人没有编制完整的苦力劳工记录，不像他们编制战俘记录一样（当然绝大部分也在日本投降时焚毁了）。这样一来，缅甸-暹罗铁路沿线数以万计死难亚洲人的姓名就不得而知了，连坟墓也没有标记。举例来说，20万名印度尼西亚人在战时签约做临时工，其中很多人随后失踪了。

英国陆军少校罗伯特·克劳福德（Robert Crawford）的证言是

检方作为呈堂证据的一大摞宣誓证词的代表作。他说，苦力营被粪便严重污染，工人常常睡在地上。食物不足，通常每天就是一两碗米饭，水经常是脏的。然而日本人对工人的疾病和艰辛无动于衷。克劳福德指责日本人的冷酷是"构成犯罪的玩忽职守"。

基于盟军幸存者的报告，克劳福德的书面证词列举了日本人对待亚洲奴隶劳工的细节：欣达（Hintok）营——霍乱患者被赶进丛林并被抛弃；尼基（Niki）建桥营——高自杀率；万野（Wan Ye）医院——4 000 个病人在 12 个月的时间里死亡；坎布里第二苦力医院——大约 5 000 个病人在 18 个月的时间里死亡。

盟军战俘经常举报他们亲眼目睹的虐待个案：在坎布里第二苦力医院，"在苦力的阴茎上绑重物，让他们站几个小时"（显然是为了消遣）；在金萨约克（Kinsayoke）检查站，接受棉签直肠检查痢疾的苦力一个接着一个被日本军医用脚猛踢；在尼基营地，日本卫生部门的人在例行检查时，把玻璃棒插进华裔女病人的阴道里，以此为乐；在上康奎塔（Upper Concuita）营，"日本人用有病的苦力练习柔道，从肩膀上把人摔过去。"在康奎塔（Concuita），同样，有 50 到 60 个工人被吗啡和高锰酸钾制剂杀害。

克劳福德说："这种案例的数目可能还有很多倍，令人作呕（*ad nauseam*）。"

盟军不断抗议在泰缅营地对战俘和其他人的虐待。就像羽毛球赛一样，当时的日本外相挥拍把外交羽毛球打回去，说那些指控都是谎言而不予接受。例如，1943 年 7 月 24 日，被告重光葵通过在日本的瑞士大使回复一个抗议，说"主管部门……告诉我在泰国营地的囚犯得到公正对待；不仅如此，生病的人在战俘医院还接受了最好的治疗。"重光所谓的"主管部门"就是陆军省的官员。但是瑞士作为中立国一再提出参观营地的要求被拒绝。重光写道，"至于参观营地一事，目前不予批准。"此事直到战争结束也没有批准过。

泰国-缅甸问题阶段最权威的文件是"日本政府关于缅泰铁路的报告"，这是一份日本投降后东京制定的官方文件，旨在给出日本的观点。报告把"所谓筑路期间残酷虐待盟军战俘"分为两部分："（一）直接残暴形式的不良行为……（二）……劳动期间战俘中因病死亡的情况。"在东京看来，"（一）与（二）之间性质上有明显的区别。"

报告包括91页日文和11个表格、69页英文。然而，一开头就说，由于"在东京没有可用的资料……属于①的案例被排除在本报告之外。"报告还隐瞒了受奴役的苦力劳工的命运。"很多战俘最终在工作中遇难，令我们深感遗憾。"报告说，"我们还要声明，在筑路工作中日本军队（也）与战俘和当地劳工同甘共苦，绝不是也绝不打算只靠战俘的牺牲来完成这项工作。"

报告承认，至少有 10 000 名战俘和 30 000 名苦力劳工死亡——与目击证人所叙述和文件所记录的在筑路一年半期间死亡及疾病流行的情况相比，这两个数字都是严重低估的。报告自负地说，"遵照工程指挥的特别命令，在泰国和缅甸各立了一座纪念碑，告慰参加筑路工程逝去的战俘和普通劳工的亡魂，并且举办了一场法事，他们的亡魂依照日本皇家礼仪深受敬重。"

在被告席，像以前一样，每当大规模暴行的证据出现在证词里，重光就身体前倾，双手托着脑袋。白鸟敏夫的长脸拉得更长了，时常咬嘴唇。武藤中将的眼睑不再静止，他急速眨眼，面部肌肉好像抽搐了。坐在贺屋兴宣身后的岛田海军大将频繁地在被告席俯身,沿着贺屋的座椅靠背神经质地弹手指。包括东乡茂德在内的几个被告摘掉了头上的耳机。开庭以来一会儿发怒一会儿兴奋的板垣大将显得沮丧,几乎从来不抬头看证人,甚至不会出于好奇心看一眼。东条英机继续他做详细笔记的习惯,偶尔抠一抠鼻子;经过几个月的观察,人们怀疑他做笔记只是设计好的舞台动作,为了给沉默的旁听者留下深刻印象,也让自己有事情可忙。木户侯爵像冰块一样坐在那里,冷漠而且一动不动;代表天皇的他,会不会随着春天的到来而消融洒泪呢?铃木中将独自保持一贯的怒容和傲慢姿态,头抬得很高,不过脸上的小坑显得更深了。

许多被告似乎在等另外一只靴子落地。国际检察局曾经说过会证实几个被告与暴行之间的关联,而到目前为止只有大约六个实现了这种关联。大家感觉还会有更多的东西出现。更糟糕的是,从辩方的角度看,法官对检方的策略是知情的,他们允许国际检察局继续下去,确信检方会在举证全部结束之前建立这种联系。

30 年之后,1976 年在东京,曾在修筑铁路期间担任英语翻译的永濑隆(Takashi Nagase)看了好莱坞的电影《桂河大桥》。永濑虽轻描淡写,但也坦诚而严肃地说道,"我可以告诉你们,对建桥的战俘来说,条件比那部电影里表现的要恶劣得多。"回过头来看,人们也许会问,假如没有远东国际军事法庭,那些曾经发生的故事会保存在何处?东京法庭的证词是盟军战俘和亚洲奴隶劳工不可磨灭的纪念碑,他们沿着绵延的轨道死去,路轨与骸骨一样,早已被丛林吞噬了。

在缅甸-暹罗铁路劳动的战俘还算是"幸运之人"——他们至少从被俘之处到建筑工地的旅途中幸存下来了。除少数人是用火车从新加坡和马来亚运来，或者在缅甸被俘以外，大部分战俘是经海运来到工地的。有很大比例命丧途中，没有算在筑路死亡的人数里。亚洲苦力除缅甸劳工外，也都是从海路运过来的。海运也不仅限于缅甸-暹罗铁路。"地狱航船"（还没有找到更合适的名称）定期航行在被俘地点与位于福摩萨[1]、朝鲜、满洲及日本的常设战俘营之间。船上的条件是一致的：战俘和苦力被赶到甲板下面，缺水少粮，几乎没有卫生设施，还要被无情地殴打。

检方案情的这一部分由方下巴、宽肩膀的澳大利亚人托马斯·F.莫内姆（Thomas F. Morname）中校负责。莫内姆拿出 20 份幸存者的宣誓证词，并且把搭过其他地狱航船的几位幸存者请到证人席。第一份证词就定调了：1 900 名美国战俘关在马尼拉到日本的货轮鸟取丸（Tottori Maru）的货仓里，人被装得太挤了，以至只有三分之二的人能够同时躺下来。虽然腐烂的口粮已经使很多战俘染上了痢疾，但只给他们提供六个厕坑。很多人睡在自己的粪便上。

盟国检方指控说，虐待政策是蓄意的，是遵照东京海军参谋部的指令执行的。地狱航船没有任何与普通运输船区分的标识，并且配备了防空及其他类型的武器。这些船只被盟军飞机和潜艇攻击，很多战俘、被拘禁平民和奴隶劳工淹死在水里。一位证人是这类攻击的幸存者，他画了一幅航海图，说来堪比但丁（Dante）的《地狱》（Inferno）。1944 年 9 月 19 日，他登上从爪哇启航的一艘 5 000吨货轮，船上装了 1 750 个欧洲战俘（主要是荷兰人），600 个印度尼西亚战俘（主要是安汶人），还有 5 500 个印度尼西亚强迫劳工

---

1 即中国台湾——译者注。

（主要是爪哇人）。战俘挤在货仓里；"（我们）被殴打着塞进货仓……挤成一团直立在那里，因为躺下、甚至坐下都不可能。"在印度洋苏门答腊西海岸外，船被鱼雷击中，20分钟后沉没。幸免于第一次爆炸的战俘在水里挣扎，想抓住日本救生艇的边缘，"但是非但不把他们拉上来，一个日本人还用一柄大斧头砍断他们的手，或者劈开他们的头颅。"一艘日本的轻型护卫舰最终把幸存者打捞上来——276个欧洲人，312个安汶人，还有300个爪哇人。这些幸存者被关进苏门答腊一所日本犯人营。"当我们来到这所监狱时，厕所已经满了；这样，我们不得不在地面上排泄。气味刺鼻，令人作呕。"证人说。

国际检察局的证据显示，日本正规部队的运输工具也用来运送战俘。在一次航运中，长尾丸（*Nagao Maru*）装运了1 650个战俘和大约2 000个日本兵。美国陆军医官爱德华·N.内尔（Edward N. Nell）上尉作证说，战俘被关在甲板下面，"厕所在甲板上面，而肠道紊乱的人不能上到甲板。甲板下面三天都没有卫生设施。"幸存的战俘在日本门司上岸，他们被迫在众目睽睽之下赤身裸体在甲板上排队接受直肠检查。

在所有这些船上，打人是普遍的，每天都有战俘死亡，尸体常常像垃圾一样从船舷扔出去。好几次，作为惩罚，战俘在甲板上被砍头，断开的头颅和躯干从船舷翻落海中。尤其是在赤道水域，食肉的鲨鱼尾随着这些船只。在港口，死亡战俘的尸体堆在一起等着葬身大海；一艘地狱航船沿赤道从安汶到爪哇，尸体的恶臭使得一路的印度尼西亚港口都令人作呕。

战争早期，1942年10月1日，里斯本丸（*Lisbon Maru*）装运了1 816个战俘和2 000个日本军人从香港出航。在海上有两个人患白喉死亡,但没有从关押战俘的货仓移走。后来里斯本丸被鱼雷击中,船尾插在一个沙洲上。战俘从货仓逃出,当他们从水里一露头,日本兵就用步枪点射。极少数幸存者来到附近的海岛,那里的"中国人对(我们)极为友善,从他们微薄的供给中分给(我们)食物和衣服。"然而日本的登陆队很快就出现了,这些人又被抓走,带到上海关进提篮桥牢房,那是宪兵队臭名昭著的监狱之一。

在庭审船运问题时发现,几乎所有相关日方文件都在投降时奉日本海军的命令被成功销毁了;就这一点来说,海军显得比陆军更有效率(巧合的是,类似情况也发生在纽伦堡审判)。但是国际检察局拿出一份文件,日期为 1943 年 3 月 20 日,披露出大量信息。这个指令加盖了"军机"(*gunki*)即"保密"印记,而且标明"70份之 24",像是限量印刷件。没有发现另外的印件。命令说,"不要停止攻击正在下沉的敌舰和货轮;同时要彻底消灭敌方船员,如果可能,抓一部分船员,尽量获取情报。"

被告要掩盖这类命令的程度,从国际检察局所出示的 1946 年2 月 1 日大岛浩的巢鸭侦讯摘录里就可以表现出来。这位将军、前日本驻第三帝国特使承认与约阿希姆·冯·里宾特洛甫谈到"海军活动"是轴心国之间军事合作的一部分。在巢鸭,大岛被问到日本海军是否下达过类似希特勒杀害被鱼雷击中的舰艇船员的命令,他抗议说:"日本人不会下达这样的命令。"当侦讯人员向他出示 1943 年 3 月 20 日的指令时,他说不知道有这份文件存在。大岛是否看出日本海军命令的用词与纳粹命令的用词"大同小异"?"是的,"大岛勉强地说,"它们是很相像。"

如果逐项列举在远东国际军事法庭重现的其他恐怖时刻,差不多会用掉几千页的篇幅,日本人犯下的罪行遍及上海提篮桥、马尼拉的圣托马斯、新加坡的樟宜,还有其他不那么知名的战俘和平民拘禁营,包括爪哇的奇丹(Tjideng)[1]、北婆罗洲的山打根、台湾的基隆、满洲的哈尔滨(日本细菌战实验所在地),以及日本的福冈。都写出来会令读者呕吐的。因此,我就效仿荷兰陪席检察官,他在讲述日本人在印度尼西亚的杀戮时告诉法庭:"这个我不再读下去了。"还有美国助理检察官索利斯·霍维茨,他在朗读战俘营幸存者的书面证词时跳过了很多页,由于"这里面的材料是重复的。"

即便如此,检方在暴行问题阶段的最后十天爆出了难以置信的证据,把东京与普通战争罪和危害人类罪直接联系起来。考虑到战争结束时证据的毁灭,国际检察局在填补东京内阁与各战地司令官之间指挥链条的空白方面确实做了杰出的工作。甚至在检方的案情陈述结束后,仍然有更多的东西出现。出于策略考量,约瑟夫·季南和他的团队故意压下不少证据,为的是在辩方陈述时进行伏击。尽管如此,在最后的日子里还是提出了相当多的证据,足够写满好几部历史书。

举例来说,身材魁梧的田中隆吉少将再次来到证人席,立刻掀起波澜。作为前军务局局长,他说东条、木村和佐藤三名将军与暴行有关联。田中指证东条英机曾下令"所有战俘都要当劳工"。这个决定是1942年在一次陆军省官员会议上作出的,会议地点在市

---

1 后来成为我妻子的阿格尼丝·德·基泽(Agnes de Keyzer)在日本投降后,作为盟军战俘遣返小组的成员,于1945年9月17日来到爪哇。她在巴达维亚(雅加达)的奇丹集中营工作,那里有大约10 000名妇女儿童被囚禁在(用她的话说)"难以形容、无可言说的条件下"。此前她曾在东婆罗洲的巴厘巴板停留,因为荷兰人必须在那里等待英国人的"许可"才能登上爪哇岛。

谷，正是远东国际军事法庭所在的这座大楼。然而，田中为重光和东乡两位外相作为战争罪同谋者的指控开脱，形容外务省在那个年代不过是一个"邮局"。

田中给被告造成严重威胁，因而遭到刁钻的交叉盘问。辩护律师洛根想方设法要使这位将军自己招认犯罪。田中承认自己与宪兵队有直接联系，并且在检方的强烈抗议下承认自己"被日本民众称为'怪物'"。一股寒气掠过法庭。但是自责的田中为自己辩解。为何攻击他原来的同志？他说："我在法庭的表述，目的是对日本现今命运的原因发出声音。至于原因，依我说，就是陆军参政，我希望民众了解真相，从而使国家走向正轨，也希望我们的子孙后代了解真相。"

曝光的一些小插曲对日本虐待俘虏的行为提供了新视角。国际检察局作为证据提交的秘密文件，其中有日本高级军官和文官同意有必要将盟军战俘在朝鲜游街示众并在日本从事下贱工作，以挫伤朝鲜和日本民众中亲美派和亲英派的同情心。在一份文件中，时任驻朝司令官板垣大将要求东京大本营运给他 2 000 名英美战俘，这样他就能羞辱他们，"使朝鲜人确实了解到我们皇威的真正分量"，从而消除亲英美的情绪。在日本，神奈川县知事秘密通报陆军省，使用盟军俘虏服苦役是必要的，可以削弱辖区民众中"相当亲英美"的态度。

提交的证据还表明，东京计划一旦盟军入侵日本，便处决所有的战俘，人数超过 30 万。审判期间，一个又一个的集中营幸存者作证说，营地指挥官曾告诉他们，如果日本受到侵犯就会杀死他们。没有文件支持这些指控，只能推测这个清除战俘的密令在日本投降后已被付之一炬了。然而，在检方案情陈述接近尾声时，国际检察局经过数月的调查，拿出了陆军省 1945 年 3 月 17 日一份加盖"陆军秘密第 2257 号"钤印的指令。坐镇东京的陆军次长通知战地指挥官，"由于战况已非常严峻，我奉命通知你们，当我们在帝国家园和满洲[1]感受到战争的严重破坏时，要基于所附的《依据形势变化处置战俘大纲》处置战俘，不得有误。"大纲显然是一个双关语的精湛应用。大纲并没有下令杀害俘虏，但是它"建议"在盟军入侵日本的形势下，让俘虏"获得自由"。比照日本人战时处置盟军俘虏的先例，把这个建议解释为"脱离尘世的烦扰"是公平的。

检方还提交了前总参谋部成员若松只一（Tadakazu Wakamatsu）将军的宣誓证词作为证据，他揭露"修建缅甸-暹罗铁路是 1942 年夏季由帝国大本营（在东京）决定的。"检方提交的另一份具有杀伤力的证据是"陆军秘密第 2190 号"文件，日期为 1942 年 7 月 28 日，被告、时任陆军次长的木村大将下令将被俘的盟军飞行员以"战争罪犯"论处。有时候证据涉及不相关的题目，就被搁置而没有跟进。例如，在 1943 年 10 月 7 日，由于预期美国要入侵威克岛，96 个战俘和被拘禁平民在岛上被杀害；一个日本海军将领的证词披露，"那时我们频繁收到形势报告和舰队的命令，其中之一是'组建了新的强大的任务小组，已经从夏威夷出发了。'"这证实日本间谍在战争晚期仍在珍珠港活动。但是这个供述不在审判的范围之内，从来没有再深入调查。

检方案情陈述逐渐收尾的阶段包括了更多在巢鸭对被告的侦讯摘要，对东条和武藤的侦讯摘要尤为引人注目。

东条解释日本的大本营于 1937 年侵略中国之后在东京组建，

---

1 原文如此，不是"满洲国"。

一周开一次或两次会议。天皇出席每一次会议吗？"不是。"东条回答，"除了在特殊情况下，通常他不在那里。"会议在何处举行？"在皇宫。"会议讨论过战俘待遇吗？"我记不清……"东条含糊其辞。举例来说，是否曾经讨论过巴丹死亡行军？"我不记得。"那么，东条作为首相和陆军大臣视察过菲律宾——那里有没有传闻？"有些传闻。"谁为这个行军承担责任？"本间将军自然应当负责。"东条或者任何政府官员可曾同本间讨论过行军的事吗？"我不知道是否讨论过这个问题。"（日本投降后不久本间已被美国人作为战犯审判，在菲律宾被判有罪并且被处决了，）盟国对虐待战俘抗议的照会副本是否送交天皇，抑或以任何方式向天皇通报盟国有关日本人非人道对待俘虏及其他人的投诉吗？"没有，他不知情。"东条肯定地说。为什么不通报？难道天皇不是日本帝国武装力量的总司令吗？他回答："天皇很忙，有很多事情要办，所以我自己来做这件事（处理盟军的抗议）。因此，天皇对这件事情没有责任。"

作为首相和陆军大臣，东条要为战俘待遇负责吗？"是的。"他毫不犹豫地说，"我为战俘待遇承担责任。"战俘局何时在陆军省内设立？东条确认，"战争爆发后立刻就设立了。"什么战争？"大东亚（太平洋）战争。"为何要设立战俘局？"这是依据国际法。"那么为什么在中国战争期间没有这样一个机构？"在中国事变期间无须设立。"设立了什么机构来处置中国俘虏？"没有设立任何机构处理中国俘虏。"

东条如何解释日本陆军和海军的暴行？"我对如今报纸上披露的众多暴行事实感到震惊。"他说，"倘若日本人遵循天皇指示，这些暴行根本就不会发生。"

说完这些，东条便结束了这一天的谈话。第二天，1946 年

3月26日，他对巢鸭侦讯人员说他要进一步详解他的说法。

他回到暴行的话题："我们没想到发生了这样的事情。"他谈起历史，并补充道："特别是天皇，因为仁慈，会有相反的感受。这种行为在日本是不容许的。日本人天性如此，相信不论是天还是地都不会容许这样的事情。"他说，他担忧的是"世界（会）认为这些不人道的行为是日本人天性的结果。"

美国助理检察官吉尔伯特·伍尔沃思（Gilbert Woolworth）上校在法庭上读了这些侦讯摘要作为法庭记录。他停顿片刻，又念出附在其后的侦讯人员加注："对证人宣读了前面的回答，证人确认无误。"

侦讯时东条还继续声称只有战地司令官——本间们和山下们——为部队的行为负责，而不是由日本政府承担责任。然而，这位前首相和陆军大臣又修正了这个说法，把线索带回东京。他承认，"当然，既然我是军事指挥机构的监管人，我负完全责任。"这一承认将日本的危害人类罪归结到他本人身上。

至于日本人对盟军战俘和毫无抵抗能力的亚洲民众普遍性的残暴，东条圆滑地用一种肤浅的辩护词来抵挡，说这反映出日本人与其他民族有不同的传统和习俗。"日本对俘虏的观念同欧洲和美国不同。"东条的说法刻意回避了日本对中国、印度、菲律宾和其他亚洲战俘的残害。"在日本，（被俘）被视为屈辱。"他一口气说下去，"依照日本刑法，当一个人还能够抵抗的时候成为俘虏就是犯下刑事罪，其最高惩罚为死刑。在欧洲和美国（再一次不提亚洲）就不同了。被俘的人会受到尊敬，因为他已经尽到了他的职责，但在日本，情况就非常不同了。"

东条的同案犯武藤章在巢鸭侦讯过程中作出的评论，让有关不同文化和邪恶之不同概念的全部谈话最终终止了（或者说应当终止了）。侦讯人员直截了当地问武藤，日军在马尼拉的背水一战是否能成为强奸妇女和杀害平民的理由。武藤激动地回答："这样做肯定没有理由。"那么他如何解释日本皇军的不端行为呢？"很遗憾你问到这样一个问题。世界上没有任何军队或政府会指示自己的人射杀或打死儿童或平民百姓。"这样看来，即便是武藤这个1937年南京暴行时和八年后马尼拉暴行时的高级参谋官，也承认自然法的存在。但他的良心没有因为自己曾在南京和马尼拉惨案现场而受到困扰吗？他说，是的。"在南京和马尼拉的暴行之后，……我觉得日本的军事教育里缺少什么东西。……在南京和马尼拉施暴的部队是匆忙动员起来的人，他们欠缺适当的军事教育。"他是否为日本军队的行为感到羞耻呢？"我感到是一种羞耻。"军方高级官员有没有讨论过这个问题？他说，没有正式讨论过，"但军官之间有个别议论。"这些军官是不是因为这些暴行有损日本军队的荣誉而担忧？"他们非常担忧。"他说。

武藤将这些暴行置于一个新视角。他指出，在1895年的中日战争和1905年的日俄战争期间，日军都没有施暴。军队的行为堪称楷模。然而，第一次世界大战之后，当日本部队被派到西伯利亚支持反布尔什维克的武装力量时，"这种暴力倾向才引起人们注意，从而证明日本人的素质和本性慢慢变坏了。"他继续说，军队的高级军官同意，这种情况只能通过家教和学校教育来纠正。他本人做了些什么来纠正这种情况？武藤说，他能做的微乎其微，"即便当了中将之后，我还是什么也做不了，因为我不是师指挥官。"他又急忙补充道，"想要推动任何事情，必须是师指挥官。"倘若他就是师长，会去纠正那种情况吗？

"会的。"他说,莫名其妙地笑起来。

在这个令人恐怖的审判阶段,被告人数减到 25 名。法庭宣布了永野修身海军大将的死讯。永野是个趾高气扬、脖子短粗的前海军总参谋长,在被告席上坐在前首相广田正后方,经常向旁听席上的友人和听众招手。1947 年 1 月 5 日,星期天,68 岁的永野因肺结核、动脉硬化和支气管炎在美国陆军第 361 驻地医院终告不治。永野一死,他的美国辩护律师约翰·G. 布兰农(John G. Brannon)公开了当事人的一封信。在信中,永野对日本没有至少提前"哪怕两分钟"把即将攻击珍珠港的消息通知美国表示"遗憾"。他把突袭夏威夷称为"一个错误"。

前一年,因偷袭珍珠港、侵略印度支那和谋杀战俘而作为战犯被起诉后,永野已经为珍珠港的攻击承担了全部责任。他通过日本律师奥山八郎(Hashiro Okuyama)发表了一个声明说:"这纯粹是战略问题。我对此承担全部责任。"在这份发表于 1946 年 6 月 28 日《每日新闻》的声明中,永野披露他曾经反对与德国结盟以及向美国开战,并且认为日本应当从中国撤退,在那里展开的是"一场不可能赢的战争"。

在永野死后的星期一午休期间,我通过"鸡笼"偷偷给被告传信征询反应。东条表示悲痛,"特别是因为世界将不会听到大将亲口讲出日本海军的真实立场。"他的外相东乡茂德补充说:"我同意东条的观点。"严格说来,其实东乡的原因与东条的并不相同。永野在死前不久与东乡谈话时曾经暗示,他会在作证时披露攻击珍珠港的真实故事。

东京审判过后,最年轻的被告佐藤贤了中将在他的回忆录里指责说,永野之死缘于巢鸭的"虐待"。据佐藤说,当时永野监房的一扇窗户坏了,永野铺上报纸抵御冬日的寒风。但是一个看守撕去了报纸,而且虽然一再提出要求,还是没有修理窗户。佐藤说,就这样,永野得了肺炎。然而没有证据支持佐藤的责难。

永野死后大约三个星期,1947 年 1 月 24 日,星期五,下午 4 时 12 分,美国助理检察官卡莱尔·希金斯(Carlisle Higgins)宣布:"庭长先生,检方陈述到此为止。"从技术上讲,希金斯是对的。但事实上,国际检察局根本停不下来,因为辩方突然提出了无效审判的动议,攻击法庭的司法管辖权,同时提出一大堆撤案的动议。

从辩方的立场来看,审判现在才刚刚开始。

23　辩方闪避，检方进击

辩方的无效审判动议令韦伯和其他英联邦的法官莫名其妙。"如果法庭允许，辩方有意提出几个动议。"戴维·F.史密斯律师宣布，"譬如，我们有一个代表11位被告的无效审判动议。"

韦伯抬起右手打断他："我到现在才知道还有这种动议。"英国法庭只在罕见的情形下，辩方才会在审判结束后提出重审的动议；在美国无效审判的动议则很普遍，通常是基于法官在当时打算复核这个案件的假设。但是韦伯不耐烦地说："我们不准备那么做。"法官团拒绝受理这个动议。

这个流产的动议指责道，法庭在"一千或者更多的事例"中接纳书面证言和其他传闻作为证据，从而剥夺了被告直接面对不利于他的证人以及有机会对证人展开交叉盘问的权利。动议说，证据涵盖了15个不同的日本内阁，并且证据"数量如此之大，以至没有一个被告能得到公正的审判"。

戴维·史密斯又代表所有被告提出了另一个驳回此案的动议，说道格拉斯·麦克阿瑟是受美国宪法管辖的美国公民，他并没有被国会授权设立国际军事法庭，或者为法庭任命美国和菲律宾法官，因此组建法庭"超越了其合法权限"。

韦伯不为所动。他评论道，这个动议是基于这样一种假设：毋须辩方请求，法庭便应从司法角度注意到美国宪法和法官们所属其他十个国家的宪法。他暴躁地说："我认为这是个错误的观点。"他指出，法庭唯一能容忍的动议是基于辩方提出起诉缺乏证据的论点，或者是基于一些没有争议的事项。史密斯解释：辩方之所以试图提出攻击麦克阿瑟司法管辖权的动议，是因为最终打算将自己的论点提交美国最高法院。韦伯挖苦地说："对我们来说完全无所谓，不论你们是到华盛顿的联邦法院，还是到悉尼的联邦法院，到渥太华的联邦法院，到莫斯科的联邦法院，或者到其他任何法院。每个法院的复核权都与其他法院一样。"

于是史密斯提交了第三个动议，他称之为"麦克阿瑟动议"，韦伯则把它叫做"最高统帅动议"。这个动议提出，"法庭没有司法管辖权或法律上的权能去审理和决定1946年5月3日向法庭提交的起诉书。"这个动议与前一个极为相似，韦伯拒绝听取它，理由是这个攻击是"政治演讲"，辩方只能在发表案情综述时再提出来。史密斯气愤地回答："完全不是这个意思。"显而易见，威廉·韦伯爵士和戴维·史密斯彼此厌恶，他们注定要在未来几个月里发生激烈冲突。

韦伯结束了这场法律的"焰火表演"，建议辩方仅以证据不足为由，提出驳回此案的个人动议。由于每一个被告的律师都出来提动议，在法官席右侧很快排起了一队人。不同的律师代表各个被告的不同利益，抛出了各种各样的论据。在军事将领中普遍使用的抗辩是"上级命令"。

前陆军次长木村大将声称，没有证据表明他"做过效忠国家的军人职责以外的任何事情"。松井大将的律师争辩，"记录中没有任何能排除合理怀疑的证据表明，松井曾命令、授权或许可……甚至知道在中国有杀害数以千计的平民和已解除武装之士兵的事情。"他指挥攻打南京——他们承认——"是由东京的日军大本营下令的"，松井"只不过执行了这些命令"。土肥原的律师辩称他无疑是"武装部队的一员，必须服从上级军官的命令"。被告席新暴露出来的最大坏蛋之一武藤中将，也乞灵于"上级命令"。他的律师争辩，武藤作为军官，其职责是"执行上级命令"，这是全世界的军人都承认的概念。东条的律师显然是最难争辩的。对东条在陆军大臣任期内的事不能用上级命令来解释，于是他就说，"没有提供确凿的法律证据证明被告作为领导者、组织者、教唆者或同谋者参与了"实行侵略战争的任何共同阴谋，也没有证据证明东条"下达过一个明确的命令"给任何下属以实施暴行。

铃木中将是日本的战时经济沙皇，介乎文职和军职当权派之间。他不承认要为自己的行为负任何责任。

在文职人员里，重光葵的律师提出，"所有的检方证人……都已经肯定了他对中日和平所做的努力和卓有成效的工作。"前首相广田的驳回此案动议辩称，对他的起诉是"明显误判"和"严重错误"；广田从未服役，1936 年当他出任首相时，"把时针倒拨为时已晚。"广田的律师声称，当天皇命令他组阁时，东京的时局已经是"奇怪而不可思议的了"，1 400 个陆军军官的未遂政变（即历史学家所称的"二月事件"）已经使首都陷入"恐怖状态"，天皇挑选他是为了控制"反叛的"军方人士。

广田的动议是第一份提到裕仁的动议。木户侯爵（他坐在被告席就天天提醒人们天皇的缺席）在他的动议中争论道，"仅仅谈判失败后日本确实开战这一事实，并不构成说木户或者老一代政治家们是罪犯的理由。"他的律师说木户侯爵因内大臣的职位"被普遍误解。……木户不过是天皇与政府官员之间的联络官。"至于木户对偷袭珍珠港成功兴高采烈的反应,律师问:"难道刑事豁免的代价是爱国主义的沦丧吗?"

就这样,无一例外,每一个被告都提出驳回对自己指控的动议。检方乐得有机会进行反驳。1947年1月30日,阿瑟·柯明斯-卡尔宣布:"我现在逐一处理每个被告的案情。"

这位英国陪席检察官带着明显的满足感说,他会按被告姓氏的英文字母顺序来陈述(虽然他并没有一直保持这个顺序)。他饶有风趣地开了头:"首先,是荒木。……有太多的故事可讲了,因而任何讲述势必不完整。"他指出,荒木将军在奉天事变前夕是陆军省的高官,并且在日本侵占满洲的进程中担任了陆军大臣。"因此,他肯定清楚日本军队在满洲做什么。"柯明斯-卡尔用控诉的口吻历数名单上的被告,指出证据已经表明:

- 土肥原是 1931 年奉天事变的"幕后操纵者",曾插手军队的鸦片贸易,并且作为在马来亚、苏门答腊、爪哇和婆罗洲臭名昭著的日本皇军第七方面军的司令官,对战争结束前日本以东战俘营的状况负有"直接责任",在那些地方"发生了成千上万的谋杀和不必要的死亡"。

- 桥本,种族主义分子和宣传家,参与了奉天阴谋,并参与了"那一时期所有旨在推翻当时相对和平之日本内阁的相关阴谋"。

- 畑作为军队教育总监,担任日本陆军三个最高决策职位之一,"并通过(他们)对陆军大臣的控制,能够有效左右内阁和政府的其他政策和决定。"

● 贺屋，金融王者，声称对日本人在中国和其他地方的残暴行径一无所知，那是"难以置信的，只能是对明显的情报资料有意视而不见，而调用这些情报原本是他的职责。"柯明斯-卡尔接着说，"不可想象像修筑缅甸-暹罗铁路这样浩大的工程，不经咨询大藏大臣并得到他的同意就会施工。"

● 平沼任枢密院副议长或议长长达十多年，后来出任首相，"有机会对日本所采纳的一切重大决策作出判断……这赋予他对当时推行的普遍政策加以反对的权力，如果他反对的话。"

● 木户是个"有主见和影响力的人物，是个小心谨慎的人，不很在乎政策的正确与否，而更注重与之相伴的风险"。作为天皇的首席顾问，"他有责任建议天皇坚持调查并纠正这些暴行，以及在任何情况下坚持采取适当的步骤以避免重现在中国发生过的事情。他是天皇的顾问，但无论在太平洋战争的发动还是在战争进行的方式上，从始至终看不出来他曾提请天皇注意道德层面。他的全部心思都是考虑是否有利。"

● 广田是日本阴谋策划、准备、发动侵略战争的"教父"。作为首相，广田参与了 1936 年的大臣会议，就是这次会议制定了在中国、东亚和东南亚，以及对美国、英国和苏联的侵略政策的计划。"这是政府第一次正式采纳这些政策，显示出广田即便不是这些政策的鼻祖，也是它们的官方教父。依据我们提交的证据，他自始至终是个侵略者，从他公开与私下言行的反差，显示他是一个特别聪明的人。"

● 板垣是奉天阴谋的创始成员。他在太平洋战争期间将盟军战俘示众。此外,他要分担"发生在马来亚、爪哇、苏门答腊和婆罗洲的严重虐俘暴行之责任",因为他是那里的战地司令官。

● 小矶是"满洲阴谋的创始领导人之一"。作为 1944 年和 1945 年的首相,"对战俘和其他人的暴行,他负有非常严重的责任,(这种暴行)在他就任时……已经变得声名狼藉。"

● 武藤"(一) 作为战地军官,(二) 作为陆军省军官,是日本全面侵略的参与者。"

● 木村,1941 年的陆军次长,"所处的地位使他不但知道而且积极参与在职期间的各个事件,并为之承担责任。……更重要的,他肯定是非法决定使用战俘劳工突击修筑缅甸-暹罗铁路的当事人。"也是他亲自下令将被俘盟军飞行员处以死刑。

● 大岛曾经是柏林-东京-罗马轴心的总设计师之一。

● 重光,"我们不能允许他躲在其动议所提出的陆军'误导他'这样的辩护后面。"

● 岛田,东条的海军大臣,"以积极支持东条政策而著称",是 12 月 7 日突袭珍珠港的知情参与者。

● 白鸟像大岛一样,是与希特勒和墨索里尼的三国轴心协定的一个主要设计师,协定形成了推动侵略战争的联盟。

● 铃木与情报活动、鸦片贸易、思想控制,以及"总力战研究所"都有关联;他还是企划院的总裁,"权力很大的一个职务,因为企划院控制着日本的经济计划"。检方注意到德国驻东京大使发往柏林的一封密电,说铃木"给自己量身设立了一个相当于副总理的职位"。

● 东乡是直接负责 1941 年日美谈判的外务大臣,"甚至在开战决定作出之后"还在谈判。他是"以欺骗谋生"的外交家。

● 东条,他的个人历史是"在整个阴谋过程中稳步而急速升迁的历史",是发动侵略战争"阴谋的实际领导人",他对暴行的责任"已被充分证明,而且供认不讳,毋庸赘述。"

● 梅津,1944 年和 1945 年的陆军总参谋长,被结论性地证明"与所有在前线和日本本土的非人道对待战俘问题"紧密关联。

● 佐藤接替武藤出任神通广大的军务局局长,"必定批准了缅甸-暹罗铁路的决议"和其他骇人听闻的事件。

● 冈,海军军务局局长,要为"地狱航船"承担责任,这"显示出它必定是海军的政策"。

● 星野是满洲"最有权势和影响的人",贩卖毒品为傀儡国筹资。他后来担任企划院总裁和总力战研究所成员的履历可与铃木相提并论。

● 松井和南的动议不值一顾,他们是残忍的军国主义分子,目标是由日本主宰亚洲,罔顾人命和自由的丧失。

第二天,1 月 31 日,阿瑟·柯明斯-卡尔结束了他清晰的英音发言:"法官阁下,除非法庭对检察官提问,否则就此结束对这些动议的答复。"

在法官的周末会议后,这个法律招数就迅速破解了。2 月 3 日,法官团拒绝了辩方的动议。韦伯宣布:"对所有驳回起诉的动议经适当和审慎考虑,……法庭认为所提动议没有根据,因此予以驳回和否决。"东条英机和其他被告专心致志且不动声色地聆听裁定。

早前,在辩方提出需要更多时间准备案件的动议后,法官团同意休庭两个星期。富兰克林·沃伦上校代表辩方花名册上的 96个日本律师和 23 个美国律师,请求法庭再多给一些时间。沃伦曾是已故松冈的律师,如今是土肥原的律师,并且正在协助平沼的辩护。法庭同意了。韦伯宣布:"多数法官准许休庭三周。"

此刻在走廊上,谈论的是辩方会用三个月的时间完成案情陈述。

这期间,我对审判结果做了一个粗略的民意调查。在检察官中间,普遍认为有足够的证据把七个或八个被告送上绞架,其余的判监禁,只有前外相重光葵可能会被无罪释放。举例来说,澳大利亚陪席检察官曼斯菲尔德告诉我,"我们提出了充分的证据使七个被告够判死刑,其余的判监,可能有一个无罪释放的例外。"辩护律师们猜测有五个到六个被告面临死刑,两个到五个会被无罪释放,其余的判徒刑。木户侯爵的辩护律师威廉·洛根断定:"五个可能会判死刑,五个可能会判无罪。"星野直树的辩护律师 G.卡林顿·威廉斯也相信五个被告面临处决,但他看不出无罪释放的可能性,预料其余的将判徒刑。阿尔弗雷德·布鲁克斯经手前首相小矶的辩护,他认为六个被告会被绞死,两个无罪释放,其余的监禁。在记者团,法律的细微之处往往被忽略,大家一致认为十一个被告会面临处决,两个会被无罪释放,其余的送到监狱。同我交谈过的日本人感觉检方有足够的证据将八个被告处决,但对两个被告证据不足,其余的会判徒刑。

被想到要面临死刑的人有土肥原、畑、板垣、木村、东条、松井、武藤和佐藤（除了畑是陆军元帅，其余都是陆军将军），以及海军中将冈，还可能有海军大将岛田。值得注意的是，没有文职人员在里面。大多数观察者认为重光和东乡，这两位 1941 年到 1945 年的外相不过是东条手里的机器人，很可能会被无罪释放。很多人认为岛田和冈两位海军将领、铃木中将和文职的木户侯爵、平沼男爵以及贺屋兴宣等七个被告游走在终身监禁与死刑之间的分界线上。这些观点依据的是检方的证据。辩方案情陈述还没有开始，因而被告的行为中是否有减刑的情节尚不得而知。

最令人困惑的两个案子是前首相广田和天皇的亲密顾问木户侯爵。广田与南京暴行有间接关联，有人认为会判他死刑，而另外一些人觉得他会被无罪释放，还有人认为会将他长期监禁。对于木户，很多人认为他作为天皇最亲密的顾问，给天皇提供不守道德、没有骨气的建议，应当为此受极刑。但基于木户日记，他们也觉得木户——和他的天皇——身不由己、骑虎难下，案情中有减刑因素或许会使他免于一死。还有一些观察家下结论说，出于政治考量，木户会被无罪释放。理由呢？裕仁天皇是依照木户的建议行事，要是裕仁的首席顾问被认定有罪，那他就应当被起诉。

休庭对法庭的每一个人都是个恩惠。法官团、检方和辩方已经疲惫不堪，都欢迎有机会跟进阅读庭审记录，记录如今已经有 16 259 页了。在这三个星期的休息时间里，市谷的监管人员紧张工作，粉刷这个建筑群，重新油漆主楼伪装过的外表，安装新的下水管道。日本的工作人员拆除了楼前两个日本军人扛炸弹的巨大雕塑。很多经常到庭的记者转去报道占领的其他方面，如今只留下通讯社的核心记者了。举例来说，前一次休庭，我曾有六天时间作为随员加入了裕仁的日本全国之旅,那是他投降后最长的一次旅程,包括名古屋、岐阜、大垣和丰桥,着实令人难忘。大批的民众,主要是那天停课的儿童,热情地向天皇高呼"万岁(Banzai)!"此前我只见过天皇一次,是在他到国会颁布新宪法的那一天。如今我天天跟着他,裕仁出人意外地慈祥。他身着暗色三件套西装,没有盛气凌人的架势。穿过人群时,他举起浅顶软呢帽,以尖细的声音不停地喃喃低语,"啊,这样(Ah, so)。"他一个劲儿地打喷嚏,或许因为某种过敏。更令人意外的是(我过去从来没有读到或听说过这件事),他是轻微痉挛性麻痹症患者,脑袋周期性不受控地尴尬颤动。他被一群皇家禁卫军官和其他人(包括一个英国记者、两个美国记者和十七名美国宪兵)簇拥着,给人的印象是只惊弓之鸟,让人感觉他在图书馆会比骑在白色战马上要更自在一些。难以置信,就是以这个貌不出众、一脸困惑之人的名义,日本曾被淹没在血腥之中达十四年之久,而这个人曾被人奉为神明。

二月的休庭还给我一个新机会四处观望市谷。山丘俯瞰着周围被 B-29 轰炸机摧毁的地区,山丘上有不少防空隧道。市谷建筑群自身在空袭中被放过了,因为考虑到可能把它用作占领军未来的总部。倘若当年盟军了解它地下的情况,还会不会使它免遭轰炸就难说了。

隧道激起我的好奇心。我像狄克逊(Dixon)的系列作品《哈迪男孩》(Hardy Boys)的小主人公一样,偶尔打着手电筒钻进一条隧道,想看看另一端有什么东西。然后我听说在陆军省内部就有隧道,就在法庭下面的地下室里。于是,有一天我同两个熟人——杰克·汤普森(Jack Thompson)中尉和罗伯特·李(Robert Lee)中尉,一起进入堆满瓦砾的隧道。意外的是,我们发现自己站在一个宽阔的钢筋混凝土旋转楼梯上。在后来发给合众国际社的故事里，我写道，"就像进到木乃伊的陵墓。"今天，事情过去超过35年了，我依然体验到英国考古学家霍华德·卡特（Howard Carter）下行13级台阶，进入传说中的埃及法老图坦卡蒙坟墓时的感觉。但是东京梯井的末端并不通到国王的陵墓——它通到前日本皇军的地下大本营。我们走下三层阶梯来到底部一个长长的漆黑通道，手电光照到两扇敞开着的、用8英寸厚钢板制成的大门，门上有日文"西"的标记。两扇金属门板都与被部分拆除的警报系统连接。我们跨进了大门。

迷宫被拆得一干二净，犹如被螃蟹掠食后的鱼骨。我们用了两个小时徘徊在有许多前室、文书室、地图室、会议厅、补给房，以及诸如此类功能房的地下迷宫里，但是没有找到一张碎纸，没有一张桌子或一把椅子，没有一个文件柜。有些房间200英尺长60英尺宽。一些办公室的门有防弹玻璃开口。很多房间装了荧光灯，还有一些房间铺了石棉瓦，看来是为了隔音。

我们怀着敬畏之心走过这个隐蔽的地下总部，我意识到东条和他的同僚就是在这里指挥战争的。如今，一点不夸张地说，他们就坐在昔日权力和荣耀中心的正上方，被圈在犯人席里，像摆在玻璃柜里罕见的日本艺术品一样。

很多房间被蜿蜒的走廊连接起来，厅堂间彼此相通，有时直接通到光秃秃的墙壁。我沿着神奇的排水系统网络，掀起一个井盖，发现黑暗中有大量白糊状的细菌存活，但没有老鼠。在这噩梦般的建筑里，仅有的声音是废弃的排水管道偶尔会发出汩汩水声，也许雨水已渗进这个日本征服梦的记忆之中了。我发现的最让人好奇的东西是一扇包着钢板的门，有10英尺高，上面刻了一个阿拉伯数字 3。门被焊死了。门后面是什么？我到底也不知道。

　　休庭接近结束的时候，我听到一个传言：外务省决定对受审的两位职业外交家东乡和重光的辩护予以资助。在法庭即将重新开庭前的一个联合新闻发布会上，清濑和高柳试图消除这些传言。他们承认外务省已经给东乡和重光以及前大使白鸟的辩护律师派来了四位法律顾问，但是高柳说外务省哪怕给辩方贡献一个日元也是"完全虚构"的谣言。他说，外务省保持"严格的中立"，不过他承认自己仍然作为顾问领取外务省的工资。

　　休庭期间我同日本和美国的辩护律师一直保持接触，在辩方预定发言的前一天，我通过日本的渠道得到一份清濑和高柳准备在法庭上宣读的开场陈词副本。说白了，这是头版独家新闻，我马上写了一篇"待发布"的报道，准备等到审判重新开始的 2 月 24 日上午 9 时 30 分一举发表。这条新闻是根据高柳的发言稿（抨击远东国际军事法庭的司法管辖权、挑战麦克阿瑟设立法庭的权能）写出来的。

　　合众国际社在定期电讯中传送了这个报道，但是那天晚上我却另有想法，意识到法庭有可能会否决这个开场陈词。辩方对法庭管辖权的其他抨击已经被阻止了，例如无效审判的动议。威廉·韦伯爵士和他的同仁们一再裁定，只有到辩方案情总结时才会听取这些论点。于是我发出了"撤稿令"，这是新闻机构终止发表一篇报道时惯用的方法。我们决定谨慎行事，哪怕意味着失去一条独家新闻。

　　第二天早餐时我大吃一惊，看到连夜被撤稿的报道依然出现在《星条旗报》的头版。我感到惴惴不安。三个小时后开庭，法庭现场闹翻了天。

　　大厅拥挤不堪。盟国和日本媒体席以及公众席都坐满了人，贵宾席也十分拥挤。这是自头年春天开庭日以来出席人数最多的一天。韦伯的白发像狮子鬃毛一样飘逸，从法官席怒目而视。法庭执行官刚刚用威严的声音宣布"现在开庭"，韦伯就怒吼起来："我们注意到《星条旗报》刊登了一篇文章，自认为预见到辩方律师将要提出论点的性质。文章已构成对本法庭的严重藐视。"

　　韦伯透露，一个辩方代表团一大早拜访了他，向法官团保证辩方对此事件没有责任。"我根本没想过他们会有责任。"他说。

　　韦伯要求写这篇报道的记者到讲台上来。当我从座位上站起来时，负责日本辩方媒体关系的林逸郎匆忙跑上讲台，说这篇报道的出现"令人极为遗憾"，并且要求调查。在讲台上，一排法官在我面前，全体被告在我身后，我解释说我已经发出了撤稿指令。"每一家报纸都按指令做了，除了《星条旗报》。"最后我说："还有一点，庭长先生：我采写法庭报道已经好几个月了，我从来没有想过或试图以任何方式令法庭难堪，或者是以任何方式妄议占领的安全性。"

　　韦伯没有放低声音。他喝道："现在我们想听听报纸编辑的说法。"

　　编辑查尔斯·B.泰勒（Charles B. Taylor）上尉在上午休息后露面了。他说："发表那篇文章是一个失误。"并且道歉。

　　韦伯像受伤的狮子一样继续咆哮："你们有权发表的只限于有关本法庭诉讼的公正报道。你们无权预测法庭或者任何人将会在法庭上讲些什么或者做些什么。……把这样一篇文章交到这种人手里保管，就如同把烈性炸药交给小孩子一样。……在英国，国务大臣说一个文件可能有损国家安全不能公开发表,这就足够了,我确信在美国也是如此。《星条旗报》的管理层应当记住这一点,要是不知道的话,那就应当知道这一点。"韦伯警告泰勒不要重蹈覆辙再出差错,然后让他退下了。

在那个星期稍后的一天,韦伯邀请我喝茶。他诙谐地说:"我们本来可以把你送进监狱,或者下令把你绞死。"这是典型的韦伯特色。不论法庭大厅里的风暴刮得多么猛烈,在法庭外面他总是波澜不惊。检方和辩方几乎每个人都曾经同他发生过争执,但到头来都会发现,穿着黑法袍的韦伯与穿便装的韦伯之间神态有180度的差别。辩护律师乔治·弗内斯1981年在东京接受我采访时回忆,"韦伯在法庭上非常专横、不公。但是他很有风度。举个例子,有一天在帝国(饭店)(我们都住在那里),他走过来对我说:'今天我对你不公而且很凶,(韦伯)夫人说我应该道歉。'(韦伯夫人已经来东京与他团聚)韦伯很讨人喜欢。"

可以讲出很多类似的故事。但也有例外。辩护律师阿里斯蒂德斯·拉扎勒斯对法庭内外的韦伯都不喜欢。"在法庭度过艰难的一天后,当他往外走的时候,我听见他在说,'那些混账美国人',指的是辩方。"拉扎勒斯说,"而我们所做的一切都不过是职责所在罢了。"为那句话,拉扎勒斯永远也不原谅韦伯。

不论是讨人喜欢还是令人憎恶,韦伯主导着审判。现在我们已经到了辩护阶段,韦伯与律师尖锐的交锋将会在庭辩中占据更为突出的地位。

24　辩护展开，将军们大喊大叫

　　日本和美国的辩护律师在休庭期间定下了他们的策略，把案情分为五个部分——综述、满洲、中国、苏联和太平洋——接下来的第六阶段会由各个被告代表自己走上证人席（并非每个被告都选择这样做）。辩方的开场陈词是一份 100 多页的文件，分两部分——案情概述由清濑一郎宣读，依据国际法对法庭管辖权的挑战由高柳贤三宣读。

　　不是所有的辩护律师都赞同这个策略。威廉·洛根律师告诉法庭：由于被告之间在 1931 年以来的众多事件中存在利益冲突，发表一个联合陈述是"不可能的"。听到这句话，法庭大厅里所有的人都感到震惊。广田、平沼、重光、土肥原和铃木完全不同意拟定的开场陈词，大岛部分不同意这份陈词。史密斯代表广田宣布，由于广田"在本案中的特殊地位"，史密斯将会发表自己的个人开场陈词。

　　然后，清濑一郎专心宣读了开场陈词的前半部分。在大多数观察家看来，这份陈词是老生常谈，只不过将空洞的日本战前立场改头换面，尽管结尾部分堪称雄辩。

　　清濑一开头就宣告："辩方将会证明加在他们身上的每一项罪

责都是不实之词。"然后列举辩方对国际检查局所提问题的态度。

他驳斥轴心国企图主宰世界的指控。"没有比这个更大的误解了。"他继续说，没有比"新秩序"和"大东亚共荣圈"这两个词被人"误解"更甚，这两个提法"其实与美国的'睦邻'政策出奇地相似。"检方指控被告从事"共同阴谋"是严重的，因为关于阴谋的理论"是英美法律体系中独有的……不能被认为构成国际法的一部分"。至于暴行，"像据称针对德国犹太人犯下的"那种违背人类尊严的事，"从未在日本发生过，（并且）我们准备提交证据来解释德国的战争罪行与据称的被告行为之间的区别。"有趣的是，在日本人心目中德国的危害人类罪现在已是真实的了，不再是"据称的"；这就是"后纽伦堡"现象了。

清濑一件又一件地旧事重提："日本在满洲有特殊的权利和利益，其合法性会被证实。……卢沟桥事变的责任不在日本。……'满洲国'的诞生是满洲居民自发独立运动的结果。……中国要对事件的扩大负责。……是中国使事件加剧，并且扩大了事件的规模和程度。"

关于麻醉品贩卖，他说吸食鸦片在中国是一个传统，并且"主要是……被西方国家"扩散的，影射 19 世纪的英中鸦片战争。他承认日本人在中国的一些地方实施暴行，"令人非常遗憾"，但是盟国检方"过分夸大，并且在某种程度上编造了"这方面的证据。日本海军在 1941 年秋季前的备战"是防御性的，也不是因为预料到会有太平洋战争才进行"。至于在太平洋战争期间的犯罪行为，"多数据称的日本军队对战俘的暴行和凶残，许多被告并不知情，直到本法庭揭露才听说。"在制定外交政策方面，东京政府势必了解"日本仅靠帝国国内的物产很难养活它的人口"。谈到突袭珍珠港——不提之前攻击哥打巴鲁及其他地方——那是"沟通有缺陷"的结果。何况,美国海军于12月7日早上6时33分到6时55分在夏威夷水域击沉了一艘日本微型潜艇的事实,说明日本在1小时后攻击珍珠港"并不是偷袭"。

直到结束54页的开场陈词,清濑才上升到历史性的高度:"我们齐聚在此寻求真相,并不是要证明一方完全正确、另一方绝对错误。人类所感知的真相往往被人的弱点掩盖,可是我们必须探究引发现代全球战争的深层次原因,即便痛苦也要去做,但要不偏不倚。"

被告们感觉到,他们以自己的看法来改写法庭记录的机会到了。只有平沼的长马脸依然毫无表情,眼睛半闭着。在法庭午休起立,法官鱼贯而出时,平沼还是坐着不动。后来是宪兵把他扶起来的。庭间休息过后,他的美国律师沃伦解释道:"男爵老了……健康欠佳已有时日了。"韦伯即刻允许平沼离庭就医,急送巢鸭医务室。

这时高柳贤三上台发言,他攻击宪章并表达其他法律观点(这正是前述合众国际社那篇报道的依据)。韦伯打断他,不接受他的发言。"在你的结案陈词里我们会充分听取你的法律观点。(现在)不是合适的阶段。"但是高柳坚持说,法庭的宪章和管辖权是"根本性的法律问题",应该首先被厘清。由于已经到了黄昏时分,韦伯提议高柳连夜校正他的陈述。

第二天(1947年2月25日)早上,高柳声明"非常遗憾",他不能修改文件,然后抓住这个机会宣称:"我所代表的被告们认为,宪章的法律问题在当前的审判中是极其重要的因素;他们的生与死,他们的监禁与自由,很大程度上取决于对宪章的解释。"

但是韦伯重复他的告诫："我们不能允许你把那个争论放在现阶段。"韦伯依据宪章第 14C 条行事，该条规定检方和辩方可以各自"作一次简括之开场陈述"。而在举证结束时，按照第 14F 条的规定，"被告……可向法庭陈述意见。"[1]

被告的律师们继续做得很糟糕。不仅仅是案子处于劣势，而且他们的主要证人（多为前日本陆军军官）的举止有损他们的策略。如今，在日本皇军解体近 40 年之后，很难领略它当年的粗暴做派了。陆军讲一种与众不同的语言，不是简单的语言习惯问题。军官和士官总是大声喊叫，似乎身在练兵场。他们难得有礼貌地互相谈话或者同其他人讲话，军官之间友好的交谈听起来就像在对骂。路易斯·蒙巴顿（Louis Mountbatten）勋爵的东南亚总部军法署助理署长科林·斯利曼（Colin Sleeman）中校在他编辑的《后泽定一及其他九人之审判》(*Trial of Gozawa Sadaichi and Nine Others*)一书中表达得很好。他说，日本的陆军官兵采用一种"发声法"，而且这种发声法适合日军的严酷生活。"一般的军官傲慢而愚蠢，一般的士官恃强凌弱，而一般的士兵也太愿意滥用严酷纪律留给他们的这种权威了。"军官频繁掴打士官的耳光，士官又接着痛殴士兵。鉴于投降前日本的形势，陆军就是国中之国，自身有一部法律，如此便最终造就了武士型的日本军人，他们无论在国内还是国外都是令人感到极其恐怖的人。

辩方请到证人席上来的第一批证人中有陆军省计划课长官冈田菊三郎（Kikusaburo Okada）少将，他的"发声法"震撼了法庭大

---

1 应为 15C 和 15F——译者注。

厅。即便是回答最无关紧要的问题,他也要大喊大叫。冈田并没有发怒,他只不过是回到了市谷这个熟悉的环境。"证人,你现在用一种我们能够听见的方式给你的证据,但没有必要这样大声说话。"韦伯说道。大家都知道当局面需要时,韦伯自己也会吼一下。"你面前有麦克风。在这种情况下听你大声说话相当烦人。"

冈田作证说,他起草的截至 1941 年的战争计划没有什么意义。但是在交叉盘问时,新西兰的罗纳德·奎廉准将要求他解释为什么计划中提到"1942,及其后,(作为)所要求的战时能力,第一年"。冈田对问题多次绕来绕去兜圈子,但始终没有回答。韦伯说:"我想我们已经听够了,准将。"

然而惯于发号施令的冈田试图掌控局面。他吼叫起来,下巴扬起,眼睛盯着韦伯:"我感到这个最重要的问题被制止是件特别遗憾的事。"

庭长大怒:"我认为必须处理这个日本少将。他现在不是在向日本军队讲话!"

法庭大厅爆发一阵混乱,执行官喝道:"遵守法庭秩序!"

韦伯指示辩护律师冈本尚一:"把你认为不该阻止你们谈的问题提出来。"冈本询问证人,"战时第一年"这个词语意指什么。但是,即便在友好的本方询问下,证人还是绕着圈子说话,引起韦伯问辩护律师:"你觉得那是个回答吗?"冈本再试了一次,招来更多不相干的回答。韦伯叹了口气:"律师尽力了。证人完全无可救药。"

听到这个评论,证人像一支罗马焰火筒一样爆发了。他喊道:"我不是无可救药! 我还什么都没说呢。"

法庭再次陷入喧嚣和混乱。"遵守法庭秩序!"执行官喝令。

威廉·韦伯爵士毫不客气地宣布："我认为我们不应该再听这个证人讲下去了。"冈田下庭了，大摇大摆离开法庭大厅。被告们注视着他，混杂着钦佩和惊恐。

辩方的将军证人继续给辩方带来麻烦。1931 年曾在满洲的片仓衷（Tadashi Katakura）少将一到证人席，立刻就让法庭见识了又一个"发声法"示范。但辩护律师学得很快。"可否请证人放低一点声音讲话？"一位日本律师和气地说。然而，没过多久声音就上来了，窘迫的律师再次请求片仓："请放低声音讲话，证人先生。"片仓试了，但不按平生受过的训练去做是很难的。律师后来又重复了一遍："请轻声回答问题，请轻声。"

当河边虎四郎（Torashiro Kawabe）将军就南京暴行作证时，韦伯提醒他："河边将军，请离麦克风近一点讲话，不要那么大声。"

这些证人明显对辩方没有帮助。在他们掌权的时光，身着军装，足登黑靴，腰带上挂着佩剑，势必一副威严的模样。蓦然间，法庭大厅有很多人意识到，被告席里这些看似温顺、年迈的将军们也曾有过同样的身世。而这些证人的"发声法"不过是辩方总体问题中的一小部分而已。在交叉盘问下，证人的说辞如踩在脚下的折纸花朵一般纷纷破碎。

最早败退的证人中有前陆军省法律顾问藤田嗣雄（Tsugo Fujita）。他作证说，国会在日本投降前对制定外交政策有重要影响。但是在交叉盘问时，检方以伊藤博文（Hirobumi Ito）的经典著作《日本帝国宪法义解》（*Commentaries on the Japanese Constitution*）质问藤田。伊藤著作的权威性恰如布莱克斯通（Blackstone）之于英国法。根据伊藤的解释，天皇及其顾问处理外交事务，"不允许国会干预"。藤田对此有何看法？证人垂头丧气地回答："法律上，的确如此。"

职业外交家、前大东亚省次长山本熊一（Kumaichi Yamamoto）把大东亚共荣圈描绘成一派田园风光的图画，说它是日本在亚洲国家中促进亲善、经济发展和独立自主的载体。检方问他，日本在菲律宾有没有试图通过掠夺来推行这些？证人承认："那里也许发生了这样的事件。"被掠夺来的财物是否有些还在东京？"我猜想有一些东西在东京。"是不是每一个重要的菲律宾企业都被没收，转而为日本的商业和财政利益服务？"它们被接收只是一个暂时措施。"他顺从地说。但他承认不记得有任何一个企业被归还给菲律宾业主的例子。

"独立的'满洲国'"一个省的前副省长山口重次（Juji Yamaguchi）[1]作证说，中国军阀臧式毅（Tsang Shih-yi）将军在奉天事件之后推动满洲独立运动，这表示独立运动是自发的而不是日本人的创造。交叉盘问中的辩方克星、英国陪席检察官阿瑟·柯明斯-卡尔问证人，臧将军最初拒绝参加而被日本人逮捕，难道不是事实吗？山口好似波涛汹涌大海中的一艘船，在大幅度的偏航之后回答："那是事实。"

日本侵略华中时的参谋官天野正一（Soichi Amano）将军作证说（这说法与众多其他辩方证人一样），日本是本着三项原则挺进中国的中心地带："不烧。不奸。不抢。"另一个流行口号是"以爱拥抱人民"。柯明斯-卡尔在交叉盘问时对将军态度冷漠。日军如何惩罚怀有敌意的中国人？证人不知道，因为没有上过前线，他说。韦伯从法官席插话：日本兵是否可以射杀任何被认为怀有敌意的中国人？天野回答："有人从事敌对行动时，我相信可以相机

1　原文误作山口重一（Juichi Yamaguchi）——译者注。

处理他。"韦伯重复这个问题,证人故意含糊其辞。

"法官阁下,"柯明斯-卡尔干脆地说,"我想就问到这里。"

大喊大叫的将军之一片仓衷作证说,在1931年满洲战役期间"不存在战俘这种事情"。但是在交叉盘问之下他承认"有很多部队集体投降"。他们的遭遇如何? 柯明斯-卡尔问道。证人回答,中国部队一般来说分为三类:"伤亡的,集体投降的,逃跑或失踪的。"那么,那些集体投降者的遭遇呢?"对那些抵抗日本部队并且拒不投降者,对这种部队的战斗,当然,持续全力以赴地进行。"但是他依然没有回答所提出的问题。威廉·韦伯爵士按照英国的传统,从法官席再次发问。证人所说的是不是在被俘后表现出敌意的中国人?"不是,我指的不是那些被俘以后有敌意的人。"柯明斯-卡尔提出质问:

问:好吧,对那些有敌意的人给予什么惩罚?

答:那些表现出敌对态度的人仍然是敌人,因此不在我们的掌控之中。

问:换句话说,你们要么吞并他们,要么处死他们,不是吗?

答:只有三种选择:吞并他们,使他们投降,或者同他们战斗到底并且击败他们;否则会有部队分散和逃跑。

奉天事件时期的战地指挥官平田幸弘(Yukihiro Hirata)少将在接受交叉盘问时,被问到1931年9月18日日本人的进攻是不是对中国人的突然袭击。平田说:"这个我不知道。"你负责指挥,不是吗?"我没有直接指挥,我的下属直接指挥。"那么,检察官问,平田将军是否知道日本人的攻击让奉天的中国人完全措手不及，甚至于当日军开火的时候中国军营里的灯光全都亮着？他局促不安地说："我没有确切地听说过。"他是否知道被告板垣将军当时已经把重型大炮秘密部署在日军的奉天军营里面？他说这件事他不曾被告知。他何时得知的？他回答："当晚这些大炮实际开火的时候。"他是否知道日本人散布假消息说在营地里打井，而实际上是在挖掘炮位？"我听说了，只是作为一个谣言。"他是否了解秘密架设这些重炮是为了 9 月 18 日的夜间行动？"我一点儿也不了解。"他说。

有些辩方证人自己也因战罪指控被拘押在巢鸭。他们与被告搭乘同一部大客车到市谷。举例来说，远藤三郎（Saburo Endo）中将曾经在中国当参谋官，涉嫌参与了实施暴行。他尚未被起诉。柯明斯-卡尔让他遭到毁灭性的交叉盘问。远藤在他的直接证词里多次把中国的游击队称为"土匪"。用这种称呼是什么意思？英国陪席检察官问道。远藤解释："我说土匪，指的是那些人——就着装而言穿着平民服装，并且组织上没有负责的领导人。"这个回答引发了以下的问答：

问：他们是为中方打仗吗？

答：是的。

问：那么，他们根本不是土匪，而是我们所说的游击队，不是吗？

答：不是，有区别。

问：什么区别？

答：游击队有可能穿平民衣服，但就组织而言，他们有领

另一个纽伦堡

290

导体系,并且受负责的领导人指挥。······

问:你怎么知道你所说的这些人没有负责的领导人?

答:虽然确实很难区别游击队与这些土匪······但我们能够······一般来说。

问:任何人只要在满洲或者热河(中国的一部分)反对你们,你们就称其为土匪,这难道不是真的吗?

答:我们不一定把他们都称作土匪。

问:你们是不是把他们大多数人都称为土匪?

答:他们大多数被称为土匪。

接着辩方证人依次上台,多数是高级军官,他们作证说以前从来没有听说过日本人在中国犯下的暴行,直到战后才知道。"我坚信,暴力、掠夺以及类似的行为(在南京)绝对没有发生过。"一个军官这样断言。另一个宣称日本人进入中国的工业中心汉口,"堪称楷模"。还有一个谈到在中国的日本军队时说,"我们很受百姓的欢迎。"

约瑟夫·季南和阿瑟·柯明斯-卡尔的策略是用蔑视来对待这些证人。新西兰检察官奎廉说:"如果法庭允许的话,检方无意交叉盘问。"随着辩方举证的进展,国际检察局越来越频繁地采用这种故意贬低的办法。于是,当横山勇(Isamu Yokoyama)[1]中将作证说他和他在中国的部队得到的指令一直是"爱民",检方放弃了交叉盘问他的权利。"不盘问。"检察官冷淡地说。

很明显,辩方在自毁,无须检方的协助。

---

1 原文误作横滨勇(Isau Yokohama)——译者注。

旁听席上有时传来咯咯的笑声，可能是感觉好笑或者出于紧张。武田寿(Hisashi Takeda)中将作证说，日本在朝鲜的驻军无视天皇和内阁，跨界进入满洲，满洲的日军"感谢他们的友谊"。此时旁听者哄堂大笑了。

1940年到1942年的总参谋部作战部长田中新一(Shinichi Tanaka)中将作证期间，法庭大厅传出一阵阵短促的笑声，因为他声称日本从来没有策划过侵略战争。苏联检察官伊万诺夫上校负责交叉盘问。他几次询问田中是否亲自草拟了1941—1942年攻击苏联的计划，以及1941—1942年侵略马来亚、爪哇、婆罗洲、菲律宾等地的计划。田中对问题谨慎地绕来绕去，最后承认："确有此事，我遵照总参谋长的命令制定了行动计划。"但是，他坚持说，计划不是侵略性的，只是防御性的。伊万诺夫问将军，当德军正在莫斯科和列宁格勒家门口发动战役的时候苏联却在威胁日本，他难道不认为这"很奇怪"吗？证人说他不这么认为。旁听席上的人都笑了起来。

伊万诺夫问证人，桥本大佐(用手指向被告席里的桥本)的声明是什么意思——桥本在1942年1月5日公开宣称，日本的大东亚共荣圈应包括"满洲国"、中国、苏联的远东、法属印度支那、缅甸、马来亚、荷兰属东印度群岛、印度、阿富汗、澳大利亚、新西兰、夏威夷、菲律宾，以及太平洋和印度洋诸岛。证人对这个问题不屑一顾。他指出，桥本那时候还是一介平民，他的观点对陆军省无足轻重。那么，伊万诺夫追问，证人是否制定了针对苏联、缅甸、澳大利亚及其他国家的军事行动计划？将军回答："我们是为防御目的制定行动计划。"

在旁听席又一阵大笑平息之前，韦伯禁不住插了进来。他难以置信地问道:"你这样说是什么意思? 例如,针对澳大利亚的防御(计划)?"辩方抗议,指出制定这些行动计划的说法仅仅出自检方。韦伯说:"这一点不那么明显。证人被问到的问题中包括澳大利亚,他认可这个问题才说计划是防御性的。"田中于是收回刚才的话,并且否认他曾经制定此类计划。

辩护律师们的策略未能奏效。除非他们是在设法拖延审判,以期共产党人夺取中国的政权、俄国与盟国之间在欧洲发生战争,否则的话,更好的办法是简简单单把被告送上证人台,让他们讲述自己的案情。作为历史的制造者,他们比任何人(除了盟国方面与他们职务相当的官员之外)更了解战争的来龙去脉。在一个公开法庭,如果他们都不能为自己辩护,那就无人能替他们辩护了。

在辩方的满洲问题阶段,南次郎大将(他将会在 1947 年 8 月 10 日迎来 72 岁生日)走上了证人讲台。他是第一个上台作证的日本被告。南次郎在 1931 年奉天事件爆发时任陆军大臣,1931 年到 1934 年任军事参议官,1934 年到 1936 年是驻傀儡"满洲国"的关东军总司令。

南次郎的女婿片仓少将是大喊大叫的将军之一,但南次郎显然已经懂得这种"发声法"对辩护有害。一个崭新的南次郎登台了,他精心改变了声调,外观也更新了。当南次郎被起诉的时候,他飘逸的白胡须在宪兵当中赢得了"圣诞老人"的绰号,看起来就像是从日本的经典版画中走出来的人物一样。但是在 1946 年 12 月 31 日那天,令同案被告们大惑不解的是,出现在被告席上的南次郎几乎已经认不出来了。剃掉胡须,他的面孔像剪了毛的绵羊皮一样。"过新年清扫房屋是日本的老习俗。"他通过自己的首席律师竹内金太郎（Kintaro Takeuchi）向合众国际社解释道，"我已经有一种心态的变化，也决定清扫一下房屋。"他没有发挥"心态变化"的意思，但是剃掉胡须，也就去掉了他慈祥的外貌。他的新面孔获得了一种强硬、饱经风霜的意味，略带微红的色调。

1947年4月10日，南次郎的美国辩护律师阿尔弗雷德·布鲁克斯把他送上台。为了这个场合，南次郎身着灰西装、白衬衫，打着黑领带。他坐在证人席，头向后仰，后背挺直。当他把手拢在一只有毛病的耳朵后面捕捉向他提出的第一个问题时，佐藤、白鸟、桥本和东条微笑起来，铃木则放声大笑。（在1905年日俄战争期间，南次郎的听力被炮火损伤。作证后美军向他提供了助听器。）

七天后南次郎完成了他的作证。如果以他的表演长度为标尺，乘以随后要作证的其他被告数字，大致算来将会需要半年的时间才能让所有的人讲完。南次郎像之前很多辩方证人一样，把自己困在逻辑和语义问题中，有时完全撒谎，其他时候则躲在"我不记得"这个屏障之后。

南次郎作证说，如果同苏联发生战争的话，日本需要满洲作为行动基地。但是在交叉盘问期间，阿瑟·柯明斯-卡尔指出满洲是中国的一部分。南次郎狡猾地解释："我们的意图是不要牵涉中国。"英国陪席检察官固执地问道，但是，如果满洲是中国的领土，那么怎能不牵涉中国人呢？被告说："满洲要负起保卫这块领土的责任。"他小心翼翼地绕着问题兜圈子，就是不回答。那么，作为1931年的陆军大臣，他当时能不能阻止关东军入侵满洲呢？南次郎说："可以。"他为什么没有这样做？他平静地回答："因为我不能这样做。军情不允许。"柯明斯-卡尔追问，然而当东京内阁命令关

东军停止行动时,他作为陆军大臣又做了些什么?被告懊悔地说:
"什么也没做。"他对驻朝鲜的日军入侵满洲作何反应?他说:"就
政府而言,它什么也做不了。"那么,为什么他不干脆命令军队返回
朝鲜?南次郎继续兜圈子,而且越兜越大。这激起韦伯的怒火,他
敦促柯明斯-卡尔坚持问个水落石出。最后南次郎终于承认,他曾
建议内阁批准驻朝鲜军队的行动,因为"不那么做不行"。柯明斯-
卡尔继续问,陆军大臣难道没有控制军队的财务吗?陆军大臣难
道不能削减给关东军和驻朝鲜军队的经费吗?被告说:"我从来没
有这样想过。"

南次郎一再诡诈地东躲西藏,愤怒的韦伯指责他实际上在回
避问题。南次郎回答:"庭长先生,对我完全了解的一些事情,我从
来没想过要回避任何问题。"

韦伯反驳:"如果你回答问题的话,就会让我们相信你的话。"

韦伯同辩护律师不断发生冲突。阿尔弗雷德·布鲁克斯经常
反对柯明斯-卡尔所提的问题,这引发了韦伯的评论:"交叉盘问,
其成效被这些干扰和翻译的不时中断大大削弱了。"有一次,当布
鲁克斯引证南次郎有权利接受公平审判时,韦伯怒不可遏了。"我
们不会允许将本法庭用于宣传目的。……这样的美国律师吓不到
我们,其他国家的律师也一样。"他说道,仍然对布鲁克斯的暗示光
火。"我们在这里就是要进行一个公平的审判,我们不会接受美国
律师或任何其他律师的恫吓。"

柯明斯-卡尔以及其他欧洲检察官(尤其是法国和荷兰的检察
官),其缺点是对欧洲人在远东的帝国主义和殖民主义视而不见。
英国检察官试图得分,问南次郎日本的共荣圈概念是否包含印度、
缅甸、荷属东印度群岛和菲律宾。南次郎说:"是的。"柯明斯-卡尔

接着说,那就是说证人根本不顾及"正当主权"了。南次郎迅速关闭了这个陷阱。他厉声说:"我相信,亚洲人期望摆脱外国统治的羁绊。"争辩发生在 1947 年上半年,当时印度尼西亚和越南已经卷入殖民战争,印度、缅甸和锡兰正在全力争取独立。

但是南次郎经常用"我不记得"这句话伤害自己。检方问他是否曾建议内阁退出国际联盟,这位前陆军大臣回答:"我不记得。"这招来柯明斯-卡尔的嘲讽:"你的意思是说你已经忘记曾提出过如此非同寻常的建议?"

在为期一周的作证中,南次郎吞吞吐吐地解释了他 1934 年到 1936 年担任关东军司令官的所作所为。柯明斯-卡尔盘问日本陆军在满洲贩卖毒品的事,致使瘦弱的南次郎和他虚胖的同案被告土肥原束手就擒。南次郎随口供认土肥原曾是特务机关的情报人员,但是当柯明斯-卡尔问起土肥原是否牵头特务部门的鸦片贩卖时,南次郎否认了。他用力地说:"土肥原与鸦片一类的问题完全无关。"那么,特务部门与毒品是否有关? "我不知道。"他说,并指出他作为司令官撤销了特务机关。下面是一段富有启发性的对话:

> 问:你撤销特务机关的真正动机是不是察觉他们贩卖鸦片是为个人谋利,不是为"满洲国"政府谋利,而你想让"满洲国"政府获益?
>
> 答:那可能是原因之一。……
>
> 问:当"满洲国"政府接管鸦片买卖的时候,那是不是它最主要的收入来源之一?
>
> 答:我相信是的。

离开证人席时，南次郎已经筋疲力尽了。然而，他很可能像众多观察家推测的那样，他已经把自己从绞刑架上解救出来了。检方无法确凿地证实南次郎曾经参与策划夺取满洲的阴谋，尽管在1931年9月18日之后他无疑是日本扩张主义的同情者和热心支持者，并且利用他的权力和影响阻挠内阁终止战争的努力。就是像南次郎这样的人，直接或间接地把日本推上了终止于广岛和长崎的道路。正如中国人常说的，天下乌鸦一般黑。

25 辩方拖延时间

三个月过去了,辩方的案情陈述几乎连四分之一都没有完成。韦伯说很多辩方证人的证词"都是外壳,鲜有果仁"。辩方呈堂的许多文件与战前及战时的日本宣传品几乎没有区别。韦伯称之为"浪费时间",并且评论道:"本法庭已经将外务大臣和包括被告们在内的其他日本大臣的多个陈述接受为证据,这些陈述可能看起来完全是宣传而已。接受这些为证据,是为了使日本政府的观点得以展现出来。但是,显而易见,很多这样的东西都没有必要呈交,因为事实上,它们差不多全是同样的内容。"

日本证人冗长乏味的陈述让人十分头疼。"用极长的篇幅表达自己的意思是日本人的短处,而且还很难控制。"韦伯以他的盎格鲁-撒克逊方式抱怨道,"但是,纵容这个缺点对纸张和油墨的供给造成灾难性的影响。我们已经消耗了 100 吨油印纸和大量的油墨,很快就要面临这两样东西的短缺了。"警告没有产生明显效果。

韦伯对审判的旷日持久和材料与主题无关的荒唐感到无可奈何,这样的例子不胜枚举。一次,韦伯在法庭公开宣布:"本法庭关注到物资和时间的浪费,这是由于处理、提交、辩论一些文件,而鉴于我们之前的决定,那些文件是很难被接受为证据的。"此前韦伯已经问过辩护律师，估计还要多久才会完成他们的案情陈述，答复是"三到三个半月"。然而六个月之后，辩方仍然估计还需要另外三个月的时间才能完成。

有些法官感觉辩方正在毫无必要地拖延审判。柴扬诺夫将军在一封给韦伯的私人备忘录里愤愤不平地抱怨，审判正在"不可接受地被拖延下去"。俄国法官接着说："法庭在评估某些辩方文件时常常没有提出必要的批评，就接受这些文件作为证据了，尽管其中很多要么没有任何证据价值或者只有极小的证据价值，要么完全不相关或者重复。"

韦伯不认同。他写回笺说："在证据价值的问题上，争论即便不是必要的，至少也是可取的，因为我们没有像自己的国家证据法则那样明确的指导方针。……不论事实究竟如何，被告当时的心态也可能成为他的辩护理由。这一点我们在会议上已经决定了，并且在法庭上我也多次讲过，依然没有异议。这就给个案中可接受证据的性质很大的空间。"

俄国人没有被说服。V. 别列日科夫在莫斯科的《新时代报》上抱怨："日本主要战犯在远东国际军事法庭作出裁决之前早就会自然死亡了。这是东京流行的一个俏皮话，不可否认其中蕴含了不少的真理。"这位苏联评论家指出辩方和韦伯都应该为审判的拖延负责。他写道："辩方打着搞乱和拖延审判的主意，简直是用各种各样的文件对法庭狂轰滥炸。而威廉·韦伯爵士虽然不放过任何机会抱怨耽搁时间，但他本人也要在很大程度上对诉讼程序的迟缓承担责任。他非但不制止辩护律师发表与审判无关的陈述，反而心甘情愿允许他们发言。"

尽管法庭上的很多常客会衷心赞同别列日科夫的看法，但是俄国人同样把无关材料放进记录，他们的责任也不轻。苏联呈交了圣彼得堡与东京之间在1895年的电文。辩方则回溯更为久远的历史，试图呈交日本在公元前622年[1]颁布的皇家诏书。但是更多的时间流失和混乱是由西方人对基本的远东历史全然无知而造成的。举例来说，中国人把自己称为汉人（Han race），在译文里却成了Hun（匈奴）。1930年代著名的西安事变（Sian Incident），当时中国的国民党人和共产党人建立了抗日人民阵线，这被韦伯误解为指Siam（暹罗）。缅甸领导人巴莫（Ba Maw）被错误地称为Bo Mo。中华民国的缔造者孙逸仙（Sun Yat-sen）博士，被不断地误称为Dr. Sen（森博士），甚至日本律师也说错。任何人只要具有初级的亚洲历史知识，就会对这些音近词误用和年代错置感到震惊。远东国际军事法庭不仅在亚洲问题专家面前丢了面子，而且为纠正这些过错丧失了宝贵的时间。

检方在交叉盘问期间的武器之一是出其不意。柯明斯-卡尔陶醉于这个战术。国际检察局频频出具使辩方猝不及防的文件。"这份文件在我们意料之外。"富兰克林·沃伦有一次承认，"很多辩护律师都希望被知会有这种材料，以便保护他们的客户。"

还有一次，当证人否认在日本陆军里存在一个小集团时，检方出示了木户日记的一份摘录，里面使用了这个字样。辩方抗议这个战术。韦伯评论道，没有理由要求检方在交叉盘问之前披露他们弹药库里所掌握的每一样东西。"如果你那样做了，正如我说过、纽伦堡审判也显示过的那样，出其不意的优势也就丧失了。而出其不意在有成效的交叉盘问里往往会发挥重大作用。"

---

1 原文如此，疑有误——译者注。

这样一来，辩方开始防备这种出其不意的攻击了。

辩方眼中的恶人柯明斯-卡尔肆意采用这个战术。举例来说，在对前大东亚省次长山本熊一的交叉盘问期间，柯明斯-卡尔用手猛地抓起一份日期为 1943 年 5 月 31 日的绝密决议，决议内容是将荷属东印度群岛并入日本。当时日本人公开宣布已经把印度尼西亚从荷兰的统治下"解放"出来，这些岛屿将会独立。山本在证人席不安地扭动身体，很不情愿地承认文件是真的。

此刻柯明斯-卡尔又从帽子里抽出另外一份文件——1941 年 12 月 16 日的内阁决议，说日本要把大东亚共荣圈作为辖地来统治。山本变得越发不安，承认他隐约想起这样一项政策。在彻底吓住证人后，柯明斯-卡尔问起为什么日本人在占领地区（如菲律宾）关闭学校系统。山本表示对这个问题的提出感到"遗憾"。柯明斯-卡尔重复这个问题，山本的回答显示出当时人们对日本的看法："有必要从教育的角度来教化民众、训导民众，去理解日本及其军队的真实意图，因为实际情况是占领区的一些本地居民不理解日本的意图，陷入了恐惧之中。"

辩方面临的另外一个问题是证人在台上更改证词以保护被告。岩松五郎（Goro Iwamatsu）是被告、前陆军大臣荒木大将后来接替文部大臣时的大秘书，他在涉及荒木及其前任文部大臣、同案被告木户侯爵时，就遇到两难的窘境。岩松在他的原始证词中指出，日本公立学校的强制军事训练是由荒木的前任在 1939 年发起的，但他在证人席里却说要更改证词。他声称推广这个训练的决定是四年之前定下来的，这样一来既开脱了木户，也开脱了荒木。

"你是在认真回答这些问题吗？"柯明斯-卡尔问道。

岩松假装无辜。"你这是什么意思，先生？"证人回答。

辩方策略的另一个特点是让证人引证有利于被告的文件,然后又声称文件在投降时被销毁了。1933 到 1945 年担任陆军法务局局长的大山文雄(Fumio Oyama)中将就是这样。

大山作证说,东京曾反复指示指挥官在战场维持纪律,并且警告在占领地区胡作非为的士兵要受到严厉惩罚。柯明斯-卡尔问,这些指令的文本在哪里? 大山说:"非常遗憾,战争结束时统统烧掉了。"但是既然这些文件无害,为什么要烧掉呢? 证人回答:"我没有对原因作过调查。"

不可否认,盟国检方的案情陈述曾由于文件被销毁而经历了很多坎坷。那是预料之中的,不足为怪。但是对被告有利的文件被销毁倒成了一个新招数。柯明斯-卡尔勃然大怒。他说:"我们面对这样一种情况,证人一个接一个出面对完全无害、甚至还确实有功的文件内容作证,但这些文件他们不曾出示,据说都被烧了。"

就这样过了两个月后,韦伯在法庭宣布了一个新规定:"(被告)竭力证明其内容的任何文件,如不能出示,法庭都要求提供一个令人信服的解释。既然这些文件对辩方有利,那么究竟为什么要烧掉它们? 我们假设被烧掉的只是那些会对被告不利的文件,或者我应该说是对日本政府不利的文件,当然还包括军事秘密。"

洛根给出一个解释:"文件很可能是在轰炸中被烧毁的。"但是韦伯不理会这个观点,他说:"焚烧与轰炸是不同的。"

回到大山作证的事情。这位日本陆军的首席法务官原来是一个笨嘴拙舌的证人。交叉盘问期间,他被问到是否处理过有关北婆罗洲的山打根死亡战俘营的任何案件。他有气无力地回答:"我听说过山打根这个地名,但我既不知道它是谁的领土,也不知道它位于何处。"那么,在南京的暴行呢?"对所谓的南京案我就更不熟悉了。"检方抓到（或自认为抓到）他的把柄了。之前一个日本辩方证人曾经确认，有关南京暴行的投诉都转交给陆军省了。大山争辩道："在我的部门根本没见过这类文件。"但是难道这种事不归法务局管吗？"不归。"他断然回答，把自己更深地埋进不可信的泥淖之中。

在直接作证时，大山曾引述 1942 年 2 月 20 日修订的关于强奸的军法，作为东京关注部队行为的证据。为什么要修订旧法？检方在交叉盘问中问他。大山解释，因为旧法不够充分。他怎么知道旧法"不够充分"？好吧，他说，强奸原先是一项基于投诉的罪行，不告不问。那么需要修订这项法令，使之成为非投诉罪行，是不是强奸行为普遍泛滥而没有被处置的结果呢？"是的。"大山说。在南京？"不见得。"那么是在什么地方？"在中国。"他说。

就这样，一天天、一周周、一个月又一个月地过去了。从某种意义上说，辩方正在切腹自杀。

辩方试图把广岛和长崎与日本在 1931 年到 1945 年期间所犯下的暴行等同起来，尽管它没有用这样粗浅的措辞表明立场。这一立场受到日本公众的广泛支持。审判期间韦伯收到很多信件，有一封来自一位 70 岁的老人，声称他的妻子和四个孩子都在 B-29 轰炸东京引发的大火中被烧成灰烬。他问道："难道原子弹爆炸和 B-29 轰炸不是最不人道的行径？难道它们不是最不可饶恕的危害人类事件吗？"他说，日本的罪行只是因为它"被军事小集团所误导"。

检方对引入有关广岛的证据提出反对，理由是在战争中选择使用何种武器与法庭审理的主要议题——侵略战争和蓄谋的大规模暴行——没有关系。本·布鲁斯·布莱克尼代表辩方反驳，以"普遍认可的报复权"作为日本错误行径的借口。然而感到困惑的韦伯指出，报复是在事件之后，不是在事件之前，他斥责辩方的论点是日本的战争行为可以因原子弹而得到原谅。那么，布莱克尼说，它能够解释日本在波茨坦与广岛这两件事之间的表现。"那三个星期，当然，可能足以给其中一个被告定罪。"他晦涩地说道。国际检察局在辩论中从来没有提及日本在核武竞赛中的角色。

法官还阻止了辩方的一个论点，即共产主义在中国的蔓延与日本发动侵华战争的指控有关。辩方的论点是欧文·坎宁安提出的，他声称中国的共产党人当时已经对日本发出了"事实上的宣战"，日本担忧共产主义在中国的发展会威胁到日本的安全，辩方将会显示"这些忧虑是正当的，日本（在中国）采取的行动是善意的。"辩方对这个策略寄予很大的希望，因而当法庭裁决这个论点是否可接受时，其结论——正如一个辩护律师私下所表示的——"影响深远"。韦伯表达了反对辩方的立场，他说："法庭的意见是，没有证据显示共产主义或者任何其他意识形态在中国或其他地方的传播程度与本案相关。"然而值得注意的是，他接着说，当被告上台作证的时候，"还是可以把他们对共产主义的恐惧提出来作为自己行动的理由。"

早些时候有两次辩护，惊人的证据刚一浮出水面，马上就消逝了，就像肥皂泡爆破一样。

曾在1931年当过参谋官的武田寿讲述了如何截获并破译中国军队的电报。他说："我们进入奉天的时候，搞到了中国军队的密码本。"在1937年指挥日本大和田海军无线电接收办公室的和知恒吾（Tsunego Wachi，音）海军少校披露了如何截获一封美国驻北平海军武官发往华盛顿的急电。他说:"由于用的是单一密码,很容易就能破译。"电报向华盛顿报告宋哲元指挥的中国二十九军在 7 月 10 日 17 时要在卢沟桥对日本人发起反攻。和知说他通知了海军省,海军省接着把这个情报报告陆军省,但是"一开始,陆军不相信"。但攻击按时发动了。

就在证言吊人胃口的关头,1947 年 4 月 23 日下午 4 时,韦伯宣布:"现在休庭,明天上午 9 时 30 分继续。"但是第二天上午,由于检方放弃交叉盘问,对这个证人并没有继续跟进。日本在战争游戏早期曾破译中国和美国密码的证据就只留在法庭令人遐想了,也许是出于安全理由吧。

亮出附加的引人入胜的证据,用欧文·坎宁安的话来说,是一种"赢得数小时、也许是数日"的努力。他作为证据提交了"史上最伟大的间谍案件之一"的故事梗概,显示出莫斯科如何渗透到了日本和德国的权力架构之中。

证据涉及理查德·佐尔格(Richard Sorge)博士操作的间谍网。佐尔格是《法兰克福报》(*Frankfurter Zeitung*)记者,后来成了东京德国大使馆的新闻专员,并且是希特勒驻日大使欧根·奥特的心腹。佐尔格的间谍甚至渗透到近卫首相的顾问委员会。在此期间德国大使"通过佐尔格核实情报,而佐尔格接着就把情报传送给莫斯科。"欧文·坎宁安说道,暗示莫斯科当时秘密操控着日德关系。坎宁安为只能提供案情梗概道歉:"坐落在通往陆军省(市谷)路上被焚毁的德国大使馆就是见证,说明我们无法拿到作为本案依据的秘密文件,而其他证明这些事实的文件对我们来说也不容易得到。"所谓"其他文件"是指麦克阿瑟掌握的证据。1947 年美国禁止报道佐尔格间谍网的事,"因为披露这件事会曝光有关间谍技术的材料"——麦克阿瑟的情报主管查尔斯·A. 威洛比（Charles A. Willoughby）少将这样解释。这似乎很难自圆其说，因为细节显然已被柏林、东京和莫斯科所掌握。经法官多数表决通过，佐尔格案被排除在外了，因为它与本案无关而且并不重要。华盛顿在 1948 年年中终于公开了这些文件。然而在东京审判余下的时间里，佐尔格间谍网在证词中时有时无地掠过，像一只蛾子绕着蜡烛飞舞。

审判的背景是迅速发展的冷战，这也以各种方式在法庭上反映出来。举例来说，辩方传召麦克阿瑟的助理参谋长、陆军情报局 G-2（情报）的霍默·C. 布莱克（Homer C. Blake）中校作为证人，评估从 1943 年到 1945 年日本在满洲和朝鲜的军力。布莱克带着公文包来到法庭。他的证词本当显示日本并没有实力——如起诉书所指控的那样——策划一场针对苏联的侵略战争。但是俄国检察官瓦西里耶夫将军驳倒了这一点，指出证言没有涵盖关键的 1941—1942 年，那时俄国的国力处于战时最艰难阶段，而日本则达到最强盛的时期。当瓦西里耶夫要求布莱克拿出文件时，布莱克紧紧抓着公文包，拒绝了。他说："我无权出示这些文件，因为文件中包含军事机密。"几番争吵之后韦伯打断了他们，问布莱克，谁有权披露 1943 年到 1945 年的资料。证人一本正经地回答："助理参谋长，陆军情报局（G-2）远东支队长官。"这个人，当然就是他布莱克本人。

在苏联检察官与辩方的交锋之中，冷战暴露得更加公开化了。在先前的辩护中，瓦西里耶夫指责畑俊六元帅的美国律师阿里斯蒂德斯·拉扎勒斯"企图在审判中把苏维埃社会主义共和国联盟当作被告来对待"。阿瑟·柯明斯-卡尔急忙上前声援他的俄国同仁,称辩方"毫无必要地冒犯检方国家之一"。拉扎勒斯当时正试图列举证据,表明莫斯科在第二次世界大战的最后时刻进攻日本是违反了同东京签订的中立条约。他反过来指责柯明斯-卡尔"恶毒",还说他从来没有忘记法官团代表着"我为之战斗过的同盟国",但是他认为自己作为一个律师,有责任"提交一切有助于我方的证据"。

当辩方提交新地图,显示 1938 年到 1939 年在蒙古的苏日边界战争发生在"无可争议的中国"领土上的时候,之前在检方苏联问题阶段就造成困扰的地图之争又重起硝烟。辩方还指责俄国人把蒙古从中国分裂出去,炮制傀儡蒙古人民共和国,实际上就是苏联的"满洲国"。苏联检察官在反驳时,对有人质疑蒙古的主权、企图证明苏联"在与中国的关系上是所谓侵略方"表示震惊。法庭上迸发出一阵笑声。

接下来辩方与苏联检察官最激烈的交锋爆发在本·布鲁斯·布莱克尼向法官团提出抗议的时候,他说辩方想从作为战俘关在苏联的日本证人(包括九个将军)那里获取宣誓证词,但是遇到了麻烦。他指出战争早在 22 个月前就结束了,"这个复杂而精心的审判也已经进行 13 个月了",而在这期间辩方始终无法把一个证人从苏联传召出来。他又说辩方还想要从"铁幕后面"传召很多其他证人,但是期待"从一个被枪指着后背的人"那里得到有利的证词将会是徒劳的。

瓦西里耶夫脸色骤变。他指责布莱克尼"肆意抨击苏联",继而将他的攻讦扩展到辩方整体:"这不是辩方第一次侮辱我在此荣幸代表的、也是本法庭一位法官所代表的国家。"看着韦伯,他说:"我请求法庭作出回应。"

然而在韦伯开口之前,布莱克尼突然插话说苏联检察官的言论"不仅是冒犯,而且不着边际"。于是韦伯呼吁双方都停止。

1947年3月5日,韦伯对审判险些失去控制。辩方正从一位日本记者那里就战前内阁垮台的问题作直接取证,这时广田的辩护律师戴维·史密斯提出抗议说:"我要反对法庭对正常盘问证人的不适当干扰。"

当时韦伯正从一位法官同仁手里接便条——"我总是给这些便条优先权"——然后请法庭报告员重复史密斯所讲的话。报告员照办时,韦伯气得满脸通红。"在这里你要使用表示尊重的词语,史密斯先生。"韦伯喊道,"你不该说被法庭不适当干扰。你要收回你的话,否则你就离开法庭别在这里做律师,并且你要道歉。"

史密斯开始解释他使用这种言词已经20年了,韦伯打断他,再次责成他收回自己的话。"在你收回之前,我一个字也不再听你讲。"这只澳大利亚狮子怒吼着。

史密斯回答说他根本无意冒犯法庭,"我不懂庭长阁下所指的无礼从何说起。"

韦伯第三次要史密斯收回"冒犯的表述"。

现在轮到史密斯怒目而视了。"好吧,我拒绝收回,庭长阁下。"他说。

韦伯要求休庭。再开庭时他宣布,史密斯在收回讲话之前被禁止出庭。日本的辩护律师们鼓噪起来。他们的首席鹈泽总明请求休庭,"以便允许我们在自己之间商议一下今后的工作如何开展。"并且解释:"这种事情我们日本律师是很难讲出口的,但是,我们的感觉是,在举证方面,比起检方,对辩方似乎加上了更多的限制。"

韦伯意识到审判可能会当场崩溃，于是让了一步。他认为鹈泽没有抓住问题的关键点，即史密斯侮辱了法庭，从而"你们要决定的问题是，日本律师是希望、还是不希望本法庭被侮辱。不要试图混淆这个问题。"韦伯的话很严厉。

鹈泽的处境困难，但他巧妙地处理了危机。他已经表明了观点，并且对此事保留在记录中感到满意。他说，辩方对法庭怀着"最深的敬意"。看上去韦伯释怀了，审判继续进行——史密斯不在了。

那天刚一休庭，一个美国辩护律师代表团（山冈、洛根、沃伦、布鲁克斯和拉扎勒斯）便拜访了韦伯，告诉他史密斯的言词在美国法庭是不会被认为是冒犯的。韦伯接受了他们的说法，还说那么史密斯"在我看来就没有什么可道歉的了。"然而，既然法庭认为其言词是有所冒犯，那么史密斯应该收回并且对他说过的话表示后悔。过了不久，史密斯拜访韦伯，说自己不同意为根本不知道是冒犯的事情道歉。他们的见面没有结果。韦伯在一封给美国法官克拉默的私人备忘录里说："史密斯没有告诉我他提议怎么做就离开了。"三个月之后，在六月，韦伯没有听到史密斯的消息，于是在同仁中传阅了一个文件——"本法庭对藐视诉讼的权力"。宪章第12条规定可以从法庭驱逐出去，韦伯说他的结论是，"有史密斯先生那样行为的律师要受到适当惩罚，如不悔悟可拒绝其出庭。"

七月，史密斯在法官室拜访了韦伯，这两位特立独行的人物同意无须道歉，但史密斯要对使用"不适当干扰"这个词语表示后悔。9月8日星期五下午，史密斯在法庭重新露面，为他早先使用过的词语表示"深刻的懊悔"。但是当他这样表述的时候，韦伯三次打断他，要他把这件事推延到星期一再做，因为英国、新西兰和印度法官那天下午都缺席了。史密斯的爱尔兰脾气又上来了。"星期一（我就）不打算回来了。"他宣布他不再担任前首相广田的律师。在法庭大厅外面，盛怒的史密斯指责韦伯"背离"了他们的共识。他告诉盟国和日本的媒体："我无意道歉。"他还透露了一点法庭内部工作的花絮："我听见中国法官对韦伯说：'让他道歉。'"

这件事过后，韦伯传召了乔治·山冈和广田的三个日本辩护律师到法官室。据山冈讲，韦伯谈到几个美国律师和他本人之前达成的共识：史密斯无须道歉，但要对使用法庭认为冒犯的言词表示懊悔，并且收回。在堪培拉的韦伯档案里我们发现了韦伯就此事写给克拉默法官的第二封秘密备忘录，他说："没有任何一位美国律师质疑我所说的这件事。"

史密斯是第一个被逐出法庭的律师。

很明显，至此审判的旷日持久对所有各方都造成压力。被告当中的紧张情绪很严重。举例来说，松井大将失去了军人的风度，南京事件从四面八方逼迫着他，而他也明白这一点。他的挚友，在南京时的师指挥官之一谷寿夫（Hisao Tani）中将最近在南京被处决（南京已经再次成为中国的首都）。谷寿夫被带往刑场的时候，民众欢呼鼓掌。在途中他几乎瘫掉，但又恢复镇定，在最后的陈述中声称自己被误判了。当月在横滨，乙级和丙级战犯审判继续进展迅速，绞刑处决也毫不拖拉。在西贡，九个前宪兵队员因将被俘美国飞行员砍头、虐待越南和法国女囚而被绞死。

同一时期，在辩方继续陈述案情时候，东条英机收到庆应义塾大学脑外科石川七郎（Shichiro Ishikawa，音）医生一封吓人的信。"我对你的大脑一直极感兴趣。"石川写道，"我滋生了一个私人愿望,如有可能的话,当合适的时机出现,得到你的允许将它提供给科学研究之用。"

东条的首席律师清濑一郎以"言之过早"为理由礼貌地回绝了这个请求。但是几个月之后,身为神道信徒的东条请他当佛教法师的表弟给他起一个戒名(*kaimyo*),即死后的佛教法名。所选择的名字值得怀疑——杰出、慷慨、开明、聪慧——但意味深长的是,法师是从佛经的一段话里找到的,意思是一个人一生之中犯下的"所有罪孽"都可由佛主的仁慈影响而得到救赎。

在所有的被告之中,东条显得最宁静和安心。这是他的同案被告、他的日本和美国律师,以及美国监狱人员的一致结论。

儿玉誉士夫的《狱中内外记》写道,看到昔日的将军和内阁大臣们失去他们的镇定是一个"悲惨的情景"。1947 年 6 月 13 日,儿玉作为辩方证人被传唤到市谷,他发觉了被告之中的"脆弱状况":"那些在市谷受审的人在这两年里面没有获得真正的自身镇定。东条先生似乎是唯一一个学会超越死亡问题的人。"

虽然儿玉是个玩弄邪恶阴谋的人,但他的确具有不同寻常的观察能力。行驶在巢鸭与市谷之间的大客车车窗不再用纸遮挡,自投降以来儿玉第一次匆匆扫视了一下东京。他完全淹没在似曾相识的感觉之中。"我从大客车车窗向外张望,看见池袋一带密集的商店,使我想起了战时中国难民城镇的黑市。"儿玉写道,"街上的儿童衣衫褴褛,营房前怀抱小孩子的妇女一脸憔悴、疲惫不堪。这景象与我在遭受战火破坏的中国多次目睹过的相同。"

"战败方民众的苦难在哪里都一样。"

3 月 20 日,史密斯事件两个星期之后,远东国际军事法庭再度濒临崩溃的边缘。在韦伯的法官室，14名日本和美国的辩护律师提请他重视"一件最为重要的事情"，说是不想在法庭上公开提出来。他们的发言人本·布鲁斯·布莱克尼说："我不惮唐突，因情况紧急并期望避免所有人的尴尬，贸然在法官室提出来"。

议题极具爆炸性："辩方的案情陈述几近瓦解。"这个透露并非完全出人意料。自1月以来就有辩方出问题的风闻。"我听到过传言。"韦伯承认，"其他法官可能也听到过。"

辩方的问题是多方面的。直到检方接近结案的时候，辩方律师还不知道他们必须面对什么样的证据。辩方无法准备一个对抗策略。除此之外，辩方还被法庭所采用的反映法官团不同司法体系诉讼程序的大杂烩搞得糊里糊涂。辩方的机械设备也不堪重负，其职员完全被译员、打字员和文书的短缺压倒。每个美国辩护律师只有相当于三分之二个打字员兼秘书，律师经常要在夜晚、周末、节假日工作。掌握两种语言的布莱克尼正在准备为东乡前外相和梅津大将辩护，他告诉韦伯他在头天夜里翻译文件直到凌晨4点钟，"仍然没有把我个人任何一个客户的案子准备就绪。"冈和土肥原两将军的律师沃伦上校插进来说："通过译员同我们的日本律师谈话占去太多的时间了。……假如与讲同样语言的律师一起工作，在5个小时里可以做完更多的事情，而如今要用15到20个小时。"

形势对辩方来说极其严峻。布莱克尼说："我们强烈恐惧这一天将会到来，而且很快就要到来，那时我们将不得不在公开法庭上宣布无法继续下去了。"他的预见是精准的；在四月份辩方两次请求一周的休庭以便处理文件。正如一份日本报纸所报道的，"证据是如此丰富，以至于法庭几乎喘不过气来了。"

到 6 月 10 日辩方真的崩溃了。威廉·洛根当庭向法官请求六个星期的休庭。但是约瑟夫·季南的下属弗兰克·塔夫纳中尉坚决反对。塔夫纳说,假如在重新开庭时辩方立即转入被告的个人案情陈述,国际检察局就会同意一段长时间的休庭。洛根说那"不可能"。韦伯警告辩方,"多数法官强烈反对任何休庭一类的事情。"至于他自己,韦伯说他不认为法庭需要一个"假期",法庭准备在宪章规定的六位法官为法定人数的情况下继续进行。洛根感到不满并且坚持说:"我们不是在请求假期。"

在幕后,法官们为长时间休庭问题的较量已经持续好几个星期了。新西兰法官诺思克罗夫特坚决反对任何长度的休庭,并且得到苏联、菲律宾和中国法官的有力支持。用韦伯的话说,"绝大多数"法官毫不含糊地反对休庭的主张。但这些法官其实是在糊弄他们自己,因为在这件事情上他们没有选择。一旦辩方崩溃,审判也就崩溃了。后来,尽管内心不以为然,包括韦伯在内的多数法官还是转而同意休庭了。

第二天在法庭上,韦伯宣布批准一个六周的休庭期,由 6 月 23 日开始。他说辩方"郑重保证"非休庭不可,法庭除了接受之外别无选择。休庭触发了韦伯与哈拉尼利亚之间的恶言相向。菲律宾法官是反对休庭的中坚之一,他在一封给韦伯的备忘录里提出了他的理由:"应当注意到关于尽快签订和平条约的普遍愿望,而且看起来很明显,我们这个令全世界瞩目的案件应当在缔约国签署和约之前完成。"

韦伯怒不可遏。第二天在一份措辞刻薄的备忘录里,他回复道:"我全然不在意本案所伸张的正义对于和平条约有何影响。我对这种政治考量根本无动于衷。"

6 月 19 日,辩方提前结束了轴心国问题阶段,休庭立刻就开始了。这一阶段的精彩之处是约阿希姆·冯·里宾特洛甫令人毛骨悚然的书面证词,这是坎宁安前一年在他的纽伦堡之行中搞到手的,希特勒的外交部长在快要上绞刑架之前签了名。里宾特洛甫在他来日无多的时刻还想着东京审判,这一点从历史的角度看的确令人惊叹。他在这份证词里开脱大岛大使对德日关系进程的责任,并且把他自己描绘成一个和平缔造者,寻求解决中国和日本之间在 1937 年后的分歧。里宾特洛甫承认他曾经对日本施压进攻新加坡,但声称珍珠港完全出乎意料。他说:"出于外交理由我们不得不对事件表示高兴。这种感觉不是真心的。"机缘巧合,这一天结束时恰恰提到了珍珠港。而当法庭 8 月 4 日重新开庭时,辩方便开始了案件的太平洋战争阶段。

26　珍珠港再现

"我们应该问问辩方,他们是不是打算表明美国在珍珠港攻击
了日本?"

助理检察官弗兰克·塔夫纳在法庭上说的这句挖苦话或许比
任何其他东西都更能概括辩方在太平洋战争阶段抛出的主要论
点:美国迫使日本开战,引诱东京率先发动进攻。当然这也曾经
是 1940 年代美国孤立主义分子、轴心国同情者和仇视罗斯福的人
反复弹奏的主旋律。

岛田海军大将的日本辩护律师高桥义次(Yoshitsugu Takahashi)
就太平洋战争发表了辩方的开场陈词,详细阐述了"对珍珠港的攻
击既没有长时间准备,也不是标志侵略战争的预谋行动"这个
主题。

高桥用这样的描述来概括他的观点:"战争火药桶的多条导火
索明摆着,举世可见。谁点燃第一根导火索是最重要的——并非
哪一根导火索引发了第一次爆炸。"但这个比喻是错误的。第一次
爆炸是在 1931 年 9 月 18 日沿南满铁路发生的,不容置疑的证据
是日本陆军点燃了导火索。

至于日本人对战俘、被拘禁平民和亚洲奴隶劳工犯下的大规

模杀戮和暴行,高桥宣称,"日本政府和统帅部的领导人符合仁善精神和骑士风度的标准,而暴力和虐待战俘及平民最大地远离了他们的愿望。"他说,在太平洋战争期间,日本的交通线路被切断,因此对俘虏和被拘禁者的食物和药品供给不能保障,并且不受统帅部的控制。这种看法当然绕开了战争第一年日本正值国运昌盛时对俘虏的野蛮处置,并且完全无视日本在珍珠港事件之前的十年里在中国的所作所为。

辩方找来的证人说日本缺乏战争准备。1940年到1942年的海军总参谋部行动处处长三代辰吉(Tatsukichi Miyo)海军大佐声称,"对我而言,作为负责空中行动的军官之一,当我们发觉单独同中国的战事对我们已经太多的时候,再想要同(英美等国)打仗,看来就是绝对荒唐的了。"同一时期的陆军总参谋部行动计划处处长田中新一大佐作证说,侵略和占领菲律宾、马来亚、新加坡、香港、荷属东印度群岛、缅甸和新几内亚的计划"不是决定开战的结果"。1940年到1943年的陆军省战备主任冈田菊三郎将军勾画出最黯淡的全景画面:日本总体来说一直太缺乏石油了,海运远不能解决维持如此大范围行动所必需的物资,日本缺乏"持久战争"的资源,等等。冈田像一台计算机,不断输出军工产品、造船能力,以及其他各种数字。

韦伯打断他,问:"所有这些细节何以为被告脱罪?它们唯一显示的就是非常认真备战,而且很快会开战。人们原本指望这类东西会来自检方,而不是如此详尽地来自辩方。从他所说的一切来看,此人说不定是检方证人吧。"

此时正在指挥辩方的威廉·洛根不同意这个意见。他气冲冲地说:"恰恰相反,(证据)显示根据他们手头掌握的材料,本来可能不会有战事。"

然而，韦伯坚持这一点。他问道："展示证人提出过反战的建议，而最终还是诉诸战争了，这如何帮助被告？成千的日本人可能会审时度势，提出反战的建议。假定他们这样做了，那他们会被叫到这里来，说明他们的建议被忽视了吗？"

辩方在美国针对日本的武器禁运上大做文章，作为美国曾经有意"窒息"日本的证据。韦伯插进来说："那么你的理由是，因为美国不提供武器给你，你就有理由攻击她，即便你获取武器是为了攻击某个其他国家。"

洛根不悦："那根本就不是我的观点。"西方的禁运窒息了日本，当时美国正运送武器给中国，而中国"正在同日本交战，对日本的那种窒息便导致了战争"。这个逻辑推理即刻引起检方的反对。弗兰克·塔夫纳指出，日本人不能把美国运送武器给遭到日本侵略的受害国这件事作为开战的正当理由。

老于世故的山本熊一在 1940 年到 1942 年曾任外务省东亚事务和美国事务主任，后来当上外务省次长。在他作证期间，法庭更多地了解到有关 1941 年日本给华盛顿中断谈判最后照会的事情。山本说，1941 年 12 月 2 日，联席会议确定在 12 月 7 日华盛顿时间 12 时 30 分递交照会。然而在 12 月 6 日的联席会议上，递交照会时间推迟到华盛顿时间下午 1 时。为什么？山本闪烁其词。他说："那时候我没有被通知原因。"那么，他认为是什么原因呢？"甚至今天，时至今日，我只知道变动是遵照统帅部的要求，除了这个事实以外一概不知。"变动是否跟攻击珍珠港有关？"我从来没有想过，也不知道这件事跟攻击珍珠港有没有任何关系。"为什么时间第一次定在 12 时 30 分？"我从来没听说过原因。"

塔夫纳和山本在这个题目上一遍又一遍地兜着圈子,直到最后,8 月 18 日下午,塔夫纳问山本:他是不是否认更改递交照会的时间是"为了使外务大臣和统帅部得以在递交照会与轰炸珍珠港的时间上更好地同步"。

"我否认是为了这个目的。"证人得意洋洋地说。但他已经落入陷阱了。

"那么今天上午你为什么说自己不知道目的呢?"盟国检察官问道。

山本现在主动透露内情——12 月 2 日,御前会议正式决定开战之后的第二天,在当年四月曾协助策划珍珠港攻击,后来阵亡的海军副总参谋长伊藤整一海军少将"强烈要求,出于实施突然袭击并在开战伊始即给敌人重创的需要,统帅部希望日美谈判不受干扰、不要中断,直至敌对行动开始。"但是,证人继续说,外务大臣、被告东乡茂德"坚持"谈判破裂"必须处理得最大限度合乎规范和慎重,至少发出终止谈判的通知是绝对必要的。"

至于那份著名的十四部分的"最后"照会,山本承认前十三部分被即刻发送了,而第十四部分则在东京被滞留超过 15 个小时。"我完全不知道发出照会的事情同实际开战是否有任何关系。"他说。

时至今日,很多日本人以及西方的修正主义分子声称,给华盛顿的照会是安排在袭击珍珠港之前递交的。宣读的推迟归咎于日本大使馆内部的"打字问题"。然而,证人席上的山本承认,在华盛顿的日本大使来栖三郎曾接到指示说不要将照会交给他的机要打字员打字,要让大使馆的官员去做这件事。他们并不熟练。

尽管有日本传统上用"延误"传送信息作为外交策略的证据,

检方却没有追查统帅部关于打字的要求是为了什么原因。延误的例子有不少。罗斯福 1941 年 12 月 6 日发给天皇一封私人信息，可裕仁直到珍珠港袭击之后才收到，因为这封信被陆军"无意间"耽搁了。在奉天危机期间，正如前面提到的，事件前夕从东京派遣到满洲的信使带着让关东军不要采取公然行动的指示，他也是"无意间"被耽搁了，直到事件发生后才送出他的信件。同样，裕仁命令驻朝鲜的陆军不要开进满洲，这个命令同样"无意间"被耽搁，直到陆军已跨越边境才收到。军国主义分子的延误术就像玻璃纸一样透明。

塔夫纳告诉法庭，检方没有就"打字问题"向辩方施压的原因是，"在这种情况下，检方不可能得知在华盛顿日本大使馆范围内到底发生了什么。"无论如何，之前的证词已揭示出，这个照会并不是宣战书。不管有还是没有这个照会，对于日本何时、何地以及如何进攻，华盛顿都全然不知。对这些，日本在华盛顿的双大使也蒙在鼓里。

山本带着满意的神态离开证人席。除了在统帅部想搞突然袭击这一点上说走了嘴以外，他做得还算不错。但是第二天，大大出乎辩方的意料之外，检方请求把山本重新召回证人席。检方一夜之间难道又发现了什么新证据？韦伯嘲讽地问。

"完全正确，庭长阁下。"塔夫纳回答，"昨天退庭之后我们才第一次得到这个资料。"检方没有披露来源。黄昏时分在山本回到证人席的时候，塔夫纳提出了他的问题。考虑到统帅部的要求，在哪次会议上决定日本要继续谈判以掩饰对珍珠港的突然袭击？山本忿忿不平地说："在任何时间任何会议上都不曾作出日本要继续谈判直到突然袭击的决定。"

就像抄袭《佩里·梅森》(Perry Mason)[1]中的一页，塔夫纳把一份文件递到山本手中："我……问你认不认得这个。"

山本仔细查看，陡然失色。"这个从未被外务省采纳。"他结结巴巴低声说，"这只不过是一份研究建议草案。"

所谓"只不过是一份草案"的文件震撼了法庭。文件加盖"机密"(kimitsu，外务省最高安全等级)的印记，标题为"对美国未来外交措施之概述"。原打字件这样写道，"目前我们应该继续谈判……以帮助执行我们自己的计划。"文件中的最后一句话是手写的，插在打出来的文字之间。这句话是，"在这种情况下，虽然在适当的时候中断谈判是必须的，但我们应将严密防范帝国的真实意图被察觉作为当前的主要目标。"

是谁的字体？我的，山本确认了。塔夫纳直奔要害："换句话说，你在这里讲到的是弄虚作假的谈判，是不是？"

山本有气无力地回答："我们没有骗人的意图。"就在最精彩的时候，法庭休庭了，第二天8月20日重新开庭。

早上塔夫纳再下杀手。这份文件是在11月27日准备的吗？山本不肯定，不过是在那个时间前后。当然，重要的是日本舰队已经在11月26日驶向珍珠港了。

法官团的兴趣被激发起来。韦伯代表一位没有提到名字的同仁，向山本提出几个问题。是否向外务大臣东乡提交了这个文件？没有，证人说。文件是否被"印出来"(重新打字)？没有，只有这份原件。文件是否被传阅？没有，没有被传阅。韦伯在法官席上靠过来，他的法袍好似一大朵黑云。他说："我代表一位法官还有一

个问题。你作证说 12 月 1 日才决定开战,如果这样的话,为什么你在宣誓书面证词中说 11 月 26 日就向夏威夷派遣了舰队呢?"

山本很坚定:"对于派遣日本舰队或者任何涉及军事行动的事,我都一无所知。"韦伯绕着圈子问来问去,想撬开山本的嘴巴挖出答案。他又问了一个实际上是重复的问题,即山本 11 月 27 日"只不过是一份草案"的文件是否与日本舰队在前一天向夏威夷起航有关联。但是证人再次否认对海军事务有任何了解。

于是法官团的交叉盘问就结束了。但国际检察局还没有完事。塔夫纳继续他的交叉盘问,让山本重复自己的陈述:那"只不过是一份草案"的文件既没有被重新打字,也没有被传阅。

证人认识这个吗?塔夫纳在甩给山本另外一份文件时问道。证人用几乎听不到的声音说:"这是我用铅笔做过记号的打字本。"

"这么说草案是打字了,字里行间有你写的字,像这份文件本身显示的这样?"塔夫纳问道。

"是的,就是这样。"山本回答。谁收到了? 没有固定的分发惯例,证人说。于是塔夫纳拿出几份同样的文件,上面有制作一式 7 份的说明。国际检察局掌握了除 1、2、4 号以外的所有各份。都有谁收到过? 证人不知道。塔夫纳认为当时的外务大臣、被告东乡茂德肯定会收到第一份。

这个推断引起辩方的强烈反对。东乡的辩护律师本·布鲁斯·布莱克尼说:"从这些文件中能够得出推断的整个暗示,只不过是有意造成对这些被告的偏见,并不构成针对他们的法律证据。"

山本在这种紧张气氛中离开证人席。在法庭继续审理珍珠港袭击问题时,他成了众多日子不好过的人之一。根据辩方的证据

（并且被检方的木户日记所证实），高松宫宣仁亲王（Prince Takamatsu）在11月30日，即日本帝国舰队向夏威夷起航四天之后告诉裕仁说，海军认为日本对英国和美国这海上双强开战没有取胜的机会。天皇随即咨询了海军参谋长、已故被告永野海军元帅，以及东条首相。这次会议上东条表达了对战争结果充满信心。在这个证据背景下，威廉·韦伯爵士在法官席脱口而出："于是天皇就指示执行计划了。"

辩方全体显然被这句随口说出的评论惊呆了。威廉·洛根匆匆登上讲台说："尊敬的法庭，关于天皇，他是在跟随合宪的政府行事。"这推动韦伯第一次公开表达对裕仁的看法。韦伯与洛根的对话富于智慧：

> 韦伯：但是我不赞同你关于天皇宪法地位的观点。假如内阁建议国王去犯罪，而国王指示犯下这个罪行，那就不存在宪法保护。
>
> 洛根：但如果内阁建议天皇——
>
> 韦伯：依据宪法国王不能做错事。
>
> 洛根：如果内阁建议天皇，国家为了生存和自卫而必须走向战争，那么自卫对任何罪名来说都是一个很好的辩护理由。他们并不想打仗，庭长阁下。所有的证据都指向相反方向。他们知道不可能打赢这场战争，检方的证据是这样显示的，我们的证据也是。他们是被迫开战的。
>
> 韦伯：当你提到自卫，你就改换了宪法的基础。那是不同的事情。问题依然是，建议去犯罪的人们（如果真是犯罪的话），并不比指示犯下这个罪行的人处于更糟糕的地位。

洛根：当然，那是基于确实已经犯罪的假定。

这个对话成了头条新闻，并且使随后几天辩方论点崩溃之事黯然失色——辩方的论点是说日本军国主义分子不曾在12月7日从事欺骗，日本也没有进行长期备战。在交叉盘问中几个辩方证人承认，12月7日（太平洋时间12月8日），日本攻击了上海的英租界和英国在马来亚、新加坡、香港的领地，之前没有发出任何形式的警告，甚至连"最后照会"也没有，更不用说宣战了。一个证人——三代辰吉海军大佐实际上一手毁掉了辩方关于12月7日的突然袭击"没有长时间准备"的论点。

三代作证说，日本早在1940年11月就采取了针对英属亚洲的"和平时期防御计划"，而日本的军用飞机在1941年1月31日，即偷袭几乎一年之前就已经在暗中执行对哥打巴鲁的空中侦察了。阿瑟·柯明斯-卡尔问这位海军大佐："你们把侵略那么遥远的另一个国家称为'防御计划'？"三代说，"如果"英国在接近日本的地方建立基地，"如果"英国舰队驶向日本，那么东京必定要有"防御计划"。这就促使英国陪席检察官用他最为嘲讽的方式发问："你们在1月执行侦察的地方正好是1941年12月8日日本侵略部队登陆的地点，这是一个巧合吗？"

三代的回答是远东国际军事法庭史册中的经典："不是。我说的正好相反。空中侦察的目的是找出那里有没有适于登陆行动的地方……事有凑巧，就在空中侦察的区域，合适的登陆地点被发现了。"

其他辩方证人也不比他强。

27 被告上台作证

在很多刑事律师中不言而喻的法则是,如果案子对被告不利,那么被告就应该上台作证。但是市谷法庭的不少被告没有这样做。其中,松井、武藤、板垣等人依照这个法则行事了,而有些被告上台不仅是为了给自己辩护:东乡要算旧账,东条要为一场以灾难和三百万日本人死亡告终的战争向国人和历史辩白,木户则要捍卫他的天皇。总之,有 15 名被告走上证人席。在回避作证的被告中引人注目的是土肥原、木村、佐藤三个将军和畑元帅,他们在证人席上不可能讲出使自己从普通战争罪和危害人类罪脱身的东西。有的人回避是因为他们的地位过于复杂而无法解释:战前煽风点火的首相、如今政治倦怠的牺牲品平沼男爵就是个典型例子。其他人觉得盟国针对他们的指控软弱无力,还是少说为佳,比如重光和广田就是这样。

被告们采取不同的策略为自己辩护。几位辩护律师发表了开场陈词,例如海军将领冈和岛田的辩护律师。其他律师略过开场陈词,直接推出辩方证人和文件,他们的当事人有的出庭作证(东乡)、有的回避(南)。畑的美国律师不作开场陈词,不提交文件,也不要他的当事人上台作证,而是完全依赖证人。很多被告的个人辩护枯燥而短暂，尤其是桥本、星野、贺屋和梅津的案件。此外，还发生了一些戏剧性冲突，要么是在被告与检方之间，如东条案，要么是在辩护的被告与其他被告之间，如东乡案。有些被告的案件一天就完成了（桥本），有的则耗时一个星期之久（东条）。

个人阶段大致按姓氏的英文字母顺序进行，从1947年9月的荒木到1948年1月的梅津，用了4 443页纸来做记录。旁听席在这段时间挤满了人，甚至贵宾要观看也一票难求。

劳伦斯·麦克马纳斯负责处理荒木大将的辩护，他是前纽约地区助理检察官，曾专门检控国际卡特尔的案件。他说："检方错误地把荒木将军当作军事小集团的首领。"荒木在证人席上声称，"我在自己的权力范围内做了一切事情避免战争，避免今天日本所遭到的悲惨结局。"

然而，检方对他相当冷淡。荒木声称他曾经反对占领南京，这引起负责交叉盘问的阿瑟·柯明斯-卡尔问他是否读过南京暴行的报道。"没有。"荒木说。为什么没有？"因为即便在当时我都没听说过，甚至连传闻也没听说。"但是他承认，他作为陆军大臣曾派遣日本部队到中国东部省份"平定土匪"。你们如何平定土匪？柯明斯-卡尔看似无心地问。"……这对我来说很难回答。"杀了他们？"我不相信是这样。"那么，什么是"土匪"？行事无法无天的人，荒木理直气壮地回答。他是如何定义"行事无法无天"的呢？违反和平和秩序，荒木说。日本在中国的使命是什么？"日本军队的责任是维护和平和秩序。"荒木这样回答。

下一个是土肥原大将的辩护，由柏林训练出来的50岁的刑事律师太田金次郎（Kinjiro Ohata）主导。他声称他的当事人与新加坡和苏门答腊的暴行"一点儿关系都没有"，战争结束时他是那里的战地司令官。土肥原没有上台作证,但是有一个证人为他作证说,土肥原的特务机关(检方把它与间谍活动、恐怖主义和毒品贩卖联系在一起了)只不过是一个媒体信息办公室。在交叉盘问期间,中国的助理检察官倪征噢(Judson T. Y. Nyi)拿出一份特务机关的秘密报告,报告中得意地说:"华南人士一闻土肥原将军和板垣将军之名,有'谈虎色变'之慨。"证人承认文件是真实的。

桥本大佐以及其后的被告畑元帅都回避了上台作证。畑的主要证人之一是他在中国的部下宫野正年(Masatoshi Miyano)将军,宫野用了很长的篇幅解释,1942 年畑曾反对处决被俘的杜立特(Doolittle)空袭小组的飞行员们。但这个证言令他触礁了。之前在交叉盘问中表现不佳的助理检察官戴维·萨顿问证人,畑是否对在中国的宪兵队行使管辖权。"是的,"宫野确认,"他行使管辖权。"被俘的杜立特飞行员遭受"水刑"、吊在墙壁的桩子上、在架子上被抻拉、戴脚镣、不准洗澡或者刮脸、经常被毒打,是不是这样?"我不知道。"证人说。但是他承认畑在 1942 年 8 月 13 日下令将杜立德小组作为战争罪犯交由军事法庭审判。审判时根本不给犯人辩护的机会,不委派辩护律师,也不给他们翻译诉讼进程。象征性的审判只用了不到两个小时。

为畑作证的另一个证人是前首相米内光政,畑曾在米内内阁里任陆军大臣。在对米内的交叉盘问中,问到有关畑所作所为的一系列问题时,米内反复回答:"对此我一无所知。"法官们生气了。威廉·韦伯爵士说,"他总该知道在他自己的内阁里发生过什么事情吧。"米内进退两难的窘境令他自己内心痛苦;虽然他恨这些将军,但又曾经是畑的密友。在一件事情上,米内十次被要求读出新闻报道里面的一段话,这段话说畑给他写过一个便条,但米内十次都说不记得这个便条。韦伯勃然大怒："这个首相是我碰见过的最愚蠢的证人。"

星野是另一个没有上台作证的被告。他的美国辩护律师卡林顿·威廉斯说星野最大的罪过看来是当过东条内阁的书记官长，但在那个位置上他"既不能发表意见，也不能在内阁会议上投票，主要忙于行政事务性的工作"。

约瑟夫·季南重拾在法庭上的主导地位，这恰好与平沼的辩护同时发生。季南从未摆脱他那罪犯克星的态度。他在一次对辩方证人交叉盘问的时候提出，在东条的统治下，"黑帮势力——我不喜欢这个词语，但我不知道还有什么其他词语可以更贴切地表达这个意思"——已经控制了日本。但是季南可能并没有太离谱。平沼的侄孙女平沼节子（Setsuko Hiranuma，音）穿着和服，系着宽腰带出现在证人席，详细讲述在战争最后时分发生的事情，那使人回想起自 1930 年代初以来日本陆军恐怖统治时期的可怕情景。被告平沼是她母亲的叔叔，她总是称他为爷爷。节子作证说，1945 年 8 月 15 日，也就是天皇发布投降广播的那一天，早上大约 5 点 30 分，她听到家门外的嘈杂声和呐喊声。

我从窗户望出去，只见一帮人从前门冲进来。……就在前一天一个叫田中宏（Tanaka Hiroshi，音）的警卫告诉我，他不喜欢军机的飞法——那是，日本的军机——一直在我家房子上空低飞，他说我们最好作好准备，以防他们向我们投掷炸弹。

我知道从前门进来的暴徒是冲着爷爷来的，因为他们让警卫——总共约 15 个——双手举过头排成一行，我听见领头的匪徒(喊道):"你们不知道平沼是什么样的(骂人话删去)吗? 你们不知道,啊? 他是臭名昭著的亲英美派头目。他是卖国贼。你们还没有意识到我们的国家就要崩溃并且被毁灭吗? 保卫这样一个大叛徒,你们该为自己感到羞耻。"

……此时几个穿军装的士兵已经进到屋里,满屋子洒汽油,一间接着一间放火。纸门、隔扇和垫子着火了。……那天早上袭击我家的匪徒中有几个看样子是学生,其中一个用出鞘的利剑恐吓女佣和我的孩子们,逼她说出老人在哪里。他把出鞘的剑举过头,显得极其凶恶,女佣认定他会杀了她。……等我找到孩子们、也听说爷爷已经躲藏起来的时候,房子里大火冲天,被彻底烧毁了。

这样,即使是辩方证人也无法避免揭露出,在起诉书所涵盖的痛苦岁月里,挟持日本的是什么样的罪恶心态。

在平沼的辩护中,最有价值的证人是作为检方证人的前首相冈田启介海军大将。冈田作证说,平沼不支持太平洋战争,并且在1943 年加入了希望战争"不论以何种可能的方式结束"的主和派。但冈田最令人感兴趣的证词是他谈到 1941 年 11 月 29 日的重臣会议,那是在日本帝国舰队驶向珍珠港的三天之后召开的,东条首相和天皇都出席了会议。冈田说:"没有人告诉我们政府已经决定开战。"冈田是否知道日本舰队已经启航? "我完全不知道。"海军大将回答。天皇是否知道舰队已在攻击珍珠港的途中? "我不相信是这样——天皇很可能不知道实情。"如果政界元老们知情,他们会劝谕天皇反对开战吗? "会的,会这样的。"这么说来,召见政界元老"只不过是一个姿态和骗局"吗? 证人回答:"见仁见智,也许可以这样描述吧。"

在这里季南明显地是要竭力澄清天皇本应被起诉的疑问,看得出他是在回应韦伯早先的尖锐评论:如果内阁建议裕仁去犯罪,而天皇下达了犯罪的命令,那么天皇就难辞其咎了。季南问冈田,天皇是否"以他的全部权力也无法避免(太平洋战争)"。

前首相斩钉截铁地回答:"就是。"但是韦伯干预了:"我看不出这与本案有什么关联。"

季南争辩道,当时罪恶势力已经控制了日本,并且"蒙骗日本人民相信天皇支持开战"。

韦伯回答:"在这个漫长的审判中这个说法是首次被提出来,并且与检方证据相矛盾。"

季南满脸通红。他说:"庭长先生……我们相信被告席里的被告是真正应为这场战争承担责任的人。倘若还有另外什么人的话,那他们也会坐在被告席里。"

日本辩护律师团代理主管清濑一郎迅速出面保护被告席里的军国主义分子,尤其是他的当事人东条。然而,由于清濑继续追问天皇出席的 11 月 29 日会议,结果却进一步损害了东条。这段对话如下:

清濑:政府到底在哪方面拒绝提供情报,说是国家机密?

冈田:所有方面。

清濑:你的意思是政府拒不回答你们提出的任何一个问题吗?

冈田:是的,是这样。

清濑:……你们关注的并不是政府计划采取的下一个行

动步骤，而是当时存在的实际形势和到那时为止事态的发展，难道不是这样吗？

冈田：我想要了解的不仅涉及当时，而且涉及未来。

清濑：你想要了解当时和未来的什么呢？

冈田：我想问政府打算做什么。

冈田利用提问的机会作证说，在政界元老觐见天皇期间，"我告诉天皇……对政府我问得越多，就越发关注和忧虑。"

清濑问道，天皇是如何回复的呢？据冈田说，会议期间天皇沉默不语，只是在开始的时候说了一句，"这是个进退两难的局面。"那么，冈田对天皇的话作何反应呢？"我非常了解天皇的心情。"海军大将说，"他并不怎么在乎战争的胜负，更多的是厌恶战争……我对天皇的这种情绪也有同感。"

第二天，在法庭大厅外，约瑟夫·季南感到有必要再次为盟国不起诉裕仁的决定辩护。他告诉盟国的新闻记者："经过深入细致的调查，检方确信没有证据支持有关天皇参与了这一阴谋的指控。"这引发了《字林西报》（North China Daily News）[1] 1947 年 9 月 27 日对季南的批评。报纸说，如果要维护"国家元首要对其部长的行为负责"这个法理，似乎裕仁最起码应当受审。作者接着写道，出于政治考量，法理无疑已经被抛弃。"但是，无论动机是什么，裕仁没有被国际法庭起诉，在这件事上他有罪或无罪的问题从来就不是法庭需要解决事情。"社论继续说，"然而在审判的最后阶段，出于只有他们自己知道的动机，检方在交叉盘问中试图引出某

---

1 上海最早的英文报纸——译者注。

个被告的证言,处心积虑要证明天皇无辜。"

《字林西报》说,这件事"体现了检、辩双方在履行职责时运用其自由酌处权的态度,也解释了审判为什么会拖得如此长久,令人难以忍受。与纽伦堡相比……东京的审判乏善可陈,它似乎只是貌似有学问的人所能办出的最外行的事情。如果说在这种情况下威廉·韦伯爵士表现出烦恼,那他值得同情而不该批评。不仅如此,他努力把审判保持在可控的范围内,这值得称道,(尽管)他没有做到他本该做到的那样成功。"

前外务大臣和首相广田弘毅是又一个选择不上台作证的重要被告。他实在不堪一击了。乔治·山冈在戴维·史密斯被驱逐后介入,成为广田的美国律师,他告诉法庭:"被告广田接受现任律师的建议,不为自己作证。"

为广田作证的辩方证人说,他对触发中日战争的卢沟桥事变事先"毫不知晓",并且做了"职权范围内的一切"以争取就地了结此事。作为证据,山冈引用了广田的演讲、新闻发布会、在国会的发言,等等。但是检方通过呈交外务省的秘密电文和报告作为证据伏击了山冈,证据显示在日本政要圈内广田一直以强硬派著称,他敦促在中国开展更大规模的战争。难以置信的是,甚至日军总参谋部都认为广田"好战"。

在交叉盘问时,广田的证人说,在南京的日本外交官曾向广田报告了发生的大规模暴行,并且"我们认为大部分是事实"。这一轮里对广田最为不利的供认来自石射猪太郎(Itaro Ishii),他是广田的助手之一,1937 年到 1938 年主管外务省东亚局。他在证人席上承认了南京大屠杀。

问：证人先生，在你的书面证词中提到，南京陷落后你即刻收到在南京的（日本）代理总领事有关日军所施暴行的电报。那么，我想那封电报是日文的？

答：是的，是用日文写的。

问："暴行"（atrocities）这个词用日文如何表达？

答：那时候还没有通用或特殊的词语来描述所做出的行为。

问：我想问你，"暴行"这个词指的是什么？

答：……强奸、纵火和抢劫。

虽然——或者也许正因为——有这一不利的证词，乔治·山冈继续拿出但凡能够找到的一切文件来帮助他的当事人。私下里，苏联法官尖锐批评韦伯在审判的这个阶段表现得就像一个"旁听者"，允许没有证据价值或证据价值很低的文件呈堂。结果，柴扬诺夫将军给韦伯写了一个私人备忘录，说审判"不可容忍地被延长了，（尽管广田）受审是因为他曾是日本统治集团的重要领导人之一，积极推行日本的侵略和帝国主义政策长达十几年。"柴扬诺夫特别批评广田"无足轻重的"的讲话和声明被接纳为证据，而"众所周知（他的）言行是不一致的"。

在回复中，韦伯说他认为山冈是在试图证明广田的心态，并提醒柴扬诺夫：法官会议同意这些材料可作辩护之用，而且"无人表示异议"。但是韦伯也抱憾地承认，"仔细阅读庭审记录，我们只是到现在才明白，从事件上看交叉盘问本来是可能被缩短的。"

下一个，土肥原恐怖活动的同伙板垣大将上台作证，也许是因为再没有什么可输了——他在奉天事变中的同谋身份和其他恐怖行为的证据都确凿无疑。由于板垣在证人席现身,约瑟夫·季南同菲律宾陪席检察官佩德罗·洛佩兹发生了争吵。洛佩兹整理了板垣的证据,但季南决定让中国助理检察官倪征燠负责交叉盘问,引起洛佩兹的抗议。季南在一份措辞直白的备忘录里通知洛佩兹:"我的决定不会改变。当然,我必须向你保证,没有丝毫理由抱怨这一决定'对你所代表的国家不公平'。板垣,就此事而言,我们确信他所犯下的累累罪行对中国人民有特别的影响。……我不知道他也曾经在菲律宾群岛出现过。"

担任过板垣的陆军次长的山胁正隆(Masataka Yamawaki)大将是典型的证人。检方向他出示了一组从中国回来的日本士兵的陈述。板垣曾获得这些陈述,并以"军纪和公众士气"为由,强令返国的士兵保持绝对沉默。山胁承认这份汇编文件的真实性,而日本公众也第一次得以读到这些士兵陈述的摘录。

   ● "在某某地我们抓住了一家四口。我们就像狎妓一样玩弄了女儿……然后把她杀了。"

   ● "一个指挥官对强奸非正式地下达了如下指令:'为了不惹麻烦,你们完事后要么付钱给她们,要么在偏僻的地方把她们杀掉。'"

   ● "在半年的战斗中我唯一学到的就是强奸和盗窃。"

   ● "中国军队的俘虏有时候被排成一排,然后杀掉以测试机关枪的效率。"

1947 年 10 月 7 日,浓眉的板垣上台为自己辩护。他把中日战争的责任归咎于中国人中的"反日情绪",同时轻轻滑过在那里和在苏门答腊、新加坡的暴行，后两个地方他也指挥过。交叉盘问期间他最难熬的时候是倪征燠手里拿着一张纸，不让他看到纸上的字，问他在 1938 年 7 月与天皇的一次会议上，裕仁是不是"严厉地训斥"他，形容"军队过去的行为可恶"，并且指责军队"独断专行、卑劣"，"完全不服从中央的命令"？

"不是这样的……"板垣抗议。"你从哪里搞到这样一个报告？你凭什么问我这样一个问题？明确告诉我你从何处得到这个事实！"

中国检察官依然十分淡定。他冷冷地说："这不是你来问我的时候。"直到几个月过后作案情总结时，检方才拿出秘密的西园寺-原田日记（Saionji-Harada diaries），上述报告及其他内部消息就是从日记里找到的。已故西园寺公爵是一位受人尊敬的元老、裕仁的心腹，他留有一套个人日记，由他的私人秘书原田熊雄（Kumao Harada）男爵誊录下来了。检方对日记的存在一直保密，但越来越频繁地引用其中的摘录。后来，当被告们发觉自己陷在木户日记与西园寺-原田日记之间时，辩方便不遗余力地指摘后者为"虚假陈述"。

在 1952 年，远东国际军事法庭审判结束四年之后，板垣的亲属朋友收集了他的私人文件，包括在巢鸭写的信件和日记，编成他的《秘密回忆录》（Secret Memoirs）出版。在 1947 年的一篇日记里，板垣表示正在为自己即将面临的黑暗之旅做准备。"自去年年初以来我一直在市谷受盟国审判……是我的适当命运。我的判决将会如何并不是一个问题。我已经尽力净化自己审判之初的精神状态。巢鸭的平静生活对我是天赐的学习良机——过去因为忙碌的生活不可能学习——近来我已开始读佛教书籍，并且实现了心灵的宁静。"

在好斗的板垣之后上台作证的是胆小的贺屋兴宣,他是一个没有个性的官僚,一个给报告加盖印章,传阅官样文书,自诩为行政管理者的人。他像纽伦堡受审的阿尔贝特·施佩尔(Albert Speer)和亚尔马·沙赫特一样,热衷于与"新秩序"的名流混在一起。贺屋的辩护律师是前密尔沃基法学院院长、劳工律师迈克尔·莱文,他的开场陈词强调了贺屋的平庸。"他担任普通的管理职位……以常规和例行的方式履行公务。"作为 1937—1938 年和1941—1944 年的大藏大臣,他当然曾为中国战争和太平洋战争,以及诸如缅甸-暹罗死亡铁路那样的工程筹措资金;由于鸦片是财政收入的一个来源,他还是内阁鸦片委员会的成员。

在证人席上,这个 58 岁的官僚描述了自己在政府的角色。他说:"我与所谓的右派或左派、或者军事集团都没有任何关联,也不是任何政党的成员。"他与日本的侵略战争无关。他继续说道,"没人征求内阁里我们这些文官的意见。"他从来没有听说过暴行。1919 年他曾走访过欧洲战场,"战争的大破坏和恐怖铭记在心。"

让贺屋尴尬的是,检方出示了他在上一个年代的多次公开演讲。与广田不同,贺屋公开歌颂战争。他在一个有代表性的讲话里吹嘘,"全世界都在惊叹我们的军队在当前中国事变中所取得的光荣成果。"在发生南京暴行和其他恐怖事件的那一年,他说中国是"像癌一样的东西,既然手术切除是必须的,日本便一直在担当这个角色"。贺屋对这次讲话特别满意,事后他说,他坚信这是一个"历史不会忘记"的讲话。这是他 1938 年在他的出生地——广岛发表的。

如果说贺屋兴宣只是个陷入"大博弈"的有野心的事务官,那么在他之后上台的木户则是被告席里的关键人物，一位真正的政治掮客，也是被告中唯一一个了解在起诉书所涵盖的恐怖年代里，天皇在何等程度上成为犯罪同谋的人。几乎每一件与木户侯爵有关联的事都是宫廷密谋、精明超脱和蓄意复杂化的混合体。关于他的任何事情都不简单：他的日记包含 5 920 则；他的巢鸭侦讯记录有 775 页。美国律师威廉·洛根作了个朴实无华的辩护，直接把当事人送上证人席。木户一周之久的长篇陈述由宣读 297 页证词开始。他把自己（以及天皇）与军国主义分子切割开来。军队宏大浮夸的战争计划令他"恐惧"；日本同纳粹的结盟使他"备受煎熬"，因为它分裂世界并会导致日本同美国的战争。裕仁曾向他抱怨军队正在用丝线勒死他，这是日语中对"仁善杀人"的隐喻。

　　木户有一个惊人的陈述淹没在雪崩一样的法庭证词中。他暗示，对日本的原子弹轰炸是件好事，因为它迅速结束了战争。这位天皇代理人说："我感到内心的满意，因为我在拯救另外两千万无辜同胞免受战火蹂躏、也避免成千上万美国人伤亡方面起到了作用，倘若日本继续顽抗到底……与入侵美军在日本本土展开决战的话，那样的结果将会在劫难逃。"

　　木户的表现令被告席里的军国主义分子目瞪口呆。儿玉誉士夫在他的《狱中内外记》中写道："资深元老木户幸一的证词明白无误地把他放在前陆军和海军被告的对立面。在大客车返回巢鸭途中，对立的双方怒目而视，几乎冒出火花。"佐藤和武藤两位中将尤为激烈，他们指责："每件事都埋怨军队。"暴躁的桥本大佐威胁说："按说，像这样的混蛋就该被掐死。不过我们现在不能这样做了。"

　　陪席检察官柯明斯-卡尔打算作交叉盘问，大有在两位老练、精明而狡猾的对手之间展开大对决之势。但约瑟夫·季南抗拒不了这个出风头的机会，把柯明斯-卡尔推到一旁。季南与木户的交锋也颇有看头，不过特点不同。季南粗鲁、攻击性强、一意孤行，以检察官之势压人；木户则过于老练，他天生有礼貌、精细、善于东拉西扯，对每一个词意的细微区别都很敏感。交锋产生了精彩的戏剧性效果。季南多次训诫被告，"要容我把话说完，这样我们就能……尽量用最直白的语言交谈。"

下面这段对话抓住了交叉盘问的基调。季南问："木户先生，据你自己当众朗读的，你一直在同一群刺客和杀人犯打交道，不是吗？"

季南的语言让木户为之一惊，他焦躁地用脚尖轻敲地板。"我没有直接同他们打交道。"木户表示反对。

季南了解木户的一位前任是被军国主义分子刺杀的。他说："但是，他们差一点就到内大臣和贵胄身边了，不是吗？"

木户的脚尖在地板上敲得更快了。"是的，那是时常发生的。"

既然侯爵在证人席，那么提到裕仁在事态发展过程中的作用就无可避免了，即便对约瑟夫·季南——天皇的盟国法律盾牌——来说也同样如此。木户坚持天皇在宪法上无能为力。那么，季南问，"如果内阁同意开战，日本天皇实际上无权阻止吗？"

木户的面孔好似一盏日本灯笼被点亮了，脚尖也停顿下来。"是的，天皇无权阻止。"他满面红光地说。

但是季南吹熄了这道光。他问："如此说来，他签署（宣战）诏书只是一个姿态罢了，是这样吗？"

木户的脚尖又开始敲打地板，"我不懂'姿态'这个词是什么意思。你指的是什么？"

这时，季南解释道，欺骗——"欺骗日本民众，让他们相信这是天皇的举措,而实际上的真相却是,不论天皇的真实意愿、希望以及他追求日本最佳利益的感情如何,他当时都是别无选择的。"

韦伯插了进来:"首席检察官先生,我们不是在审判天皇。"

季南变换一个方向,还是回到这个话题。如果天皇不愿意开战,为什么木户不建议裕仁拒绝签署宣战御诏?木户说:"天皇陛下不能否决内阁和统帅部的决议。"有办法阻止吗?"天皇不能拒绝这类建议。"但是季南紧追不舍:为什么不能?有什么东西拦着他?惯例,被告回答,又急忙补充说裕仁曾试图阻止战争,指示作为首相和陆军大臣的东条"以全新面貌"与美国开启新谈判。

这个解释引起韦伯发问:"他(天皇)从哪里获得授权?"木户稍微退了退,说裕仁的举动是"相当超前的一步"。

板垣和木户阶段的证词使我们越来越明显地看出,天皇并不完全是人们所说的那个温顺驯良、不涉政治的名义元首。

季南转向西园寺-原田日记,但木户(他们是争夺天皇眷宠的对手)质疑原田男爵的可信度。木户说,原田男爵"是我最伟大的朋友之一……但我不能完全相信"他对西园寺公爵日记的誊写。

即便如此,季南问,木户可曾在 1939 年 4 月 20 日告诉原田,"如果天皇的意见不改变,那么圣上与军方及右翼集团之间就会存在相当大的分歧"?木户不承认讲过这番话。同年 9 月 22 日木户是否告诉过原田,"当今皇上的科学家气质太多了,与右翼的观念没有共鸣。这令人不安,因为他过于正统(保守)了"?木户再次否认这样说过。

季南在试图证明木户对天皇施加过恶劣影响时,侧重点作了些改动。经过询问,木户承认海军在 1941 年曾反对战争,一旦海军投票反对,那么陆军当时就不可能开战,不过会导致陆军再刺杀

"一些人"。季南问,为什么木户不鼓励海军坚持主张和平?"唉,"木户躲闪着,"对此我不能说什么。"但是被告承认在1941年10月15日,东条被任命为首相的三天之前,他已经知道东条想要开战。如果是这样,季南问,那他为什么还要选择东条当首相?寄希望于裕仁能让东条改变主意?"是的。"木户唯唯诺诺地回答。那么,天皇与对美开战的决定有关系吗?"天皇认为那是一件非常坏的事情。"木户断言。于是,季南评论道,这么说天皇的批准"只是从他那方面正式默许别人已经决定了的事情"?

木户的回答闪烁其词,但季南凭着斗牛犬般的韧劲执意追问,木户最终默认了。"说白了,是的。"木户现在暴露了他的真正担心:没有东条出任首相和陆军大臣,军队可能会失控。说到底,在天皇最高顾问的心目中,对军方的恐惧已超越了战争与和平的问题。

但是季南没有离开这个题目。裕仁为什么不召见将军们,直截了当告诉他们,"在任何情况下我都不想要战争,我要你们控制住军队,保证不要为此发生暴乱"? 远东国际军事法庭在取得31 000页证词之后,已经直奔关键问题了。法庭一心想听到木户的回答,却只得到一个虎头蛇尾的结果。木户说,他不能回答,因为问题是假设的。木户内心深处的恐惧此时表露出来了:假如军方没有达到目的,日本可能会陷入血腥内战。盟国首席检察官转向法官席说:"如果是在日本国内的叛乱和世界战争的战败这两者之间选择的话,我们认为上述说法并不构成一个充足的借口。"

木户出色地捍卫了自己和他的天皇,不过当继续交锋时,季南瞄准珍珠港遇袭当日凌晨几小时之内皇宫里发生的事情,破坏了木户的可信度。木户听说罗斯福给裕仁发了一封电报,于是在凌晨 2 时 40 分赶赴皇宫,在那里遇到了外相东乡。木户知道罗斯福电报的内容吗?"不知道。"木户说。试图打听电文的内容吗? 是的,但就在东乡正要告诉他的时候,天皇传召外相觐见。东乡随身带着电报吗? 木户觉得是。为什么木户不陪着东乡一同觐见? 木户说他觉得这件事只应在外务大臣与天皇之间处理,尽管他承认在那个时辰与天皇商议此事"非同一般"。木户是否想到罗斯福的电报是美国为维护和平在作最后尝试? 木户回答:"我感觉是非常重要的事情。"

木户说,但是在东乡离开皇宫、天皇退朝后,他只是回家了,"没有抓住这个机会"同天皇谈话。他甚至没有给东乡家打电话了解到底发生了什么事情;他说根本没有这个念头。

季南如凯尔特火山一样爆发了。"不觉得整个故事荒唐、虚假吗? 你难道不是甚至在赶赴皇宫之前就已经知道电报的全部内容了吗?"木户坚持他的故事。好吧,季南问,木户是否知道几乎就在同一时间珍珠港正在被轰炸?"我不知道。"那么他,天皇的首席顾问,在珍珠港被攻击的非常时刻只是碰巧在皇宫里吗?"我对此一无所知。"被告说。

一天又一天,季南与木户之间的决斗以这种方式进行着——闪避、进击、突刺。儿玉在日记中表达了木户同案被告的普遍看法:"这个狐狸在……把所有过错都(推到)军国主义和民族主义分子身上。他施放烟幕,企图把 11 国法官和检察官引入歧途。他曾说过,'我用了半生时间同军人阶级作斗争。'实在丢人啊。资深政客竟然以为其他人都是傻子。这个狐狸会成功地愚弄世界吗? 还是最终成为狐狸羹?"

在木户的戏剧性作证之后,法庭诉讼进入相对枯燥的例行公事。木村和小矶两位将军的辩护平淡无奇,也很简短。木村曾任东条的陆军次长,后来是缅甸战地司令官,他没有上台作证。对他不利的证据势不可挡,从他就缅甸-暹罗死亡铁路战俘下达的指令,到他麾下的军队所施行的一系列恐怖暴行,包括用机枪扫射97个拒绝泄露有关盟军伞兵情报的缅甸平民,以及战争结束前一个月在卡拉冈(Kalagon)砍杀630个缅甸人,不胜枚举。

小矶涉及围绕奉天事变的策划以及其他阴谋也得到证实。尽管如此,他还是上台作证了,并且赢得了首位为日本皇军的行为表达自责的将军的声誉。他悔恨地说:"法庭上所描述的这些残酷和不人道行为之案例,超乎我的想象。"

28　韦伯暂离法官席

尽管从表面看起来，远东国际军事法庭正以其缓慢而可预见的方式进行着，但在法官办公室里面还是一片混乱。1947年10月初，就在木户作证之前，澳大利亚总理 J. B. 奇夫利（J. B. Chifley）命令威廉·韦伯爵士回国履行最高法院法官的职务，时间是1947年届满前从11月底到整个12月的五个星期。当时高等法院[1]缺了韦伯就只有六位法官，如果有宪法问题出现的话，就可能会出现不同意见三票对三票的局面。澳大利亚宪法没有指定代理法官的规定。因此，奇夫利提议东京审判要么休庭，要么安排辩方在韦伯缺席期间只提交文件证据。

惊慌失措的韦伯匆忙出发去见麦克阿瑟，盟军统帅大怒。他在1947年10月7日给奇夫利的电报里警告说："依我看，值此最后时日让主审法官离开法庭不啻一个国际性灾难。威廉爵士在这个决定性阶段离席将会使整个审判丧失士气。"麦克阿瑟说审判"几无疑问"将会在2月24日前结束，因而韦伯可在1948年届的初始及时回到法院就任。

---

1 the High Court，即澳大利亚的最高法院——译者注。

澳大利亚战时外交部长、麦克阿瑟的亲密伙伴赫伯特·V.伊瓦特(Herbert V. Evatt)如今出面斡旋,自己打电报给麦克阿瑟,告诉他韦伯在高等法院的缺席"有损澳大利亚的司法管理",恳请麦克阿瑟"干预"远东国际军事法庭,化解危机。

韦伯在东京法官席上的同仁像麦克阿瑟一样愤慨。几位法官坚称,他们曾推掉国内的紧要工作把审判进行到底,韦伯也应该这样做。正如韦伯后来私下承认的那样,他的同仁反对"纯粹为解决澳大利亚的问题"而休庭。对于法庭为配合堪培拉而令辩方重新安排举证顺序的意见,法官中多数人也拒绝接受。

10 月 20 日,韦伯写了一封私人信件给在墨尔本的高等法院首席法官约翰·莱瑟姆(John Latham)爵士,解释东京局势的关键性。"我一直希望不会错过审判的任何一秒钟,并且现在仍然抱有这个希望。"现存于堪培拉澳大利亚战争纪念馆档案室的这封信有历史价值,因为它彰显了韦伯对于被告的心态。他写道,"木户和东条在我看来是两个最重要的被告。"韦伯不想错过对他们的辩护。结果是,对他离席的争执拖延了时间,容他全程参与了木户的辩护阶段,直到小矶的辩护完结。

但是奇夫利非常坚持,韦伯和麦克阿瑟最终都向澳大利亚总理的心愿低头了。韦伯在 10 月末发电报说,只要他夫人从东京的医院一出院(这是另一个复杂情况),他就会返回澳大利亚,但他补充道,由于回国,"我会错过东乡、东条和梅津的辩护。"(事实上,韦伯错过了十个被告的辩护,不过他 12 月 15 日回到东京,及时赶上了东乡、东条和梅津的辩护。)这确实是一件令人遗憾的事情。更遗憾的是,韦伯在回到澳大利亚高等法院期间那里根本没有什么了不起的案件。

11月7日韦伯终于将此事公开了,"我要回澳大利亚"的宣告震惊了法庭,整个大厅一阵骚动。大岛的辩护律师欧文·坎宁安本来就与韦伯争斗得十分激烈,带着不相信的神情表示反对。"除非有病,全程参与审判是法官的职责,这是我反对的基础。"坎宁安愤愤不平地说,"缺席的特权在审判期间一直被滥用,因而这一次有必要在法庭记录里表明抗议。"[1]坎宁安提议,要么在韦伯缺席期间休庭,要么韦伯自行解职,今后不再参与审判,由麦克阿瑟指派新庭长,要么干脆"驳回此案,我们全都各回各国"。

此时两位辩护律师——劳伦斯·麦克马纳斯和迈克尔·莱文跳将起来,称自己同坎宁安的攻击无关。然而,坎宁安才刚刚热身。他接着谈起韦伯的离席行为:"这是强加在被告和他们的律师身上的,它损害了法庭的尊严、诉讼的重要性,以及对最高统帅的忠诚。澳大利亚有责任与盟国同心同德,作出牺牲。"

韦伯拦住他。"这纯属政治,我不认为我们应该听你讲话。"他吼道。然后他说庭长缺席在法律上是有先例的,并引述了源自布尔战争的一个案例,它"适用的是大英帝国最高级法院的决定,世上没有更高级的法院了"。

后面这句话刺激了坎宁安,他高声回嘴:"作为爱尔兰裔美国人,庭长阁下,那可约束不了我。"他接着援引美国司法法典第217节,争辩又从这里展开,罔顾被告的困惑和听众的茫然。东京宪章解决了这个危机:第4条规定,11位法官中只要有6人出席,审判便可进行。

---

1 缺席者包括帕尔法官,他当时在加尔各答守护患病的夫人,已经错过了一半的个人辩护,并且在11月2日之前无望归来。

11 月 10 日星期一，法庭在没有韦伯的情况下再度开庭。很多观察家原以为新西兰法官诺思克罗夫特会填补韦伯的位置做代理庭长，之前他曾担当过这个角色。然而，作为开庭第一项议程，法庭书记员宣读了麦克阿瑟三天前的命令，委任美国法官克拉默将军为远东国际军事法庭代理庭长。

在韦伯缺席期间，松井、南、武藤、冈、大岛、佐藤、重光、岛田、白鸟和铃木进行了个人辩护。在美国陆军第 361 驻地医院住院的松井没有按照次序出场，他只是简单地露了露面就回病房了。除了南和佐藤两位将军及前外相重光以外，其他人都走上了证人席为自己辩护。

南次郎 1931 年任陆军大臣，1931 年到 1934 年为军事参议院成员。他作了个不痛不痒的辩护，声称能洗刷自己阴谋策划侵略战争罪状的证据已经"被投降时的市谷大火烧毁了"。

武藤的辩护同样苍白无力，但他毕竟上台了；像板垣一样，他也是再没什么可输的了。虽然武藤在南京和马尼拉的大暴行发生时就在这两地，而且在 1941 年 12 月 7 日已是中将军衔（日本陆军中第二高的军衔），他却声称自己的工作一直是"职员式的"，对暴行也"一无所知"。

冈敬纯是走上证人席的第一位海军军官，因而引起人们不同寻常的关注。这位前海军军务局局长、后来的海军次长否认海军曾下令偷袭珍珠港，把没有事先发出警告的原因归咎于被告东乡茂德和他的外务省。冈也表达了自责。他说："对一些海军部队被指称的暴行，作为日本海军的军官，我不能不感到由衷的懊悔。从日本人的历史和教育来看，令人难以置信，我无法理解怎么竟发生这种行为。"

下一个被告重复了冈关于暴行和珍珠港的说法。岛田是东条的海军大臣,他告诉法庭:"当我坐在这个法庭大厅,第一次听人讲述日本海军人员虐待战俘的众多实例时,既震惊又羞愧。根据日本海军军规和教育任何可能想到的认识,这种行为都不能容忍。"尽管他有所悔悟,检方在交叉盘问中还是把他与"地狱航船"及滥用战俘充当劳工的事情直接连在一起。国际检察局出具了一份岛田关于把战俘从印度尼西亚海运到日本的指令,和另外一份分派战俘到广岛和大阪的工厂当劳工的命令。"我不记得……"他嘟囔着,"我实在想不起来了。"

岛田被证明是证人席上最大的伪君子之一。他被问到在1941年11月30日日本舰队驶往夏威夷时,他是否曾觐见天皇递交海军情报,岛田说:"没有。根本没有这回事。"助理检察官、美国海军上校詹姆斯·罗宾森引述证据,说明事实上他这样做了。岛田以百老汇喜剧的对话方式回答:"你的问题是说我们去皇宫向天皇陛下提建议。不是这样的。我们是奉诏进宫提建议。"

罗宾森不无讥讽地说:"那么,我能理解答案为'是'吗?"

"是的,"岛田点点头,"我们觐见了天皇。"

罗伯森问他海军是否向天皇概述了即将发生的行动,裕仁是否坚持在攻击前通知美国。岛田平静地说:"对此我一无所知。"了解这些是不是他的职责所在?"在我听来这是一个非常奇怪的问题,一个很难回答的问题。"

代理庭长克拉默罕见地干预了。他厉声命令:"回答问题,证人。"

"……我不能说'是'或者'不是'。"岛田抗争道。那么,岛田否

另一个纽伦堡

认天皇曾明确要求在轰炸之前通报美国吗？"我不否认。"被告说。

犹如命运所安排的，岛田在证人席的第二天是 1947 年 12 月 8 日，裕仁发布诏书宣布"我们特此对美利坚合众国和大英帝国宣战"恰好过了六年。天皇在上午 11 时 30 分发出的诏书就是日本的宣战吗？岛田说："我觉得你讲述的方式可能引起误解。"但对珍珠港的攻击不是几乎在七个小时之前就开始了吗？"在什么事情的七个小时之前？"岛田难堪地问。盘问就这样进行下去，但是眼界狭窄的美国检察官没抓住要点。英国的帕特里克勋爵一连递了几张便条给克拉默法官。看来是应帕特里克的要求，克拉默从法官席上向证人提问了。

岛田是否了解在袭击珍珠港之前日本对哥打巴鲁及其他英国领地的进攻？"是的，我知道。"他是否了解事先没有通知英国？"是的。"他承认。为什么没有通知？因为在商议进攻时间的参谋会议上，"出于某种意外"，预期攻打马来亚的部队的参谋官员没有到会，"这样一来，结果是部队比递交通知稍微提早了一点儿发动攻击。"前海军大臣补充说："对此我只能感到最深刻的遗憾了。"

事实是日本人必须把登陆马来亚的时间定在涨潮时，接近午夜，而袭击珍珠港（它在东面很远的另一个时区）预定在拂晓时分。

岛田下台后，大岛大使扎着领结，穿着合体的套装，神气活现地走上证人席。大岛故意淡化与希特勒、戈林、希姆莱、里宾特洛甫及其他纳粹匪帮的私人关系。他说："我听说过集中营，但我从来没有看到过。我也听到过虐待的传闻，但我从来没有调查过是否属实。"他最糟糕的时刻是承认曾亲自将新加坡的军事地图给希特勒过目，但他否认曾与希特勒讨论过攻击计划"或那种性质的任何事情"。那么，希特勒至少问过大岛日本人要用多长时间征服新加坡吧？"是的，"这位日本驻柏林使节坦白，"他问过。"

被告席里，日本派给墨索里尼的使节白鸟是大岛的轴心国搭档，喜欢夸夸其谈，是个反犹太主义者。他也尽量轻描淡写与墨索里尼、齐亚诺伯爵及其他意大利法西斯领导人的关系。他作证时说："墨索里尼滔滔不绝，几乎不让我说话，除了我偶尔插上几句。"

交叉盘问时检方拿出的证据显示，在白鸟被召回东京时，他与德国驻日本大使奥特将军建立了密切的关系，曾向奥特提供"日本政府的重要机密"。

"我坚决否认。"白鸟在证人席上尖叫。但值得注意的是他下面的话："奥特大使的许多情报，不论真假，据我所知是来自近卫公爵的机要秘书尾崎秀实（Hidemi Ozaki），这人后来受审并被处决了。尾崎是共产主义分子，同（理查德·）佐尔格是一伙的。佐尔格生在德国，但是我还听说他是俄国间谍，从当记者一步步取得了奥特将军的信任。好像我的名字有时候被他们用了，但仅仅是为了给这类情报增加可信度，我并不知情。"

整个法庭似乎屏息静气，想要捕捉交叉盘问的每一句话。白鸟怎么会知道？是谁告诉他的？但是没有人提出问题。盟国检方草草作罢。佐尔格间谍网，如同细菌武器、日本谋求原子弹，以及其他敏感问题一样，都在约瑟夫·季南的——更准确地说是在华盛顿的——禁忌之列。

铃木中将在白鸟之后上台作证。之前检方已认定他在幕后掌控极大权力。作为内阁企划院的首脑，铃木为整场战争调动经济，但他在证人席上却宣称对任何战争计划都一无所知，居然说他还是从巢鸭狱友那里才得知日本舰队在"敌对行动开始一两周之前"就已经起航了。像海军将领冈和岛田一样，他指责东乡茂德的外务省没有提前发出攻击的警告。"这是由外务省处置的事情。"他用责备的口气说道。

在被告席里,铃木始终保持一种独特的神情——轻蔑、威严、盛气凌人而傲慢无礼。[1]他在交叉盘问时承认他的企划院负责管理在日本被当作劳工的战俘,即便此时他的态度依然嚣张。他可曾目睹战俘在日本劳动?"看到过,"铃木说,"有一次,在一个煤矿。"

下一个轮到松井。年迈的将军看起来憔悴,两眼无光,颧骨突出,消瘦的脸颊上爬满皱纹。人们一致认为他活不到审判结束。松井是表达悔恨的第二个将军(第一个是小矶)。"我无意将南京变为屠杀之地,当它发生时我深感歉疚。"他说,"……我为这个悲惨事件禁不住感到深刻的懊悔。"在证人席上他详细叙述从南京回来之后,在家中立了一个神龛,龛内放着一抔从中国带回的浸透鲜血的泥土。他说,他在神龛那里为中国和日本战争死难者的灵魂"祈求安息"。

佐藤中将的辩护最为简短。他在 1942 年到 1944 年曾任军务局长这个陆军省内拥有无上权力的职务,批准了处置战俘、平民被拘禁者和亚洲奴隶劳工的指令。佐藤的辩护人、原美国海军部律师詹姆斯·N.弗里曼(James N. Freeman)没有让他的当事人上台,但是传唤了几个证人,他们说佐藤在陆军省的作用是配角。他们的论断与佐藤在巢鸭的侦讯供述相矛盾,那时他描述自己主管的是"陆军省的决策机构"。

---

1 铃木贞一将军如今 92 岁了,在日本内地默默无闻地过日子,健康状况还算不错。他和纳粹副元首鲁道夫·赫斯是东京审判和纽伦堡审判被告中仅有的两名至今还活着的人【铃木卒于本书出版后的 1989 年,时年 100 岁——译者注】。

佐藤是远东国际军事法庭上狡黠的旁观者。他写了一本回忆录,书名大而无当——《大东亚战争的展望与回顾》(*Prospect and Retrospect of the Great East Asia Wars*)。在这本回忆录里,他描述威廉·韦伯爵士"仪表堂堂而头脑聪明,是一个意志坚决、不甘失败的人",而约瑟夫·季南则"非常粗俗和傲慢"。佐藤揣测在澳大利亚庭长与美国首席检察官之间存在"敌意"。"我们(被告)是韦伯与季南摩擦的旁观者,这也有时困扰我们。"他写道,"两人之间有个感情问题,一般来说我们倾向韦伯。"但是在一个法律冲突中,被告却"非常感激季南。事关天皇的战争责任问题。"如同法庭上的其他人一样,佐藤感到韦伯没有隐藏自己的信念,即天皇应当被审判,至少应当被传唤出庭作证。季南在这个问题上与韦伯强力抗争。"倘若天皇被当作战犯审判,或者作为证人被传唤,我们就不会觉得自己还活着了。"佐藤写道。

像大多数其他被告一样,佐藤警惕被他视为"绞刑法官"的中国法官梅汝璈。但他把印度的帕尔法官看作一个"特别的人"。帕尔从加尔各答按时返回,赶上了佐藤的辩护。这位印度法官始终如一,每天在法官席就座前向被告鞠一个躬。这个每日的动作令被告和法庭上的其他人感到困惑。佐藤在回忆录里爆出一个惊人的秘密。他披露,帕尔在审判结束后曾到巢鸭探访过他,对他说:"你们是日本的领导者。通过这一领导力,亚洲被解放了。出于这种考虑,我(向被告)表达我的敬意。"

在审判期间法庭上没有人知道,战犯们在法官团里竟有一个内应。

29 东乡、东条和梅津

1947 年 12 月 15 日，法庭执行官大声喧诵："本法庭全体法官到庭就座。"韦伯回来了，正好赶上东乡、东条和梅津的个人辩护。东乡茂德的案子轰动一时，引发了头条新闻；东条英机的案子尽管吸引了最多的旁听者到场，却是虎头蛇尾，令人扫兴；而梅津美治郎的案子就十分沉闷了。

梅津甚至没有走上证人席，他的律师也没有发表开场陈词。他的证人形容他是一个浮夸的官僚。这竟然是这位将军给出的唯一的辩护——梅津曾经在中国指挥过日本皇军，担任过同案犯前首相广田的陆军次长，并且作为陆军总参谋长结束战争。由于最后这个职位，他成了在密苏里号军舰上代表日本帝国武装力量正式投降的军官，从而遭到奇耻大辱。

相比之下，东乡的辩护不但惹人注目，而且让人眼界大开。他的美国辩护律师本·布鲁斯·布莱克尼发表了一个很长的开场陈词，其中包括由高柳贤三所作的开场白。高柳依然是外务省的法律顾问。外务省可不打算把自己的人舍给被告席中的军阀们去使用。

东乡从 1947 年 12 月 17 日到 26 日（圣诞节那天休庭）都在证

人席上。他的妻子是德国人,她和女儿旁听了每一次庭审(东乡从1919 年到 1939 年曾三次作为外交官出使德国)。一开始,约瑟夫·季南做了个令人费解的动作,宣布为了加快审判,国际检察局撤销了起诉书中对东乡在 1941 年 10 月 18 日被任命为东条的外务大臣之前的一切指控。法庭感到意外。这项"交易"(这是布莱克尼后来对这件事的用词)最令人震惊的地方,是苏联赞同讨价还价。为什么斯大林会如此宽宏大量呢?尤其是考虑到俄国人对其他被告所采取的强硬立场就更显得奇怪,特别是对东乡驻莫斯科大使职务的前任重光葵(除了俄国人没有一个盟国要起诉他)。

对这个奇怪的发展,有谣传说东乡的案子"特殊",但究竟是怎么回事始终不得而知。未经证实的猜测是,"交易"与佐尔格间谍网有关联,但如何关联依然是一个谜。在对东乡进行交叉盘问时,有一个问题使神秘色彩更浓了,法官们对此问题也不解其意——季南问起东乡与 1940 年到 1942 年在东京的德国助理武官弗里茨·冯·彼得斯多夫(Fritz von Petersdorff)中校的关系,此人后来被证实是个纳粹间谍头目。东乡说他根本不认识彼得斯多尔夫,而季南马上就搁下这件事情了。(后来当东条作证时,季南又提出这个问题,但是东条也想不起认识此人)

在冗长的证词中,东乡控诉自从 1931 年起,军国主义分子对日本外交政策越来越颐指气使。他说:"外务大臣……几乎没有权力。"他指责军方一再欺骗外务省。例如,他引述陆军与大藏省秘密勾结,在珍珠港事件的大约一年之前就印制了外国日占区的货币;"在这个法庭上我第一次听说这件事情。"海军也欺骗他。他声称,"我做梦也想不到日本海军居然会攻击珍珠港的美国舰队。"但是他主动坦白对欺瞒天皇的阴谋一直就知情。这样,当两位在华盛顿的日本大使向东京建议由罗斯福与裕仁互通信息以缓解危机时,"这个计划并没有向天皇报告。"东乡说。

东乡也许是包括木户在内的被告席里最老于世故的被告。尽管精明圆滑,他倒也不缺乏美国人所谓的街头智慧。他看出陆海军将领们在偷袭珍珠港这件事上让他当恶人,于是还手反击了。他作证说,已故同案被告、当时的海军行动总指挥永野海军大将,以及副总指挥伊藤海军中将都曾告诉他,"海军希望实施突然袭击,"并且要求"(与美国的)谈判维持悬而不决,以使开战具有尽可能大的成效。"这是一个惊人的披露,令法庭为之一震。东乡接着说,他对他们的要求十分"反感",告诉他们"我们应该想想我们国家的荣誉。"这个要求在一次帝国联络会议上引起争论,他说,被告席上有六人参加了这次会议——东条、贺屋、铃木、星野、冈和武藤。他们全都支持海军,对他猛烈抨击。桥本大佐是最铁杆的强硬派。既然他们都没有支持他,东乡冷冰冰地说,"那也许就是为什么如今他们之中没有一个人记得这场争论的最好解释了。"

海军将领岛田和冈的日美辩护律师明显坐不住了。岛田的律师约翰·布兰农问道,作为海军大臣的岛田可曾告诉外务大臣东乡,他要对美国不宣而战。东乡说,在联络会议上,"岛田始终默默坐着,一声不吭。"

海军这时打开了自己的炸弹舱。布兰农声明,岛田和永野曾就这个问题在巢鸭监狱一起问过他们的同案被告,没有一个人记得海军要求突然袭击。布兰农一针见血地盘问东乡:"你是说这些人实际上在撒谎吗?"法庭大厅里的气氛愈发活跃了。

东乡回答:"这么说吧,我对这些人的记忆力没有什么信心。"布兰农重复他的问题,这一次东乡说既然美国辩护律师问他,"那我也就不犹豫了,谈一谈在巢鸭监狱大墙内发生的事情。"

东乡说,1946年5月中旬,在市谷午餐后,岛田走到他身边,提出要请他与永野和岛田本人晚些时候一起"谈一谈"。"岛田表达了希望我不要讲出海军期望发动突然袭击这个事实。"东乡的话使法庭惊愕不已。"他还说了一些话,带有威胁的性质,他说要是我讲出去的话,将会得不偿失。"法庭大厅一阵骚动。东乡继续说,今年(1947年)1月份,永野去世前10天,这位前海军大将在巢鸭向他吐露,东乡要"承担攻击珍珠港的全部责任"。东乡说他问永野,是否包括突然袭击这一点?永野回答说,"承担全部责任。"

法官的嘴都张大了。布兰农说:"好吧,我要把这一点彻底弄清楚。岛田和永野两位海军将军对你坦承他们的确想要对珍珠港不宣而战,但是他们不要你说出来……这是真的吗?"

"是的。"东乡说,"一般来说,正如你所讲的。"

应当指出,东乡不能理解为什么是否存在对珍珠港的突然袭击会在法庭掀起如此之大的风暴。他在证人席上说,日本的媒体"大肆报道了对珍珠港的突然袭击取得巨大成功,我想在其他地方'突袭夏威夷'这个词语也在使用。"

现在轮到季南作交叉盘问了。当岛田和永野威胁东乡时,他们是否亲口说过人身伤害?

"没有。"东乡说。

"那么,是什么样的威胁呢?"季南问。

东乡回答:"当时我觉得没有必要去问。"

转到另外一件事,季南问他,珍珠港那天凌晨3时他拜访天皇时,是否给裕仁读了罗斯福向裕仁建议"日本和美国应该同意消除任何形式的军事威胁"的信息?

另一个纽伦堡

东乡说："我向天皇陛下逐字逐句宣读了这个信息。"（他在开场白里曾讲过，他第一次听说陆军拖延递交罗斯福信息的事情是在远东国际军事法庭上。）

东乡是否同首相兼陆军大臣东条英机讨论过罗斯福的建议？讨论过。你和东条是否就决定了天皇的回复？是的。"你是不是暗示日本的天皇只是个傀儡，取得他的同意充其量也就是由你盖了一个橡皮印章？"东乡的回答拐弯抹角，甚至季南也无法让他明确说出来。季南换了个方式：见面时裕仁是不是穿着海军军服？是的。"海军正在或者即将在珍珠港对美国开始敌对行动之时"，东乡是否觉得裕仁身着海军军服一事有重要意义？

东乡板着脸说："我不认为有任何特别意义。"

在揭露被告席上的陆海军将军时，东乡茂德一点也不犹豫；但是一旦涉及天皇，他可不是叛徒犹大。他在证人席上留下了对天皇无可置疑的忠诚。

12月26日，东条的律师、费城人乔治·F. 布鲁伊特（George F. Blewett）宣布："我们现在准备为前首相东条作个人辩护。"东条在被告席里戏剧性地停顿了一下，走上证人席之前擤了擤鼻子。在日本人中，这个举动显示出他对远东国际军事法庭的蔑视。指导东条辩护的清濑一郎宣读了开场陈词，对证据歪曲描述了一番。"日本既没有策划也没有提前准备对美国、英国及荷兰的战争"；在中国，日本"既没有领土野心，也没有垄断经济的念头"；轴心国形成的原意是为了"避免战争"；日本对英美国家的攻击是"被盟国挑起的"；东京"在开始敌对行动之前一丝不苟地准备向美国递交合法的战争通知"；日本大东亚共荣圈的目的是"争取大东亚所有民族的政治自由";指控日本曾被"军国主义集团"所统治是"没有根据的……纯粹臆想";最后,东条"既没有下令、容忍,也没有默许任何不人道的行为。"

开场陈词中没有一丝一毫的懊悔自责。清濑宣布:"除了东条本人不传唤其他证人。"

东条英机身穿摘去军阶标识和徽章的卡其布军装(他在整个审判中一直是这个装束)。他的作证是一个重大新闻事件,他自己也知道这一点。他再次站在舞台中心,显得很受用。虽然只有200个座位留给日本民众,却有大约500位旁听者从早上6点钟就开始在市谷排队领票。黄牛票卖到500日元一张,等同于下午场歌舞伎剧院的票价。相比较,东京最流行的电影——鲍勃·霍普(Bob Hope)的《摩洛哥之路》(*Road to Morocco*)票价为100日元。法庭的贵宾席也座无虚席。道格拉斯·麦克阿瑟夫人带着9岁的儿子在前排就座,她解释说:"阿瑟(Arthur)想看看东条。"

在证人席上,东条出具了一份6万字、250页的证词。证词是他向历史的申诉,企图为他的行为开脱。但是这份证词也起到了一个完全不同的作用——它证明了日本陆军扭曲的世界观。东条把英美对中国的援助说成是"结束中国事变的主要障碍"。日本在法国陷落后开进印度支那是出于"自卫"的缘故。日本陆军拖延递交罗斯福给天皇的信息"绝对不属实"。通过破译日本的外交密码,美国已经"在我们实际发动攻击之前就完全知情"。东条接受对待战俘及被拘禁平民的"行政责任",但是他没有提到亚洲的强迫劳工。东条指责杜立特空袭的飞行员们"侵犯了东京地区",犯有违反现存国际法的"战争罪"(而这发生在日本对中国大陆长达十年的轰炸之后)。东条承认他曾批准在缅甸-暹罗铁路使用战俘作为劳工,但是声称"在我们的心目中丝毫不曾想过"那是不人道的。他说指责日本在 1931 年到 1945 年之间是一个侵略国家是"绝对荒谬的"。他重申,"我坚信而且会争辩到底,那是自卫战争,而且根本没有违反目前公认的国际法。"他为天皇裕仁开脱责任,声称太平洋战争的"全部责任"都在于内阁和统帅部,"绝对不是天皇的责任。"

他一次都没有对几千万人的死亡和伤残表示悔恨,只是为战败自责。"至于另一个问题,即战败的责任,我感到作为首相,归我本人承担。"

从他同案被告的神情及后来对律师的私下谈话判断,他们赞赏东条的表现,尤其是为天皇开脱罪责的举动。东条好战内阁的秘书、被告星野直树在他的回忆录里写道,"在审判中,东条在作证时试图帮助每一个被告。东条的表现真了不起。"通过重拾日本1930 年代和 1940 年代的宣传论调,东条还重新获得公众的支持。东京报纸的头版头条报道:"天皇无责"(《朝日新闻》);"承认战败责任,强调'天皇主和'"(《每日新闻》);"天皇对开战没有责任,战败归咎于我"(《读卖新闻》)。

然而,与其说日本人集结在东条周围,不如说他们是集结在裕仁周围。《日本时报》尖锐地评论道,"没有一家日本报纸提到外国新闻机构强调的一个要点,那就是,东条的证词使人回想起战前日本的军事宣传。"但是有一家日本的大报——《每日新闻》在一篇社论中评论,"不论东条多么激烈地坚持日本是为自卫而诉诸战争,日本发动的一系列战争也不能说成是自卫战争。"

早在 1945 年圣诞节,国际检察局组成的时候,约瑟夫·季南亲点前美国司法部长办公室刑事处主任约翰·W.菲利负责东条的案件。我在前面提到过，在审判早期法庭规定了，一个证人只能由一名盟国检察官来盘问。当国际检察局开始对东条进行交叉盘问时，季南出乎法庭的意外——也出乎他同仁的意外——请求准许他同菲利合作来盘问东条。多数法官反对他的请求。然而，季南不是退到一旁支持菲利，反而宣布由他单独负责交叉盘问。显而易见菲利很烦恼，悻悻然退出法庭大厅，再也没有回来。

季南的年轻助手和钦慕者罗伯特·道尼西承认，"季南是很嫉妒，由于这个原因菲利未能出庭辩论这个案子。"辩护律师乔治·弗内斯回忆这件事时说："季南并不胜任，但是我们站在辩方立场上没有反对。"客气一点儿说，交叉盘问并不成功。但它是一出好戏。季南和东条有不寻常的相似之处。两个人举止都很粗俗，意识狭隘，做事唐突，为人刻薄，并且自以为是。然而，即便是乡巴佬傻瓜也能够在与东条的辩论中得分，因为东条是从井底看世界的，他证词里的漏洞比漏勺还要多。但是季南不用短剑直刺东条要害，却用切肉刀慢慢切割。国际检察局感到尴尬，法官团显得惊讶，而辩方则流露出轻蔑。"被告东条，"季南多此一举地说，"我不称你为将军，因为，当然了，你知道日本陆军已经不复存在了。"

交叉盘问从这里就走下坡路了。例如，季南完全忘记了欧洲人在远东实行的殖民主义和帝国主义，问东条他是否相信全体人民都有自决权。东条回答："当然。"季南接着问：是谁给了东条决定东亚人民应当接受何种生活方式的权利？"你是指我？"东条在法庭大厅的笑声中回答。"不，我没有从任何地方得到这个权利。"那么，日本与希特勒结盟，你是否感到羞耻？"不，"东条厉声叫道，"我根本没有如此懦弱的念头。"

在一个荒唐的对话里，季南同东条议论美国和日本各自的政治体系。东条认为总统和天皇在各自国家都是最高权威。季南炫耀地说："这么说吧，区别在这里。美国人民每四年通过直接投票来挑选他们的总统。在日本就不是。"

这个问题与法庭所审理的战争罪行重大议题有什么关联，法官们不理解。韦伯厌烦地问道："这有什么相关性，首席检察官先生？"于是发生了下面的对话：

> 季南：但是，庭长先生，在这历史性审判的法庭大厅用一点时间让这里的人了解美国政府总统的权能，如果有任何冒犯的话，那我不会坚持这一点。我会按照法庭的进一步指示立刻转到其他问题。
>
> 韦伯：立刻转到其他问题。
>
> 季南：我相信法庭的意思是希望我这么做，而不是下一道命令。
>
> 韦伯：我是受你之邀这样说的。我们不想再听到那一类的任何问题了。

当季南问"你同意吗，东条先生，侵略战争是犯罪？"交叉盘问破裂了。

东条的辩护律师气愤地提出反对。乔治·布鲁伊特说："那肯定是要由这个法庭来决定的问题。"威廉·韦伯爵士也动怒了："这类交叉盘问对我们无济于事！"

盟国首席检察官告诉韦伯，他，季南，"没有愚蠢到"会假定东条的答复可以解决这个问题，但是难道韦伯试图阻止检方让被告承认犯了侵略罪？此时，东条舒服地坐在证人席上，幸灾乐祸地笑着。

韦伯大喘了一口气,纠正季南说:"他不是被请来认罪的。现在的情况是这样:他诚实并合乎情理地(尽管是错误地)相信一种事实状况的存在,这是一个辩护的依据。至于他对法律的观点或信念那就不是一个辩护依据了,而且毫不相干,除非他被判有罪的话,也许对减刑有点关系。在纽伦堡,唯一一个被判犯有侵略战争罪,而且只犯有侵略战争罪的人,并没有被判处死刑。[1]因此纽伦堡可能认为对法律的信念,错误的信念,或许是一个减刑的理由,但是他们并没有这样讲。我现在说的只是这个事实。假如被问起我是否认为侵略战争是犯罪,而我说我认为不是犯罪,那我是不是犯了什么罪呢?"

韦伯认定反对有效。

尽管季南准备不足,东条却自己出自己的洋相。一个例子就足够了。宣誓之后,前首相兼陆军大臣声称他"真的不知道"日本舰队在11月驶向夏威夷,而且虽然他在12月的第一个星期里见过裕仁"好几次",但他们并没有讨论过迫在眉睫的对珍珠港的攻击。"我同他谈了比那更重大的事情,"东条温和地说,"谈到战争本身,作为一个整体,其中包括了那件事情。"

只有一次东条在证人席上失去了镇定和自鸣得意。作为陆军大臣他是不是否认要为战俘的死亡承担全部责任?东条迟疑地说:"我想不起当时下过什么命令,因此我无法给出确切的答复。"

从历史角度看,此时交叉盘问的最高潮来到了——在季南咄咄逼人的追问下,东条承认天皇"同意开战,不过很勉强,"并且更

---

1 指鲁道夫·赫斯(Rudolf Hess)。

严重的是,他说"我们(日本人)没有一个胆敢违背天皇的意愿。"这个回答意味着天皇拥有制止日本滑向战争的权力。

对被告们来说,这是审判中最为严峻的时刻。裕仁被拖入案件是他们最恐怖的梦魇,现在只差一步之遥就会实现了。在 1959 年 9 月 5 日的《日本周报》(*Nihon Shuho*)上,季南的日文机要秘书山崎清一隐晦地写道,被告席里的人们"此时此刻……情愿为天皇而死"。山崎接着说,"我要披露审判的一个重大秘密,以解脱自己心中的负担。"这个秘密就是季南如何通过一个中间人,吁请木户侯爵说服东条"自冒任何风险"更改他的谈话。麦克阿瑟下决心在任何情况下都不要因为把天皇扯进远东国际军事法庭而危及占领的安全,或者损害未来的日美关系。因而,在 1948 年 1 月 6 日,东条说漏了嘴的一个多星期之后,在向东条了解"满洲国"傀儡皇帝溥仪的过程中(东条痛苦地说道,"他在这个法庭上背叛了大家的信赖"),季南突然把话题转到裕仁。

　　季南:既然我们讨论的话题是皇帝们,这可能是个合适的时机,问你几个关于你自己和日本天皇对 1941 年 12 月发动战争一事所持相对立场的问题。你曾经告诉我们天皇在不同场合多次向你表明他是一个和平人士,不想要战争,是不是那样?

　　东条:我在那时候向你们讲的是我作为臣子对天皇的感觉,这与责任问题是很不相同的事情,也就是天皇的责任问题。

　　季南:那么,你的确对美国、英国和荷兰开战了,不是吗?

　　东条:开战的决定是在我的内阁作出的。

季南：这是不是天皇裕仁的意愿,应该发动战争了?

东条：这可能不是按照他的意愿,但事实上是由于我的建议,由于统帅部给出的建议,天皇同意了开战,尽管很勉强。

译员：第一部分应该更正一下:这可能违背了天皇的意愿。

东条：天皇对和平的热爱和期望保持不变,直到敌对行动开始的那一刻,甚至在战争期间他的感情也一如既往。天皇在这方面的感情可以清楚地由 1941 年 12 月 8 日的宣战诏书表明。……就是说,诏书含有这种意思的措辞:这次战争确实不可避免,并且违背我本人的意愿。

对话时气氛紧张,但是根据山崎清一的说法,"人们在那里看到的只不过是虚假的做戏……由季南与东条的双方协议所导演。"这样,审判期间最可能爆发的危机由于盟国的首席律师与被告席里的头号战犯达成秘密协议而被控制住了。

很明显,东条的辩护是虎头蛇尾的。日本媒体的评价褒贬不一。《日本时报》写道,"毋庸置疑,东条的行情大涨,因为他为天皇开脱了战争责任,自己承担罪责,但是绝大多数日本人从来就没有、而且依然不会对他怀有太大的敬意。"报纸接着写道,然而,很多日本人,尤其是 40 岁以下的人,"依然相信战争是强加给这个国家的,正如东条在证词中所云。"

对东条的交叉盘问一结束,季南就驾车前往东京南边的休闲城市热海,去放松一下,或者如美联社的弗兰克·怀特(Frank White)巧妙描述的,"从对日本战时领导人交叉盘问的拳击比赛中恢复元气。"

30　驳证和辩论总结

审判如今正向总结的方向进展。岛田海军大将重新走上证人席,反驳东乡的指证——东乡说在市谷和巢鸭受到海军将领的威胁,不让他揭发海军曾计划对珍珠港进行偷袭。根据岛田的证词,他和已故的永野海军大将在 1946 年听到了东乡打算泄露海军秘密的"传言"。岛田确认,他和永野就这个传言与东乡对质,但是并没有威胁。他们只不过告诉东乡"对事实真相应当更慎重一点"。岛田谴责东乡的指证"荒唐而不可思议",并且痛斥东乡"在烟幕后面逃脱",为的是掩盖他自己作为外务大臣把 12 月 7 日递交宣战书搞砸了这件事。岛田愤怒地说:"海军的荣誉已经因东乡的证词受到质疑。"

星期一,1948 年 1 月 12 日,在岛田返回被告席时,乔治·山冈宣布:"庭长先生,各位法官,我想要说明的是辩方此时没有进一步的证据了。"被告方面的陈述到此结束。

与英美法不同的是,远东国际军事法庭裁定允许提交所有"有证据价值和重要的"辩驳证据。辩方甚为惊诧。乔治·弗内斯反对:"检方已经结束了案件陈述,法庭应该转到下一个阶段,即辩论总结。"辩方保留再次辩驳或者答辩的权利,引来法庭大厅里一位律师的牢骚："审判将会无限期(*ad infinitum*)进行下去。"

此后三个月法庭内一片混乱，因为每一方都希望压过对方得到更高分数。经典大部头书籍，诸如《威格莫尔论证据》(*Wigmore on Evidence*)和《温思罗普的军事法律和判例》(*Winthrop's Military Law and Precedents*)被不断援引，就像星期日早报的连环画一样。这真是律师们的盛宴。

撇开法律技术性问题不谈，检方的新证据像爆竹一样炸开了。下面是一些精彩的例子：

- 在1938年一次秘密的御前会议上，当时中国战争正在进行中，军国主义分子谈到更大、更出色的战争，引起裕仁不无讽刺地问道，"日本(能够)同时筹备对苏联、英国和美国的战争吗？"

- 奉天事变之前两个星期，外务大臣报告在满洲的日本陆军在策划一次"事件"，并且提醒说，陆军将会"由于贸然行动而损害帝国的处境"。

- 一份绝密记录证实日本陆军通过鸦片买卖为军事行动和占领中国筹款的计划。

- 在贵族院一次不公开的会议上，一位男爵对日本部队在南京和其他地方的残暴行径表示警觉，要求了解政府对此有何打算，这迫使天皇的顾问木户侯爵承认军队的"缺点"，并且秘密宣布打算采取"补救措施"。

- 1939年，驻德大使大岛直接同阿道夫·希特勒商谈轴心国的安排，向陆军省(而不是外务省)汇报。

- 1942年，大岛与希特勒同意轴心国必须杀死被鱼雷击沉的同盟国船只上的船员。希特勒说:"我们……不能被任何人道主义观念左右。"大岛回答:"日本人同样被迫采纳这些办法。"

● 一位意想不到的检方证人(他曾在日本 J-8 潜艇服役)出庭作证说:"海军总参谋部曾下令杀死沉船里的全部幸存者。"

触发最大法律震荡的两件事:一是检方将西园寺-原田日记(日记如今已经全部公开)摘录呈堂;二是提到佐尔格间谍网。现在知道有 5 套不同的日记,涵盖 1929 年到 1940 年(即西园寺公爵 91 岁去世的那一年)那一段时间。笔记本里记满 10 000 页,由于担心被军国主义分子夺走和销毁,一直藏在住友银行的地下金库里。西园寺在前言中解释道,他开始写日记,是因为军国主义者"几乎令人不可想象"地歪曲天皇对政治事务的立场。日记揭露了军国主义分子们如何一步一步用丝线把裕仁勒死。

辩方竭力争辩日记充满不可靠的内容,是建立在谣言、传闻和流言蜚语的基础上。一则日期为 1937 年 7 月 28 日有代表性的日记说,裕仁对陆军发起卢沟桥事变感到震惊,称军队"可恶"和"卑劣"。天皇下令,"今后没有我的命令你们不许调动一兵一卒!"而军国主义分子对此置若罔闻[1]。

---

1 戴维·贝尔加米尼(David Bergamini)在《日本的帝国阴谋》(*Japan's Imperial Conspiracy*,纽约:Morrow,1971)一书中,否定西园寺-原田日记的价值,认为它是幕后的安排,以便"在天皇需要被粉饰的情况下"保护裕仁。这个评论反映出贝尔加米尼的观点,即裕仁不是傀儡,而是傀儡的操纵者。然而这个解释的困难之处在于,被告木户(他对天皇的忠心无可置疑,即便是被告席里他的敌人也承认)极力试图阻挠日记在审判中被允许呈堂,因为他作为天皇的顾问,受到日记的严厉批评。日记在 1952 年到 1956 年分为九卷在东京出版。

法庭里的另一件麻烦事围绕着神秘的冯·彼得斯多夫中校，他曾任德国驻东京助理武官，是个纳粹间谍。他成了苏联的战俘，此时作为莫斯科的意外证人出现在证人席上。俄国人用他来证明东京曾阴谋策划攻击苏联的战争。然而，彼得斯多夫还作证说他认识东条英机（他从来没有被问到是否认识东乡茂德），并且从日本统帅部及其他途径，包括德国新闻记者兼驻东京大使馆官员理查德·佐尔格那里收集材料，每星期两次或三次给柏林发送军事情报。在交叉盘问中，辩护律师欧文·坎宁安竭尽全力试图将佐尔格的克格勃间谍身份记录在案，但此举被苏联的多次反对所阻挠，理由是与本案无关，法官裁定反对有效。关于佐尔格间谍网错综复杂的局面导致了坎宁安、韦伯和苏联检察官瓦西里耶夫将军之间的三角小戏：

瓦西里耶夫：……辩护律师无权陈述这个人是苏联间谍，或者是其他什么国家的间谍。

坎宁安：是这样，法官阁下，我愿向法庭保证这不是无端侮辱这位俄国间谍或者任何其他政府。三个国家的命运在很大程度上系于理查德·佐尔格从德国大使馆送出的情报。

韦伯：这是一个你无权做出的陈述，除非你能够证实、或有权证实。

坎宁安：那不是随便说说而已，法官阁下。

韦伯：这是一个你无权做出的事实陈述，并且很难看出你有希望能证实它。

坎宁安：……我能够给出三个因素很简单地讨论这个陈述。

韦伯：你不要抱希望能表明在本法庭发表这种陈述的
理由。

坎宁安：那么，这样的话，我当然无希望表明这个理由
了，除非我有机会表明它。……

韦伯：我们考虑证据，并且只考虑证据；我们考虑法律，
并且只考虑法律。我们不打算受你想造成的那种偏见的影
响。请继续你的交叉盘问吧。

坎宁安：（对彼得斯多夫）：你什么时候发现——倘若你
的确发现——理查德·佐尔格是俄国间谍？

韦伯：瓦西里耶夫将军。

瓦西里耶夫：我以同样的理由反对这个问题。

坎宁安：我认为这个问题是合理的。

韦伯：依照多数法官的意见，反对有效，这个问题不予
准许。

坎宁安：你是否知道，证人先生，奥特大使由于理查德·
佐尔格案件的事态发展被解除了驻日大使的职务？

瓦西里耶夫：以同样理由反对。

如此展开，直到恼怒的韦伯宣布："这个佐尔格问题纯系附带
的枝节问题，提出来多半就是为了浪费我们的时间。我们知道刑
事司法并不要求警察对其情报来源作检验。……这件事与任何问
题有什么关系，甚至与这个证人可信度的问题有什么关系？"然而，
韦伯承认，他不知道同仁们是否赞同他，于是宣布休庭。在法官内
部辩论了几乎一个小时后，多数法官同意，彼得斯多夫从佐尔格那
里获取的情报准确或不准确是个枝节问题，远东国际军事法庭也

无权调查;从今以后,所有涉及佐尔格间谍网的问题都不允许再提了。

一月底辩方发动了自己的再次辩驳。鉴于在西园寺-原田日记之争中的失败,辩方作出 180 度大转弯,提交了辩方自己从有争议的笔记本上所作的摘录,这一次——律师不愧是律师——轮到检方多次提出强烈反对了。

两个星期之后,2 月 10 日,法庭来到了一个新的法律层面——减轻刑责。远东国际军事法庭裁定,用以减刑的证据应当在所有其他证据提交完毕、在辩论总结之前提出来,这在英美法系是一个不同寻常的立场,英美法中减轻刑责的诉讼程序惯常是在定罪之后、科刑之前进行。更奇怪的是,即便代表检方的弗兰克·塔夫纳、索利斯·霍维茨和代表辩方的威廉·洛根、本·布鲁斯·布莱克尼在法官室会见韦伯,联手反对在定罪裁决之前提交减刑证据的情况下,在这个问题上有严重分歧的法庭仍然作出了这个裁定。

检方的辩论总结是纯粹的季南风格,是逻辑推理、能言善辩和夸夸其谈的大杂烩,令人难堪。在盟国检察官接力队的协助下,季南用两个星期的时间概括了盟国的案子。

首席检察官提请法庭不要忘记日本投降的背景。他回顾道,"把他们从威权的位子上推下来,实实在在需要用原子弹才行。为终结他们的罪恶生涯,即便如此可怕的力量仍不足够,直到他们的天皇以史无前例的举动增援方可完成。我们绝不能无视这些事实。"

季南还间接提到在阻碍日本接受波茨坦条款的障碍之中,有一个就是同盟国要求审判日本战争罪犯。倘若远东国际军事法庭不设立的话,盟国的战争努力将会"徒劳无益"。

季南以其无人能够模仿的风格,喋喋不休地谈起被告们的罪恶本质,他们"像大多数罪犯一样",声称无罪。他们的辩解是在他们当中没有人想引发这场战争,季南说,然而在他们的管治下,日本奉行了一个持续不断的侵略方针,从奉天到广岛,导致了"对数以百万计的邻居令人发指的屠杀"。

季南强调被告统治日本的罪恶本质,引述了战前刺杀两位首相和图谋杀害另外两位首相的事实。在"这些不负责任的军国主义分子的首领"东条英机1941年被挑选为首相时,天皇的顾问们假如不随声附和,就会处于被暗杀的极度恐惧之中。季南说:"的的确确,这是一个恐怖统治。"至于裕仁,季南指责被告都出于自身利益,把他造成一个"神或者挂名的偶像"。对珍珠港的突然袭击是他们"欺骗、奸诈和两面三刀"的象征。

季南继续说,坐在被告席上的人似乎根本没有想到,他们的首要义务理应是日本,是把自己的房子收拾整洁。日本的问题不是必须抵御外敌——没有人想要侵略日本——而是必须自我保护,对抗内部"邪恶、歹毒和残忍的势力"。季南挖苦地建议,被告们本应以精神失常为由来辩护。

检方法律论点的基础在于,日本是凯洛格-白里安公约的签字国,该公约把战争作为国家政策之工具视为非法。季南没有注意到,公约并没有规定在遭到违反情况下的刑事制裁,他只是论辩被告席里的这些人违反了公约,因此已经犯罪了。用纽伦堡的语言,季南谴责侵略战争"不仅是一个国际罪行,而且是最严重的国际罪行"。他要求对被告处以"人类已知的最高惩罚"及"法律上已知的最严厉惩罚"。季南后来告诉记者,他指的是"死刑"。

检方接力队中的最后一位于3月12日完成了朗读。苏联助理检察官伊万诺夫上校宣布"法官大人,至此检方终结案件。"

随后,日本辩护团团长鹈泽总明吹响了社会达尔文主义的号角。他论辩道,战争之于人类历史就如风暴、洪水和地震之自然史。"各被告……是依理性行事和生活的无罪之人。"他还说,"难以想象他们共同谋议犯下起诉书指控的罪恶,或者说如果获释,他们还会一次又一次共同谋议侵略。"

另一个纽伦堡

高柳贤三接着鹈泽发言,他认为盟国审判被告是手伸得太长了,而且犯了行使"事后法"之罪,"纯粹是假借正义之名的私刑式法律"。为支持这一指控,他援引了泰国高等法院释放十几个主要战罪嫌疑犯的行动,该法院这样做的根据是:惩罚战争罪行的新法不能回溯性实施,否则就是适用"事后法"。高柳以这种狡猾的方式,使人们注意到泰国不是法官团的成员,尽管暹罗(泰国当时的名称)在太平洋战争爆发时是东南亚唯一的独立国家[1]。

高柳还争论道,破坏和平罪和危害人类罪在国际法里并没有听说过,而且"侵略战争"这个术语也有疑问,因为这个用词语焉不详、难以捉摸而且无法定义。然后,他攻击西方的软肋,把审判放到历史背景中讨论。他谈到要留意1948年正在进行的蹂躏印度尼西亚和越南的殖民战争,以及在远东争取独立的其他民族主义运动。高柳评论道,过去三个世纪中,西方征服者在亚洲的侵略行为从未受到惩罚。然而,他的锋芒被下面的说辞削弱了:他断言

---

1 盟国之间对于泰国的看法有分歧:英国和法国认为在战争期间泰国是站在日本阵营的,中国和美国则认为它是盟国。

虐待盟军战俘和被拘禁平民可以用西方人与东方人之间的"文化差距"来解释，然而只字不提亚洲奴隶劳工，不提日本占领中国、菲律宾以及其他地方的野蛮特性，更不提日本对早期兼并的亚洲领土（如朝鲜和台湾）的残酷统治行径了。

辩方用了一个多月时间才完成总结。其实总括起来可以归纳为一句话：不论是对还是错，被告都不是罪人而是爱国者；如果他们的行为出于热爱祖国，"那我们主张（他们）不能被本法庭定为罪犯。"

在一个阴雨的星期五，1948 年 4 月 6 日，几乎在远东国际军事法庭开庭的两年之后，参与各方都强忍了一声叹息。威廉·韦伯爵士拖长声音说："本法庭将择日判决，现在休庭，何时开庭将另行确定并宣布。"

一周前，巢鸭监狱 5C 区刑场的角落里，一株前一年没有开花的樱花树，一下子盛开了满树花朵。

31 东京的决定

1948 年 3 月 24 日,在审判的辩论总结阶段,威廉·韦伯爵士写信给已经回家的澳大利亚陪席检察官艾伦·曼斯菲尔德,他说:"我们预期要用一个月的时间审议,同纽伦堡一样;可我们的证据是他们的两倍。"6 月 4 日,在美国已经逗留了不少日子的约瑟夫·季南回到东京,五天后又再次飞往华盛顿,他离开之前宣布,"到 8 月 1 日,判决就绪时"他就会回来。

"困难主要不在于下结论,而是要在一个较短篇幅内表达所下结论的理由。"韦伯 6 月 30 日在写给约翰·希金斯的信中这样抱怨。希金斯是远东国际军事法庭的首任美国法官,开庭不久就辞职了,但韦伯一直和他保持通信。韦伯说:"比起证据的庞大数量,即便是一个长篇的判决书也会是相对短的了。"

然而,到 7 月中,韦伯感到必须写信给曼斯菲尔德了:"就连你也一定会奇怪为什么我们用时如此之长。"韦伯把迟迟未达成判决的原因归结为"被告的人数和罪状多,证据的数量大,法庭的组成复杂。"最后一点需要更详尽的解释,但是韦伯很委婉地没有引申他的议论。从远处看,仿佛审判由于法官团没有达成多数票而搁浅了。

市谷已变成自己往日的幽灵。安保部队减少到最基本的人员；检方雇员从 509 人缩减到 12 人；盟国检察官之中只有弗兰克·塔夫纳和索利斯·霍维茨两人留了下来。大多数美国辩护律师也已经离去，但是有 13 个留在东京，并正式向法庭请求允许他们在宣判日之前每周探访被告。请求书说："我们感觉，出于对律师和被告两者的公正，应当对我们探访他们的事情予以考虑。"

韦伯和他的中国同仁认为这个请求应当断然拒绝。新西兰的诺思克罗夫特觉得决定权属于最高统帅而不在法庭，又顺便补充说："这可能只是个冠冕堂皇的借口，好花费美国纳税人的钱继续留在这里。"苏联、英国、菲律宾、印度和美国的法官都签了写着"我同意诺思克罗夫特法官的意见"的便条。只有荷兰、加拿大和法国的法官作出同意这个请求的反应。亨利·贝尔纳用无懈可击的英文给韦伯写了一个便条，表示他不理解为什么要对此事大惊小怪：在法国这类请求是"基本的"，法庭会"出于人道的理由"自动批准之。

律师的请求被交到最高统帅部，麦克阿瑟将军同意法国的观点，立即批准了探访。

对于如何达成最终判决的法官审议内情，我们几乎一无所知。但是从存放在堪培拉的韦伯文件看来很明显的一点是，掌控起草判决书的权力已经从庭长那里转移到美国法官手中了，克拉默将军成为七人多数派法官起草委员会的主席。这里所说的多数派，是由四大国——英国、美国、苏联和中国——以及菲律宾、加拿大和新西兰组成。到底发生了什么事情？勒林在写给我的信中说："评论我的同仁似乎不太合适。我们当年都同意不透露法官室里发生的事情。从贝尔纳的异议书里可以看到，很多事情并没有以适当的方式处理。特别是判决书的定稿，是由多数派写出来的，事先未经全体法官讨论"（着重号为本书作者所加）。唯一的解释是多数派在过去两年中，已经发觉他们之间往往更合拍。正如勒林提到贝尔纳所显示的，法国法官作为少数派的一员，对起草的程序如此焦虑不安，以至出具了一份异议判决书，其中公开指责在达成东京判决的过程中，"11 位法官从来没有被召集到一起口头讨论"。贝尔纳认为这份判决书无效。

在美国前陆军军法总监克拉默的领导下，多数派把整个工作分解到几个小组，分别处理宪章、裕仁、中国战争、太平洋战争等问题，在法官室里可以自由辩论。

举例来说，英国和加拿大的法官对案件的法律问题绞尽脑汁，认为依据 1928 年凯洛格-白里安公约（日本为该公约签字国），"侵略战争不仅非法，而且是犯罪。"帕特里克和麦克杜格尔把纽伦堡判决书当作一种可供抄袭的案卷，还得出结论说东京宪章如同纽伦堡宪章一样，是决定性的，对法庭有约束力。这一点特别受到法国和印度法官的质疑。韦伯在这个问题上却同多数派完全一致。他在给法官同仁的一份备忘录里说："倘若我的结论并非如此，那我当时应该怎样做呢——我是应该辞职，还是应该留任并无视我认为越权（ultra vires）的条款——我现在就不用说了。但是假如我不得不作出决定的话，我是不应当忽略下面这个事实的：东京宪章不同于纽伦堡宪章，它不是盟国自身的创造。它不是日本投降书的一部分，而是由最高统帅为落实投降书而制定出来的。支配性文件是投降书。宪章必须与其一致；在我看来，它的确是与投降书一致的。"

然而，判决书涉及的其他方面，即便在多数派内部也引起了广泛的分歧。举例来说,新西兰法官论辩道,如果一个被告被判定犯有实行侵略战争的罪行,那么对其指控的共同阴谋罪状就应该撤销,因为后者已经并入更为严重的实行战争罪状了。但是帕特里克勋爵强烈反对,他认为共同阴谋的指控比实行战争更严厉,因为"那些酝酿和发展侵略战争之实行意图的人,要比那些后来参与实行的人更加罪恶昭彰,难辞其咎。"帕特里克威胁说,如果撤销对被告的共同阴谋指控,就要"写一份异议判决"。他凭着这一威胁战胜了新西兰。诺思克罗夫特退却了,正如之前他在与韦伯的冲突中退却一样。他在 8 月 18 日的备忘录里写道,"我很难避开帕特里克勋爵的结论。"

诺思克罗夫特还有另外一次退却。9 月 13 日,他指出澳大利亚、新西兰和荷兰在遭到攻击之前就已经向日本宣战了。他说,假如日本进攻新加坡和菲律宾失败了,它可能就不会向更南方冒险了。韦伯对这个推理大为惊愕。他说:"听说本法庭的法官里有人认为荷兰和澳大利亚攻击了日本而且是侵略国,这对我来说真是闻所未闻。"他指出,证据显示日本军事参议院曾决定攻打所有这三个国家,并接着说,"正式宣战并不会使得日本人无罪,也不会令盟国为最终发生的侵略战争承担罪责。"诺思克罗夫特同意,"要说荷兰或澳大利亚是侵略国,那会是无稽之谈。"但他补充说:"同时,对认定日本非法攻击了它们,我感到有困难。我建议日本的罪行是阴谋发动对荷兰和澳大利亚的侵略战争,而不是实行这种战争。"

在多数派法官传阅他们的太平洋战争部分草稿时,韦伯 10 月4 日写信给克拉默将军表示满意:"我注意到多数派赞同我关于荷兰、澳大利亚和新西兰是日本侵略受害国的见解。"

显然,裕仁将是一个棘手的问题,一些远东国际军事法庭的观察家推测,韦伯被排除出多数派,正是由于澳大利亚对天皇的强硬立场。例如,韦伯在一份写给多数派的备忘录里,抗议他们没有把木户1941年11月30日的日记包括进去,这则日记"体现出天皇在发动这场战争中扮演的角色"。

　　随着事情的进展,死刑的议题严重分裂了韦伯和多数派。6月8日,韦伯向多数派提交了"我对整个案件的观点"。虽然已经被排除在多数派之外,但他坚持说,"作为庭长,我认为带头提出应当如何处置被告是我的责任。"韦伯主张,对被告所施加的最轻判决应当是终身监禁,而最严厉的刑罚也应当是相同的,只是后者应当关在"日本之外某个与世隔绝的地方"。韦伯说他反对作为"纯粹报复"的死刑。

　　克拉默被激怒了:"……多年以前另外一个战争罪犯拿破仑被流放。他逃跑了,历史告诉我们他又造成了什么样的进一步损害。"他在6月15日给韦伯的一份备忘录里,指责韦伯"实际上是说你不赞成死刑。……你的意思是不是说……当他们的行为后果不是杀害一个人,而是杀害成千上万人的时候,就不应当被处决?或者你的意思是说任何杀人犯都不应当被判处死刑?"

　　对于所谓报复,这位美国少将反击:"按所犯之罪依据法律判处一个罪犯死刑居然会被称为'报复',对我来说真是一个奇怪的观点。事关正义,简单而明了。"但是紧接着他又承认,"在国际法里,没有具体的条文规定要对策划和实行侵略战争的责任人判处死刑。"

　　看来克拉默对备忘录的语气有顾虑,于是第二天在另一个便条里试图安抚韦伯:"不论多数派会怎样看待案件其余的部分,等我们到了考虑如何处置被告的时候,庭长毫无疑问应当牵头。"

韦伯似乎感到宽慰。6月17日他写了一个备忘录给克拉默。"我高度赞赏你的便条。……我倾向于认为被告会情愿快速、壮观地受死,而不愿意被流放到地球上某个偏远的地方。不过我们可以稍后讨论这些。我只满足于把这个问题提出来,以使其得到尽早和全面的考虑。毕竟,科刑是刑事审判中最为重要的举措,也是法官们经常会持不同意见的事情。"

流放作为一种惩罚的想法并不新奇。一个月以前,曾经破解过美国驻华大使馆密码的日本海军大佐和知恒吾就因为类似的提议惹恼了几位法官。投降后和知出家当了和尚,他给韦伯和季南分别写信,提议东条应当被流放到硫磺岛。和知在硫磺岛失陷前曾是那里的指挥官,他形容流放是远东国际军事法庭对这些有罪之人所能作出的"最严厉"惩罚。他的提议刊登在《星条旗报》,哈拉尼利亚法官很生气,他觉得这个故事是蔑视法庭。5月14日,韦伯把菲律宾法官的不满转给了最高统帅,附带评论说依据东京宪章,"我们确实无权"过问此类事情。最高统帅随手就把这份报告不知放到哪里去了。

和知的信件是关于如何处置甲级战犯的众多提议之一。在上海,俄文报纸《每日新闻》(*Novosti Danya*)指出,苏联人民和全世界"焦急地等待着听到对日本主要战犯的判决"。它还说,"世界期待一个公正而严厉的裁决。"文章严厉抨击远东国际军事法庭辩方拖延审判,指责美国辩护律师在审判期间的"骄横",并且怪罪韦伯容忍他们的行为。

但是在9月7日,一个更严重的事件触怒了法庭。不断与韦伯吵架引起争议的辩护律师欧文·坎宁安在美国律师协会西雅图会议上发表了一篇论文，题目就富有煽动性："东京审判的主要恶行"（"The Major Evils of the Tokyo Trial"）[1]。他密密麻麻六页纸的严厉责难以一个惊人披露为顶峰——在判决书起草的大部分时间缺席待在印度的帕尔法官，"已经完成了他的异议判决书，建议驳回所有的罪状，释放所有的被告"（着重号为本书作者所加）。坎宁安的主要指责包括：

- 审判的目的是复仇、自证和宣传。
- 包括俄国在内的检方国家并不能表明自己就没有犯过对日本人所指控的罪行。
- 俄国法官和检察官的存在本身就使法庭诉讼陷入自相矛盾之中。
- 东京宪章肯定就是"事后法"。
- 被告没有得到公平的审判。
- 交叉盘问如此有限，等于压制了证据。
- 检方的证人受优待，而辩方的证人被欺负。
- 审判期间法官有时缺席数月之久。
- 侵略战争从来没有被充分定义，也没有得到理解，更没有被定为可惩罚的行为。如果侵略战争是犯罪，那么国家之间为什么还要签订互不侵犯条约？

巢鸭的被告对这个猛烈抨击的反应混合着欣喜和沮丧。看来

---

1 在同次会议上，季南的一个助理检察官 H. A. 豪克斯赫斯特小心谨慎地代表国际检察局发言。他指出判决"到目前还没有成为既成事实"，从而不便评论。

坎宁安并没有同他的当事人大岛商量，就兴致勃勃地把对法庭的攻击扩展到裕仁身上。他声称："天皇的作用与贯彻个人要为国家行为负责的新原则是不可调和的。如果检方想得到个人责任的事实真相，为什么不把日本天皇传唤到证人席？难道他们没有勇气这么做吗？他们要求法庭和全世界相信天皇不知道当时正在发生的事情，即便知道也无权阻止。我不相信法庭会被这种法律伎俩所蒙蔽。"

他又说："没有人会接受检方关于日本天皇是东条的傀儡这个理论。看一看判决书如何在这个问题上耍花招，将会饶有趣味。"

两天后，韦伯给他的法官同仁写了一份备忘录，内容很可能会令坎宁安吃惊。韦伯写道："假如美国律师协会想到坎宁安犯了藐视法庭罪，我敢肯定他们就不会听他发言了。……我打算除了写这份备忘录给全体法官，就不采取其他行动了。"但是在一封给曼斯菲尔德的私人信件里，韦伯表达了他的恼怒："这看起来就像某种诉讼的开始。我讨厌这些事情。它们占用时间，引起很多反感。……我想你对坎宁安记得很清楚，因此我就无须描述他了。"

几位法官并没有对这件事掉以轻心。10 月 13 日，远东国际军事法庭宣布禁止坎宁安"在本法庭进一步的诉讼中出庭"。坎宁安大发雷霆。但他声明自己不会为被驱逐而抗争，因为他已无须再出庭了。临走时他还出了口气，给法庭写了一封三页长的信，指责法庭的"某些"法官组成了星室法庭[1]。他宣称："在惩处之前被充分听取意见是不可剥夺的权利。法庭的行为进一步支持了我在美国律师协会的发言。"

---

1 见第 7 章译注——译者注。

法国法官对法庭的举动大为震惊。亨利·贝尔纳在写给韦伯的便条里，把自己与法庭的所作所为划清界限，认为"对坎宁安先生的处理过程没有给后者足够的自辩机会。"

或许坎宁安事件最令人不安的地方是披露了印度法官的倾向。坎宁安没有说出这个消息的来源。然而，早在9月23日合众国际社的一篇电讯稿就报道，帕尔法官9月10日从印度回来，并于当日再次返印，"已经交给他的政府及其他各方一份冗长的异议书，就受审日本被告的犯罪问题表达了与十一国中部分法官不同的观点。"然而，两个星期后，韦伯在一封给朋友的信中写道，"据报道他（帕尔）已经披露了他的判决。实际上，他并没有披露。事实是，他从来没有告诉法庭范围以外的任何人他已经写出一个判决书。这是他告诉我的情况，我没有理由不相信他。"韦伯受骗了。

如何处理异议判决的问题困扰了法庭几个月。多数派法官反对在法庭上宣读这种判决，尽管后者必定会成为审判记录的一部分。7月9日，多数派在韦伯的首肯下同意，"关于个人案件的不同意见不要成为异议判决的主题。"但是到11月1日多数判决完成的时候，帕尔从印度回来了。他在当天写给韦伯的备忘录中声明："我希望在公开法庭上宣读我的判决书。"他说，在印度，异议判决总是要在法庭上宣读的，"我希望在此遵循这一程序。"帕尔请韦伯早日作出决定，因为，"在我与某些法官同仁的非正式谈话中，我感到即便在这一点上，我们之间也可能存在一些不同看法。"他写道。

在帕尔和韦伯非正式会面讨论此事时，帕尔得知在他缺席期间，多数派已经投票决定不在法庭上宣读任何异议判决。在纽伦堡，异议判决也没有被宣读，但那是因为在法庭宣读判决的时候异议书尚未写完。即便如此,没有记录显示当时在德国持异议的法官要求在法庭公开宣读他的判决书[1]。帕尔敦促韦伯,无论如何,至少在法庭上宣布异议判决的存在。多数派同意了。

1948 年,当法官们起草判决书时,世界呈现出正在滑向另一场全球性冲突的态势。

在欧洲,捷克斯洛伐克屈服于最后通牒,被吸纳到苏联阵营了;苏联封锁了西柏林;共产党人强化了希腊的内战;法国和意大利的共产党人组织起全面罢工。在亚洲,共产党人掌控了越南的民族主义运动,接管了反对法国殖民主义斗争的领导权;在民族主义者与荷兰人交战的印度尼西亚,也有相似的举动,但被印度尼西亚人粉碎了;共产主义者鼓动的起义在缅甸、菲律宾和马来亚爆发;中国的大内战已达到了高潮。

众神嘲弄了远东国际军事法庭。1931 年的战争温床满洲再一次成为头版新闻。在 11 月 4 日重新开庭宣读判决的前一天,奉天(沈阳)已被共产党人掌握。韦伯在写给朋友的一封信中总结了这一时期的焦虑:"日本人正在把这个地方重新恢复起来。我希望不会在另一次空袭中被烧掉。这不是一个非常光明的世界。"

11 月 4 日,日本和盟国的旁听者在市谷外排起长队。旁听者中有欧文·坎宁安,他宣布已经向法庭申请复议对他的驱逐(法庭不予理睬)。有三名被告未见踪影——白鸟大使得了肺结核;梅津大将因癌症住院;还有在 9 月过了 81 岁生日的平沼男爵感染了呼

---

1 在纽伦堡,唯一的异议是由苏联法官 I. T. 尼基琴科(I. T. Nikitchenko)少将提出来的,他认为科刑过轻了。这位俄国人反对无罪释放三个被告,并认为被判终身监禁的希特勒副手鲁道夫·赫斯应该被处以绞刑。

吸道病症。宣读法庭判决书用了八天时间，这期间平沼是三人当中唯一康复到能够出庭的人。财阀贺屋兴宣也一度生病，躺在巢鸭的监房里不能出来。

约瑟夫·季南也缺席。1948年的海外航空客运依然不确定，直到宣读开始后的第三天季南才赶到东京。

法庭大厅内外的问题都是：谁会被判死刑？板垣大将被预期是结果最糟的被告之一，他写信给妻子喜久子（Kikuko）说："我死后，我不要葬礼，不要坟墓。"武藤和木村两位将军却是出人意料地乐观，他们私下向佐藤中将吐露自已预料会躲过死刑。东条英机自知难逃一死。岛田海军大将和大岛大使有受死的准备。留在巢鸭还在等待受审的儿玉誉士夫在日记中写道："我用了一整天试图琢磨出谁会被判处死刑。有几个人说，'东条先生和岛田先生必死无疑，但是其他人会保全性命。'"佛教训导师花山信胜报告说，在巢鸭等待宣判期间有几个被告已经改信了佛教，引人注目的是将军土肥原、板垣、木村、松井和东条，以及文官贺屋、木户和广田。花山为他们做了特别的法事。他在诵经中向他们说教，在有限的世俗人寿中要为即将来临的永生做好准备，脱离生死而获得内心的平和，既然每个人都注定要死一次，那就带着荣誉和尊严去死。在法庭大厅外面，东条的美国律师乔治·F.布鲁伊特说道，"很早以前他们就都作了最坏的思想准备。"

韦伯——而且只是韦伯独自一人——宣读判决。他的表现精湛。判决书前面82页涉及案件适用的法律和审判的过程。接下来的919页列举将近5万页证词所揭露出来的事实，以及由此而得出的结论。最后的81页是媒体和公众，当然也是被告最关注的部分：个人的定罪和科刑。

宣读一开始就在公众中引起震动。法庭把起诉书55项罪状中的45项删除了,理由是冗赘、无管辖权、一项罪状并入另外一项,或者是某一指控"表述费解"。保留下来的十项罪状涵盖了破坏和平罪(阴谋发动及实行战争)和暴行。

判决书把审判耗时长久归咎于检、辩双方"不管事情重要或不重要,都要一一争论"。法庭指责辩方的证人"冗长模棱",并且说他们的遁词"只有引起不信任而已"。判决书还注意到证据有缺口,并指出部分原因是证据被焚毁了。法官说判决在很大程度上依据了木户日记和西园寺-原田日记,将前者称为"重要的文件",说后者"是有帮助的和可靠的"。

在法律方面,远东国际军事法庭认为,依照纽伦堡模式,东京宪章不是"事后法",而是当时存在的国际法的一种表述。法庭坚决主张,惩罚侵略者并非不公正,而不这样做才会不公正。至于"侵略",判决书承认在定义这个词时存在"困难",但接着说日本对邻国无故进攻"不能不称之为侵略战争"。"在1930年以前的很长时间,日本主张它在世界文明社会中占有一席地位,自愿负担了旨在促进和平、视侵略战争为非法和减轻战争惨状的(条约)义务。因之被告的行为,必须在这些义务的背景下加以观察和判断。"

1928年是起诉书的第一年,在其后多年里日本发动了一连串的扩张战争。判决书指出关键问题是,为什么会发生这些事情?谁应对这些事情的发生负责?

判决书把责任主要归咎于日本陆军,它被指控在日本通过恐吓或刺杀任何一个反对其政策的人而篡夺权力。最终军国主义分子使自己成为日本命运的主宰者。

判决书裁定,日本策动奉天事变,在1931年到1945年实施了对中国的侵略战争；为了给在中国的行动提供资金和削弱中国人的抵抗，"日本批准并发展了鸦片及麻醉品的交易"；日本使用苦役始于对中国的战争，"中国劳工被关押在集中营……只有很少的食物定量并且根本没有医疗服务。"判决书认定日本 1931 年 10 月 8 日在中国发起了对平民的飞机轰炸，从此对这个地球上人口最多国家的轰炸持续了 14 年。

整个判决书可以浓缩为第 986 页上的一句话："我们得出了下列结论，即：实行侵略战争的共同阴谋的指控业已肯定，这些行为……构成了最高程度的犯罪。"

法庭断然驳回被告的辩护，即盟军已经实施了经济禁运，日本的战争行为是正当的自卫举措。判决书宣告："前面所举的为被告作辩护的主张，实际上不过是重复了日本准备侵略战争当时所发表的宣传而已。以邻国为牺牲的，向北方、西方、南方扩张的日方决定，早在采取对付日本的经济措施之前就已经在进行着，并且日本也一直未放弃过这一决定。关于这一问题可以得到详细的文件来证明。因此，在今天难以忍耐再听那些日本宣传的冗长重复。"

在普通战争罪和危害人类罪领域，判决书同样严厉。它认为日本在 1931 年到 1945 年之间，作为国家政策，任意实施酷刑、谋杀、强奸及其他最不人道、最野蛮性质的残酷行为，目的是使其侵略如此残忍野蛮，以至人民抗击日本的意志会被瓦解。判决书的事实认定以这几句历史性的话语为开端："本法庭曾以数月的期间，听取证人口头的或宣誓书面形式的证言。这些证人对在一切战争地区所犯的暴行详细作证。暴行的规模既十分巨大，而在一切战区又完全遵循同样的模式，所以这就只能有一个结论——暴行如果不是由日本政府或个别官员及部队指挥官所秘密下令实行的,就是为他们所故意容许的"(着重号为本书作者所加)。

被告席里谁要承担责任？判决书把责任放在陆军和海军两大臣、陆军和海军的总参谋长、陆军和海军的军务局长、军事教育总监、军事参议院成员和战地司令官的身上。被告中有 13 人在 1931 年到 1945 年之间担任过这些职务：土肥原、畑、板垣、木村、小矶、松井、南、武藤、冈、佐藤、岛田、东条和梅津。

判决书包含了一些普通战争罪和危害人类罪的细节。所引述的那些大屠杀和死亡行军使得捷克斯洛伐克的利迪策和比利时的马尔梅迪都相形见绌了。不过,除了南京暴行、缅甸-暹罗死亡铁路和巴丹死亡行军以外,世界上大部分人早已遗忘了日本在亚洲的其他暴行。法庭列出了日本陆军在中国以外发动的至少 72 起大规模屠杀的地点和日期作为证据,证明这些事件是决策的结果,是日本战争策略不可分割的一部分。判决书指出,"屠杀任意进行,当作使平民百姓感觉恐怖并使其服从日本统治的一种手段。"大多数屠杀是由军官下令的,其中不乏陆海军高级将领。判决书冷冰冰地加上一句,在审判的任何一个阶段,各被告"不过说他对证人所述各事件一无所知而已"。

判决书偶尔提及在审判期间被认为是禁忌的题目。在篡夺日本权力的问题上,判决书认定,陆军"将对于天皇忠义的爱国热情转移为服务于他们自己的目的,曾获得一定程度的成功"。至于财阀集团,判决书评论道,被俘获的中国人如果拒绝参加日本在中国的伪军,便被运送到日本,"去缓和军需产业中劳动力的不足。"这类劳动力由亚洲劳工补充,他们是"用虚伪的许诺和暴力"招募而来的。"在这些被征用的劳工与战俘及被拘禁平民之间,很少区别或者完全没有区别。他们都被当作奴隶劳动者,并被使用到他们所能忍受的极限。"出于这个原因,判决书"在使用'被拘禁平民'这词语时是将这些被征用的劳工也包括在内的"。事实证明亚洲奴隶劳工的命运比盟军战俘更为恶劣。

日本人作为一个民族,没有因为日本皇军的不良行为和罪恶行径而受到谴责。判决书注意到日本的年轻人已经被灌输这样的信念,即一个日本人为效忠天皇而死是最大的光荣,而向敌人投降则是最大的耻辱。结果,典型的日本士兵把投降的敌人看作"不名誉的,并且认为除依靠俘获者的恩惠以外他们便无生存的权利"。

然而法庭强调,并不只是日本军队要为普通战争罪和危害人类罪承担责任。判决书认定,"日本政府对于战俘及被拘禁平民(包括亚洲被征用劳工)的虐待是宽容的,因为它对虐待战俘及被拘禁平民的罪犯并未给予处罚或疏于处罚,或者对于违法行为制定轻微而不充分的刑罚。并且日本政府还企图掩盖这种对俘虏及被拘禁者的虐待和杀害。"作为结论,判决书概括了远东国际军事法庭多数派法官的核心观点如下:

> 为实行侵略战争的这些广泛计划,对这些侵略战争之长期的复杂的准备及其实行,并不是一个人的工作。这是为了达到共同目标、欲实行共同计划而从事活动的许多领导人的工作。他们的共同目标是通过准备和实行侵略战争来确保日本的支配地位,这是一个犯罪的目标。实际上不可设想还有什么比阴谋发动侵略战争和实行侵略战争更严重的罪行,因为这种阴谋威胁了全世界各民族的安全,而它的实行破坏了全世界各民族的安全。……本法庭认定,……实行侵略战争的犯罪阴谋之存在业已充分证明。

32　宣读判决

远东国际军事法庭进入了收官阶段。1948 年 11 月 12 日，韦伯宣布："法庭现在将对每一名被告的案件作出定罪裁决。"昨夜，巢鸭监狱告诉一直记日记的被告，倘若被判死刑就不准继续写了。"今天审判结束后吃了晚餐。"浓眉的板垣在他最后一则日记里就事论事地写道，"在医院里做了详细的体检。大约下午 7 点回到监房。床单被褥彻底换过了，还有其他东西也换了。"但是他透露了那一夜监狱里焦虑不安的气氛。"看起来有人欢喜，有人焦虑。"这位前陆军大臣说，"至于我本人，我一如既往，像山一样岿然不动。"

在市谷，威廉·韦伯爵士仍然像他此前朗读判决书一样用清晰、坚定的声音读出了定罪裁决。没有一个被告被宣判无罪。

所有被告，除了松井和重光，都被判定在罪状第 1 项下有罪，"以领导者、组织者、教唆者或同谋者之资格参加制定或执行一个共同计划或阴谋……（以）实行侵略战争及违反国际法……之战争。"所有被告，除了松井、大岛和白鸟，都被判定在罪状第 27 项下有罪，即实行对中国的侵略战争。所有被告，除了荒木、桥本、广田、松井、南、大岛和白鸟，都被判定在罪状第 29、31 和 32 项下有罪，即实行对美国、英联邦和荷兰的侵略战争。只有重光和东条被判定在罪状 33 项下有罪，即实行对法国（在印度支那）的战争。只有土肥原、平沼和板垣被判定在罪状第 35 和 36 项下有罪，即实行对苏联的战争。

罪状第 54 项和第 55 项，是仅有的没有被法庭弃用的其他指控，涉及暴行。在罪状第 54 项下，法庭判定土肥原、板垣、木村、武藤和东条有罪，"曾命令、授权及准许"非人道对待战俘和其他人。在罪状第 55 项下，法庭判定畑、广田、木村、小矶、松井、武藤和重光有罪，"故意藐视自己的责任"，不采取适当步骤去避免暴行。

一共有 207 项定罪裁决。

如本章表格所示，只有三个被告——大岛、白鸟和松井——被判定只犯有单独一项罪状，他们之中的大岛和白鸟是驻轴心国的大使，松井是南京暴行期间日本陆军在中国的指挥官。

判刑之前，韦伯第一次公开披露存在意见分歧。他宣布："依据宪章，我所宣读的判决就是本法庭的判决。"但是，他透露，印度法官完全不赞同多数法官的意见，法国法官和荷兰法官则持部分异议。菲律宾法官提了一份分述并存意见书。至于他本人，韦伯神秘地说："对事实我赞同多数意见，但是在不作为异议记录在案的情况下，我就某些一般性的考量……提交了一份简明扼要的说明……"法庭大厅里一阵嗡嗡声。

他继续说，这些文件将会构成法庭记录的一部分，但不会当庭宣读。辩护方事先已经拿到了分述意见的文本，并且申请当庭宣读。但是法庭坚持之前拒绝帕尔法官相同请求的决定。"法庭坚持这个决定。"韦伯以结论式的口吻说。

韦伯命令把被告们从被告席带走，再单个回来听候宣判。被告们由卫兵押解着从法庭鱼贯而出，被安置在习惯上称为"鸡笼"

的羁押区域。他们互相鞠躬，互相握手，有些人还流泪了。曾担任东条内阁书记官长、如今同样身陷囹圄的星野有一个不祥预感：这会是他最后一次看见东条了。他在日记里写道："我紧紧地握住东条的手。我流着眼泪说再见。……东条说，'原谅我甚至把你也带到如此境地。'"

休息之后，下午 3 时 35 分，法庭执行官最后一次宣布开庭。

通向被告席的门打开了，荒木由戴着白头盔白手套的宪兵陪护进来了。前陆军大臣在整个审判期间一直保持人们熟悉的身形，僵直地坐在椅子边上，周期性地用手捋一捋他的俾斯麦式的胡须。如今他的身形凹陷了，像一个被打蒙的拳击手那样前后晃动。"被告荒木贞夫，"韦伯庄重地拖长了声音，"根据起诉的罪名之中你被判决为有罪的罪状，远东国际军事法庭处你以无期徒刑。"荒木立刻恢复了镇定，站得笔直，并且双肩后仰，在护卫的陪同下大步离开被告席。在宣读判决的 17 分钟过程中，韦伯又将这个法律套语重述了 15 次，判处下列被定罪的战犯无期徒刑：桥本、畑、平沼、星野、贺屋、木户、小矶、南、冈、大岛、佐藤、岛田、白鸟、铃木和梅津。

只有两名被告被判处较轻的有期徒刑。两人都是外务大臣：重光判 7 年，东乡判 20 年，每人的刑期自被传讯之日起算。

对凶神恶煞的土肥原和六名其他被告——广田、板垣、木村、松井、武藤和东条——套语不祥地改变了。"被告土肥原贤二，"韦伯庄严地说，"根据起诉的罪名之中你被判决为有罪的罪状，远东国际军事法庭处你以绞刑。"在 23 年的法官生涯中，这是威廉·韦伯爵士第一次宣判死刑。

科刑说不上前后一致。前首相和外务大臣广田弘毅是唯一一个被判死刑的文官;他为日本的文职领导人背了黑锅。但他并不是受审的最显要的文官。文职被告中地位最高的是天皇的顾问木户幸一。其他被判死刑的都是将军。除了松井石根,他们都与在满洲的狂热、扩张主义、玩弄阴谋的关东军小集团有密切关联。尽管美国是建立远东国际军事法庭的催化剂,尽管美国被某些人指责渴望对实施珍珠港袭击的人复仇,但是没有一个受审的海军军官被判处死刑。而且,那些因战争罪行被判死刑的被告,他们卷入战争中国阶段的程度要比太平洋阶段更深。

科刑的一个显著特点是,每一个被认定犯有涉及暴行的第 54 项罪状的人都被判处了绞刑。松井除了第 55 项罪状(在避免暴行上玩忽职守)以外,在其他项下都被认定无罪,但依然被判处死刑。其他六个犯有第 55 项罪状的人,有三个将同松井一起上绞架,两个被判无期徒刑,还有一个被判七年徒刑。从外行的眼光看,松井的判决和另外几个判决就弄不懂了。

"解释判决书是困难的:关于为什么这个人被判死刑,而另一个人只判徒刑的问题。"勒林法官 1982 年在一个书面访谈中评论道,"在法庭的表现可能会起一定作用,还有辩护律师的策略。……甚至法庭在什么时候必须下结论的问题都可能至关重要。如果被告甲不是一个特别声名狼藉的人,而对他的处置刚好排在审议和判决一个以残酷著称的被告之后,法庭会倾向于表现出两者之间的区别,这名被告便会得益于此。"勒林接着作了一个重要的披露:"在东京用来决定科刑的时间短得出人意料。威廉·韦伯爵士作为庭长采用的也许是劳工会议惯用的策略,但是用在法庭审议上就非同寻常了。有些法官认为,确信一个被告该当上绞架的法官,如果仅仅是六对五的多数赞同死刑,就有可能不愿意给那个被告判死刑了。韦伯拒不承认这个意见的重要性。"

依据东京宪章,判决要以"多数表决"作出。没有一位法官在审判之后披露对任何特定死刑判决的表决。然而在检察官中间的普遍看法是,远东国际军事法庭是以七对四的票数赞成对将军们处以死刑,以六对五的票数赞成对广田处以死刑。某些辩方消息来源声称全部死刑判决都是基于六对五的表决结果,但这个可能性是极小的。主张死刑的坚定多数据信包括中国、菲律宾、英国、加拿大和美国,在不同的时段还有苏联、新西兰和荷兰。另一方面,澳大利亚、印度和法国一贯反对死刑判决。自审判结束以来,有人猜测柴扬诺夫将军选择了反对死刑,理由是这种极端的惩罚在苏联已经被废除了;然而没有人怀疑这个马克思列宁主义政权酷爱私设公堂、实施死刑,而且纽伦堡法庭的苏联法官以判决不够严厉为由提交了唯一的异议。更何况,在堪培拉的韦伯文件里有一份柴扬诺夫的备忘录,日期为1948年2月4日,苏联法官写道:"显而易见,如果被告被判定有罪,那么有理由相信在某些情况下有必要采用宪章所规定的最严厉的判决。"

无论如何,1948年11月12日下午4时12分,在开庭两年零九十八天之后,远东国际军事法庭休庭了。

同此前所述荒木的情形一样,每一名被告都曾单独站在被告席上聆听世界的宣判(法庭代表了人类大多数)。每一名被告都把翻译耳机戴在头上听取判决。前陆军大臣南次郎听到法庭判处他无期徒刑之后,宪兵协助他摘下了耳机。他只是呆呆地站着,神经质地玩弄手中的耳机。广田这位相信生命终结于"空白"的不可知论者,在听到他的死刑判决后,对在媒体席坐着的两个女儿勉强笑了笑。除了大岛以外,每一名被告在来到被告席时都向法官或向旁听者鞠躬。而大岛,这个与希特勒和希姆莱交往、被视为"比纳粹还纳粹"的将军和大使,挑衅地以普鲁士立正姿势站着。东条在聆听宣判之前向法庭鞠躬,并且在离开被告席之前再次鞠躬。在那些被判绞刑的人当中,土肥原独自显得释然。他事后说:"判决宣布的那一刻,所有的担忧都离我而去,几乎是马上我就开始感觉好多了。"板垣有不同的反应。"我完全被悔恨淹没了。"他喃喃低语道。但是其他人没有表达悔恨之意。财经官僚贺屋在被宣判无期徒刑之后说:"我的良心如日月一般清明。"

法庭大厅里一片混乱。记者们一口气冲向电话机。白鸟夫人在走廊上当众哭泣。东乡的妻子在律师办公室里晕倒。东条夫人在审判期间一直拒绝谈论感想("因为我觉得我丈夫希望我不要开口"),现在说她不会筹划为她丈夫的死刑判决请求减刑。她说:"我们国家到处都有家人死于战争的人。现在轮到我们是很自然的。"

广田的儿子十分悲痛,他说父亲死在绞刑架上胜过在监狱里苦度余生。但无论检方还是辩方律师的感受却不是这样。如季南的年轻助手罗伯特·道尼西所言,"我对广田的死刑判决感到震惊。"辩方的乔治·弗内斯在1981年评论道,"我认为广田不应该被绞死。"判决后弗内斯到巢鸭去会见他的当事人重光的时候,这位前外务大臣告诉他:"不用替我担心。对广田的判决是所有判决中最不公正的。帮帮他,不用帮我。"至于约瑟夫·季南,在1952年对日和平条约签署后访问日本时,他告诉弗内斯和重光,他觉得重光应该被判无罪释放。重光在他的战后回忆录里说,他自认为已经做了他所能做的一切来减轻战俘、被拘禁平民和亚洲劳工遭受的苦难,但是"由于一切都在陆军的掌控之下,谁都无法干预。"

他接着说,"东京法庭裁定我在这件事上有罪。不该由我来质疑他们的裁决。"

双方律师对其他判决褒贬不一。东条的死刑没有引起轰动。"我猜想他是咎由自取。"检方的 G. 奥斯蒙德·海德(G. Osmond Hyde)说。一位辩护律师私下承认,"我完全能够理解对土肥原和板垣的定罪和科刑。"另一位美国辩护律师乔治·山冈感觉对木户的判决是牵强的。他说:"出于政治理由我能理解他们为什么起诉天皇的顾问,但是从法律角度我就不明白了。"山冈认为重光、东乡、广田,可能还有平沼,应当无罪释放。"这些文职人员如何能够控制被暗杀者操纵、充满狂热年轻军官的陆军呢?"他还若有所思地说,对梅津,代表日本陆军在密苏里号的甲板上投降,这已经是最大的羞辱和惩罚了。

检方和辩方的证人对判决也有不同的反响。举一个例子就够了。引发争议的田中隆吉将军(他曾为检、辩双方作证,被认定为"不可信证人")感到内心平静。他告诉日本媒体:"我感觉我已经尽到自己的责任,为日本军队所犯下的罪行雪耻。……我以最大努力证明天皇是无辜的,在军国主义者的压力面前他无能为力。"就此而论,东条说他也满意审判的结果,因为他成功地为天皇开脱了的罪责。也许这就是宣判日他向法庭深深鞠躬的原因吧。

被告一个接着一个地离开被告席,那些判死刑的人被带到一个单独的房间。

最年轻的被告——54 岁的前军务局局长佐藤在他的回忆录里写道,"我被判无期徒刑,回到等候室后,我找了一个可以看到东条的地方,他被宪兵左右押着出现了。"佐藤告诉东条:"我想说声告别。"那时佐藤泪水盈眶,声音哽咽。他回忆说,"东条向我投来温暖的目光,然后静静地消失在下一个房间里。"

佐藤坦言,当他逃脱死刑的时候曾有"一种奇怪的感觉"。他说,"我必须坦地白承认,我高兴活下来。"这位武士并不真正知道他该多么高兴才是。荷兰法官勒林在他的分述意见里认为,佐藤理应绞死,因为他是前军务局长,嗜杀的军务局曾经下达多道指令处置战俘、被拘禁平民和亚洲劳工。

在巢鸭尚未被起诉的一些甲级囚犯对这种宽大也感到"意外"。在一本1960年出版的授权传记里,东条内阁成员、从未被起诉的甲级战争嫌疑犯岸信介(Nobusuke Kishi)对"只有"七名被告处以死刑表示"惊讶"。他感到倘若双方位置调转过来的话,日本法庭不会给盟国被告为自己辩护的机会。岸信介在1957年到1960年担任日本首相。

但是监狱里的焦点聚在"巢鸭七囚"身上。佛教训导师花山信胜在他的回忆录和媒体访谈中对于死囚们的最后时日作了简单介绍。他说,松井担心在他被处决后,妻子会切腹自杀来追随他;他承诺,只要她答应活下去,他就放弃神道,皈依她所信仰的佛教。松井也向花山忏悔说,南京暴行是"国家的耻辱",并暗示真正的罪魁祸首是他属下的一名军官、皇室成员,即在现场指挥部队的朝香宫鸠彦王。木村的家人是基督教徒,他们请求他在处决之前接受洗礼。他拒绝了。武藤的女儿写信道出不能陪伴他最后一程的遗憾,期待在"彼岸"团圆。广田孤身一人,玩纸牌接龙游戏消磨时间。而东条则写俳句(haiku),或者说经典的十七音节诗:"噢,细细看吧 / 樱花是如何盛开 / 又悄然落下。"

日本举国上下,人们聚集在收音机旁聆听宣判。轰炸后一片狼藉的银座,一个商店架起扩音器,数百人围成了一个新月形。一份日本报纸报道说，"气氛一派肃穆。"当韦伯开始宣读每一个判决的时候，"人群中有一种奇怪的、无声的骚动。"在宽永寺院内一个收留穷困士兵的房子里，另一个人圈围着收音机形成了。判决宣读完毕后，一个穿着破衣烂衫的人说："我相信可能有其他有罪之人被忽略了。"

在皇宫，在灰色的护城河和灰色的城墙后面，裕仁和良子皇后焦虑不安地收听判决。在这个场合天皇没有穿海军或陆军的将军服，也没有穿上朝的礼服。他穿的是西装。对他的亲密顾问木户被判无期徒刑、广田被判死刑，裕仁的助手们描述他"有些震惊"。他听到别人的判决时面无表情。

法庭上很多人都与巢鸭监狱写这篇日记的犯人有同感——"昨夜直到很晚我都醒着，默默地思考今天的判决。"

远东国际军事法庭定罪汇总

罪状	1	27	29	31	32	33	35	36	54	55
荒木贞夫	有	有	无	无	无	无	无	无	无	无
土肥原贤二	有	有	有	有	有	无	有	有	有	未
桥本欣五郎	有	有	无	无	无				无	无
畑俊六	有	有	有	有	有		无	无	有	
平沼骐一郎	有	有	有	有	有	无	无	无	无	无
广田弘毅	有	有	无	无	无	无	无	无	有	有
星野直树	有	有	有	有	有	无	无	无	无	无
板垣征四郎	有	有	有	有	有	无	有	有	有	未
贺屋兴宣	有	有	有	有	有				无	无
木户幸一	有	有	有	有	有	无	无	无	无	无
木村兵太郎	有	有	有	有	有				有	有
小矶国昭	有	有	有	有	有	无	无	无	无	有

罪　状	1	27	29	31	32	33	35	36	54	55
松井石根	无	无	无	无	无		无	无	无	有
南次郎	有	有	无	无	无				无	无
武藤章	有	有	有	有	有	无		无	有	有
冈敬纯	有	有	有	有	有				无	有
大岛浩	有	无	无	无	无				无	无
佐藤贤了	有	有	有	有	有				无	无
重光葵	无	有	有	有	有	有	无		无	有
岛田繁太郎	有	有	有	有	有				无	无
白鸟敏夫	有	无	无	无	无				无	无
铃木贞一	有	有	有	有	有		无	无	无	无
东乡茂德	有	有	有	有	有			无	无	无
东条英机	有	有	有	有	有	有		无	有	未
梅津美治郎	有	有	有	有	有			无	无	无

远东国际军事法庭的审判结果——对每个被告的定罪。其中——有：有罪；无：无罪；未：未判定；空白：未起诉。

33　意见、异议及上诉

人们也思考着发放给检方、辩方和媒体,但没有当庭宣读的各份分述意见书。这几位法官的言论对围绕判决书起草所发生的争议,提供了万花筒般的一瞥。

举例来说,判决书对裕仁保持沉默,但威廉·韦伯爵士的并存意见书并非如此。韦伯说检方的证据已"不容置疑"地证明了天皇的权威,因为他做到了原子弹都做不到的事情:停止战争。韦伯还相信天皇插手了发动战争一事。他说:"与天皇在发动太平洋战争中所起作用形成对照的天皇豁免权,我认为是本法庭在判刑时应当考虑的一个问题。"韦伯用词强硬,把裕仁比喻为从检方获得豁免权的"犯罪领袖"。这位澳大利亚法学家并没有提出天皇本该被检控。"那是在我的职责以外。毋庸置疑,对他的豁免是基于所有盟国的最大利益而决定的。"尽管如此,韦伯感到,批准开战必须借助裕仁的权威这一事实是无可回避的,如果他不想打仗的话——韦伯注意到"证据显示他总是赞同和平"——那么裕仁就应当拒绝行使这个权威。"说他可能会被暗杀不是答案。"韦伯严厉地表示,"所有的统治者都要冒风险,但他们依然必须尽其责任。没有一个统治者能够犯下发动侵略战争的罪行,然后以不这样做就会有生命危险为理由，堂而皇之地要求被宽恕。"

韦伯现在挑战对七个被告的死刑惩处了，但他只是在拼刺风车、攻击假想的对手。他评论道，对于像发动战争这样的重大罪行，加上它所带来的累积的邪恶，死刑似乎应当是最低限度的惩处。但他指出，尽管纽伦堡给侵略战争定性为最严重的国际罪行，却没有一个被告因实行侵略战争而判处死刑。而在东京也没有人因为这项罪状被判死刑。在纽伦堡和东京，绞刑架都是给那些煽动或以其他方式卷入大规模暴行的被告准备的。韦伯说："没有一个日本被告应该为阴谋实行……侵略战争而被判处死刑，除非对待日本被告不如对待德国被告那样考虑周全。"当他终于从唬人的稻草人后面露面的时候，韦伯提议那些因暴行获罪的人应当按拿破仑时代的传统被流放到海外。他认为这个惩罚"比绞架或行刑队对这种人有更大的威慑作用"。他还考虑到另一个免于处决他们的因素，那就是这些死囚的高龄。"绞死或枪毙这么老的人可能是一件令人作呕的事情。"

韦伯粗暴易怒的外表掩盖了他柔和的内心。他的观念对他身边的人来说丝毫不足为奇。在这一点上，东京的流行漫画把他画成"绞刑法官"完全不符合事实。

菲律宾法官在自己的并存意见书里与他这位澳大利亚同仁持截然相反的意见，这证明了法官们的正直，凭良心办事而不是听命于最高统帅部或盟国检方。德尔芬·哈拉尼利亚写道，"我必须对法庭所判的几个人的刑罚表达不同意见——按照我的判断，这些刑罚太宽松了，完全没有惩戒和威慑作用，与他们所犯罪行的严重性不相称。"除了中国，没有其他国家像哈拉尼利亚的祖国一样遭受日本人如此深重的蹂躏，他与中国的梅法官一起，是法官之中最严厉的强硬派。

哈拉尼亚用"骇人听闻"来描述被告们的罪行。他还抨击辩方所持的"对日本使用原子弹不人道、无正当理由"这一论点。他说："这些论辩的目的在我看来，就是为了把本案被告对战争期间的暴行和非人道行为应负的责任减到最小。"他接着提醒法庭，当原子弹扔下来的时候，东京还没有投降。日本虽然由于局势逆转而被削弱了，但仍然占据着中国的广阔区域、菲律宾和其他一些国家。"如果说手段被目的证明为正当，那么使用原子弹就是正当的，因为这导致了日本的屈膝投降，结束了可怕的战争。倘若不使用原子弹，战争再拖下去的话，成千上万无助的男人、女人和儿童，还有多少人将会无辜地死亡和受难，还会造成多少破坏和毁灭……?"哈拉尼亚没有评论裕仁在终止战争一事上所起的作用。

哈拉尼亚在他的并存意见书里呼吁更严厉的判决，但回避了具体内容。荷兰法官勒林则不同，他赞成韦伯和纽伦堡法庭的意见，即按照当时的国际法，没有人应该因犯有破坏和平罪被判死刑。他认为终身监禁是"适当的惩处"。因此，在他的分述意见书里，勒林赞同 16 个无期徒刑判决中的大多数，除了对海军将领岛田和冈、陆军将领畑和佐藤，还有天皇的密友木户侯爵的判决。"至于被告冈、佐藤和岛田……他们应当被认定犯有普通战争罪，并且应当被处以极刑。"勒林是唯一一位公开出面要求对受审的海军军官判处更严厉刑罚的法官；这意味着，他独自一人将人们的注意力引向"地狱航船"和海军在其所控制岛屿上的所作所为，尤其是在西南太平洋和马来亚群岛。

在提议对海军的冈、岛田和陆军的佐藤这几个将领判处死刑的同时,勒林也赞同法庭所作出的死刑判决,只有广田一案除外。在这个问题上他非但不愿意判死刑,而且认为广田理应无罪释放。他说:"在认定文职政府官员为战场上军队的行为承担责任一事上,法庭应该非常谨慎才是。"

勒林还呼吁无罪释放木户。他对法庭的判决提出异议,更不认同韦伯的分述意见书。勒林认为,证据显示天皇曾经反对日本的侵略政策,但没有能力改变政策的走向。"审判中的证据并没有支持检方(和韦伯)的论断,即天皇只须出面制止便可以避免战争,以及木户这样的人本应劝他这样做。……天皇的权力是有限的,那么顺理成章,他的顾问权力也是有限的。"

除了呼吁无罪释放广田和木户之外,勒林还认为畑、重光和东乡也应无罪释放。把在中国指挥日本军队的陆军元帅畑同两个前外务大臣混在一起显得很不协调。但是勒林声称国际检察局没有把畑与暴行联系在一起。看来,勒林受到畑曾经反对太平洋战争、赞同从中国撤走日本军队的证据影响。

这位荷兰法学家感到,重光和东乡都是曾经致力于和平而不是战争的政治家和外交官。东乡于1941年进入东条内阁以阻止太平洋战争,"如果阻止不了的话,他会被迫留在内阁,以免背叛国家和政府。"重光在1943年进入东条内阁时,也做了类似的事情。"入阁任职,以此获取使一个人能够争取和平所必需的权力,是责任而不是罪行。"勒林强调这一点,批评多数法官对这两个被告的裁决。

法国法官亨利·贝尔纳的异议判决书与勒林的大相径庭,显示出法官团对于是否应追究裕仁有罪或无罪的问题是多么困惑。"不可否认,"贝尔纳写道,"(本案)有一个首要发起人逃脱了所有的检控，就他而言当前的被告们只能被认定为从犯。"贝尔纳指责盟国检察官使得被告们为"首要发起人"的行为承担罪责，而他们实际上是他的帮凶。

贝尔纳还引述案件里的"程序缺陷"，例如法官团甚至连一次关于判决书的讨论会都没有开过，但他并没有深入谈到细节。"有程序缺陷的法庭所作出的裁决不会是合法的裁决。"他这样写道，对多数派法官慢待少数表示愤怒。

法国法官的异议书大部分用繁复费解的文字写成，但明显的一点是他不赞同对日本的原子弹轰炸。他认为（尽管他没有解释自己的评论），依照多数派的观点，一位制造原子弹的日本学者，"如果原子弹是由士兵遵照将军的命令投放出去"，即便意味着摧毁整座城市，这位学者也不会因为一次爆炸灭绝全体居民而负上刑事责任。在这里，他留下了悬念。

如果说贝尔纳异议书的言辞是故弄玄虚，那么拉达宾诺德·帕尔 1 000 多页的异议判决书就几乎看不懂了。帕尔的意识流火车经常驶入偏远的岔道，他频繁地颠来倒去，以至于他的一些结论简直让人难以置信。在一个段落里，关于南京，他主张，"在这一点上我要说，甚至对南京'强奸'暴行的公开报道，世界也不能全盘接受而不怀疑有所夸大。"但是在另一段里他承认，"毫无疑问，日本人在南京的表现是残暴的，并且这种暴行集中肆虐了近三个星期之久。"在另外一段陈述中他又说，"在我看来，日本指挥官有法律义务维护军纪，约束麾下的士兵不去实施暴行。"然而对于马尼拉惨案，"我们不能认为那里发生的事情有多么重要……（因为）日本的指挥官不可能有效地控制他们的部队。"在另外一处他引述"巴丹死亡行军（是）残忍的兽行"，而之后又把它作为"一个孤立的暴虐事件"排除了。

这位孟加拉人的异议书夹杂了不少稀奇古怪的东西。帕尔描述"满洲国"是"满洲所谓的傀儡政府"(着重号为本书作者所加)。他认为日本的公众舆论"即便是在战争时期……也确实有力地发挥了作用。"还有对于海牙和日内瓦公约:"一场违反条约、协定或保证的战争,如无其他,那可能仅仅意味着违约而已。依我看,这种违约不会等同于犯罪。"在谈到缅甸-暹罗死亡铁路时,帕尔认为,"我毫不犹豫地说被告东条对此负有全部责任;但是对战俘劳役规则的违反完全是一种国家行为。"他的结论是,"这种行为本身并不是犯罪,我不会让他为此承担刑事责任。"同理,折磨和杀害盟军飞行员的日本人"在我看来……没有犯任何罪"。日本与希特勒结盟是为了避免外交上的孤立,而不是为战争做准备,"我不认为检方证据中有任何东西会导致我们拒绝接受(辩方提出的)这个解释。"对珍珠港事件他断定,"每一件事,至少在日方,似乎都真心诚意地做了,我找不出其中有任何背信弃义的迹象。"帕尔没有评论在攻击珍珠港之前日本对马来亚和其他地方的偷袭。

帕尔实际上粉饰了被告所有的行为。他争论道,"无论他们做了什么,都纯粹出于爱国动机。"中国和菲律宾的法官,以及一些欧洲法官都感到震惊,他们认为要是按照帕尔判决的逻辑,那纽伦堡的被告都应该被释放了。

帕尔异议书的登峰造极之处是他的极端裁定:"基于前面所述的理由,我主张每一名被告就起诉书的每一项指控必须被认定为无罪,并且就所有指控应被无罪释放。"

厚道点儿说,帕尔的判决也许可以被归因于印度教八面玲珑的偏好。可这种解释也太富于异域色彩了。两个潜在的主题始终贯穿在他的判决里。一个是西方在审判日本这个国家,并且采用了双重标准,因为日本人在亚洲只不过做了西方过去做过的事情。另一个是反复吟唱的反种族主义老调,说日本试图在亚洲打破白种人优越的神话。这两个孪生的历史观点,无论是西洋人还是东方人都很难加以反对。但是帕尔是活在过去的,他肯定不是生活在海牙和日内瓦公约,或者巴黎非战公约的时代。更糟糕的是,他无视日本人奉行的种族主义。远东国际军事法庭的证据确凿无疑地证明,比起对待欧洲人和美国人,日本人对待中国人、菲律宾人和其他亚洲人更加不人道。帕尔在他的判决里不经意暴露出自己比东亚"苦力"优越的感觉;举例来说,他反复称呼印度尼西亚人为"土著",这是白种人对殖民地民族的蔑称。

或许帕尔的心态是可以理解的。1948 年在法庭有法官的三个亚洲国家之中,印度是唯一一个由白人统治的国家。

近年来,随着日本民族主义情绪的复苏,帕尔成了新极端分子的某种英雄。《太平洋战争》(*The Pacific War*)及其他论著的作者家永三郎(Saburo Ienaga)这样描述:"帕尔法官在东京战罪审判的异议书,至少在日本,对那些寻求'大东亚战争'正当性的人来说是一个宝贵的支持来源。虽然很多赞同这一立场的人可能从来没有通读过帕尔法官的意见书,但他们认定这是一个为他们的观点提供弹药的重要文件。"顺便说一下,家永在试图读懂帕尔的时候与其他人面临同样的问题。他委婉地说:"我痛苦地认识到,要跟上帕尔的思路有多困难。"

考虑到帕尔对西方,特别是对美国的敌视(帕尔将美国使用原子弹帮助结束战争比作"唯一接近二战期间纳粹领导人指令……的方式"),似乎有些奇怪的是,他的观点并没有在马克思列宁主义者和其他仇美派当中受到欢迎。左派和"有用的傻瓜"（这是列宁对自己各式各样追随者的称呼）与帕尔确实有过节。帕尔在他的判决里论辩道，日本在中国打仗是正当的，因为它是在抗击"共产主义的扩散"，并且东京对苏联的畏惧也是有道理的。

在印度，帕尔因为他对国际法的"独特"贡献而备受尊崇。同为孟加拉人的评论家 T. S. 拉曼·拉奥（T. S. Raman Rao）赞扬帕尔是东京和纽伦堡唯一一位"拒绝受制于"试图开创国际法新天地的法官。远东国际军事法庭的辩方对帕尔的表现感到高兴。清濑一郎在一次贬低审判的谈话中告诉媒体："我欣赏帕尔有价值的推理。"

最后，远东国际军事法庭除帕尔以外的所有法官都签署了法庭判决书。勒林和贝尔纳也签了，附加但书是他们的分述意见书构成法庭记录的一部分。庭审记录、判决书和分述意见书的副本被送交到盟国对日理事会每一个成员国、联合国、东京国立国会图书馆以及日本全国的其他 19 个图书馆。额外的副本被运到盟国的国家档案馆。部分副本被法官、检辩双方律师、记者和其他人悄悄地带走了。

正如纽伦堡审判和判决曾引起西方评论家，特别是律师和学者的不满，很多非难也指向东京审判。在美国国家档案馆的约瑟夫·季南文件中有一份十页长、未注明日期的简报，盟国首席检察官在此对评论者的说辞逐条作了点评。季南把对东京的批评划分为三组。"第一组是要所有（战罪嫌疑犯）逍遥法外……以使他们重操旧业，因为他们在这次审判中已经宣称根本没有犯错误。第二组抱怨，除了当下的被告以外还有很多人应该被审判"——看来是指天皇未被起诉这件事——"第三组则埋怨检方不知道自己在干什么……检方人员过去乃至现在都太缺乏经验，因而不了解……日本人的复杂性。……这些不满包括（在法官和律师当中）'声望不足'的普遍指责。"

"有人以审判没有法律依据为由反对审判，为答复这些人的批评，我们完全有权提问，条约是否构成法律？"季南问道，"……对那些确实要为（破坏）旨在维护和平防止战争的条约承担责任的人，我们应该如何处置？……世界和平的希望建立在条约所体现的共识之中。凡有思想的人都不会否认这一点。"

至于远东国际军事法庭没有起诉裕仁一事，季南争辩，"我们已经尽力抓住董事长、总裁和执行副总裁，而放过了文员、出纳和秘书。"他一口咬定，天皇"只不过是名义上的首脑"，接着补充说，"真相和事实都表明他是一位立宪的君主。"但是季南闪烁其词。"当然存在明显的疏漏，不过在大多数情况下，就这次检控的真正目的而言，换句话说是找准罪魁祸首、抓住真正负有罪责的人，现在都可以感觉到这种遗漏是情有可原的。"

对人员不称职的指责，季南爽快地承认，"很遗憾没有足够的美国或其他盟国'有声望'的律师来到日本，这样的人本来可以收集到所有的证据，并且拥有透彻了解日本政府、日本人心态及其复杂性所需的多年经验"。他说国际检察局并没有自称"对这种所谓的复杂性非常了解。但是他们相信，一年来的强化学习和经验已经使他们足以洞察日本政府的运作及其运作方法，并从中得出结论。"

日本人对审判和判决的看法很多而且各不相同。财经杂志《日本经济》（*Nihon Keizai*），评论说，假如审判仅仅是东条英机宣称的"胜者之裁判",那么根本无须耗费举办这个审判的"极大努力和辛劳"了。《日本时报》指出,审判有很多缺点、不足和局限,但法庭的判决是深刻的,因为它提供了一个日本人民不熟悉的日本现代史版本。"日本人民必须深刻检讨,为什么在他们过去认为的东西与世界其他地方所接受的几乎是常识的东西之间存在着如此巨大的差异。"这份报纸说,"这正是日本给自己带来的悲剧之根源所在。"曾反对中国战争并在太平洋战争期间被短暂关押的法务总裁殖田俊吉(Shunkichi Ueda)冷峻地说:"判决是意料之中的。"对数以百万计在战争期间被杀、致残、受伤的沉默无名的日本人来说,一位寡妇悲叹,"即便读了判决书,也不能找回我失去的幸福。……唉!要是压根儿没有战争该多好。"对另外一些人来说,审判根本没有必要:被告们在日本投降时就该切腹自杀。一个29岁的退伍伤兵说:"要是他们在战争结束不久就死了,那会好得多。"另外一个说:"想到死去的人,现在被告受到的惩罚实在是太轻了。"

广田的死刑判决引起了广泛的惊讶和愤慨。仓促散发的为广田求情的请愿书征集到30多万人签名。顷刻之间,韦伯的分述判决也把裕仁推到了前台。一些神经过敏的天皇随从觉得韦伯的评论是从麦克阿瑟那里传来的间接信号,意思是要天皇辞职,于是天皇可能要退位的谣言传遍了日本。

"天皇的感觉如何?"《国际时报》(Kokusai Times)在一篇典型的对韦伯判决的评论中问道。"天皇……不能继续隐瞒他的战争罪责。"几份地方报纸呼吁天皇退位以向日本人民道歉。一份日报说:"毫无疑问天皇本人也要为战争承担责任。"部落解放运动领导人松本治一郎(Jiichiro Matsumoto)说,战争"是以天皇的名义发动的。从这个观点来看,天皇被排除在审判之外让人感到莫名其妙。"松本带着反感嘲笑天皇"懦弱"。但是对天皇最严厉的攻击来自共产主义分子的媒体(最高统帅部在占领的早期曾将其作为日本"民主化"的一部分,天真地予以扶植)。《赤旗报》(Akahata)要求撤除天皇。

麦克阿瑟的政治顾问威廉·J.西博尔德(William J. Sebald),在他的回忆录《与麦克阿瑟在日本》(With MacArthur in Japan)中,披露了麦克阿瑟对韦伯深重的愤怒。将军指责法庭庭长在裕仁问题上"玩弄廉价的政治",以期讨好国内,因为澳大利亚公众对裕仁的舆论与第一次世界大战"绞死德皇"的情绪不相上下。西博尔德阐明如果天皇在韦伯意见书发表之后退位,会有什么样的潜在政治后果。"……以天皇与麦克阿瑟之间关系为象征的整个威权与控制体系,就可能会突然遭到摧毁,从而引发动荡,或者至少是有极大机会引发动荡。"西博尔德写道,"除了其他考虑因素,在战后日本共产党人的力量逐步接近顶峰的时候,这种形势势必给他们提供一个煽动骚乱的最佳时机。"

东京法庭宣判几天之后,裕仁写给麦克阿瑟一封密信,信中说他不会退位。天皇在盟国首席检察官约瑟夫·季南返回华盛顿之前礼节性拜访他的时候,再次重申了这个决定。也有可能季南在拜访时充当最高统帅的信使(在审判期间他曾不时扮演过这一角色),转达了麦克阿瑟支持天皇的信息。11月20日的《每日新闻》引述宫廷里的话,大意是天皇感到在日本的复元和重建期间,留在皇位上是他的"最高责任"。

在这一片混乱之中,法庭的辩方成立了一个十五人的委员会,准备向麦克阿瑟上诉。依据东京宪章第17条,最高统帅有权复核并且"随时减轻"法庭的判决。上诉书于 11 月 21 日呈交麦克阿瑟，东乡茂德的美国律师本·布鲁斯·布莱克尼代表全体辩护律师签名，没过多久他在一次坠机事故中丧生了。

上诉书的主旨是被告没有得到公平的审判，判决不是法庭的判决，"而是法庭内一个小圈子的判决"。上诉书呼吁麦克阿瑟采取"政治家的大无畏行动"。

作为最高统帅的麦克阿瑟是十一国远东委员会的代理人，该委员会在东京又由盟国对日理事会作为集体代表。这两个机构的成员国与构成远东国际军事法庭的国家相同，并且在 1946 年 4 月 3 日，即审判开始前的几个星期，远东委员会通过了一份政策文件，指示麦克阿瑟在行使宪章第 17 条之前要咨询盟国的外交代表。据此，1948 年 11 月 24 日，盟国对日理事会在东京会见了麦克阿瑟。

西博尔德的回忆录对这次关键性的会议有出色的描述。同许多其他外交官一样，西博尔德曾反对过审判政治和军事领导人的主张。他写道，"虽然我对起诉书里提到的很多肮脏事件都熟悉，但直觉告诉我，总体来说，举行审判是个错误。"但是他承认错了，"读了远东国际军事法庭判决书，对日本在珍珠港之前十年间精神和道义上堕落的内情，没人能够不被触动，确切地说是感到震惊。"

关于盟国对日理事会与最高统帅的会见，经麦克阿瑟同意，西博尔德想要抓住这个时机回应韦伯毫无必要、政治上有损害的关于天皇的意见，但是美国国务院阻止他这样做。

西博尔德记录了委员会在复核判决书期间的建议。美国、中国、新西兰、菲律宾、苏联和英国都没有修改意见。加拿大虽然也是多数派成员，但它用一个巧妙的招数宣布将不会反对减刑，这强化了关于在判处前首相广田死刑的六对五表决中，加拿大投的是徒刑票的传闻。与韦伯的意见不同，澳大利亚选择了不予改动，同时像加拿大一样，作了不会反对减刑的保留。印度赞成将所有的死刑判决减成无期徒刑。荷兰再一次提出了最具体的建议，这一次是关于减刑的：畑和梅津从无期减到二十年，东乡从二十年减到十年，重光从七年减到两年半（这就会使他立即获释），以及将广田从死刑改为无期徒刑。

麦克阿瑟这位美国的幕府将军（shogun），在战争期间已经作过很多艰难和孤独的决定，但是在自己的回忆录里，他描述这个复核判决的责任为"极其讨厌"。西博尔德说："以前我从来没见过他流露如此深沉的情感。"的确，对一个将军来说，要绞死另外6个将军和1个文职政府首脑势必会很痛苦。在一个公开发表的给盟国对日理事会的声明里，麦克阿瑟给出了结论：他想不出"有什么司法程序能为推进正义作出更大保障了……许多人会不赞同判决，这是不可避免的；甚至组成法庭的学识渊博的法官们意见也不尽相同……如果我们不能相信这样的程序和这样的人，那我们就什么都不能相信了。"他维持了法庭的判决。

很典型地，麦克阿瑟利用这一时刻对更大的题目提出自己的思考。他号召全球废弃战争——"人类最深重的苦难和最大的罪恶"——并且以一个高姿态来包扎日本与盟国之间的创伤。他宣告："为此目的，在处决之日，我请求全日本所有会众的成员，不论何种宗教或信仰，不论是独处在家，还是在公开礼拜的祭坛上，都来寻求神灵的帮助和引导，让世界保持和平，以免人类遭到毁灭。"他万万没有料到，仅仅一年左右他就会去打仗——这次是在朝鲜。

被告中有七人现在提起上诉，不是向海牙国际法院，而是向美国最高法院。其中两个——广田和土肥原——已被判死刑，其余五人是木户、东乡、佐藤、岛田和冈。他们上诉的核心是麦克阿瑟设立法庭为越权行为，相同的论点辩方在审判期间曾经提出来过。

正如法律上惯常出现的局面一样，在华盛顿，问题的焦点转移了。战犯们的命运问题变成了对最高法院是否有权力审核白宫处理外交事务和在国外使用武力的一个测试。美国最高法院法官、前纽伦堡美国首席检察官罗伯特·杰克逊说："这确实是大问题。"问题的核心在于，纽伦堡法庭是按照四国协议设立的，而东京法庭是由麦克阿瑟作为远东委员会的代理人，依据日本投降条款创建起来的。

1948年12月7日，正巧是袭击珍珠港的七周年纪念日，最高法院以五对四的表决通过审理此案。法院说在审核判决之前，首先要决定法院是否具有司法管辖权。杰克逊法官投了决定性的一票。

正如一家日本报纸所报道的，这一表决在日本引起了"轰动"。普通日本民众对美国的司法程序表示惊讶、赞赏和困惑。然而，在盟军最高统帅部出现了惊慌失措。麦克阿瑟的法律处主管阿尔瓦·C.卡彭特上校承认最高法院的举动"出人意料"。这一次，如今在华盛顿的约瑟夫·季南居然没有发表评论。几天前他曾经与杜鲁门商谈过，之后引述了总统的话，说总统对东京审判的运作方式表示满意。

美国的一些盟国甚为恼火。这是美国自我中心的又一个实例。世界被指望要随着美国最高法院的调子起舞。12月15日，远东委员会行动了。它宣告东京法庭"是由国际权力任命并依据国际权力运作的一个国际法院"（国际权力自然是指远东委员会的权力）。言外之意很明白：美国的法院对此事没有管辖权。

第二天此案在美国最高法院展开辩论。美国副检察长菲利普·B. 珀尔曼（Philip B. Perlman）在他的案情简述中主张，如果最高法院妄自赋予自己审核行政部门执行外交政策行为的权力，那将造成无可弥补的损害。珀尔曼坚持，麦克阿瑟在最高统帅的位置上，"只服从远东委员会的指令。"

有争议的法院自由派领导人威廉·O. 道格拉斯（William O. Douglas）法官大吃一惊。"你的意思是一位既为美国政府、也为另外一个政府工作的美国将军不受本法院的管辖？"

珀尔曼回答："在这件事上就是如此。"

12月20日，在公开辩论两天、内部会商三天之后，最高法院以六对一的表决认定，"美国的法院没有权力或权能审核、确认、驳回或废止（东京法庭的）判决及科刑。"杰克逊由于他在纽伦堡的角色有利益冲突，没有参加表决；还有一位法官没有即时公开他的取向，但最终倒向了多数派。辩方已经来到了死胡同。

"巢鸭七囚"有七个星期的时间等待法律交锋的结果，这期间他们写俳句、读佛经、玩接龙纸牌度日。自11月12日宣判之后，他们已经回到巢鸭，移送5C区，一人一间囚室。没有其他犯人被关在这个有50多间囚室的区里。犯人由八名警卫人员组成的小分队24小时监视，6小时换岗一次。对每一个犯人每15分钟观察一次呼吸和动脉出血。美国人决心避免另一次戈林插曲。

囚室的大小是8英尺×5.5英尺，每一间里有书桌、洗脸盆和马桶。地板上铺着"布团"（futon）垫子，给每个犯人发了毯子。囚区有暖气，因为如今的日子变得越来越暗、越来越冷。双层网屏罩住囚室的窗子。死囚能领到日本香烟，一次一支，必须由警卫点燃。每间囚室里的电灯从来也不熄灭。

判徒刑的被告也关押在巢鸭。他们被监禁在蓝区，在战前这里曾被用于关押女囚。一堵高墙把蓝区和5C区分隔开，但是从蓝区的二楼望过去，死囚囚室的灯光能看得清清楚楚。佐藤中将在他的日记里倾诉："我每天早晨起床，都会久久凝视那一区，对自己说，'还没有什么事发生。'……一个又一个的早晨像这样过去，已经有一个多月了。"12月22日的夜里，也就是被告在华盛顿的法律战告负的那天，佐藤有一个预感——他将不会看见电灯在第二天早晨发光了。

他猜对了。

34　绞刑架上的正义

　　绞杀是一种年代久远的做法,以它独有的惹人注目的方式给死囚施加明显的羞辱,类似在肉店悬挂牲畜的身架。英国一个调查极刑的皇家委员会得出的结论是(这个调查刚巧发表在东京执行绞刑的一年之后):"因此,绞刑被认为是特别严厉和贬损的处决方式,适于卑鄙的罪犯和罪行。"庭审证词揭露,日本人痴迷于将受害者斩首(如果不是刺死的话);有鉴于此,阅读16世纪纽伦堡死刑执行人弗朗茨·施密特(Franz Schmidt)的日记令人感到病态的兴趣——他评论斩首是一种有尊严的处决方式,而绞死是不光彩的,如果在最后一分钟用剑来替代绞索,会被看作"施恩的行为"或者是仁慈的举动。

　　被远东国际军事法庭判处无期徒刑的佐藤中将写出了对死刑战犯处决方式的怨恨。他在日记里问道:"撇开判处六位将军和一位首相死刑对错的问题不谈,为什么不判处枪决他们? 即便法庭判他们绞刑,麦克阿瑟是有权复核判决的。……麦克阿瑟甚至没有丝毫所谓武士的怜悯之心。"

　　由于处决是由美国陆军来执行,因而适用美军军事处决程序手册。这本对外保密的文件写道,"要在不少于24小时之前通知犯人处决的时间。"于是,1948 年 12 月 21 日晚 9 时,被判处死刑的人按照英文字母的顺序被带出监房,到 5C 区一楼的一间临时小教堂。在美国人接管巢鸭之前,监狱里没有教堂。犯人穿着没有制式的陆军工作服,表示犯人的字母 P 印在背后。在佛教训导师花山信胜的陪伴下,监狱长莫里斯·C. 汉德韦克(Morris C. Handwerk)上校宣布:"处决将于 1948 年 12 月 23 日 00:01 时在巢鸭监狱执行。"战犯们静静地得到这个消息,脸色显得苍白而阴沉;广田则眼神呆滞。

每个囚犯离开小教堂时都被量了体重,这是即将来临之事的前兆。体重被用来计算"垂直距离"。出于仁慈,为了加快受刑者的死亡速度,垂直距离在 19 世纪已经通过试验和纠错研究出来了——折断脊椎会造成几乎是即刻的死亡,不会悬在绳子的末端挣扎,缓慢窒息而死,或者更缓慢地因中风而死亡。还有另一个问题:如果垂直距离过长,被处死者的头颅可能从躯体上被扯断。举例来说,东条英机重 130 磅(在监狱里他的体重既没有增也没有减);因此,根据美国陆军的程序手册,一旦装置被触发,东条将会下落 7 英尺 7 英寸。

在与汉德韦克上校会商时,东条充当了发言人。死囚们的最后请求是一份简单的日餐,也许就是包着腌菜丁的冷饭团和一杯清酒。汉德韦克没有作出承诺。但是第二天,即他们在世上的最后一天,给他们吃的是米饭、味噌汤和烤鱼。当花山主持临终仪式时,每人都将一杯米酒一饮而尽,除了不喝酒的木村只抿了一点点儿。

12 月 22 日是一个冷天,桐树的败叶被风吹到分隔监房区和行刑室的空旷院落。远远望去,其他的囚徒能够看到"巢鸭七囚"

拖着脚步最后一次缓缓走过放风院落的冻土,每个人都与一名警卫铐在一起。儿玉誉士夫在日记里写道,"不知不觉,我的视线离开了他们。"像其他囚犯一样,凝视这些往日的日本政治掮客,他忍不住怀疑起自己所看到的到底是现实,还是一场梦魇。或许两者都有一点儿吧。

死囚们书写遗书,在花山为他们上路主持的仪式上祈祷,度过了最后一个白昼和夜晚。只有武藤承认他有"阵阵的恐惧",而且向花山吐露"其他人也同样有这种恐惧。"

在晚上 11 时 30 分,四个囚犯——土肥原、松井、东条和武藤,按这个顺序——每个人与两名警卫铐在一起,进入临时小教堂,点烛,焚香,并且几乎听不见声音地诵读佛经。他们一一互相握手,轻声道出再见,然后由花山陪伴穿过庭院赴约。70 岁的松井是四人组中最老的一个,他接受了自己的命运,发出了认命和蔑视的呼喊:"万岁! 万岁! 万岁!"其他人也加入进去。行刑室灯火通明,花山在门口离开了他们。沿着一面墙站着两位穿深色西装的人和两位身着制服的将军,他们分别是远东委员会的澳大利亚、美国、中国和苏联成员,麦克阿瑟传召他们作为见证人。除了死囚,没有日本人在场。不同于纽伦堡当局,麦克阿瑟阻止所有的摄影师到场,甚至禁止作为死刑执行文献证据的官方摄影。出于武士的怜悯之心,麦克阿瑟饶过了对他们的终极羞辱,没有将他们受死的照片在全世界媒体的头版醒目展示。

屋子中间是有 13 级台阶的高台。四条绳索从绞架上垂下来,每一条都是用 1 英寸宽的马尼拉麻拧成的。在前一天,绳索已经被切割成 80 英尺的长段,经过水煮和拉抻,去除了弹性、僵硬,或者打卷的倾向。绞刑官的绳结,就是古代水手所谓的"挡风结",已被涂蜡以确保光滑。

在台阶脚下，囚犯的手铐被除去，双臂被 2 英寸宽的带子绑在两侧。他们缓慢地爬上台阶。在高台上，每个人都站在绞索旁边，踝关节被 1 英寸宽的带子绑在一起。绞索现在紧紧地套在囚犯的脖子上，绳结置于左耳之后。把绳结放在左边会确保当活动木板弹开时它会处于前面，把囚犯的脖子猛地往回拉，折断他的颈椎并使脊髓开裂。放不对的话，绳结会移到脖子后面，把脖子往前推。要是那种情况发生，死囚可能会吊着扭动一刻钟或更长时间，直到窒息而死。

关于行刑的情况，唯一知道的见证者描述是西博尔德的回忆录。"他们似乎是拖着脚步走路，从我面前经过时都一脸茫然。"他这样写道。警卫长官只进出一个单词："开始！"活动地板弹开了。处决进展如此之快，从生到死只要 1 分半钟。当花山再次穿过院落返回他的监房小教堂，去为第二组囚犯——板垣、广田和木村——主持临终仪式时，他听到"很响的坠落声"，不由自主地回头看看。对西博尔德来说，绞架的机关"听着好似步枪连发。"

一位军医官手里拿着听诊器，检查每一个吊着的人。由于括约肌松弛，这些人的裤子被遗出的屎尿污染。因为充血造成生殖器官肿胀并有精迹，这也是暴死的副产物。当医官确认这些人已经死亡后，他召来高级军医官，由后者确认这一报告，并且宣布："我宣布此人死亡。"高级军医官发布这些公告的时间是：土肥原，00:08½；东条，00:10½；武藤，00:11½；松井，00:13。美国陆军丧葬登记队切断绞索把他们的尸体取下来，采集指纹，然后把尸体放进木制的棺材里。

第二组在午夜后 19 分钟进入行刑室。"当他们从我面前经过的时候，广田转过头来直盯着我的眼睛。"西博尔德说，"那是在交换眼神，他眼神里似乎在乞求我的同情和理解。"

板垣被宣布死亡是在 00∶32½，广田在 00∶34½，而木村在 00∶35。

死亡证书由两位军医官签名，如今保存在马里兰州的美国国家档案馆里，简单证明"在对……执行绞死刑时我们在场。"证书没有阐明死亡是否即刻发生——是颈椎被折断，还是由于阻断了空气通道而死于窒息。不论是哪种情况，"巢鸭七囚"都没有缓慢地死去。

木棺现在被装上一辆军用卡车，冒着细雨被护送到横滨市火葬场。火葬场坐落在被炸开的山谷里，是一个丑陋、低矮的水泥建筑物，因为有一个 200 英尺的高烟筒矗立其上而与众不同。以木柴和煤为燃料，7 个铁质炉膛销毁了战犯的遗体。"巢鸭七囚"的骨灰被装在 4 英寸×5 英寸、与传统日本午餐盒相似的黑匣子里拿走，扬撒在风中。火葬场由上了刺刀的美国岗哨严密把守。火葬场场长飞田浩志（Hiroshi Tobita，音）[1]说："这让我想起战争年代东条出巡时日本警察列队的阵势。"而合众国际社东京分部的一位日本职员却不这样看。他写道，火葬场的程序随随便便，只用了普普通通的垃圾焚化炉，并无尊严可言。

第二天是圣诞节前夕，麦克阿瑟宣布释放全体甲级战罪嫌疑犯。他的公告以终结性的口吻说："这一释放完成了对关押在日本的所有前主要战罪嫌疑犯的处置。" .

随着"巢鸭七囚"的处决，历史上审判主要战争罪犯的最后一

---

1 一说此人名飞田美善（Miyoshi Tobita），存疑——译者注。

个国际军事法庭结束了它的使命。历史上？是啊，纽伦堡是第一个，而东京就是最后一个。万一爆发第三次世界大战，肯定不会有人活下来受审，也不会有人活下来去审判了。

附录 A　被起诉的甲级战犯

荒木贞夫(1877—1966 年),陆军大将。陆军大臣,1931—1934;军事参议官,1934—1936;文部大臣,1938—1939;内阁高级顾问,1939—1940。日本军事扩张主义的早期提倡者。他为人傲慢、虚张声势,曾称对华战争是"神赐的礼物"。在文部大臣任上,他按军事方式重组日本学校体系。在太平洋战争初期,他对东条首相有过重大影响。被判定在罪状第 1 和 27 项下有罪。处以无期徒刑。1955 年获假释。

土肥原贤二(1883—1948 年),陆军大将。关东军司令,1938—1940;军事参议官,1940—1943;驻新加坡的陆军司令,1944—1945。从做军官的初期起,他就是一个搞阴谋诡计、恐怖主义和秘密活动的大师。他还深深介入日军在满洲的毒品贩卖。之后,他负责管理在马来亚、苏门答腊、爪哇和婆罗洲残酷的战俘和平民集中营。被判定在罪状第 1、27、29、31、32、35、36、54 项下有罪。处以死刑。

桥本欣五郎(1890—1957 年),陆军大佐。担任过多种指挥官职务,包括 1937 年南京暴行期间为一个炮兵团指挥官。他是个手腕高超的内幕人士,是 1930 年代日本政坛一系列刺杀和政变背后狂热青年军官势力的一个领袖人物。他在筹划奉天事变中扮演了一个主要角色,该事变最终导致了对华战争。他写过政治书籍和小册子以及种族主义的宣传材料,在动员日本公众舆论支持太平洋战争中起到重要作用。被判定在罪状第 1、27 项下有罪。处以无期徒刑。1954 年获假释。

畑俊六(1879—1962 年),陆军元帅。军事参议官,1937;中国派遣军司令,1938,1941—1944;陆军大臣,1939—1940。在 1930 年代,他是策划日本侵略中国和其他海外冒险的鹰派人物之一。作为战地司令,他亲自督导攻占汉口,并全面指挥对中国平民百姓犯下无数暴行的日本军队。被判定在罪状第 1、27、29、31、32、55 项下有罪。处以无期徒刑。1954 年获假释。

平沼骐一郎(1867—1952 年),男爵。枢密院顾问官,1924—1939;国本社(右翼爱国社团)创始人和社长,1926—1928;总理大臣,1938;内务大臣,1940;无任所大臣,1940—1941;枢密院议长,1945。作为专制的贵族,他是东京的一个主要政治人物,早年鼓吹战争,但是在 1943 年改变了自己的立场,参与了一个寻求和平的秘密计划。被判定在罪状第 1、27、29、31、32、36 项下有罪。处以无期徒刑。

广田弘毅(1878—1948 年),男爵。驻苏联大使,1928—1931;外务大臣,1933—1936;总理大臣,1936—1937。受势力强大的秘密社团黑龙会创始人头山满（Mitsuru Toyama）的提携,他在 1930 年代初成为日本政治的"教父"。他在日军南京暴行及其他暴行发生时是外务大臣。作为首相,他领导的内阁除了继续进行未经宣战的对华战争之外,还策划了对东南亚和太平洋岛屿的侵略。被判定在罪状第 1、27、55 项下有罪。处以死刑。

星野直树（1892—1978 年）。"满洲国"财政首脑,1932—1934;"满洲国"总务长官（文官首脑）,1936;无任所大臣,1940—1941;内阁书记官长,1941—1944。在他的指导下,军队在满洲贩卖毒品为日本对满洲的占领融资。他是个狂热的强硬派,起草了对英国和对美国的宣战书,也是内阁中最热衷的战争支持者。被判定在罪状第 1、27、29、31、32 项下有罪。处以无期徒刑。1955 年获假释。

板垣征四郎（1885—1948 年）,陆军大将。关东军参谋长,1936—1937;陆军大臣,1938—1939;陆军总参谋长,1939;驻朝鲜日军司令,1941;军事参议官,1943;驻新加坡日军司令,1945。他是又一个傲慢残忍的军国主义分子,在 1920 年代和 1930 年代密谋策划战争。之后,他指挥下的军队在中国及其他地方对俘虏和普通民众实施恐怖行为。他应为爪哇、苏门答腊、马来亚、婆罗洲和其他地方的战俘营承担责任。被判定在罪状第 1、27、29、31、32、35、36、54 项下有罪。处以死刑。

贺屋兴宣（1889—1977 年）。大藏大臣,1937—1938,1941—1944;华北开发会社总裁,1939—1941。他很早就主张将麻醉品卖给中国人，以便为日本占领军的费用融资。在华北开发会社，他为日本利益侵吞中国的工业并掠夺中国的自然资源。此后在战争中，他为缅甸-暹罗死亡铁路安排资金，明知是战俘和受奴役的苦工在修筑这条铁路，并且有许多人付出了生命的代价。被判定在罪状第 1、27、29、31、32 项下有罪。处以无期徒刑。1955 年获假释。

木户幸一（1889—1977 年），侯爵。内大臣秘书长，1930—1937；文部大臣，1937；厚生大臣，1938；内务大臣，1939；内大臣，1940—1945。他是皇宫的高级管家和务实的政客，在对华战争和对盟国战争的最关键时段是裕仁天皇最亲密的顾问。在他处于或接近权力中心的整个时期都坚持写日记，在东京审判的很长时间里他的秘密日记都被检方当作圣经来用。被判定在罪状第 1、27、29、31、32 项下有罪。处以无期徒刑。1955 年获假释。

木村兵太郎（1888—1948 年），陆军大将。关东军参谋长，1940—1941；陆军次长，1941—1943；军事参议官，1943；缅甸方面军司令，1944—1945。在陆军省，他协助策划对华战争和太平洋战争，包括突然袭击。之后，他准许对同盟军战俘的残酷虐待，在战俘和平民苦工修筑缅甸-暹罗铁路并为之丧生期间，他正是驻缅甸的战地司令。他还与对缅甸平民百姓的暴行有关联。被判定在罪状第 1、27、29、31、32、54、55 项下有罪。处以死刑。

小矶国昭（1880—1950 年），陆军大将。陆军次长，1932；关东军参谋长，1932—1934；朝鲜方面军司令，1935—1938；拓务大臣，

1939；朝鲜总督，1942—1944；总理大臣，1944—1945。他是日本扩张主义的坚决拥护者，是1930年代和1940年代统治日本的军事集团中一个重要的成员。由于野蛮残暴，他在朝鲜人中以"朝鲜之虎"著称。作为首相，他对战俘的死亡集中营完全知情。被判定在罪状第1、27、29、31、32、55项下有罪。处以无期徒刑。

松井石根（1878—1948年），陆军大将。出席日内瓦裁军会议的天皇个人代表，1932—1937；中国派遣军司令，1937—1938。他是多个极端爱国主义秘密社团的领导人（这类秘密社团在1920年代和1930年代盛行于日本）。在裁军会议上，他实际上代表了主战的军国主义分子。由他全面指挥的部队是1937年南京暴行以及其他暴行的责任承担者。他在1938年退休，其后在军务中不再起积极作用。被判定在罪状第55项下有罪。处以死刑。

松冈洋右（1880—1946年）。日本驻国际联盟首席代表，1933；南满铁路总裁，1935—1939；外务大臣，1939—1940。除了担任这些重要职务，他还撰写了侵略好战的书籍和小册子，发表言辞激烈的演讲公开鼓吹军事扩张主义政策。他崇拜希特勒和斯大林，精心安排了与德国和意大利的轴心联盟以及与苏联的互不侵犯条约。在审判早期死于肺结核。

南次郎（1874—1955年），陆军大将。陆军大臣，1931；军事参议官，1931—1934；关东军司令，1934—1936；朝鲜总督，1936—1942；枢密院顾问官，1942—1945。他顽固而专横，是1930年代和1940年代控制日本的好战军人集团的一个早期领导人。在征服和蹂躏满洲并策划对中国的"圣战"之后,他以铁腕统治日本的朝鲜殖民地。被判定在罪状第 1、27 项下有罪。处以无期徒刑。1954 年获假释。

武藤章(1892—1948 年),陆军中将。中国派遣军副参谋长,1937;军务局局长,1939—1942;苏门答腊方面军司令,1942—1943;菲律宾方面军参谋长,1944—1945。他所指挥的部队参与了南京暴行和马尼拉暴行。他还对苏门答腊各战俘营负有全面指导责任,并在那里招募印度尼西亚人做苦工。被判定在罪状第 1、27、29、31、32、54、55 项下有罪。处以死刑。

永野修身(1880—1947 年),海军大将。出席海军裁军会议的代表,1931—1933;海军大臣,1936—1937;舰队司令,1937;海军参谋长,1941;天皇海军顾问,1944。在他职业生涯的早期曾任驻华盛顿日本大使馆的海军武官。1941 年,他是突袭珍珠港、香港、马尼拉及南太平洋其他地区的关键策划者。审判期间死于自然原因。

冈敬纯(1890—1973 年),海军中将。海军军务局局长,1940—1944;海军次长,1944。他是策划在 1941 年 12 月的第二个星期由日本海军实施突袭行动的另一个重要参与者。此后在战争中,他领导的军务局颁发指令,动用臭名昭著的"地狱航船"运送盟军战俘和平民苦工,造成数以千计的死亡。他还是太平洋岛屿一些战俘营和平民集中营管理的责任人,并且下达命令射杀被鱼雷击沉的盟国船只的幸存者。被判定在罪状第 1、27、29、31、32 项下有罪。处以无期徒刑。1954 年获假释。

大川周明（1886—1957 年）。他没有正式的政府职位，却是 1930 年代日本军国主义者崛起背后的主要知识分子。他阴谋策划了两位首相的暗杀，在奉天事变中也起到关键作用。他的作品和演讲很早便直言不讳地鼓吹与中国、美国和欧洲盟国的战争。他患有梅毒并且吸毒成瘾，开庭第一天就在法庭上精神失控。他被送到精神病院，1948 年作为自由人从那里被释放。

大岛浩（1886—1975 年），陆军中将。驻德国武官，1934—1938；驻德国大使，1938—1939，1941—1945。作为外交家，他的工作与其说是外务省的代表，不如说是陆军省的代表。他喜爱奢华、虚荣，傲慢自大，许多日本人认为他"比纳粹还纳粹"。他协助打造了与德国和意大利的轴心协定，并且是希特勒、希姆莱、戈林和里宾特洛甫的密友。他还曾经组织过一次流产的暗杀斯大林秘密行动。被判定在罪状第 1 项下有罪。处以无期徒刑。1955 年获假释。

佐藤贤了（1895—1975 年），陆军中将。军务局课长、局长，1942—1944；中国派遣军助理参谋长，1944；印度支那方面军司令，1945。他是一个冥顽不化、毫不悔改的军国主义分子，在珍珠港事件后曾吹嘘，日本将会在"敌国首都"华盛顿口述和平条款。他以印度支那指挥官的身份批准关于运送和处置战俘及平民囚犯的指令，其中很多人被迫做苦工修筑缅甸-暹罗铁路。被判定在罪状第 1、27、29、31、32 项下有罪。处以无期徒刑。1956 年获假释。

重光葵（1887—1957 年）。驻中国大使，1931—1932；外务次长，1933—1936；驻苏联大使，1936—1938；驻英国大使，1938—1941；外务大臣，1943—1945。他是职业外交家，在 1930 年代和 1940 年代军国主义分子占优势的历届政府中担任重要职务。尽管如此，他本人还是倾向于与中国和平相处、结束太平洋战争。1945 年，他和梅津将军一起签署了日本投降书。苏联人坚持要起诉他。被判定在罪状第 27、29、31、32、33、55 项下有罪。处以 7 年有期徒刑。1950 年获假释后，他重返政坛，于 1954 年被任命为外务大臣。

岛田繁太郎（1883—1976 年），海军大将。海军副参谋长，1935—1937；中国舰队司令，1940；海军大臣，1941—1944；军事参议官，1944。他老于世故、虚情假意、优柔寡断，是军国主义的一个盲目支持者。1941 年 12 月的海军突袭行动就是由他授权的。此后在战争中，海军部队在他全面指挥下杀害盟军战俘，用"地狱航船"运送战俘和平民囚犯，并射杀被鱼雷击沉的盟国船只的任何幸存船员。被判定在罪状第 1、27、29、31、32 项下有罪。处以无期徒刑。1955 年获假释。

白鸟敏夫（1887—1949 年）。外务省情报局局长，1929—1933；驻意大利大使，1938—1940；外务大臣顾问，1940。他是个狂热支持军事扩张主义的职业外交家，赞同由德国、意大利、苏联和日本缔结联盟来统治世界。作为驻意大使，他成为墨索里尼和外交部长齐亚诺的知己，并且与大岛一道成为打造轴心协定的关键人物。被判定在罪状第 1 项下有罪。处以无期徒刑。

铃木贞一（1888—　　　[1]），陆军中将。兴亚院长官，1938—1941；内阁企划院总裁、无任所大臣，1941—1943；内阁顾问，1943—1944。他是军国主义的早期积极支持者，策划指导了战时日本经济的总动员。他还参与了日本在中国的毒品贩卖，并批准使用战俘和平民做苦工。被判定在罪状第 1、27、29、31、32 项下有罪。处以无期徒刑。1955 年获假释。

东乡茂德（1882—1950 年）。驻德国大使，1937；驻苏联大使，1938；外务大臣，1941—1942，1945。他是职业外交家，因敌视纳粹而被免去驻德大使之职位。在珍珠港袭击之前，他与美国进行了和平谈判。（在审判中他指证说，这些谈判曾按照军国主义分子的命令而拖延，这些人要为自己的突袭行动作掩护。）被判定在罪状第 1、27、29、31、32 项下有罪。处以 20 年有期徒刑。

东条英机（1884—1948 年），陆军大将。关东宪兵司令，1935；满洲事务局顾问，1936；关东军参谋长，1937—1938；陆军次长，1938；陆军大臣，1940—1944；总理大臣，1941—1944。作为战时首相，他实质上是个独裁者，因为他还同时主持陆军省、外务省、内务省和文部省。他是个顽固、狭隘的军国主义分子，以"杰出的战术家、糟糕的战略家"著称。同盟国把残忍的东条视为太平洋战争的罪魁祸首。他意识到自己有罪，同时为战败感到羞耻，于是为他的政府及军方战时的一切行为承担全部责任。被判定在罪状第 1、27、29、31、32、33、54 项下有罪。处以死刑。

---

1 卒于本书出版后的 1989 年——译者注。

梅津美治郎（1882—1949 年），陆军大将。参谋本部总务部长，1931—1934；中国派遣军司令，1934；陆军次长，1936—1938；关东军司令，1939—1944；陆军总参谋长，1944—1945。作为陆军中军国主义分子小集团的又一个成员，他在 1930 年代崭露头角成为政治掮客。他在日本被称为"象牙面具"，是一个严厉而难以捉摸的领导者，让所有的人既尊敬又惧怕。1945 年，他和重光外相一起签署了日本投降书。被判定在罪状第 1、27、29、31、32 项下有罪。处以无期徒刑。

附录 B　远东国际军事法庭对起诉的认定[1]

　　起诉书中的第 1 项罪状是控告全体被告与其他人等，参加了一个共同计划或阴谋的制定或执行。这一共同计划的目的，系在取得日本对东亚、太平洋及印度洋，以及该地区内或与其接壤的所有国家及岛屿之陆海军、政治及经济的控制地位。为达到此目的，日本单独或联合其他具有同样目的之国家，进行侵略战争，以对付任何反对此侵略目的之国家。

　　毫无疑问，阴谋参加者中某些人所发表的声明是与上述的夸大言词相符合的。但是，据我们的意见看来，他们所发表的只不过是个人的野心妄想，对此并无相反证明。因此，举例来说，我们并不认为这些阴谋者真正想要获得对南北美洲的统治。我们的意见是，阴谋者的愿望在具体的共同计划中所表现出来的，只限于东亚、西太平洋、西南太平洋、印度洋以及上述两洋中的某些岛屿，才是他们决心要由日本控制的领土。所以，我们在处理第 1 项罪状时，只以上述目的的控告为限。

1　本附录译文基于张效林译：《远东国际军事法庭判决书》（群众出版社，1986 年）第 563—568 页，并作了一些修改——译者注。

我们首先考虑的是具有上述目的之阴谋,是否能够证明曾确有其事。

早在 1928 年以前,原来的被告之一,现因精神状态而为本判决所除外的大川,曾公开主张由日本使用恫吓,必要时则使用武力将日本的版图扩大到亚洲大陆。他还主张日本应争取统治西伯利亚东部及南洋群岛。他预言说,他所倡导的道路,必然使东方和西方之间发生战争,日本在那个战争中,将成为东方的优胜者。他所倡导的计划得到了日本总参谋部的鼓励和帮助。在这个计划中所述的目的,在实质上,正是我们所下定义的阴谋目的。我们在检讨事实时,曾注意阴谋者们在以后所作的许多有关阴谋目的的声明。这些声明在重要问题上与大川的早期言论并无任何区别。

当 1927 年至 1929 年间,田中(义一)做总理大臣时,军人中的一派和大川以及其他文职支持者们就已经在倡导日本必须使用武力对外扩张的这种大川政策。这时候,阴谋业已存在了。而这种阴谋一直继续存在到 1945 年日本失败时为止。在田中做总理大臣时最紧迫问题是,一如田中及其内阁阁员所希望的使用和平侵入的方法,试行扩大日本在大陆——首先从满洲开始——的势力呢,还是像阴谋者们所主张的,必要时应使用武力来达到扩张之目的呢? 阴谋者无论如何是需要获得国民的支持并控制住国民的。于是这就开始了一个长期的两派斗争,一方面是主张借武力达到自己目的的阴谋者,另一方面是些政客以及后来的官僚,他们主张用和平的手段或者至少是更慎重地选择行使武力的时机来实施日本的扩张。当这个斗争达到顶点的时候,阴谋者获得了对日本政府机关的控制,并为达到阴谋目的所计划的侵略战争而准备和组织管制国民的心理及物质资源。阴谋者为了压倒反对方面,使用了完全违反宪制的手段，有时使用了极端残酷的手段。靠着宣传和劝诱，把许多人拉到自己方面来；但是不经内阁批准或蔑视内阁的反对在国外采取军事行动，暗杀反对派的首领，阴谋用武力推翻拒绝与他们合作的内阁，甚至占据首都、企图推翻政府而举行军事叛变，这些都是阴谋者为最终控制日本的政治组织所使用的战术中的一部分。

当阴谋者认为他们已有充分的力量足以压倒国内的反对，以及之后当他们终于压倒了一切这类的反对的时候，阴谋者便逐步实行了为达到他们的日本统治远东这一最后目标所需要的攻击。在 1931 年，他们发动了对中国的侵略战争，占领了满洲和热河。到 1934 年，他们已经开始侵入华北，在华北驻兵，并设立了专为他们的目的服务而组织的各种傀儡政府。自 1937 年以后，他们对中国继续进行大规模的侵略战争，侵入和占领了许多中国领土，设立了仿效上述形式的各种傀儡政府，并且开发了中国的经济和天然资源以满足日本之军事和一般人的需要。

与此同时，他们已长期进行了企图发动对苏侵略战争的计划和准备。他们的意图是一俟有方便的机会，就去占领苏联的东部领土。他们也老早就认识到，他们开发东亚和他们对西太平洋及西南太平洋岛屿的企图，将使他们与美国、英国、法国及荷兰引起纷争，因为这些国家要保护他们受威胁的权益和领土。因此他们也计划并准备了对这些国家的战争。

阴谋者使日本加入了与德国和意大利的同盟。德意两国的政策和他们自己的一样，也是侵略政策。由于他们在中国的侵略行动，使日本在国际联盟遭受谴责，以致在世界外交上失去了友人。因此，他们希望德意两国在外交方面和军事方面给予支持。

他们攻击苏联的企图,由于种种原因而一再延期。在那些原因中有:(一)日本在其所陷入的对华战争中,消耗了意外大量的军需物资;(二)1939年所缔结的德苏互不侵犯条约,暂时使苏联避免了在西方边境受攻击的威胁,因此,如果日本进攻苏联,苏联有可能拨出它的大部分兵力来保卫东方的领土。

接着在1940年,德国在欧洲大陆上获得了巨大的军事成功。暂时之间,英国、法国及荷兰无力去充分保护它们在远东的本身权益和领土。而美国的军事准备尚在初期阶段。这从阴谋者来看,为实现他们目的中的一部分,即日本企图达到控制亚洲西南部和西太平洋、西南太平洋及印度洋中的岛屿,这好像是千载难逢的机会。在与美国的长期谈判中,他们拒绝放弃他们在侵华战争中所获得的任何重要部分的果实;嗣后在1941年12月7日,阴谋者就发动了对美国和英联邦的侵略战争。他们在这以前已然发出了命令,宣布自1941年12月7日00:00时起,日本与荷兰之间已进入战争状态。他们为了保持攻击菲律宾、马来亚和荷属东印度的基地,早前就将军队强迫进入法属印度支那驻扎;而这种驻兵,是在如果拒绝予以便利即采取军事行动的威胁下所获得的。因为荷兰意识到战争状态的存在,并面临着远东领土被入侵的紧急威胁——这是阴谋者过去所长期计划而现在将付之实行的东西——于是荷兰为了自卫而对日宣战。

为实行侵略战争的这些广泛计划,对这些侵略战争之长期的复杂的准备及其实行,并不是一个人的工作。这是为了达到共同目标、欲实行共同计划而从事活动的许多领导人的工作。他们的共同目标是通过准备和实行侵略战争来确保日本的支配地位,这是一个犯罪的目标。实际上不可设想还有什么比阴谋发动侵略战争和实行侵略战争更严重的罪行，因为这种阴谋威胁了全世界各民族的安全，而它的实行破坏了全世界各民族的安全。这类阴谋的可能结果及其付之实行时的必然结果，是使无数的人遭遇死亡和痛苦。

本法庭对于第1项罪状中是否因违反所附的详细载明的条约、协定及保证而发动侵略战争的阴谋一节，认为没有考虑的必要。因为实行侵略战争的阴谋就已经是最高限度的犯罪。

本法庭认定，在第1项罪状中所控告的实行侵略战争的犯罪阴谋之存在业已证明，但是只以上述的目的范围为限。

至于全体被告中谁曾参加了这个阴谋的问题，当俟处理各个案情时加以考虑。

这种阴谋曾长期存在，其付之实行也经历了多年时间。并非所有的阴谋者都是从最初起就参加的，并且参加者中的一部分人在事件尚未结束时就已经停止了实行阴谋的活动。在任何时期中参与这种犯罪阴谋的人，或者在任何时期中明知有罪而担任其实行的人，对于第一项罪状中所包含的控告都是有罪的。

鉴于我们对第1项罪状的认定，所以对第2项、第3项及第4项罪状已无处理的必要。第2项及第3项罪状较之我们认定业已获得证明的第1项罪状，所控告的制定及实行的阴谋目的之范围更加有限。第4项罪状与第1项罪状中的阴谋是一样的，不过是作更加详细的说明而已。

第5项罪状所控告的阴谋，比第1项罪状所控告的范围更为广泛，更具有益为夸大的阴谋目的。根据我们的意见，阴谋者中的某些人虽然明白地希望达到这些夸大的目的，但是要合法地认定第5项罪状中所控告的阴谋业已证实时，则证据还不够充分。

根据本判决前述部分所列举的理由,我们认为,对于第6项至第26项、第37项至第53项罪状没有作出任何宣告的必要。因此,剩下来的只有第27项至第36项罪状和第54项至第55项罪状了。关于这些罪状,我们要在此处加以认定。

第27项至第36项罪状是控告对于罪状所列举的国家,从事侵略战争和违反国际法、条约、协定及保证的战争之罪。

根据上面才总结出来的事实陈述,我们认定,除菲律宾(第30项罪状)和泰国(第34项罪状)以外,对于上述的所有国家都进行了侵略战争。关于菲律宾,正像我们所一直叙述的那样,它在战争时期中并非是完全的主权国家,至少在国际关系方面被看作美国的一部分。我们还说过,对菲律宾曾进行侵略战争这一事实是毫无疑问的,但是在理论上,我们认为对菲律宾的侵略战争是对美国的侵略战争之一部分。

第28项罪状是控告对中国进行侵略战争,但其期间则较第27项罪状的期间为短。我们既然已证实第27项罪状中所包括的更为完全的控告,因此,对于第28项罪状也就不作宣告了。

既然侵略战争这一点已被证实了,那么就没有必要去考虑这些战争是否也违反国际法,或者也违反条约、协定及保证了。因此,本法庭认定,业已证实曾实行了侵略战争,一如第27项、第29项、第31项、第32项、第33项、第35项及第36项罪状中所控告的那样。

第54项罪状是控告曾命令、授权及准许去从事违反战争法规惯例的普通战争犯罪。第55项罪状是控告未曾采取充分的步骤来确保遵守和防止违反对于战争俘虏及被拘禁平民的条约和战争法规。我们认定,已有事例证实了以上两种罪状内的犯罪。

由于以上的认定的结果，关于对各被告的控告，我们打算只就以下罪状来加以考虑：第 1 项、第 27 项、第 29 项、第 31 项、第 32 项、第 33 项、第 35 项、第 36 项、第 54 项和第 55 项。

主要参考书目

Brines, Russell. *MacArthur's Japan*. Philadelphia: J. B. Lippincott, 1948.

布赖恩斯,拉塞尔:《麦克阿瑟的日本》;费城:J. B. Lippincott, 1948。

Brooks, Lester. *Behind Japan's Surrender*. New York: McGraw-Hill, 1948.

布鲁克斯,莱斯特:《日本投降的背后》;纽约:McGraw-Hill, 1948。

Browne, Courtney. *Tojo: The Last Banzai*. London: Angus and Robertson, 1967.

布朗,考特尼:《东条:最后的万岁》;伦敦:Angus and Robertson, 1967。

Butow, Robert. *Japan's Decision to Surrender*. Palo Alto, Calif.: Stanford University Press, 1954.

布托,罗伯特:《日本投降的决定》;加州帕洛阿尔托:斯坦福大学出版社, 1954。

——. *Tojo and the Coming of the War*. Princeton, N. J.: Princeton University Press, 1961.

(同上):《东条与战争的来临》;新泽西州普林斯顿:普林斯顿大学出版社, 1961。

Coughlin, William J. *Conquered Press: The MacArthur Era in Journalism*. Palo Alto, Calif.: Pacific Books, 1952.

库格林,威廉·J.:《被征服的媒体:新闻业的麦克阿瑟时代》;加州帕洛阿尔托:Pacific Books, 1952。

Feis, Herbert. *Japan Subdued*. Princeton, N. J.: Princeton University Press, 1961.

费斯,赫伯特:《日本投降》;新泽西州普林斯顿:普林斯顿大学出版社, 1961。

Fleisher, Wilfred. *What to Do with Japan*. New York: Doubleday, 1945.

弗莱舍,威尔弗雷德:《如何对待日本》;纽约:Doubleday, 1945。

Gimenez, Pedro M. *Under the Shadow of the Kempi*. Manila: A. Narvaez, 1946.

Glueck, Sheldon. *War Criminals*. New York: Kraus Reprint Corp., 1966.

Grew, Joseph C. *Ten Years in Japan*. New York: Simon & Schuster, 1944.

Hanayama, Shinsho. *The Way of Deliverance: Three Years with the Condemned Japanese War Criminals*. New York: Charles Scribner's Sons, 1950.

Ike, Nobutaka, ed. and trans. *Japan's Decision for War: Records of the 1941 Policy Conference*. Palo Alto, Calif.: Stanford University Press, 1967.

Kato, Masuo. *The Lost War*. New York: Alfred A. Knopf, 1946.

Keenan, Joseph, and Brendan Brown. *Crimes Against International Law*. Washington, D. C.: Public Affairs Press, 1950.

Kido, Koichi. *Diary of Koichi Kido*. Tokyo: Tokyo University Press, 1966.

Kodama, Yoshio. *Sugamo Diary*. Japan: Radiopress, 1960.

Konoye, Fumimaro. *The Memoirs of Prince Fumimaro Konoye*. Tokyo: Okuyama, 1946.

Layton, Edwin T., with Roger Pineau and John Costello. *"And I was There": Pearl Harbor and Midway — Breaking the Secrets*. New York: William Morrow, 1985.

吉梅内斯，佩德罗·M.：《在宪兵的阴影下》；马尼拉：A. Narvaez，1946。

格卢克，谢尔登：《战争罪犯》；纽约：Kraus Reprint Corp.，1966。

格鲁，约瑟夫·C.：《在日本的十年》；纽约：Simon & Schuster，1944。

花山信胜：《拯救之路：与被审判的日本战犯在一起的三年》；纽约：Charles Scribner's Sons，1950。

池信孝[音]（编辑并翻译）：《日本的开战决定：1941年的政策会议记录》；加州帕洛阿尔托：斯坦福大学出版社，1967。

加藤正夫：《失败的战争》；纽约：Alfred A. Knopf，1946。

季南，约瑟夫和布伦丹·布朗：《违反国际法的罪行》；华盛顿特区：公众事务出版社，1950。

木户幸一：《木户幸一日记》；东京：东京大学出版社，1966。

儿玉誉士夫：《狱中内外记》；日本：Radiopress，1960。

近卫文麿：《近卫文麿公爵回忆录》；东京：奥山房，1946。

莱顿，埃德温·T.，与罗杰·皮诺和约翰·科斯特洛合作：《"我在场"：珍珠港和中途岛——揭开秘密》；纽约：William Morrow，1985。

Lewe Van Aduard, E. J. *Japan from Surrender to Peace*. The Hague: M. Nijhoff, 1953.	莱韦·范爱德华, E. J.：《日本, 从投降到和平》。海牙：M. Nijhoff, 1953。
Lewis, John R. *Uncertain Judgment: A Bibliography of War Crimes Trials*. Santa Barbara, Calif.: Clio Books, 1979.	刘易斯, 约翰·R.：《不确定的判决：战争罪行审判书目》；加州圣巴巴拉：Clio Books, 1979。
Lu, David J. *From the Marco Polo Bridge to Pearl Harbor*. Washington, D. C.: Public Affairs Press, 1961.	卢, 戴维·J.：《从卢沟桥到珍珠港》；华盛顿特区：公众事务出版社, 1961。
Meskill, Johanna Menzel. *Hitler and Japan: The Hollow Alliance*. New York: Atherton Press, 1966.	梅斯基尔, 约翰娜·门泽尔：《希特勒与日本：空洞的联盟》；纽约：Atherton Press, 1966。
Minear, Richard. *Victor's Justice*. Princeton, N. J.: Princeton University Press, 1971.	迈尼尔, 理查德：《胜者之正义》；新泽西州普林斯顿：普林斯顿大学出版社, 1971。
Mosley, Leonard. *Hirohito: Emperor of Japan*. Englewood Cliffs, N. J.: Prentice-Hall, 1966.	莫斯利, 伦纳德：《日本天皇裕仁》；新泽西州恩格尔伍德崖：Prentice-Hall, 1966。
Neumann, William L. *The Genesis of Pearl Harbor*. Philadelphia: Pacifist Research Bureau, 1945.	纽曼, 威廉·L.：《珍珠港事件的起源》；费城：Pacifist Research Bureau, 1945。
Oya, Soichi, ed. *Japan's Longest Day*. London: Souvenir Press, 1963.	大宅壮一（编辑）：《日本最长的一天》；伦敦：Souvenir Press, 1963。
Piccigallo, Philip. *The Japanese on Trial*. Austin, Tex.: University of Texas Press, 1979.	皮奇加洛, 菲利普：《受审的日本人》；得克萨斯州奥斯汀：得克萨斯大学出版社, 1979。
Russell, E. F. L. *The Knights of Bushido*. New York: E. P. Dutton, 1958.	拉塞尔, E. F. L.：《武士道的武士们》；纽约：E. P. Dutton, 1958。
Sato, Kenryo. *Great East Asia War Memoirs*. Tokyo: Tokuma Shoten, 1966.	佐藤贤了：《大东亚战争回忆录》；东京：德间书店, 1966。

Shigemitsu, Mamoru. *Japan and her Destiny*, ed. by F. S. G. Piggott. New York: E. P. Dutton, 1958.	重光葵:《日本及其命运》,由 F·S·G·皮戈特编辑;纽约:E. P. Dutton, 1958。
Shimomura, Kainan. *A Secret History of the War's End*. Tokyo: Kamakura Bunko, 1948.	下村海南:《终战之秘史》;东京:镰仓文库, 1948。
Tiltman, Nessel. *Nightmares Must End*. London: Mayflower Press, 1940.	蒂尔特曼,内塞尔:《噩梦必须终止》;伦敦:Mayflower Press, 1940。
Togo, Shigenori. *The Cause of Japan*. New York: Simon & Schuster, 1956.	东乡茂德:《日本的事业》;纽约:Simon & Schuster, 1956。
Toland, John. *The Rising Sun*. New York: Random House, 1970.	托兰,约翰:《升起的太阳》;纽约:Random House, 1970。
Tolischus, Otto D. *Tokyo Record*. New York: Reynal & Hitchcock, 1943.	托利舒斯,奥托·D.:《东京记录》;纽约:Reynal & Hitchcock, 1943。
UN War Crimes Commission. *History of the United Nations War Crimes Commission and the Development of the Laws of War*. London: His Majesty's Stationery Office, 1948.	联合国家战争罪行委员会:《联合国家战争罪行委员会的历史和战争法的发展》;伦敦:国王文书局, 1948。
van der Post, Laurens. *The Prisoner and the Bomb*. New York: William Morrow, 1971.	范德波斯特,劳伦斯:《囚徒与炸弹》;纽约:William Morrow, 1971。
Ward, Robert E., and Frank J. Shulman. *The Allied Occupation of Japan, 1945 – 1952*. Chicago: American Library Association, 1972.	沃德,罗伯特·E.,和弗兰克·J·舒尔曼:《盟军对日本的占领,1945—1952》;芝加哥:美国图书馆协会, 1972。
Warner, Denis A. *The Sacred Warriors: Japan's Suicide Legions*. New York: Van Nostrand Reinhold, 1982.	沃纳,丹尼斯·A.:《神圣武士:日本的自杀军团》;纽约:Van Nostrand Reinhold, 1982。
Wheeler, Keith. *The Fall of Japan*. Alexandria, Va.: Time-Life Books, 1983.	惠勒,基思:《日本的衰落》;弗吉尼亚州亚历山德里亚:Time-Life Books, 1983。

Willoughby, Charles. *Shanghai Conspiracy*. New York: E. P. Dutton, 1952.	威洛比,查尔斯:《上海阴谋》;纽约:E. P. Dutton,1952。
Wolfinger, Jarritus. *Preliminary Inventory of the Record of the International Military Tribunal for the Far East*. Washington, D. C. : National Archives and Records Service, PI 180/RG 238, General Services Administration.	沃尔芬格,贾里图斯:《远东国际军事法庭记录的初步清单》;华盛顿特区:美国国家档案与记录管理局,PI 180/RG 238,综合服务部。

索　引

Minami, Jiro	南次郎	第 6、7、11、12、13、14、15、23、24、28、32 章
Miyano, Masatoshi	宫野正年	第 27 章
Miyo, Tatsukichi	三代辰吉	第 26 章
Montgomery, Austin J.	蒙哥马利, 奥斯汀·J.	第 21 章
Moody, Samuel B.	穆迪, 塞缪尔·B.	第 21 章
Moore, L. M.	莫尔, L. M.	第 13、14 章
Morname, Thomas F.	莫内姆, 托马斯·F.	第 22 章
Mo Ti	墨翟	导言
Mueller, P. J.	米勒, P. J.	第 10 章
Mukden Incident (September 1931)	奉天事变(1931 年 9 月, 又译"沈阳事变", 即"九一八事变")	第 2、7、9、11、12、15、24 章
Murakami, Keisaku	村上启作	第 18 章
Murphy, John D.	墨菲, 约翰·D.	第 1 章
Mussolini, Benito	墨索里尼, 贝尼托	第 17、28 章
Muto, Akira	武藤章	第 5、6、14、15、18、21、22、23、28、31、32、34 章
Nagano, Osami	永野修身	第 6、7、15、19、20、22、26、29、30 章
Nagase, Takashi	永濑隆	第 22 章
Namba, Tsunekazu	难波经一	第 16 章
Nell, Edward N.	内尔, 爱德华·N.	第 22 章
Nine-Power Treaty	九国公约	第 15 章
Nolan, Henry	诺兰, 亨利	第 3、11 章
Nomura, Kichisaburo	野村吉三郎	第 20 章
Norman, Herbert	诺尔曼, 赫伯特	第 2 章

索引

453

译后小记

这部书——Arnold C. Brackman 所著、纽约 William Morrow and Company 出版社 1987 年出版的 *The Other Nuremberg*：*The Untold Story of the Tokyo War Crimes Trials*——我第一次读到是在它出版那年,一位美国友人送给我的。匆匆翻过,觉得这真是一部不可多得的纪实作品,当时便产生了把它译为中文的想法,还向一位日本友人请教书中的日文人名、地名和一些词语的写法(那时候没有互联网,查找资料相当不易)。可惜刚刚开了个头,本职工作便日渐繁忙,这事一放下竟然就过了近 30 年。退休后,在东京审判研究中心各位老师的鼓励下,我和余燕明先生合作,终于译完了这本书,了却了多年来的一桩心愿。

本书作者在东京审判期间是美国合众国际社驻东京记者,绝大部分时间在法庭现场采访,对审判过程做了大量报道,并且是少数几位获准进入巢鸭监狱探访东条英机等战犯的记者之一。作者原本就掌握很多第一手资料,为写作这本书又做了大量工作,如采访当年的检察官、法官和辩护律师,查找散见于世界各地的卷宗等。用他本人的话说,"历时四分之一世纪,行程超过十万英里"才写出这本书。手稿写完后没等到出书,作者就去世了。

介绍东京审判的书不多，而以目击者的身份叙述东京审判，特别是庭审现场情景的作品，就更是寥若晨星了。本书基本上以审判的时间为序，各章又有不同侧重点，内容丰富、写法生动，可读性、可信度都非常高。当然，这毕竟是一位美国记者眼中的世界和国际政治，其局限性和一些偏颇之见自不待言。然而瑕不掩瑜，本书无论对研究者和普通读者来说都是一部很有价值的著作。

书中的人名、书名和报刊名称首次出现时都在括号中附了原文。地名方面则很少这样做，因为我想大部分地名对读者应该不太陌生，或者比较容易查到。人名、地名的中译文尽量按照中国对外翻译出版公司出版的《世界人名翻译大辞典》和《世界地名翻译大辞典》，并参考了一些约定俗成的译名和历史名称。大部分历史词汇，如"奉天事变"（"九一八"事变）、满洲（中国东北）等沿袭了原书的用法，只在首次出现时加了译注。《法庭宪章》等历史文件采用了既有译本。《判决书》的引文大多参照张效林译、群众出版社出版的中译本，有些地方重译了。《庭审记录》及证据材料的内容是自译的。正文后面的两个附录、参考书目表和索引为书中原有，但作了少量订正和补充。

本书作者是获得过海外记者俱乐部大奖的写手，常常妙笔生花，使用一些美国人独有的典故、双关语之类，要想译好实属不易。惟愿在一切关键之处忠实于原文，尽可能再现作者当年的记叙及感想。译本的错误和疏漏在所难免，希望专家和读者们指教。

由于本书作者去世距今年代久远，非常遗憾的是，我们尽最大努力联络原书版权仍未果，若有知情人士请与上海交通大学出版社联系。

梅小侃

2016 年 4 月